朝鲜王朝时期（1392—1910）的文官常服

朝贡的朝鲜使团（明《职贡图》局部）

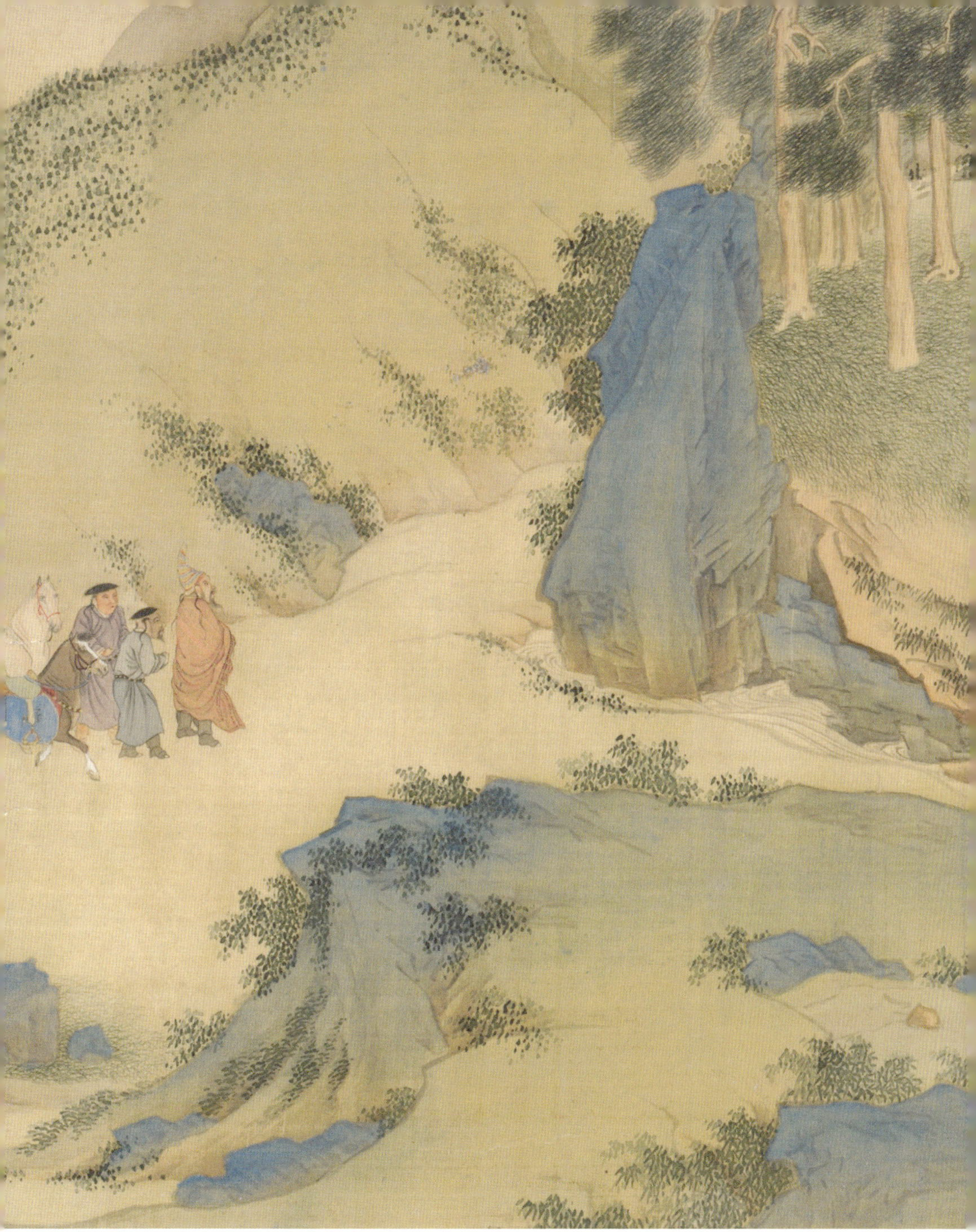

朝鲜王朝时期（1392—1910）头戴东坡冠的士大夫形象

中国礼学在古代朝鲜的播迁

彭 林 —— 著

ZHONGGUO LIXUE ZAI
GUDAI CHAOXIAN DE
BOQIAN

GUANGXI NORMAL UNIVERSITY PRESS
广西师范大学出版社
·桂林·

责任编辑　李　信
责任技编　伍先林
营销编辑　赵艳芳
书籍设计　唐　峰［广大迅风艺术］

图书在版编目（CIP）数据

中国礼学在古代朝鲜的播迁 / 彭林著. --桂林：广西师范大学出版社，2020.11
　ISBN 978-7-5598-2780-7

Ⅰ. ①中… Ⅱ. ①彭… Ⅲ. ①礼仪－中国－传播－朝鲜－古代 Ⅳ. ①K892.26

中国版本图书馆 CIP 数据核字（2020）第 057322 号

广西师范大学出版社出版发行

（广西桂林市五里店路 9 号　邮政编码：541004）
　网址：http://www.bbtpress.com
出版人：黄轩庄
全国新华书店经销
广西广大印务有限责任公司印刷
（桂林市临桂区秧塘工业园西城大道北侧广西师范大学出版社集团有限公司创意产业园内　邮政编码：541199）
开本：720 mm × 970 mm　1/16
印张：24　插页：2　字数：380 千
2020 年 11 月第 1 版　2020 年 11 月第 1 次印刷
定价：78.00 元

如发现印装质量问题，影响阅读，请与出版社发行部门联系调换。

再版弁言

本书的主题,是中韩文化交流。中国的儒家学说,如何经由朝鲜政府与学人的考察、导入、消化、吸收,引进朝鲜半岛,构建起以孔门倡导的仁、义、礼、智、信为核心理念的国度,这是中、韩两国学术界的共同课题。中国从西周周公"制礼作乐"以来,便是礼治的国家。中国之礼,学术与制度兼备。曾国藩总括儒家文化的特点时说,"治国以礼为本","修身、齐家、治国、平天下,则一秉乎礼"。近代学术泰斗钱穆先生说:"要了解中国文化,必须站到更高来看到中国之心。中国的核心思想就是'礼'。"本书试图从"古礼",即儒家经典《周礼》《仪礼》《礼记》及由此生发而来的典章制度之学出发,考察朝鲜半岛儒家化的大致过程。

在历史上,儒学对于东亚文化圈的形成,对于民众价值体系走向认同,起了主导作用。晚近以来,西学东渐,儒家文化遭受无情摧残,东亚文化面貌开始变异,进而出现了对儒家文化是否还有现代价值的质疑。在此,我回想起当初与韩国的密切交往与种种见闻。如果我们能"以邻为鉴",看看韩国如何对待传统文化,或许会有意外的收获——因为我们拥有基本相同的历史与文化。

第二次世界大战结束后,中韩两国所面对的基本问题,是恢复与发展经济。朝鲜战争结束后,韩国经济满目疮痍,许多山头被炮弹炸得寸草不生,有老人告诉我,不少地方连一块烧饭用的柴火都找不到。联合国派员赴韩考察后的结论是,若再不予以人道救助,则该国人民难以生存。60年代初,韩国经济在艰难中起步,普通人连一日两餐都难以为继。未来的韩国之路如何走?是否一心拼经济即可?令人眼睛一亮的是,韩国人清醒地认识到,物质与精神不可偏废,当同步发展。精神文化虽不能像经济那样带来可观的利润,但对于塑造民族精神,提升民众素质,却有着自然科学无可取代的巨大作用。

1965年,50位著名韩国学者倡议成立"民族文化推进会",以传承与振兴传统文化,高扬爱国精神为己任。1970年,朴正熙政府拨款修葺500年前朝鲜鸿儒李退溪创建的"陶山书院",拓展书院附近的道路,以此作为国民教育的基地。1978年,韩政府创建韩国精神文化研究院,其宗旨是:"研究民族文化的精髓,坚定主体的历史观和健康的价值观,探索未来发展的坐标,弘扬民族振兴的国民精神,为民族文化的畅达作贡献。"可见,韩国上层对于精神文化的重建,旗帜鲜明地立足于民族文化,而非西方文化。这种理念,可谓弥足珍贵。

民族文化的重建,离不开民间的响应与配合,否则就只是漂亮的口号。令人由衷钦佩的是工商界的鼎力配合,慷慨解囊者不乏其人。这里尤其要提及的,是韩国"退溪学"研究的三位主要推动者,退溪研究院院长李东俊、国际退溪学会理事长李龙兑、退溪研究院理事长李源纲等三位实业家。退溪,是韩国朝鲜时代鸿儒李滉的号,韩国儒学的标志性人物,素有"海东孔子"之称。李东俊出身儒学世家,担任仁川制铁株式会社董事长,企业资产雄踞全韩第二。其父六十大寿时,各界募集巨资,拟按照传统礼仪举办盛大的"回甲宴",被李先生婉谢,他用此笔款项建造一座大型图书馆,捐献给家乡安东市。为了弘扬韩国学术文化,李先生又着手创办"退溪研究院"。李东俊先生出资建造研究院大楼,并延聘学者收集、整理、出版退溪文稿。为了扩大韩国文化在全世界的影响,退溪研究院以两年一届的节奏,在各国举办退溪学国际学术研讨会。李先生去世后,将全部财产捐赠退溪研究院,其高风亮节,成为全社会的楷模。李龙兑先生毕业于汉城大学(今首尔大学)物理系,其后远赴美国学习计算机,获博士学位,回国后担任韩国规模最大的通讯公司的董事长;公务之余,涵泳于儒家经典,学养很深。某年,李先生之子行将赴美攻读物理学博士学位,李先生谆谆教导,出洋留学,首先要有本国的文化根基,无论何时都不可忘记本国的文化传统。为此,李先生要求其子在六个月之内背诵完《孟子》,方可出国。其子未能按时背完,李先生决定推迟其签证日期,直到其子全文背完《孟子》,方才允许出国。此事一时传为美谈。李源纲先生毕业于汉城大学历史系,能背诵"四书",精通古代典章制度的研究,因迫于生计,到公司谋生,后来成为"三又精密社"的董事长,他不仅多次捐献巨资于退溪研究院,而且筹建"学术财团",希冀能奖励各国杰出的人文科学学者。

以上三位先生的共同特点,是自幼受儒家文化熏陶:李东俊出身儒学世家,李龙兑的家乡庆尚北道是朝鲜时代书院最密集的地区,李源纲先生亦然。一心向慕儒学,而生不逢时,或无法入学,或学后没有营生,故他们最大的愿望就是为后代创造读书和研究的环境。

儒学在韩国民间有深厚的基础。韩国许多学术团体,背后都有"后援会"支持,成员大多是资产规模较小但向慕儒学的理事长,乐于赞助学术团体的各项活动。但凡是举办纪念本乡本土先贤的学术会议,或者是当地的乡校的祭享、讲学活动,捐助者都非常踊跃。

上述数事证明,古代朝鲜浸润于儒家文化数百年,形成了丰厚的文化土壤,尽管饱受外敌入侵,历经患难,但儒家文化的根荄犹在。古诗有云:"菁莪造士,棫朴作人。"儒家之士,志在经世致用,淑世救民,故一有机会,依然生机勃发。60年代的韩国尽管生活困窘,但举国上下不失文化精神,故能坚忍不拔,积二十年之功,经济成功起飞,创造了著名的"汉江奇迹"。

时至今日,中韩文化交流的空间依然很大,此举一例。笔者访韩归来,写过多篇介绍当代韩国儒学的文章,其中一篇谈及我在首尔白云山公园意外发现一座弓道馆,墙上挂着《礼记·射义》中论述周代射礼人文内涵的语录,教练听说我来自中国,便取出一把古代的弓,说是"角弓",并做了张弓的示范,这令我大吃一惊。以前读《诗·小雅·角弓》"骍骍角弓,翩其反矣"句,从未往心里去,以为是早已湮灭在历史尘埃中的器械而已。此事对我后来的学术研究影响颇大。归国之后,我撰文介绍此行,在媒体刊发。出乎意料,此文居然被素昧平生的中国国家射箭队前总教练徐开才先生读到,引发了他的兴趣,从此,我们成为莫逆之交。徐先生多次邀请我参观射箭比赛,与运动员交流,使我对周代射礼有了全新的认识。由此,我开始研读《仪礼·乡射礼》,探究其礼法、礼义,发现了一个全新的研究领域。2008年北京奥运会之前,我撰写的《从〈仪礼·乡射礼〉看中国古代的体育精神》一文在《光明日报》发表,《新华文摘》作了全文转载。其间，我萌生了仿照孔德成先生当年在台湾大学组织师生复原《仪礼·士昏礼》的故事，复原《仪礼·乡射礼》，希冀将这一富于东方特色的古老文化活动再现于世。2016年，我担任首席专家的"《仪礼·乡射礼》复原与当代中国日常礼仪研究"被批准为国家社科基金的重大项目；为了深入了解韩国的礼射历史与现状，我委派研究生去韩国各地考察，之后又去日本考察。以此为基础，我们与江苏建筑职业技术学院合作，举办了"中日韩传统弓箭研究国际学术会议"，三国学者展示了各自的传统弓箭制作工艺，并进行了射艺展演，取得圆满成功。此外，随着研究的深入，我开始关注《考工记·弓人》对角弓制作流程的记载，收获满满，以此为基础撰写的《弓檠弓韣考》一文去年在《考古》刊发。追本溯源，我对弓箭、射礼的认识与研究，发端于首尔的弓道馆，真是令人感慨！

本书2005年由北京大学出版社出版，数年前即已售罄，今由广西师范大学出版社增订再版，借此机会，略述访韩的感慨数端于上，弁于书首，敬请读者朋友赐教。

彭林

2020年4月13日

初版弁言

就儒家化的程度而言,古代朝鲜是中国本土之外最为彻底的地区。

尽管中国与古代朝鲜在地缘上接壤,山水相依,但彼此在文化上的差异原本却是非常之巨大。从语言学的角度而言,中国属于汉藏语系,朝鲜属于阿尔泰语系,相互的沟通存在着很大障碍;从风俗的角度而言,两地更是大相径庭,这是见诸《史记·朝鲜列传》的。是什么力量使古代朝鲜走上了儒家化的道路?朝鲜的儒家化经由了怎样的途径?这是东亚儒家文化圈研究的重要课题。不无遗憾的是,尽管中韩建交以来,两国学术交流相当频繁,但很少有学者厝意于此。

我原本研习先秦史,博士毕业后转向中国古代礼学经典和礼学思想的研究,从未涉足过中外文化交流的领域。我对古代朝鲜的兴趣,缘起于1992年对韩国的访问,那是一次对我影响至深的经历,由于本书正文没有谈及,故有必要写在书端,以使读者会意。

那年,适值中韩建交,韩国国立庆尚大学宾荣镐校长和南冥学研究所所长孔泳立教授邀我前往作学术讲演。经过半个世纪的隔绝,我们对于朝鲜半岛历史的记忆,除了50年代那场刻骨铭心的战争之外,已经所剩无几。虽然地理上近在咫尺,但在我们心中却是那样的遥远和神秘。当时北京到汉城的直航尚未开通,我需要从天津登机,航线也非常曲折。从机舱内的大屏幕上可以清楚地看到,飞机升空后没有向东方的朝鲜半岛飞行,而是折而向南,越过河北、山东、江苏,然后在我的家乡无锡上空转了一个圈,飞向东海,接着折而往北,驶向济州岛。旅程漫漫,愈益增加了两国的距离感,韩国的面貌究竟如何?

心中不免悬测种种。三个多小时后,飞机到达汉城(今首尔)上空,从舷窗俯瞰这座号称"亚洲四小龙"之一的韩国首都,万千的高楼竞相上拔,密密层层,使人不由自主地想起"经济实力""繁荣"等词语。当晚,我在金浦空港转机前往庆尚大学所在的晋州,当飞机再次跃上汉城高空时,景观为之丕变,整个城市宛如盛满珠宝的巨盆,金光灿灿,眩人眼目。这就是韩国?

晋州是岭南的一座古城,历史上人文荟萃,素有"朝鲜人才,半出岭南;岭南人才半出晋州"之说。这里一派静谧,与汉城的景象截然不同,人们似乎毫不理会汉城的奢华和喧嚣,从容不迫地过着田园诗般的生活。晋州农村,人们的生活相当富有,汽车和各类电器应有尽有,但几乎看不到欧陆风情式的建筑,视野所及,都是富有东方传统建筑特色的单檐歇山式的屋顶。门第较高的人家,室内显要处大多张贴着用汉字书写的古代名贤的文句;考究一些的,主人之位的背后往往有诗文曲屏。这一切,无不显示着当地居民对传统的深深眷恋,向我们展示了汉城之外的韩国社会的真实面貌。

在我的讲演结束之后,东道主安排我参观南冥先生的遗迹。南冥是朝鲜时代著名学者曹植的表字。曹植学识卓群,与当时的另一位大儒李滉(字退溪)齐名,时称"岭南双璧"。曹植痛恨黑暗的朝政,拒绝与政府合作,息影山林,主讲德川书院,以教授弟子为己任,其高风亮节,为后代所景仰。我们来到德川书院时,一群老者正围坐在书院的堂上开会,他们人人身穿"道服",这是我国明代传入朝鲜的服装,如今我华已经不可得见。东道主介绍说,为了追思南冥的学业与精神,德川书院每年都要举行享祭。由于明天就是享祭日,所以与祭者正在商议祭礼的分工。分工的名单用毛笔书写在一张约一尺宽、两米多长的纸上,然后张贴在墙上。分工的名目有初献、亚献、终献、司炉、奉香等,与我国史乘或者古人文集中的记载完全一致。这些与我们久违了的名词,居然出现在异国他乡的德川书院,令人既觉惊讶,又倍感亲切!当晚,我宿泊在德川书院附近,以便次日观礼。

享祭礼仪极其庄敬,古风流泽,扑面而来。司仪手持"笏记"(一种写有祭祀仪程的长条形手本),高声宣唱每一道仪式,几十位与祭者有条不紊地上前执事、行礼。他们之中,有南冥先生的后裔,也有普通的村民,更多的是因为崇敬南冥而从四方专程赶来的儒林中人。这里是他们的精神家园,有着他们终身固守的文化传统。用中国宋代的礼书来对照,享祭南冥的仪式相当之正宗。古礼在中原湮灭已久,我以前只能在文献中从事研究,非常无奈。如今突然见到了"活化石",枯燥的文献记载顿时变得鲜活起来,内心的兴奋真是难以言表。

其后数日,我又访问了许多学校、家庭、文化团体,闻见日增,而知中国古礼在韩国保存得非常完好,尤其是《朱子家礼》所规定的冠、婚、丧、祭四礼,至今还有人在遵行。庆尚大学汉文系定期为本系学生举行冠礼(成年礼);民间的婚礼依然奉行古代"六礼"的仪式;丧祭之礼则比较系统地存在于千家万户之中;全罗南道至今还有人在行古老的乡射礼。这一切让我真正体会到了"纸上得来终觉浅"的道理,也让我发现了一块与我的礼学研究密切相关的土地!从此,我开始将韩国文化纳入自己的学术视野。

为了全面地收集有关资料,我于1996年向韩国国际交流财团提出申请,希望前往韩国考察6个月,得到批准。由此,我得以深入韩国城乡,从容寻访古礼,对于韩国文化与中国文化的血脉关系的认识日益深刻,获益良多。古代礼仪,以丧礼最为隆重,不仅历时三年之久,而且仪式最为繁复,自古有"礼莫重于丧"之说。礼书中关于丧礼、丧服的记载不仅多,而且难以卒读。所幸的是,得力于在韩国的考察,使我得以较好地消化了这一部分内容,下面略举数例。

一次是韩国中央大学卢仁淑教授陪同我访问汉城的儒林会馆。儒学被韩国人视为宗教,各地都有儒学信奉者的组织,称为"儒林支部",儒林会馆则是全国儒林的总部。会馆内有一个专门介绍传统丧礼的教室。经卢教授约请,一位年长的妇人接待了我们。她告诉我们,她的母亲一生在朝鲜王室从事内务,因而熟知宫廷丧仪。由于家庭的影响,她自己曾经帮助一百多家料理过丧事。她说,处理亲人的遗体,是家人对双亲最后一次尽孝,一定不能草率从事,否则会带来终身的悔恨。为了便于讲解,她用布料缝制了一个人偶当作教具,老人面容慈祥,言谈沉稳,出现最多的词是"以洛开""以洛开",意思是"这样""这样"。她甚至谈及对《仪礼·士丧礼》中"抗衾而浴"一语的理解,并作了演示,令我感慨不已。

另一次是到庆尚北道安东柳氏家中参观禫祭。某日,我到友人河有楫先生家做客,河先生向我出示一封柳姓朋友的信函。信是毛笔写的,用的是非常典雅的古汉语,大意是说,其父亲于某年去世,家人为之服三年之丧,本月某日,三年之丧完毕,家人将依礼举行禫祭,届时邀请河先生前往观礼云云。河先生问我,是否有兴趣与他同行,我连声应诺。古人为父母服三年之丧,过程漫长而又复杂,禫祭则是最后一次祭祀,祭后除服,恢复正常生活,所以又称为"吉祭"。由于是除服之祭,所以极为隆重。"禫祭"一词,我在古文献中见过无数次,但始终无缘得见其仪式,如今居然可以亲临目睹,真是兴奋莫名。河先生告诉我,这位柳先生,乃是安东的名门望族,屡世簪缨,门庭颇盛,如今连柳家的住宅都是文物保护单位。柳家以恪守文化传统为荣,至今按照《朱子家礼》的规定生活。其日,当我们从汉城赶往远在山乡曲村的柳家时,已是子夜时分。次日清晨,丧家开始陈设祭品。从文献的角度来检验,整个仪式简直无懈可击。例如,文献记载说,丧主之妇在禫祭中要穿彩服。彩服的样式,文献语焉不详,我们在现实生活中也无从质证,常常令人郁闷。始料未及的是,当丧主之妇在两位女眷的搀扶下到灵位前行跪拜之礼时,穿的竟然就是红色的丝绸彩服!我心头一震,连忙举起摄像机,拍下了这一珍贵的资料。

禫祭之后,举行迁庙仪式。《朱子家礼》规定,士大夫的家庙只能供奉四代先祖的牌位,所以每当三年之丧结束,新主的牌位入庙时,就必须将高祖的牌位迁走,以便保持四代牌位之数,这一仪式称为"迁庙礼"。韩国人几乎都有家庙,当新主迁入家庙后,历时一上午的仪式终告完成。回汉城的路上,我反复琢磨:家庙致祭的祖先为什么只能是四代?突然茅塞顿开,悟出了其中的缘由,欣喜无似!回国后,我写就了《论迁庙礼》一文,发表在杨向奎先生执教六十周年的纪念文集上。这篇论文是将传世文献与"活化石"相结合的产物,完全不同于以往从文献到文献的研究,虽然无甚高论,但在我而言,不免敝帚自珍。

还有一次是到庆尚北道观看"儒林葬"。在了解了始死和禫祭的仪式之后,我非常希望看到韩国的"儒林葬"。所谓儒林葬,是韩国人对《朱子家礼》

中的丧礼的称呼。由于西方文化的冲击，以及生活节奏的加快，韩国有学识举行儒林葬的家庭已经越来越稀见。我留韩的时间非常有限，其间适逢儒林葬概率，可谓微乎其微。不料宛如天佑神助，1997年初，在我还有二十多天就要回国之际，突然接到岭南大学友人金血祚教授的电话，说在大邱市附近的清道县，最近有一位朴姓的九旬儒者逝世，其家人和弟子决定为之举行儒林葬。当地媒体已经迅速作出报道，称这将是20世纪韩国最后一次儒林葬。我放下电话直奔汉城车站，冒雪赶赴大邱，承金教授和庆一大学崔景顺教授帮助，随即驾车前往清道朴家。闻讯前来吊唁的车辆已将丧家围得水泄不通。丧主和众主人跪坐在临时搭建的丧庐之中，一边不停地说着"哀告""哀告"，一边向前来吊唁的亲友述说死者临终时的情况。我在此见到了不同等级的丧服，以及以往读礼时每每感到不知究竟的斩衰之服上的衰、负版、辟领，丧饰中的首绖、腰绖、绞带、散带等等，与《朱子家礼》的记载相比，一切都是那样的原汁原味。我在这里停留了三天，目睹丧家如何行朝夕奠的礼仪，如何制作丧具，如何告庙、发靷，直到灵柩入圹。送丧那天，我举着摄像机，在积雪将融的麦田中深一脚、浅一脚地奔走着，努力将每一个细节记录下来。因为我知道，这可能是我此生唯一能亲见的儒林葬。

　　类似上述的例子，不胜枚举。韩国受中国古礼的浸润如此之深，使我产生了从史学角度来作系统研究的想法。1998年，我以"中国古礼在朝鲜半岛的播迁和影响"为题，申请教育部"九五"人文社会科学基金，获得批准。旋即开始写作，此即本书的由来。

　　儒家文化的核心是礼乐文化，儒家的治世之道是通过礼乐制度来展开的。因此，礼制的实施与儒家化的程度适成正比。朝鲜王朝把全面实现儒家化作为治国的目标，其结果必然是礼乐制度深入到社会每个层面。换言之，正是礼乐文化的全面渗透，才造就了彻底儒家化的朝鲜。基于这一认识，我试图描述从三国时代到朝鲜时代的漫长历史进程中，中国礼学和礼制怎样逐步被朝鲜政府和士民所受容，以及朝鲜民族如何走向儒家化。

　　在写作过程中，最感困难的是对韩国历史和文化背景的生疏，许多话斟酌再三犹不敢轻言；其次是不懂韩文，许多当代韩国学者的论著无法利用，深感遗憾。好在这一主题韩国学者着力不多,此外韩国的史书和古代学者的文集都是用汉文书写的,阅读原始材料并不困难,因而本课题仍不妨一做。

本书各篇是在国内陆续撰写的,常常因为资料缺乏而掷笔中辍。2000年夏,我专程到汉城成均馆大学图书馆搜集资料。在整整一个月之中,我查阅了高丽时代、朝鲜时代所有学者的文集,复印了近百公斤重的资料。由于终日伏案,颈部肌肉严重受伤,又值酷暑,晚上无法入睡。现在回想起这段难忘的经历,依然令人唏嘘不已。

本书的出版,标志着我对韩国礼学的研究告一段落。在此,谨向帮助过我的韩国朋友表示衷心感谢。

本人初涉韩国学术,本书的粗疏和谬误一定在在多有,殷切希望读者诸君不吝指教。

彭　林

2004年6月22日于清华园

目　录

导读 ———— 001

儒家文化的核心是礼乐文化,儒家的理想和主张无不浸润于礼乐之中。无论是就儒家化的本质而言,还是从历史事实而言,朝鲜半岛儒家化的过程,实际上是以中国古代礼乐制度为规范,使全社会逐步礼仪化的过程。

上　编

一、三国时代中国古礼的初步传播 ———— 3

三国时代是朝鲜半岛开始走向全面儒家化的滥觞期,中原王朝礼仪文明在此时得到了初步的传播。

二、高丽时代的儒学与礼制 ———— 41

高丽时代的礼制比之三国时代已有长足的进步,主要表现在礼制的格局已经基本建立。但总体而言,还远远没有进入到礼制化的时代。

三、朝鲜时代《朱子家礼》的播迁 ———— 93

《家礼》的推广,使朝鲜从偏在四夷的化外之地,发展成为"虽兵戈创残,委巷治丧之家犹秉朱礼"的礼仪之邦,从根本上改变了朝鲜的文化面貌,并深刻地影响着朝鲜社会的文化走向。

四、乾嘉时期朝鲜学者的燕行 ———— 127

"北学派"通过对中国社会的亲身游历和考察,看到中国不仅没有成为夷狄、犬羊,而且文物灿烂,依然是中华文明的大宗之所在,提出了向清朝统治下的中国文化学习的主张。

中 编

五、《经国大典》与朝鲜时代的职官礼 —— 145

《经国大典》是朝鲜半岛第一部官制文献,也是朝鲜王朝最重要的法典之一。它的诞生意味着朝鲜官政正在走向成熟,显示了朝鲜礼制建设所达到的新水平。

六、《国朝五礼仪》与朝鲜礼仪制度的确立 —— 173

《国朝五礼仪》是一部博采中国古今礼仪之长,又糅入朝鲜色彩的国家大典,对于稳定长达五百余年的朝鲜王朝,对于敦化民俗,都起了重大的影响。

七、朝鲜时代的礼讼与君统、宗法诸问题 —— 192

所谓礼讼,是指在宗法制度下,由于王位继承的正统性、丧服的等差、宗室勋戚的封号等礼仪问题所引起的争讼。朝鲜社会性质与中国相同,但礼讼频繁与激烈的程度却远远超过中国。

八、朱熹礼学与朝鲜时代乡风民俗的儒家化 —— 213

在朝鲜走向儒家化的进程中,乡风民俗的变化极为明显。从儿童、学校到乡村、家庭,无不以儒家思想为行为准则。朝鲜王朝持续的时间达五百余年,与社会、家庭的稳定有着最直接的关系,而朱熹则是朝鲜时代乡风民俗儒家化的功臣。

下 编

九、郑述与《五先生礼说》—— 249

《五先生礼说》为朝鲜礼学史上之重要著述,史料详赡,史实与理论并重,极富学术价值,读者可由此探究圣人制礼之本意,而知晓权度折衷、临时应变。

十、《家礼辑览》与金沙溪的解经之法 —— 260

尽管朝鲜时代是性理之学盛行的时代,但依然不乏通晓汉学门径、精于考据之学的学者。金沙溪谙熟《周礼》《仪礼》《礼记》及历代典籍,《家礼辑览》的解经成就,堪称朝鲜时代礼学家的典范。

十一、丁茶山礼学与清人礼学之比较 —— 278

朝鲜立国以后的几百年中,社会稳定,中间没有出现像明清之际那样的政权更迭,宋明理学不仅没有受到冲击,而且成为朝野强有力的精神支柱。从某种程度上说,茶山礼论,是朱熹性理学说中包含的礼学思想延续。

十二、茶山的考据学 —— 331

明亡之后,中原学风丕变,考据学蓬勃兴起。而朝鲜学术界并没有出现类似的变化,主流学术仍是性理学,因而考据学家不多,比较重要的只有秋史金正喜和茶山丁若镛。

导 读

导　读

众所周知,朝鲜半岛是中国本土之外儒家化最为彻底的地区。儒家文化的核心是礼乐文化,儒家的理想和主张无不浸润于礼乐之中。无论是就儒家化的本质而言,还是从历史事实而言,朝鲜半岛儒家化的过程,实际上是以中国古代礼乐制度为规范,使全社会逐步礼仪化的过程。

一

中国黄河流域古文明进入并影响朝鲜半岛,可以上溯到始于殷末周初的箕子朝鲜时代。① 其后经"卫满朝鲜"②和"汉四郡"时期③,彼此的交往日益频繁。汉宣帝五凤元年(前57)起,朝鲜半岛相继形成高句丽、新罗、百济三国,史称"三国时代"。

从《汉书》《后汉书》《三国志·魏书》以及《三国史记》可知,汉魏时期朝鲜半岛的史事,神人杂糅,尚多传说时代之色彩,朴姓新罗王始祖赫居世、昔姓始祖脱解王、高句丽世祖朱蒙,均为半人半神的人物。汉四郡之外的地区,尚处于早期国家的形态:"邑落错居,亦无城郭"(《汉书·东夷列传》);"其俗少纲纪"(《三国志·魏书·东夷传》)。

---

① 据《史记·宋世家》,商王朝灭亡后,武王封纣王的叔父箕子于朝鲜。箕子入朝,着力推广中原文明,"教其民以礼义"(《汉书·地理志》),是为箕子朝鲜时代。
② 战国后期,乐浪、玄菟从属于燕,真番、朝鲜也在燕的控制之下。秦灭燕,此地属辽东外徼。汉初,因其地辽远,故边界仅划至浿水而止,为燕王卢绾辖地。其后卢绾谋反失败,卫满聚众东逃,故越过浿水,"居秦故空地"为王,以王险(今朝鲜平壤)为都,史称"卫满朝鲜"。
③ 西汉元封三年(前108),武帝灭卫满朝鲜,开玄菟、真番、临屯、乐浪四郡,是为"汉四郡"时期。

三国初期的王位继承制度,尚有氏族制遗风,新罗国政由朴、昔、金三姓共同执掌,王号有居西干、次次雄、尼师今、麻立干等四种。此外,女性也得入承王统。公元632年起,善德女王、真德女王相继而立,殆是母系社会之遗风。国王无谥号,高句丽王号多因葬地而得,如慕本王因葬于慕本原而得号,故国川王因葬于故国川原而得号,中川王因葬于中川之原而得号。新罗的"始祖庙",无宗法意义,而是氏族联盟创始者的祀庙,朴、昔、金姓都以之为宗。高句丽女性得单独立庙享祀,太后可有专庙。祭祀制度不成体系,《北史》云高句丽"多淫祠"。

三国前期尚无成文法,"法俗最无纲纪"(《后汉书·东夷列传》),罪行的认定,主要由贵族临时评议,或依习惯法处罚。丧葬习俗比较原始,尚有杀人殉葬之风。婚俗,男子居于女家,必待子女长成,然后归于男家。民风朴茂,盛行"兄死妻嫂"的习俗,不知礼仪,"不知跪拜,无长幼男女之别。不贵金宝锦罽,不知骑乘牛马"(《后汉书·东夷列传》)。

汉魏时代,三韩诸国以内附或朝谒形式结好中国,频频遣使入华,仅高句丽长寿王、文咨明王在位期间,就多达73次以上。由于政治上的从属关系,每当其旧王死,中国都要赐以封号,并重新确认新王的封号或追加爵位。其使节也每每受到诸如天子接见、宴请、赏赐、授以官衔等的特殊礼遇。中国文化之东传由此日积月累,朝鲜半岛的社会面貌也随之变化。公元248年,东川王葬,"国人怀其恩德,莫不哀伤,近人欲自杀以殉者众,嗣王以为非礼,禁之"(《三国史记·高句丽本纪》,卷5)。新罗智证王三年(502)"下令禁殉葬"(《三国史记·新罗本纪》,卷4),人殉制度从此结束。从被迫殉葬、求生不得,到甘心身殉而不能,显示了新罗社会风气的转换。

随着对中国文明的深入了解,三国皆生慕华之心,继之起而仿效。百济多娄王六年(33),"下令国南州郡始作稻田"(《三国史记·百济本纪》,卷1);新罗智证王则"分命州郡主劝农,始庸牛耕"(《三国史记·新罗本纪》,卷4)。此二事在半岛历史上都有划时代之意义。公元435年,高句丽长寿王遣使入魏朝贡,"且请国讳"。世祖遂"诏下帝系名讳于其国"(《魏书·高句丽传》)。624年,高句丽荣留王"遣使如唐,请班历"(《三国史记·高句丽本纪》,卷8)。

新罗文武王十四年(674),"入唐宿卫大奈麻德福传学历术还,改用新历法"(《三国史记·新罗本纪》,卷7)。新罗神文王五年(685),"复置完山州",由此"始备九州",以合于中国九州之说(《三国史记·新罗本纪》,卷8)。

汉字也开始东传,不仅成为当地的交际工具,而且催生了半岛最早的史书。"百济开国以来,未有以文字记录,至是得博士高兴,始有书记"(《三国史记·百济本纪》,卷2)。婴阳王十一年(600),"诏大学博士李文真,约古史,为《新集》五卷。国初始用文字时,有人记事一百卷,名曰《留记》,至是删修"(《三国史记·高句丽本纪》,卷8)。

此时文教始兴。小兽林王二年(372),"立太学,教育子弟"(《三国史记·高句丽本纪》,卷6)。百济圣王十九年(541),入梁朝贡,兼表请《毛诗》博士(《三国史记·百济本纪》,卷4)。新罗神文王五年(685),遣使入唐,"奏请《礼记》并文章,则天令所司写吉凶要礼,并于文馆词林,采其词涉规诫者,勘成五十卷,赐之"(《三国史记·新罗本纪》,卷8)。三国纷纷派遣贵胄子弟入唐求学。640年,新罗善德王"遣子弟于唐,请入国学"(《三国史记·新罗本纪》,卷5)。留学生数量日增,仅文圣王二年(840),"年满合归国"的学生,就达一百零五人之多(《三国史记·新罗本纪》,卷11)。

新罗神文王二年(682),"立国学,置卿一人"(《三国史记·新罗本纪》,卷8),新罗国学由此而起。新罗还派遣留学生前往中国学习医学、算学、天文学等,并在本国国学中设置相应的博士,以便传授和应用。圣德王十六年(717),"置医博士、算博士各一员",秋九月,入唐大监守忠回,"献文宣王十哲七十二弟子图,则置于大学"(《三国史记·新罗本纪》,卷8)。次年,"始造漏刻"(《三国史记·新罗本纪》,卷8)。圣德王二十七年,王弟金嗣宗入唐贡献方物,"兼表请子弟入国学,诏许之"(《三国史记·新罗本纪》,卷8)。景德王六年(747),"置国学诸业博士、助教"。八年(749),"置天文博士一员、漏刻博士六员"(《三国史记·新罗本纪》,卷9)。

中国也十分注重儒学在朝鲜半岛的传播。如新罗孝威王二年(738),唐玄宗对前往吊祭圣德王的使者说,到新罗后"宜演经义,使知大国儒教之盛"(《三国史记·新罗本纪》,卷9)。新罗景德王二年(743)春三月,唐玄宗遣使吊祭孝威王,赐御注《孝经》一部(《三国史记·新罗本纪》,卷9)。诸如此类,不乏其例。

官员的选拔,新罗政府"前只以弓箭选人,至是改之"(《三国史记·新罗本纪》,卷10)。公元788年,元圣王略仿中国之制,以儒学取士,"始定读书三品以出身,读《春秋左氏传》,若《礼记》,若《文选》,而能通其义,兼明《论语》《孝经》者为上。读《曲礼》《论语》《孝经》者为中。读《曲礼》《孝经》者为下。若博通'五经''三史'、诸子百家书者,超擢用之"(《三国史记·新罗本纪》,卷10)。新罗王多喜儒学,每每"幸国学",听博士讲论儒家经籍。

智证王还仿照中国模式,定国名为"新罗",并赋予人文内涵:"新者,德业日新;罗者,网罗四方之义。"又定王号为"新罗国王"(《三国史记·新罗本纪》,卷4)。智证王五年,"制丧服法颁行"。智证王六年,"王亲定国内州郡县,置悉直州","又制舟楫之利"。公元514年,智证王薨,群臣议定其谥号为"智证",是为新罗有谥法之始。

法兴王四年(517),"始置兵部"。七年(520),"颁示律令,始制百官公服、朱紫之秩"。十八年(531),以上大等总知国事,地位相当于宰相。至此,新罗官制开始文武分职,并有最高行政长官之设。二十三年(536),"始称年号",改元为"建元元年"。善德王四年(635)起,用中国永徽年号。

根据中国宗法制度的原则,新罗开始建立王储,以嫡长子为王位的法定继承人,旧王崩时,无论其是否成年,都可以继承王位。如因年幼不能视朝,则由太后摄政。而在以往,旧王崩时,若王子年幼,则"国人"可以另立他人为王。

依照宗法原则确立的宗庙制度也开始出现。惠恭王(756—780)改革庙制,首次将祖庙界定为金姓的宗庙,以味邹王为金姓始祖,确立了金姓的世系,并根据《礼记·王制》关于"诸侯五庙,二昭二穆与太祖之庙而五"的规定,设五庙之制;既而又仿照西周以文王、武王为不毁之庙之例,以太宗大王和文武大王为不毁之庙;而兼父、祖之庙为五庙,表明已有昭穆之位。

统一后的新罗开始仿行中国祭祀制度,依祭祀对象的等级,分为大祀、中祀、小祀三类,初步建立起祭祀的规模。宣德王(780—785)依《礼记》之说,始立社稷坛,又以诸侯身份祭境内山川。新罗王还依礼制祭祀八腊、先农、风伯、雨师、灵星等神。

三国的官制也开始了向礼制化转变的历程。真平王三年(581),"始置位和府",如今吏部(《三国史记·新罗本纪》,卷4)。圣德王十二年(713),"置典祀署"(《三国史记·新罗本纪》,卷8)。官署中已实行致仕制度。

善德女王三年,"始服中朝衣冠"(《三国史记·新罗本纪》,卷5)。真德女王二年(648),金出丘使唐,"请袭唐仪",得到唐太宗许可,兼赐衣带。于是回国施行,以华易夷。文武王四年(664),"下教妇人亦服中朝衣裳"(《三国史记·新罗本纪》,卷6),改革妇人之服,"自此已后,衣冠同于中国"(《三国史记·杂志第二》)。兴德王比照中国礼服制度,对从贵族到平民的服饰详加规定,屋宇规格也有定制。儒家化的婚礼、凶札之礼等开始出现。

三国时代是朝鲜半岛走向儒家化的发轫期,中原王朝的礼乐制度在此得到初步传播。但半岛受容的礼仪,尚呈散点状,不成体系,且有生硬模仿,或想当然者,如"中农""后农"之祭,即是因中原有"先农"之祭而杜撰者。又如新罗王的祖庙,实际上是王的家庙,而非国庙。元圣王元年(785),毁圣德大王、开圣大王二朝,以始祖大王、太宗大王、文武大王及祖兴平大王、考明德大王为五庙。元圣王未将其所承袭的宣德王、惠恭王列入五庙,而是将兴平大王、明德大王列入五庙,有悖礼制。兴平大王、明德大王都未曾继位为王,其王号乃元圣王即位后所封。新罗哀庄王(800—809)以高、曾、祖、父四亲庙,配始祖之庙为五庙,又别列太宗大王、文武大王二庙,共七庙,不仅用家庙代替国庙,且僭用七庙之制,甚悖礼制。表明其尚不知天子、诸侯从君统,不从宗统之理。新罗宗庙祭祀时间自成格局,"一年六祭五庙,谓正月二日、五日,五月五日,七月上旬,八月一日、十五日"(《三国史记·杂志第一》),与中国宗庙颇有不同,云云,皆其证。

二

高丽王朝与后唐、后周政权联系密切,并用其年号。北宋时,双方交往更为频繁。据《宋史》《高丽史》统计,北宋168年中,高丽朝宋的使节多达63次,北宋派往高丽的使节有24次;中原礼乐制度继续东传。

高丽太祖颇重儒学。太祖十三年(930),"幸西京,创置学校,命秀才廷鹗为书学博士"。十九年(936),撰《政戒》一卷、《诫百寮书》八篇,颁布于国中,依儒教思想训示礼义名分、上敬下顺之道。太祖晚年作《训要十条》,以为子孙龟鉴。其第四条云:"惟我东方,旧慕唐风,文物礼乐,悉遵其制。殊方异土,人性各异,不又苟同。契丹是禽兽之国,风俗不同,言语亦异,衣冠制度,慎勿效焉。"太祖的儒教政治思想,于此可见一斑。

光宗时,"以诗赋颂策试取进士,兼取明经科、医卜等业"(《高丽史·光宗世家》),是为朝鲜半岛行科举制度之始。成宗命修太学,广募州郡县子弟传习儒家文献,并选通经阅籍者为经学博士等,于十二牧各置一人,教导乡中子弟。又命有司广营太学书斋、学舍,在西京置修书院,在开京创国子监,典藏儒教文献。国子监下有国子学、太学、四门学等,均以学习儒家经典为主,科目有《周易》《尚书》《毛诗》《三礼》《三传》等。成宗颇留意于儒家礼制,凡所施为,必依礼典;曾派学者如宋游学,输入文物。成宗二年,博士任老成自宋归来,呈献《大庙堂图》《社稷堂图》《文宣王庙图》《祭器图》《七十二贤赞记》等图书,以为推行中国礼典之资。睿宗四年,国学设七斋,其中有《周礼》斋。睿宗夙慕华风,尤喜《易》《诗》《书》《礼》以及《礼记·中庸》等儒书。显宗曾先后追赠新罗侍郎崔致远内史令、新罗翰林薛聪弘儒侯,从祀文庙,是为朝鲜半岛以本地鸿儒配享文庙之始。靖宗尤其注重儒家典籍的翻刻与流布,曾命秘书省新刊《礼记正义》七十本以进,除御书阁庋藏一套外,其余分赐文臣研读。

祭祀体系也日臻华化。成宗二年正月辛未,亲祀圜丘祈穀,以太祖配,高丽朝祈穀之礼始于此。成宗还始行籍田礼,立社稷,建宗庙。显宗二十二年正月,亲祀方泽。祭祀形式日益规范,如太庙祭祀,"享有常日者,寒食、腊。腊兼荐鱼。无常日者,并择日四孟月。三年一祫以孟冬。五年一禘以孟夏。其禘祫之月,即不时享"(《高丽史·礼志二》)。此外,祔庙、迁庙以及昭穆制度等也都依照华制实行。

由于礼仪文化的普遍推行,士大夫阶层的行为是否合于礼,有时可以影响其仕途。据《高丽史·文正传》,进士鲁准,其父娶大功亲而生者,吏部尚书崔奭请依律禁锢不叙。王不允。文正等曰:"家齐然后国治,准父不正婚礼,渎乱人伦,然方今崇尚儒术,用士是急,宜降授阶职。"王乃从之。

高丽朝开始系统制定礼典。高丽学者权适游学于宋凡七年,屡中魁科,宋徽宗亲临策试,擢甲科第一。还国,睿宗备乐迎见,直除为国子博士,命撰定《国学礼仪规式书簿》,是为国学的礼制仪轨。鉴于权适的学术背景,此书当是依仿宋朝国学制度而定,今虽不存,其中必有可观者。毅宗时,平章事崔允仪撰《详定古今礼》五十卷,是为制定国家礼典之权舆。

需要说明的是,高丽太祖云:"惟我东方,旧慕唐风,文物礼乐,悉遵其制。"其所谓"唐风""文物",主要是指科举、学制以及文化科学知识之类,其余方面则不愿"苟同"。成宗的辅弼之臣崔承老曾上书言:"华夏之制,不可不遵。然四方习俗,各随土性,似难尽变。"他们感兴趣的,主要是诗书礼乐之教、君臣父子之道,对于用中国礼制来移风易俗,则不以为然。

此外,高丽朝虽重儒学,但也崇佛教,二者并立为国教。而统治者对佛学的热衷,实际上每每超过儒学,所谓"东海波臣,惟知崇信释氏,他未遑也"(《明史·朝鲜传》)。故而礼学的东传,虽然超迈前朝,但依然是有限度的。

三

丽末鲜初,《朱子家礼》经由安珦(1241—1306)之手东传,是为朝鲜半岛历史上最重大的事件之一。当时,佛徒日益腐败,寺院兼并土地,僧众沉湎酒色。"五教两宗,为利之窟;川傍山曲,无处非寺。不惟浮屠之徒浸以卑陋,亦是国家之民,多于游食。识者每痛心焉。"(《高丽史·李穑传》)社会迫切需要一种新的思想来取代佛教、挽回人心。正是在这样的背景之下,《朱子家礼》裹挟在朱子学东传的大潮中,进入了风雨飘摇的朝鲜半岛。

《朱子家礼》用明快的语言和简洁的仪节,展示了儒家礼仪中最重要的冠、婚、丧、祭四礼,用它推行儒家礼俗,消除佛教影响,最为便捷。因此,《朱子家礼》播迁高丽之初,即为识者所推崇。恭让王二年(1391),侍中郑梦周遭父丧,率先"于庐墓侧立家庙"(《增补文献备考》,卷86),依《家礼》行丧祭之礼;继而思欲强化儒教礼俗于一般社会,于是上书请令士庶仿《朱子家礼》,立家庙,作神主,以奉先祀。此为朝鲜士林立庙作主、运用《朱子家礼》之第一人。高丽末学者推崇《家礼》者不乏其人,如赵浚、郑习仁、尹龟生、文益渐、全五伦等皆是。

1392年,李成桂推翻高丽王朝,开创了长达五百年之久的朝鲜王朝。鉴于高丽朝佞佛亡国的覆辙,新王朝以"崇儒排佛"作为立国的纲领之一,并确立了以朱熹性理学为主干的儒学在国家意识形态中的主导地位。为了使士民从佛教的影响下解脱出来,建立儒家化的乡风民俗,政府大力倡行《朱子家礼》,士族则纷纷响应,仿效郑梦周,"无不立庙"(《增补文献备考》,卷86)。太宗初,命平壤府印刷《朱文公家礼》一百五十部,颁赐各司。其后不断翻刻印行,广为流传。世宗博通经史,旁及诸子百家,国家大政无不以儒学为圭臬。他深信"安上治民,莫善于礼"(《礼记·经解》),为了整肃风俗,敦行教化,下令将《朱子家礼》颁行国中,使民间冠、婚、丧、祭诸礼"一依《家礼》之法"(《世宗实录》,卷23)。学者认为《家礼》体现了儒家思想的精髓,"礼之用,散为三百三千,而其关于有家之常体而不可一日废者,唯冠、婚、丧、祭为尤切,此朱夫子《家礼》之所为作"(李象靖《家礼辑遗·序》),因而普遍推崇,誉之为"垂世大典"(李植《家礼剥解·序》)、"为世大范者"(李衡祥《家礼便考·序》),"实万世通行之制"(辛梦参《家礼辑解·序》),是朝鲜社会礼仪的典则。李珥云:丧制、祭祀、冠婚之制"当依《家礼》,不可苟且从俗"(《击蒙要诀》)。当时士大夫的丧葬礼,完全依照《朱子家礼》,"父母之丧,率皆庐墓三年。若有不谨者,不齿士列"(《增补文献备考》,卷34)。

朝鲜儒林研究《家礼》蔚然成风,论著之多,可谓汗牛充栋,成为朝鲜儒学最引人注目的特色之一。就诸儒论著的内容而言,可约略分为以下几类:

汇辑诸说类。如金延年《东儒礼说》、辛梦参《家礼辑解》、俞棨《家礼源流》、李衡祥《家礼便考》等;郑述《五先生礼说》,搜集二程、司马光、张载、朱熹等五位宋代名贤论礼之说,旁及经史子集,尤其是《礼记》《周礼》《大戴礼》《仪礼经传通解》《通典》《文献通考》《小学集解》《乡校礼辑》《吕氏宗法》等,凡十二卷,分门别类,务求详备,在学界享有盛名。

研究礼义类。如金麟厚《家礼考误》、李彦迪《奉先杂仪》、李滉《丧祭礼答问》、李珥《栗谷祭仪》、柳成龙《丧礼考证》、申湜《丧礼考览》、姜硕期《疑礼问解》、申湜《家礼谚解》、曹好益《家礼考证》、金长生《家礼辑览》与《疑礼问解》、金榦《答问礼疑》等,皆显闻于世。

变礼研究类。变礼是礼学研究中最困难之处,朝鲜学者多有致力于此者。如权谔,"经传注疏,以至历代儒先之论,东方诸老先生之说,有何及于吉凶变易之节者,靡不旁求博采。汇分类别,积功且十年……考据精审,辨证该洽,使人一遇变故,开卷了然"(李栽《跋变礼集说》)。又如柳长源《常变通考》,以"发挥《家礼》"为宗旨,"汇附古今常变,本之经传,参以后来诸家之说,集千古异同之论,而翕然归之于一,盖礼书之大方也"(李秉远《常变通考后序》);全书凡三十卷,取材广泛,采择礼书及各类史志等一百三十多种、朝鲜学者著述五十多种,用力精勤。

太祖、世宗表彰《家礼》,希冀成为士庶的礼范,而《家礼》究属异国礼仪,儒者素习于此,尚可依行,要使《家礼》成为万民的仪轨,则断断乎其难。《家礼》大体是从《仪礼》删削而成,以致过于简略,仪节之间每每不相连贯,礼义也时有不甚明了之处。加之士庶久习于旧俗,很难受容而内化为新俗,所谓"礼不难行于朝而难行于野"也。所以,儒者多有致力于《家礼》之普及,使之朝鲜化者。

金麟厚的《家礼考误》,对《家礼》文字作了详细的考订与说明。金隆《家礼讲录》,依《家礼》各篇顺序,根据文字难易情况,随文出注,或注字音、或指疑误、或解人名、或释难词、或存异说。李恒福的《四礼训蒙》,钞录四礼要语,欲使学者知礼的本源之所在,而不徒屑屑于名物度数。为便于不通汉字者阅读,还出现了用韩文注解《家礼》的著作,如《丧礼谚解》、《谚解家礼》、裴龙吉的《家礼考义》、李德弘的《家礼注解》、宋翼弼的《家礼注说》等。宋翼弼的《家礼注说》是此类著述中最为详备的一种,所列词目达四百五十多条,内容广泛,说解详到。上述著作,主要为学力较浅的读者而作,重在疏通文字,减少阅读障碍,或者原本就是为学生传授《家礼》的讲稿。它们对于培养精通《家礼》之学的青年后学,以及广泛普及《家礼》起了重要作用。

此外,尚多便于士庶实用的著作。如《奉先杂仪》本于朱子《家礼》而参以时俗之宜,稍加损益,务从简易,以便使用。柳云龙的《追远杂仪》,列有《正至朔望参礼图》《食时荐节俗图》《祭时四图》《祭祢图》《祭忌图》《祭墓图》《祭后土图》等七图，下有器名、仪节、祝辞等三部分，也是为士庶立范式者。金长生有感于礼之繁缛莫甚于丧，也莫急切于初丧，丧礼之篇幅居《家礼》之半，文字尤难解，且朝鲜丧礼受释道影响最深，亟需革正，故独取丧礼诠解之，题为《丧礼备要》。《备要》影响极大，"继《家礼》而言礼者，在我东惟《丧礼备要》为最切，今士大夫皆遵之"。《备要》所定，垂为朝鲜丧礼仪则。"虽兵戈创残，委巷治丧之家犹秉朱礼。"其后，李縡以《家礼》为纲，而仿《备要》的体例，又增加冠、婚二礼，作《四礼便览》，意在使读者"一开卷了然"。

为使《家礼》朝鲜化，诸儒对《家礼》作了许多辅助性工作，如补列器物、补充内容、补足文意等。《曲礼》云："礼不下庶人。"郑注："为遽于事且不能备物。"庶人终年劳碌于事，且无力备办行礼之器物，故制礼下止于士，而不及庶民。《书仪》《家礼》为使古礼平民化，尽力变通，以保存古礼礼义为原则，于行礼之场所、衣裳、器物等，皆就庶民之所有，以称其财力。如古人以炙肝为贵，但非常得之物，则可以肉炙代之；鱼汤不时，可以鸡雉汤代之。仪节也务求变通，如迁尸需有床，而朝鲜民俗不用床，专为制作则靡费人力、财力，《丧礼备要》主张变通从简，"无则用门扇"。经过如此之类的努力，《家礼》得以盛行于朝鲜。

《家礼》在朝鲜的播迁，使得儒林无不以知礼为荣，而"耻夷虏之风"，故处处以《家礼》以及《仪礼》《礼记》为准则，规范自身以及家庭、家族的行为。李埈、柳云龙都撰作《家戒》，对自己死后的丧礼，均依《家礼》一一规定，要求子孙恪守勿违。李民宬的《祭品定式》、宋麟寿的《祭礼遗教》，对家祭仪式系统地提出了要求。李衡祥的《尊经说示儿辈》《家礼始终说》，金隆的《家礼讲录》等，亦皆其类。

四

朱熹是理学的集大成者，也是杰出的礼学家。朱熹晚年好礼，曾以《仪礼》为纲，融《周礼》、大小戴《礼记》于一炉，作《仪礼经传通解》，希冀成为万世礼学法典。朱熹倡导的小学、学礼、乡礼以及乡射礼、乡饮酒礼等，对朝鲜的乡风民俗的儒家化产生了重要影响。

朱熹认为古人为学分大学、小学两个阶段,"小学是学其事,大学是穷其理",拯救乱世的根本,是在使童蒙教育能"养其正";认为圣人"建学立师",是为"以培其根,以达其枝"。为使童蒙教育能上接三代,朱熹与刘清之采撷儒家经典,尤其是礼书中的文句,编撰了《小学》一书。是书备受朝鲜政府和儒林推崇,为"学校始教之次第节目",与《家礼》并重,为淑世教民最切要的著作。朱熹另撰有《童蒙须知》,"童蒙之学,始于衣服冠屦,次及语言步趋,次及洒扫涓洁,次及读书写文字及杂细事",其主体部分也是取自《礼记》的《曲礼》《内则》《少仪》等篇,即朱熹所认定的上古时代小学教材。

朝鲜学者不仅普遍认同朱熹关于童蒙之学的论述,而且赞赏朱熹"自易及难,自简及详,因下学而上达,以至于神而明之"(权斗经《书斋简仪》)的小学之道,《小学》甚至成为王室的童习之书。在朝鲜的童蒙教育中,《童蒙须知》与《小学》居于最重要的地位。

受朱熹启迪,朝鲜学者多有仿《童蒙须知》体例作儿童行为规范。如栗谷的《圣学辑要》《击蒙要诀》《小学集注》《精言钞选》等书,文字浅近而寓义深远,不仅使儿童在举手投足之际向近儒学,而且秉礼树风,垂为成法。

朱熹又曾制定《白鹿洞书院学规》,不仅提出了一系列教学的宗旨,而且将礼作为为学、修身、处事、接物的依据。此学规也给予朝鲜社会以深刻影响。朝鲜时代是半岛历史上书院最为发达的时期,英、正时期(约当于清乾隆年间)全国300多个县建造的700余所书院,无不以《白鹿洞书院学规》为龟鉴,认为"圣狂自此分,治乱从此起",以为"万世问学之准则也。学圣贤者,固当书绅着膺,佩服终身"(尹镌《白鹿洞规释义》)。执教于书院的著名学者,无不仿照《白鹿洞书院学规》,结合所在书院的具体情况,制定学规、院规。李退溪(1501—1570)所作《伊山院规》,规定诸生读书,"以四书、五经为本原,《小学》《家礼》为门。遵国家作养之方,守圣贤亲切之训",并朱熹《白鹿洞规十训》等揭橥院中壁上。随着书院院规、学规的普遍制定,书院对先贤的享祀等也日益规范化。有些学者还按照《白鹿洞书院学规》的原则,为自家的书斋制定仪规,使言行举止片刻不离儒家之道。

宋人吕大防、吕大钧兄弟家居京兆蓝田,嗜好古礼,每与族人"相切磋论道考礼,冠、婚、丧、祭,一本于古。关中言《礼》者,推吕氏"。"尝为《乡约》,曰:凡同约者,德业相劝,过失相规,礼俗相交,患难相恤。有善行则书于书籍,有过若违约者亦书之,三犯而行罚,不悛者绝之。"(《宋史·吕大防传》)《吕氏乡约》树立了道德自律的典范,引起了较大的社会反响。朱熹充分肯定《吕氏乡约》"德业相劝"等四纲目。为了进一步明确其道德趋向,使之涵盖更大的生活层面,朱熹对其增益修订,作《增损吕氏乡约》,并将《仪礼》中相见、相接等仪节加以简化,移用于此,使古礼得以在现实生活中复活。

由于朱熹的提倡,《吕氏乡约》传入朝鲜后,受到朝野的欢迎。政府对于推行《吕氏乡约》表现出很高的热情,如正祖云:"《乡约》之于化民成俗,亦易为力。朱夫子盖尝月朝读约,三代之制如复可见。"(《御制养老务农颁行小学、五伦行实、乡饮酒礼乡约纶音》)故屡屡用行政命令予以倡行。在政府的支持下,各地儒林积极推行《乡约》,认为《乡约》是"厚风俗、纠谣邪,俾斯人兴于礼让,免于刑辟"(李埈《里约告示文》)的极好形式。从今存的朝鲜《乡约》来看,其形式主要有两类:一类是以《吕氏乡约》或朱熹《增损吕氏乡约》的四纲领为基础,略加增损;另一类是另立纲目,制定新的、适宜于本地民情的《乡约》,如宋明钦的《乡约节目》,另拟为孝顺父母、恭敬长上、和睦邻族、停水防火、觉察盗贼、禁止斗争等六条,体现了鲜明的地方色彩,但其大旨仍然与吕氏、朱熹不悖。

各地《乡约》所规定的程式,在儒家礼学的原则下日益规范化,如金榦所拟《顺宁契约》中乡人聚会的礼仪,即脱胎于《仪礼》。类似的仪节被普遍采用,并长期习用。另有学者专作乡居时的"戒辞",以与《乡约》相应,以为乡人表率,如金榦就有三十二条"书之座右,朝夕视以为警"的戒辞。

《周礼》有岁时"属民读法"之记载,即定期向民众宣讲政府的法律或各种条规。朱熹主张加以移用,云:"今若将孝、弟、忠、信等事撰一文字,或半岁、或三月一次,或于城市,或于乡村,聚民而读之,就为解说,令其通晓,及所在立粉壁书写,亦须有益。"(《论考礼纲领》)受此影响,朝鲜时代,每每有定时组织乡民诵读《乡约》条规的记载。如《顺宁契约》规定,主人、上宾就坐,上宾以下以齿序坐后,"使善读者抗声读约文,在坐者皆拱手肃容以听"。《乡约》与乡间的行政组织密切结合,其包括的内容越来越丰富,以至及于乡民生活的各个方面,成为国家行政法令的重要补充。

与中国相同,朝鲜也是宗法社会,宗族是宗法社会的重要支柱。在《乡约》普遍推行后,又出现了"宗契""族议",是为《乡约》在宗族内的衍生形式,其积极作用在于使宗族生活统一于儒家思想之下。

乡饮酒礼和乡射礼是儒家为化民成俗而制定的礼仪。"合诸乡射,教之乡饮酒之礼,而孝弟之行立矣。"(《钦定仪礼义疏》)朱熹曾行乡饮酒礼,并与诸生"考协礼文,推阐圣制,周旋揖逊,一如旧章"(《行乡饮酒礼告先圣文》)。宋、明两朝与朝鲜半岛的关系极为密切,文物制度颇有东传。宋代曾将乡饮酒礼的仪制镂板颁行,遍下郡国施行。明洪武三年(1370)五月,诏行大射礼。后又颁行乡饮酒礼图式,各府、州、县,每岁正月望日、十月朔日在当地学宫举行乡饮酒礼。这是"向慕华风"的朝鲜政府倡行乡饮酒礼和乡射礼的重要原因之一。

朝鲜政府对于乡饮酒礼的教化作用评价甚高,正祖云:"一日礼行,风动四方,惟乡饮酒近之。"认为推行此礼,即足以"壹民志、靖世教"(《御制养老务农颁行小学、五伦行实、乡饮酒礼乡约纶音》)。

当时列邑普遍建有"乡射堂"。乡射礼对朝鲜社会风气转换产生的影响之大,有一典型例证。盖马大山东约三百里有北青邑,其地偏僻,民风强悍,久在化外。后来,士大夫迁谪于此者渐多,而成为文物之区。申景濬任知州,拟举行乡射礼,而不知行礼器物是否见有,遂询问当地故旧,方知乡射堂内侯、楅、鹿、筹、物、乏等诸具应有尽有。乃行乡饮酒礼,"升降拜揖,进退步趋如率,肃如也。彻俎既,庭宴青衿三百,乐合奏,觯传三,欢也"。申景濬感慨道:"兹土与肃慎邻,劲弓毒矢,相杀伤以事者,数千有余载",如今"一变而雍容辞逊,争以君子乃如斯,斯岂非我列圣暨朔之化之至欤"(《乡射礼记》)?

朝鲜儒者论述乡饮酒礼、乡射礼的文章触目皆是。如李栽《乡饮酒礼跋》及《乡射堂重修记》,郑蕴《乡射堂重修记》,权五福《乡射堂记》,张显光《乡射堂记》,河受一《射说》《乡射礼序》,申景浚《乡射礼记》,金孝元《射以观德赋》

等,洪泰猷《讷隐集》卷六有《乡饮酒礼诗卷序》,可见朝鲜文教之盛。

中国儒家讲究"修身、齐家、治国、平天下",家庭是社会的基本单位,《孟子》云:"国之本在家。"家齐则国治、天下平,故儒者倡行治家之道。"三代而上,教详于国。三代而下,教详于家"(张一桂《重刻颜氏家训·序》)。司马光所撰《家范》影响颇大,朱熹取则司马光之处甚多:"朱子志在《纲目》,行在《小学》。《资治通鉴》实《纲目》胚胎,《小学》与《家范》又互相发明者也。"(《温公家范·序》)

朝鲜学者出于修身齐家的需要,多有类似《家礼》的条规。当时的士林意识到"君子之居家,莫急于服礼。生民之为德,莫大抄报本",迫切希望"讲习体行,以标准于国中"(李宗城《家范》)。

李宗城之先祖文忠公"晚而好礼,礼书不去手",尝辑成《四礼训蒙》。又有文敬公"一生讲礼,节文仪则,无所不备。盖当日用力于四勿之训,克复之功,至晚年而纯如也"。他最"疾夫小子蒙学,每当祭时,登降拜俯,从长者而已,漫不知何义",故编成《家范》一书,"欲令一家子弟,私相诵读"。宋明钦的《家仪》,强调家庭礼法,"凡居家,当谨守礼法";要求制财用之节,"称家之有无,以为上下衣食吉凶之费。皆有品节而莫不均一……祭祀当依《家礼》,必立祠堂以奉神主,置祭田,具祭器……祭服,宗子主之,毋得苟相假借"。洪泰猷的《居斋节目》,与教授诸生紧密相关:"每朔望,诸生早食,来会于东西斋。斋有司一人受到记后,因谒院庙,还庭行相揖礼,次次进讲……居斋之日,早起盥栉,正衣冠,端坐读书。食时鼓,各具巾服,东西相揖,升堂以次坐。既食,曹司一人,读《白鹿洞规》《伊山院规》。"对于家庭关系的处理,则另有《齐家十箴》。

为使儒家礼仪遍及于社会所有层面,世宗时,集贤殿副提学权采等奉命从中、朝古今书籍所载孝子、忠臣、烈女事迹中,采卓然可观者,得百有十人,编为一书,"图形于前,纪实于后,而并系以诗",世宗赐名《三纲行实图》,刊布于民间,宣扬父子、君臣、夫妇之道,作为"明人伦、敦教化之一助"(尹宪柱《三纲行实图·原跋》)。鉴于五伦中尚有长幼、朋友二伦无从表彰,中宗令礼曹设局撰《二伦行实图》,由前司译院曹伸撰集历代诸贤处长幼、交朋友,其行迹可为师法者三十五人,仿《三纲行实图》体例,编为两卷。二书列于学官,为化民成俗之本。后又合二书为一，名为《五伦行实》。

正祖二十一年（1797）正月元日，诏以《乡饮酒仪》《吕氏乡约》《士冠仪》《士昏仪》等，厘为一编，推行于国中。中宗时，庆尚道观察使金安国在庆州、安东等五邑刊印《童蒙须知》《口诀小学》《三纲行实图》《二伦行实图》《谚解正俗》《谚解吕氏乡约》等十一种有关于治道的书籍，以广流传。在朝鲜走向儒家化的进程中，乡风民俗的变化最为明显，从儿童、学校到乡村、家庭，无不以儒家思想为行为准则。朝鲜王朝持续的时间长达五百余年，与社会、家庭的稳定有着最直接的关系。

五

朝鲜王朝儒家化的进程，到15世纪70年代的成宗朝达到高潮。其显著标志有二：一是1471年崔恒等以中国《周礼》为蓝本编撰的《经国大典》完稿，其后由政府颁行，成为官政大法；二是1475年由申叔舟等以中国《大唐开元礼》等为底本纂修的《国朝五礼仪》印行，成为国家礼仪大典。

朝鲜王朝的第一部官制法典，是太祖三年（1394）由郑道传编撰的《朝鲜经国典》，旨在正宝位、国号，定国本、世系。《周礼》设天官、地官、春官、夏官、秋官、冬官，分掌治典、教典、礼典、政典、刑典、事典。郑氏仿照《周礼》，分为治典、赋典、礼典、政典、宪典、工典，而以儒教统治理念为基本指南。然六典之中，仅"宪典"采用《大明律》，其余五典不过是各种法令的综合汇集，且多因袭高丽旧制。

其后，政府责成检详条例司修改《朝鲜经国典》，乃汇集从高丽辛禑王十四年（1388）以后、现行法令之外的各种条文，加以汰选，去其矛盾、重复者，仍按六典的形式编撰，于太祖六年（1397）完成，史称《经济六典》。由于分别采用了"吏读"和方言撰写，故又称《吏读元六典》或《方言六典》。

但是，《经济六典》内容单薄，不足以成为法典体系。定宗元年（1399）、太宗四年（1404）先后命令条例详定都监对《经济六典》的条文进行修订，称为《经济六典元集详节》。又汇集太祖七年（1398）以后至太宗七年（1407）间的法令条文，编次为《经济六典续集详节》，简称《续六典》。到世宗朝，痛感元、续《六典》科条浩繁，前后抵牾不一，决定斟酌损益，删定会通，使之为"万世成法"。世祖四年（1458），正式易名为《经国大典》，六典之名，悉从《周礼》。此后修订了户典、刑典等，直到世祖十二年（1466），方告完竣。成宗二年（1471），《经国大典》正式颁行。

《经国大典》是朝鲜历史上的巨典，影响深远。其架构体系，以及体国经野、设官分职之法，大体依据《周礼》《开元六典》以及《大明律》等，是一部儒家色彩相当强烈的法典。

为了给朝鲜社会建立系统的礼仪典则，世宗命令礼曹判书许稠，"详定诸祀序列及吉礼仪"。"又命集贤殿儒臣详定《五礼仪》，悉仿杜氏《通典》，旁采群书，兼用中朝诸司职掌、洪武礼制、《东朝今古详定礼书》等，参酌损益，裁自圣心。"（《国朝五礼仪·姜希孟序》）世宗希冀能有一部博采众长、传之千古的《五礼仪》，他不仅命人撰作，而且亲加裁夺。可惜未及完稿，世宗即撒手迁逝。

世祖对世宗朝草撰的《五礼仪》并不满意，认为"条章浩繁，前后乖舛"（《国朝五礼仪·姜希孟序》），因此，命兵曹判书兼知经筵春秋馆事姜希孟和吏曹判书成任等"考古证今"，修订《五礼仪》。但未及完成而世祖崩。成宗即位后，倾力于朝鲜礼仪制度的儒家化。《五礼仪》之编纂，肇端于世宗，后历文宗、端宗、世祖、睿宗而至成宗，已有六朝，几近百年，用力不可谓不多，但是"历累朝而未成，而前后有众议之不一"（《国朝五礼仪·申叔舟序》）。成宗乃命姜希孟及知中枢奉朝贺郑涉、礼曹判书李承召、参议尹孝孙、通礼院左通礼朴叔蓁、前内赡寺正郑永通、奉常寺金正李琼仝、吏曹正郎柳洵权、知承文院校检丘达孙、承文院著作崔淑卿等精于礼学的官员，"绅绎旧章，合乎古，宜乎今，欲极情文之备；刊其繁，会其要，益致节目之详"（《国朝五礼仪·申叔舟序》）。书成，又以申叔舟为总裁，详为考订。申叔舟是世祖、睿宗、成宗三朝的功臣元老，世祖誉之为"我之魏徵"。申氏因久掌礼曹和文衡，精通汉语，曾奉使中国达十余次，谙熟中国古礼。经过一年多的审校，终得付梓，定名为《国朝五礼仪》，凡八十八卷，时在成化十一年（1475）。朝鲜的礼仪制度由此灿然大备。《国朝五礼仪》成为朝鲜史上最权威的国典之一，"是书之行，当与周家《仪礼》一书并传不朽也无疑矣"（《国朝五礼仪·姜希孟序》）。

《国朝五礼仪》最显著的特点,是对周秦以降的中国礼制作了充分的吸纳和材料的采择,主要有以下几方面:

一是《大唐开元礼》。将《大唐开元礼》《国朝五礼仪》两书目录比照,大体一致。两者的开首几卷都是"序例",专记择日、神位、俎豆、衣服、斋戒等的定制,以下五礼的名目与顺序完全相同。从细目的数量看,则后者大大少于前者。究其原因,《大唐开元礼》是帝王之礼,至尊至上,故有诸如皇帝冬至祀圜丘、皇帝正月上辛祈穀于圜丘、皇帝孟夏雩祀于圜丘等皇帝特有的礼仪。《国朝五礼仪》是王国之礼,自然不敢僭越,所以将这一类礼全部略去。考虑本国的礼数和级别,《国朝五礼仪》还对某些礼仪作了归并。

二是《仪礼》。《仪礼》大约成书于周秦之际,汉初立五经博士,《仪礼》居其一,对中国礼制产生过重大影响。《朱子家礼》在大节上沿袭《仪礼》,而在细节处则多有省略。《大唐开元礼》对某些礼仪语焉不详,如皇帝的丧礼,着重记述讣奏、临丧、刺使吊、赠赙、会葬等涉及外界的礼节,对尸体的处理则未提及。《国朝五礼仪》则依据《仪礼》中《士丧礼》《既夕礼》等篇加以填补,制定治丧则例。又如王世子的冠仪,亦本于《仪礼·士冠礼》。

第三是取材于洪武礼制。中国古礼自周秦而汉唐、而宋明,与时俱变,以适应时代的发展。洪武年间的《大明集礼》更趋严密,更为合理。当时朝鲜与明王朝的交往极为密切,所受影响也最深,因此《国朝五礼仪》直接取材于明代礼制,亦属顺理成章。

朝鲜礼学之盛,另一方面表现在礼的观念已经浸透于政府行为,各部门均有依仿中国礼典制定的仪轨,如《国朝宝鉴监印厅仪轨》《宗庙仪轨》《社稷署仪轨》等,详密之极,部门职能、官员职责、行事程式等,无不纳入礼的范围。

到朝鲜时代后期,中国礼学的传播已经相当深入,许多学者以毕生的精力研究《三礼》之学,涌现出一大批精通礼学的学者,李珥、郑逑、金长生、宋翼弼、宋时烈、丁若镛等,皆为一时之选。蕴涵在宗法制度中的种种礼制原则,不仅为朝廷士大夫所认识,并且被视为王室继承制度的准绳,任何违反礼制规定的举措,都会被视为大逆不道。引人注意的是,朝中多次发生"礼讼",即在宗法制度下,由于王位继承的正统性、丧服的等差、宗室勋戚的封号等礼仪问题所引起的聚讼,如仁祖反正与元宗追崇、昭显世子与孝宗的继承权、己亥服制、仁宣王后之丧与太妃服制等,辩难的双方征引《仪礼》《礼记》《左传》等经典,已经相当娴熟,辩论的问题也极其深入。几乎每次礼讼都导致换局,无不对政局产生重大影响。这种现象为中国所罕见。

《经国大典》和《国朝五礼仪》的颁行,以及《朱子家礼》等的推广,在朝鲜社会持续数百年之久,造成了深刻的文化影响,使朝鲜社会实现了全面的儒家化。

六

朝鲜时代之所以能实现全社会的礼仪化,一是由于中、朝之间长期的文化交往,使得中国的礼仪文明在朝鲜日积月累,形成较好的基础;二是朝鲜儒学以朱子学为核心,而朱子学十分注重修身,主张用儒家之礼来规范人的行为和思想。朱子对古礼作了加工处理,使之简明易行,并糅入其著作和各种条规之中,为后学展示了一条通过践行儒家之礼而达到全社会儒家化的道路。朝鲜儒家崇拜朱熹,尊奉工夫论,追求敬、义夹持的境界,就必然要借助于各种礼的约束和导引。明亡清兴之际,中国民族矛盾开始突出,性理学受挫,失去了发展的强劲势头,而朝鲜政局平稳,朱子学依然有着充分发展的良好环境。从朱子学东传到朝鲜王朝灭亡的五百多年中,朱子的学说不仅成为朝鲜的统治思想,而且深入民间,妇孺皆知,成为用儒家礼乐文化移风易俗、改造社会的成功范例。

上 编

一、三国时代中国古礼的初步传播

    1.纪元前朝鲜半岛的历史文化

    2.三国时代朝鲜半岛的社会状况

    3.高句丽、百济、新罗与中国的交往

    4.中国礼仪文明在三国的传播

    5.朝鲜半岛三国时代渐起的慕华之风

二、高丽时代的儒学与礼制

    1.高丽与中国的交往

    2.成宗制礼

    3.高丽的礼制格局

    4.佛教的兴盛与礼制的衰落

    5.高丽礼制检讨

三、朝鲜时代《朱子家礼》的播迁

    1.朱熹与《家礼》

    2.《家礼》的东传

    3.《家礼》之研究

    4.《家礼》的普及与推广

    5.《家礼》的朝鲜化

    6.朝鲜儒林家庭礼仪的范式化

四、乾嘉时期朝鲜学者的燕行

    1.清军入关前后的中朝关系

    2.清初朝鲜人的夷夏观

    3.乾嘉时期燕行的北学派学者

    4.燕行学者对朝鲜的影响

一、三国时代中国古礼的初步传播

朝鲜三国时代,是中国与朝鲜半岛开始频繁进行文化交往的时期,中国的礼仪文明通过各种途径传入该地区,并影响当地社会,改变着人民的生活方式和社会形态。

1.纪元前朝鲜半岛的历史文化

朝鲜半岛人类活动的历史,可以追溯至史前的旧石器时代。迄今为止,半岛已经发掘的旧石器时代的遗址有:北咸镜道雄基县的屈浦里遗址、南平安道中和县的祥原遗址、南忠清道公州的石壮里遗址、北忠清道堤川县的浦田里遗址等。属于旧石器时代末期的石壮里遗址的两个文化层的年代分别为约30000年前和20000年前,"一般推测在距今约40000年到50000年前旧石器时期的人类便已开始在朝鲜半岛上定居了"[①]。大约在公元前4000年,朝鲜半岛开始进入新石器时代。

中国与朝鲜半岛山水相依,彼此之间的文化交往,源远流长。中国黄河流域的古文明进入并影响朝鲜半岛,至迟可以上溯到殷末周初。据《史记·宋世家》记载,商王朝灭亡后,周武王封纣王的叔父箕子于朝鲜。这是文献所见最早的关于大陆名贤到朝鲜半岛定居的记载。箕子东入朝鲜后,着力推广中原文化于当地,其举措略见于《汉书》:

[①] 〔韩〕李基白著,厉帆译:《韩国史新论》,国际文化出版公司,1994年9月。

> 殷道衰,箕子去之朝鲜,教其民以礼义,田蚕织作。乐浪朝鲜民犯禁八条:相杀以当时偿杀;相伤以谷偿;相盗者男没入为其家奴,女子为婢,欲自赎者,人五十万。虽免为民,俗犹羞之,嫁娶无所雠,是以其民终不相盗,无门户之闭,妇人贞信不淫辟。其田民饮食以笾豆。①

对《史记》《汉书》中有关箕子的文献记载,古代的朝鲜学者多不否认。但当代朝鲜、韩国学者多持否定态度,认为箕子朝鲜之说,纯属子虚乌有,朝鲜开国,乃是公元前2333年10月3日,檀君王建在今日之平壤之地所建之国。檀君朝鲜史称"古朝鲜"。

中国人大批进入朝鲜半岛,似在战国后期。当时,乐浪、玄菟从属于燕国②,真番、朝鲜也在燕的有效控制之下:

> 自始燕时,尝略属真番、朝鲜,为置吏筑障。秦灭燕,属辽东外徼。汉兴,为远难守,修复辽东故塞,至浿水为界,属燕。燕王卢绾反,入匈奴,满亡命,聚党千余人,椎结蛮夷服而东走出塞,渡浿水,居秦故空地上下障,稍役属真番、朝鲜蛮夷及故燕、齐亡在者王之,都王险。③

可见燕国时即已略得真番、朝鲜。秦灭燕,此地属辽东外徼。汉初,因其地辽远,故边界仅划至于浿水而止,为燕王卢绾辖地。其后卢绾谋反失败,卫满聚众东逃,故越过浿水,"居秦故空地"为王,以王险(今朝鲜平壤)为都。史称"卫满朝鲜"。卫满朝鲜的臣民,除真番、朝鲜的土著外,尚有"故燕、齐亡在者"④,"燕、齐、赵人往避地者数万口"。到卫满之孙右渠王时,"所诱汉亡人滋多"⑤。齐、燕、西汉之民大批亡入朝鲜,无疑加速了中国文化的东传。汉初,

---

① 《汉书·地理志下》。
② 见《汉书·地理志》"燕国属地"条。
③ 《汉书·西南夷两粤朝鲜传》。
④ 《后汉书·东夷列传》。
⑤ 《汉书·西南夷两粤朝鲜传》。

"辽东太守即约满为外臣,保塞外蛮夷,毋使盗边;蛮夷君长欲入见天子,勿得禁止"①。元封三年(前108),汉武帝灭卫满朝鲜,开玄菟、真番、临屯、乐浪四郡。是为"汉四郡"时期。昭帝(始元)五年,"罢临屯、真番,以并乐浪、玄菟。玄菟复徙居句丽。自单单大领已东,沃沮、濊貊悉属乐浪。后以境土广远,复分领东七县,置乐浪东部都尉"②。到右渠王时,"濊君南闾等畔右渠,率二十八万口诣辽东内属,武帝以其地为苍海郡,数年乃罢"③。汉四郡时期,朝鲜半岛成为中国政府直接控制的地区,中国文化对当地的影响则可想而知,如"武帝灭朝鲜,以高句丽为县,使属玄菟,赐鼓吹伎人"④。

汉四郡时期,活跃于朝鲜半岛其他地区的部落或早期国家,有扶余、濊貊、挹娄、高句丽、沃沮、马韩、辰韩、弁韩等。《后汉书·东夷列传》云:"濊及沃沮、句丽本皆朝鲜之地也。"又云:"武帝灭朝鲜,以沃沮地为玄菟郡。"后属乐浪东部都尉,又其后臣属高句丽。东濊亦属高句丽。建武六年(30),东汉政府"省都尉官遂弃领东地,悉封其渠帅为县侯,皆岁时朝贺"⑤。经过长年的彼此兼并,朝鲜半岛渐次形成了高句丽、新罗、百济三个国家。

2.三国时代朝鲜半岛的社会状况

公元前57年(西汉宣帝五凤元年),时年十三的新罗始祖赫居世即位,号居西干,国号徐那伐。赫居世二十一年(公元前37年,汉元帝建昭二年),高句丽始祖东明立。赫居世四十年(公元前18年,汉成帝鸿嘉三年),百济始祖温祚立。朝鲜半岛新罗、高句丽、百济三国鼎立,史称"三国时代"。公元663年(唐高宗龙朔三年)新罗灭百济,668年(唐高宗总章元年)新罗灭高句丽,朝鲜半岛进入统一新罗时代。935年(后唐废帝二年),新罗亡,高丽时代开始。朝鲜半岛三国时代的年代跨度,大致与中国的两汉、魏晋南北朝、隋唐时期相当。

有关三国时代的历史状况,当地没有直接的文字史料传世。所幸者,中国

---

① 《汉书·西南夷两粤朝鲜传》。
② 《后汉书·东夷列传》。
③ 《后汉书·东夷列传》。
④ 《后汉书·东夷列传》。
⑤ 《后汉书·东夷列传》。

的《史记》《汉书》《后汉书》《三国志·魏书》《魏书》《晋书》《旧唐书》《新唐书》等文献中有若干记载。这些记载或得自三国来华使者的叙述，或采自中国官员出使朝鲜半岛的闻见，故弥足珍贵。流传于世的《三国史记》和《三国遗事》，是晚至高丽时代才撰成的作品。《三国史记》五十卷，金富轼著，作于1145年，乃摭拾裒集中国史书中的有关资料，补苴、完善而成。《三国遗事》为13世纪80年代高僧一然所作，系据古代传说和野史编撰①。

汉魏时期朝鲜半岛的社会历史，还残留着浓厚的传说时代的色彩。如关于朴姓新罗王始祖的来历，《新罗本纪》云：

> 高墟村长苏伐公，望杨山麓，萝井傍林间，有马跪而嘶，则往观之。忽不见马，只有大卵。剖之，有婴儿出焉，则收而养之。及年十余岁，岐嶷然夙成，六部人以其生神异，推尊之，至是立为君焉。辰人谓瓠为朴，以初大卵如瓠，故以朴为姓。居西干，辰言王。②

无独有偶，新罗另一大姓昔姓始祖脱解王的降诞，同样充满神话色彩：

> 脱解本多婆那国所生也，其国在倭国东北一千里。初，其国王娶女国王女为妻。有娠，七年乃生大卵。王曰：人而生卵，不祥也，宜弃之。其女不忍，以帛裹卵并宝物，置于椟中，浮于海，任其所往。初至金官国海边，金官人怪之不取。又至辰韩阿珍浦口，是始祖赫居世在位三十九年也。

---

① 比较两书，《三国史记》的可信性优于《三国遗事》，但疑问依然不少。如新罗王脱解尼师今在位二十四年卒，由儒理王第二子婆娑尼师今继位。婆娑尼师今在位三十三年卒，婆娑王嫡子祇摩尼师今立。祇摩尼师今在位二十三年卒，儒理王之长子逸圣尼师今立。上记《新罗本纪》记载的王世，恐有疑问。儒理王既言"以年长且贤者继位"，那么，为何脱解王不传位于年稍长的儒理王长子，而要传位于年稍幼的儒理王次子？若次子二十岁即位，则长子之年必高于此；婆娑王、祇摩王共在位五十六年，则儒理王长子逸圣王即位已将近八十岁，耄耋长者，势所不能。逸圣尼师今在位二十一年卒，长子阿达罗尼师今立。逸圣王卒时，年逾百岁，若其二十岁得长子，则阿达罗王继位时，年纪当在八十以上。《三国史记》云"阿达罗尼师今在位三十一年"，则阿达罗王之卒，寿在一百一十以上。如此父子相继为王，年齿均在百岁以上，恐举世罕见。
② 《三国史记》卷一，《新罗本纪》卷一。以下凡引《三国史记》一书的《新罗本纪》《高句丽本纪》《百济本纪》者，均省略书名。

时海边老母,以绳引系海岸,开椟见之,有一小儿在焉。其母取养之。及壮,身长九尺,风神秀朗,智识过人。或曰:此儿不知姓氏,初,椟来时,有一鹊飞鸣而随之,宜省鹊字,以昔为姓。又解韫椟而出,宜名脱解。①

高句丽是夫余的别种,世祖为朱蒙。在高句丽民族的传说中,朱蒙是半人半神的人物。《魏书·高句丽传》记载朱蒙出生始末云:

高句丽者,出于夫余,自言先祖朱蒙。朱蒙母河伯女,为夫余王闭于室中,为日所照,引身避之,日影又逐。既而有孕,生一卵,大如五升。夫余王弃之于犬,犬不食;弃之于豕,豕又不食;弃之于路,牛马避之;后弃之野,众鸟以毛茹之。夫余王割剖之,不能破,遂还其母。其母以物裹之,置于暖处,有一男破壳而出。及其长也,字之曰朱蒙。其俗言"朱蒙"者,善射也。

朱蒙故事也见于《三国史记》,而有所加详。类似的记载尚多,足见当时的朝鲜半岛,尚处在传说时代的后期,故神人杂糅,难以据为信史。汉四郡之外的地区,其社会组织,尚处于早期国家的形态,文献记载云:

凡有五族,有消奴部、绝奴部、顺奴部、灌奴部、桂娄部。本消奴部为王,稍微弱,后桂娄部代之。其置官,有相加、对娄、沛者、古邹大加、主簿、优台、使者、帛衣先人。
以六畜名官,有马加、牛加、狗加,其邑落皆主属诸加。②

据《汉书·东夷列传》,朝鲜半岛东南部的三韩,"凡七十八国,大者万余户,小者数千家,各在山海间"。"邑落错居,亦无城郭。"可见所谓的"国",实际上是指或大或小的居民聚落。聚落内部缺乏必要的管理机构,因而处于相当松散

---

① 《新罗本纪》卷一。
② 《后汉书·东夷列传》。

的状态。如挹娄,"无君长,其邑落各有大人"①。马韩,"其俗少纲纪,国邑虽有主帅,邑落杂居,不能善相制御"②。又如辰韩,"初有六国,后稍分为十二。又有弁辰,亦十二国,合四五万户,各有渠帅,皆属于辰韩"③。弁韩与辰韩二十四国,"辰王常用马韩人作之,世世相继。辰王不得自立为王"④。可见辰韩并无独立的政权,而是依附于马韩,"辰韩常用马韩人作主,虽世世相承,而不得自立,明其流移之人,故为马韩所制也"⑤。

人民为山岭阻隔,各自聚居于不同的自然生活区。这些聚居区称为"村",实际上是氏族部落:

> 先是,朝鲜遗民分居山谷之间,为六村:一曰阏川杨山村,二曰突山高墟村,三曰觜山珍支村,四曰茂山大树村,五曰金山加利村,六曰明活山高耶村,是为辰韩六部。⑥

儒理尼师今九年春,曾"改六部之名,仍赐姓。杨山部为梁部、姓李。高墟部为沙梁部,姓崔。大树部为渐梁部,姓孙。干珍部为本彼部,姓郑。加利部为汉祇部,姓裴。明活部为习比部,姓薛"。六部、六姓中,没有作为贵族统治集团的朴、昔、金等三姓,当是处于从属地位的部落联盟的主体。

三国时代初期的王位继承制度,残留着许多氏族社会的遗风,尚处于比较原始的阶段,新罗的情况尤为典型。新罗王的称呼,有居西干、次次雄、尼师今、麻立干等四种。其中称居西干、次次雄者各一人,称尼师今者十六人,称麻立干者四人。新罗名儒崔致远所著《帝王年代历》一律称之为王,可见都是王号。四种称号的确切意思,已难考索。有朝韩学者考证,次次雄,或云"慈充",方言谓巫。若其说不误,则其余三种称号可能也都是"巫"的方言。

---

① 《后汉书·东夷列传》。
② 《三国志·魏书·东夷传》。
③ 《晋书·四夷传》。
④ 《三国志·魏书·东夷传》。
⑤ 《晋书·四夷传》。
⑥ 《新罗本纪》卷一。

新罗国政，由朴、昔、金三姓共同执掌。其王位继承制度最鲜明的特色，是三姓都可以入承大统。最早的新罗王居西干，朴姓，在位六十一年卒，由嫡子南解次次雄继位。次次雄卒，太子儒理尼师今立。儒理尼师今卒，由时年六十二岁、昔姓的脱解尼师今继位。令人费解的是，新罗王位在嫡传三代之后，为何突然易姓而传？《新罗本纪》的解释是，儒理王临终前有言："先王顾命曰：吾死后，无论子婿，以年长且贤者继位，是以寡人先立。今也宜传其位焉。"据《新罗本纪》，脱解在南解王七年（公元10年，新莽始建国二年）时，就"登庸为大辅，委以政事"。根据上记南解王、儒理王的在位年数推算，则脱解在担任大辅时，年仅十四岁，如何委以政事？南解王薨时，脱解二十七岁，正当英年，反而不传其位，必待其年届六十之后方许践祚，有悖情理。

脱解尼师今卒，王位返传于朴姓，由儒理王第二子婆娑尼师今继位。婆娑尼师今卒，其嫡子祇摩尼师今立。祇摩尼师今卒，逸圣尼师今立。逸圣尼师今卒，长子阿达罗尼师今立。阿达罗尼师今卒，王位再次传给昔姓，由脱解王子仇邹角干之子伐休尼师今继位。伐休尼师今卒，伐休尼师今之孙奈解尼师今立。奈解尼师今卒，伐休尼师今之孙助贲尼师今继位。助贲尼师今卒，助贲王之同母弟沾解尼师今立。这一时期，昔姓四度入承王统位，王位的授受在朴、昔二姓之间进行，似乎与金姓无涉。

直到沾解尼师今卒，金姓的味邹尼师今继位，金姓始得入承王统。其原因，《新罗本纪》说是"沾解无子，国人立味邹"。但是，昔姓无子嗣可传，朴姓未必无子，为何不传位于朴氏？文献语焉不详。

味邹尼师今卒，王位再度传于昔姓，由助贲王长子儒礼尼师今立。儒礼尼师今卒，助贲之孙基临尼师今立。基临尼师今卒，奈解王之孙讫解尼师今立。至此，昔姓再入王统，三度传承王位。

讫解尼师今卒，仇道葛文王之孙、金姓的奈勿尼师今立。《新罗本纪》说，此次昔姓与金姓王位转换的原因，是"讫解薨，无子"。奈勿尼师今卒，"其子幼少，国人立实圣"，实圣尼师今是阏智裔孙、大西知伊飡之子，金姓。自此之后，新罗王位的传承，几乎都是在金姓子弟中授受，唯一的例外是，第五十二代孝恭王卒,无子,国人推戴神德王立①,神德王乃朴姓,阿达罗尼师今的远孙。神德王卒,相继即位的景明王、景哀王虽是朴姓,但已是新罗王朝的尾声了。

新罗国王位传承的另一个特色,是女性也得入承王统。公元632年,真平王卒,无子,长女德曼,"性宽仁明敏",故"国人立德曼"②,是为善德王。善德王在位十四年卒,真平王母弟胜曼"资质丰丽,长七尺,垂手过膝",继位,是为真德王。真德王在位七年,太宗武烈王继位,王权复归于男性。在此之前,以女性而登王位,在中国绝然未见。或有女性擅权如吕雉者,但也不过控制幼主而已,绝无王者的名分。善德、真德二女王在位之年,约当于唐太宗贞观六年(632)至唐高宗永徽五年(654),此时武则天尚未专政。可知善德、真德为王,亦非受中国影响,殆是母系氏族之遗风。

新罗国王位的传承法则,今已不可得知,以其他国家的民族学知识推论,其间恐不能排除因不同势力的消长而引起的权力争斗因素。

三国时代初期,国王无谥号,以高句丽为例,王号多因葬地而得。慕本王(48—52),因葬于慕本原而得号③。故国川王(179—196),因葬于故国川原而得号④。中川王(248—269),因葬于中川之原而得号。西川王(270—291),葬于西川之原而得号。烽上王(292—299),以死后葬于烽山之原而得号。美川王(300—330),因葬于美川之原而得号⑤。

三国的庙制,也残留着较为原始的特色。比较典型的是新罗。新罗南解王三年春正月,"始立始祖赫居世庙,四时祭之,以亲妹阿老主祭"⑥。次次雄卒,太子儒理尼师今立,二年春二月,亲祀始祖庙。此后的历王,多于继位的次年春正月或二月祀始祖庙,成为新罗的典制(奈勿尼师今、实圣尼师今于三年春二月亲祀始祖庙。助贲尼师今于元年秋七月谒始祖庙,乃变例,非常例)。新罗时代的所谓"始祖庙",并不是宗法意义上的祖先庙。赫居世庙为朴姓所

---

① 《新罗本纪》卷十二。
② 《新罗本纪》卷五。
③ 《高丽本纪》卷二。
④ 《高丽本纪》卷四。
⑤ 《高丽本纪》卷五。
⑥ 《三国史记·杂志》第一。

立,但并非朴姓独祀。据《新罗本纪》,最早的昔姓王脱解尼师今于即位次年春,"亲祀始祖庙"①,其后的昔姓新罗王即位无不"亲祀始祖庙"者。至第一位金姓的新罗王味邹尼师今(262—284)即位,于次年春正月,"亲祀国祖庙"②,其后的金姓王也仍之。可见,新罗国所立宗庙,是氏族联盟最早首领的祀庙,无论朴姓、昔姓、金姓,都以之为宗。到二十二代智证王(500—514),"于始祖诞降之地奈乙,创立神宫,以享之"③。

高句丽以太后单独立庙祭祀。《高句丽本纪》引《古记》云,东明王十四年秋八月,"王母柳花薨于东扶余,其王金蛙以太后礼葬之,遂立神庙"④。其后,诸高丽王多亲往享祀,如太祖王(53—146)六十九年冬十月,幸扶余,祀大后庙。新大王(165—179)四年秋九月,如卒本,祀如祖庙。故国川王元年(179)秋九月、东川王二年(228)春二月、中川王十三年(260)秋九月、故国原王二年(332)春二月、安藏王三年(521)夏四月、平原王二年(560)春二月、建武王二年(619)夏四月,并如上行。

三国时代前期的祭祀,多与中国不同,有浓郁的地方特色。文献所记,以高句丽为详,《后汉书·东夷列传》云:

> (高句丽)好祠鬼神、社稷、零星。以十月祭天大会,名曰"东盟"。其国东有大穴,号襚神,亦以十月迎而祭之。
> ……
> 以腊月祭天,大会连日,饮食歌舞,名曰"迎鼓"。是时断刑狱,解囚徒。有军事亦祭天,杀牛,以蹄以占吉凶。
> ……
> 常以五月田竟祭鬼神,昼夜酒会,群聚歌舞,舞辄数十人相随蹋地为节。十月农功毕,亦复如之。诸国邑各以一人主祭天神,号为"天君"。又立苏涂,建大木以县铃鼓,事鬼神。

---

① 《新罗本纪》卷一。
② 《新罗本纪》卷二。
③ 《三国史记·杂志》第一。
④ 《高句丽本纪》卷三。

稍后的中国史书也时有关于高句丽风俗的记载,如《北史》云:"高句丽常以十月祭天。多淫祠,有神祠二所,一曰夫余神,刻木作妇人像;二曰高登神,云是如祖夫余神之子。并置官司,遣人守护,盖河伯女朱蒙云。"《旧唐书·东夷传》云,高句丽"其俗多淫祀,事灵星神、日神、可汗神、箕子神";又云,"高句丽常以三月三日,会猎乐浪之丘,获猪鹿,祭天及山川"。

关于百济的祭祀,文献记载无多,但亦可见其梗概。《古记》云:"温祚王二十年(2)春正月,设坛祠天地。"其后,百济新王大抵于即位的次年春正月祠天地。多娄王(28—77)二年春正月,谒始祖东明庙。其后的新王,也大抵于即位的次年春二月谒东明庙。新王祭天地与始祖,为高句丽的定制。故国壤王(331—371)九年春三月,开始建立国社。《册府元龟》云:"百济每以四仲之月,王祭天及五帝之神,立其如祖仇台庙于国城,岁四祠之。"

三国的语言,有两种情况,一是土著语言,其属于阿尔泰语系,与属于汉藏语系的汉语有较大差别;二是受到汉语影响的语言,尤其是大批齐、燕、秦人入居朝鲜,与当地居民混居之后,其语言有明显的汉语的因素,如《三国志·魏书》提及辰韩的"语言不与马韩同,名国为邦,弓为弧,贼为寇,行酒为行觞,相呼皆为徒,有似秦人,非但燕、齐之名物也"①。《梁书》也提到类似的情况:"帽曰冠,襦曰复衫,袴曰裈。其言参诸夏,亦秦韩之遗俗。"②这种情况主要出现于今庆尚道地区的古代辰韩。

三国前期,尚无成文法,"法俗最无纲纪"③,罪行的认定,主要由贵族临时评议,或者依据习惯法执行处罚。文献记载云:

> 无牢狱,有罪,诸加评议,便杀之,没人妻子为奴婢。④
> 其俗用刑严急,被诛者皆没其家人为奴婢。盗一责十二。男女淫,皆杀之。尤治恶妒妇,既杀,复尸于山上。⑤

---

① 《三国志·魏书·三韩传》。
② 《梁书·百济传》。
③ 《后汉书·东夷列传》。
④ 《三国志·魏书·东夷传》。
⑤ 《后汉书·东夷列传》。

三国的丧葬习俗,保留着比较原始的风气,墓葬与棺椁的形制、埋葬的方式等,都与当时的中国显然不同。尤其需要指出的是,杀人殉葬的野蛮习俗,还顽强地存在于社会生活之中。以下是文献中有关三国时代丧葬习俗的片段记载:

作土室,形为冢,开户在上。①

(东沃沮)其葬,作大木椁,长十余丈,开一头为户,新孔者先假埋之,令皮肉尽,乃取骨置椁中。家人皆共一椁,刻木为生,随死者为数焉。②

死则有椁无棺。杀人殉葬,多者以百数。其王葬用玉匣,汉朝常预以玉匣付玄菟郡,王死则迎取以葬焉。③

男女已嫁娶,便稍作送终之衣。厚葬,金银财币,尽于送死,积石为封,列种松柏。④

三国时代的婚俗,男子居于女家,必待子女长成,然后归于男家,似残留有母系氏族的风气,完全没有宗法时代的意味。《后汉书·东夷列传》记载,当地盛行"兄死妻嫂"的习俗。《三国志》记高句丽婚俗云:

其俗作婚姻,言语已定,女家作小屋于大屋后,名婿屋,婿暮至女家户外,自名,跪拜,乞得就女宿,如是者再三,女父母乃听使就小屋中宿,傍顿钱帛,生子已长大,乃将归家。其俗淫。⑤

许多文献提及高句丽"其俗淫",当是原始群婚制度的孑遗。

三国时代的服饰,缺乏系统的资料。当初卫满率众过浿水时,但云"魋结

---

① 《汉书·东夷列传》。
② 《后汉书·东夷列传》。
③ 《后汉书·东夷列传》。
④ 《三国志·魏书·东夷传》。
⑤ 《三国志·魏书·东夷传》。

蛮夷服"①,而莫知其详。不过,有关的记载在中国史书中依然时有所见:

其公会,衣服皆锦绣,金银以自饰。大加、主簿皆着帻,如冠帻而无后;其小加着折风,形如弁。②

或冠弁衣锦,器用俎豆。所谓中国失礼,求之四夷者也。③

在国,衣尚白,白布大袂,袍、袴,履革鞜。出国,则尚缯绣锦罽,大人加狐狸、狄白、黑貂之裘,以金银饰帽。译人传辞,皆跪,手据地窃语。④

(百济)衣服与高丽略同。若朝拜祭祀,其冠两厢加案翅,戎事则布。奈率已下,冠饰银花。将德紫带,施德皂带,固德赤带,季德青带,对德、文督皆黄带,自武督至剋虞皆白带。⑤

(百济)其王服大袖紫袍,青锦袴,乌罗冠,金花为饰,素皮带,乌革履。官人尽绯为衣,银花饰冠。庶人不得衣绯紫。⑥

(高句丽)王服五采,以白罗制冠,革带皆金钿。大臣青罗冠,次绛罗,珥两鸟羽,金银杂钿,衫筒袖,袴大口,白韦带,黄革履。庶人衣褐,戴弁。女子首巾帼。⑦

(百济)其衣服,男子略同于高丽……妇人衣似袍而袖微大。⑧

由此可见,三国服饰不尽相同,或以白为贵,或以紫为贵;或以带为重,或加羽为尊。虽有尊卑之别,但缺乏人文内涵,而且尚未形成为统一的品阶和严格意义上的礼服序列。

三国的风俗,有鲜明的地域特色。435年(长寿王二十三年),魏世祖遣员外散骑侍郎李敖册封高句丽王,李氏到平壤后,"访其方事",云:

----

① 《史记·朝鲜列传》。
② 《后汉书·东夷列传》。
③ 《后汉书·东夷列传》。
④ 《三国志·魏书·东夷传》。
⑤ 《北史·百济传》。
⑥ 《旧唐书·东夷传》。
⑦ 《新唐书·东夷传》。
⑧ 《通典·边防·百济》。

民皆土著,随山谷而居,衣布帛及皮。土地薄堉,蚕农不足以自供,故其人节饮食。其俗淫,好歌舞,夜则男女群聚而戏。无贵贱之节,然洁净自喜。其王好治宫室。其官名有谒奢、太奢、大兄、小兄之号。头着折风,其形如弁,旁插鸟羽,贵贱有差。立则反拱,跪拜曳一脚,行步如走。常以十月祭天,国中大会。衣服皆锦绣,金银以为饰。号蹲踞,食用俎几。①

李氏闻见所及,达于居处、民风、官制、祭祀、经济等各个方面,朝鲜半岛与中国文化的反差相当之大,于此可见一斑。在李氏前后,中国史书也屡屡提及朝鲜半岛的风俗文化,有助于对当地风情的深入了解。在某些地区,尤其是城市周边,先进的汉文化成为人们仿效的对象,"都邑颇放效吏及内郡贾人,往往以杯器食"②。中国人交往时的礼节,也成为学习的范式,"会同、拜爵、洗爵,揖让升降"③。生产方式也开始传入当地,如马韩人"知田蚕,作绵布"④。汉文化因素的渗入,由此可见。但总体而言,民风朴茂,不知礼仪,如文献所见者云:

不知跪拜,无长幼男女之别。不贵金宝锦罽,不知骑乘牛马,唯重璎珠,以缀衣为饰,及县颈垂耳。大率皆魁头露纷,布袍草履。其人壮勇,少年有筑室作力者,辄以绳贯脊皮,縋以大木,讙呼为健。⑤

行人无昼夜,好歌吟,音声不绝。

其俗淫,皆洁净自憙。暮夜辄男女群聚为倡乐。

(弁辰)儿生,便以石厌(压)其头,欲其褊。今辰韩人皆褊头。

东夷率皆土著,憙饮酒歌舞。⑥

(占卜)蹄解者为凶,合者为吉。有敌,诸加自战,下户俱担粮饮食之。

---

① 《魏书·高句丽传》。
② 《汉书·地理志下》。
③ 《后汉书·东夷列传》。
④ 《汉书·东夷列传》。
⑤ 《汉书·东夷列传》。
⑥ 以上四条均取自《后汉书·东夷列传》。

其死,夏月皆用冰。①

（挹娄）处于山林之间。土气相寒。常为穴居,以深为贵,大家至接九梯。如养豕,食其肉,衣其皮。冬以豕膏涂身,厚数分,以御风寒。夏则裸袒,以尺布蔽其前后。其人臭秽不洁,作厕于中,圜之而居。②

这种差异是地区性的,文献中曾经提及,"其北方近邻诸国,差晓礼俗,其远处直如囚徒"③。文化发展的不平衡如此。

3.高句丽、百济、新罗与中国的交往

汉魏时代,"三韩诸国之君长——或以内附形式,或以朝谒形式——有通于乐浪、带方及中国本土者多,莫不以受彼官爵(率善、邑君、归义侯、中郎将、都尉、伯长)、印绶及衣帻,似为名誉,盖极陶醉于汉土文物故也"④。中国与半岛的交往,主要通过以下几种途径：

(1)遣使朝华

作为小国的高句丽、新罗与临近的大国之间,逐步形成了一种朝贡的关系。前者经常地、后来是定时遣使到中国朝贡。

朝鲜半岛的三国与中国交往的资料,以百济为最少。史载,北魏孝文帝延兴二年(472),百济慈悲王余兴,"始遣使上表",希望"遣进万一之诚"。"显祖以其偏远,冒险朝献,礼遇优厚,遣使者郡安与其使俱还。"⑤百济威德王十四年(567)秋七月、三十一年冬十一月,入陈朝贡;十九年(572)、二十四年(577)七月,入齐朝贡;二十四年十一月、二十五年(578),入宇文周朝贡;二十九年(582)春正月,入隋朝贡。三十三年(586),入陈朝贡。由于朝贡密度太大,而从百济飘海而朝,劳使费事,所以隋文帝嘱咐:"不必年别入贡。"⑥此后的记载

---

① 《三国志·魏书·东夷传》。
② 《三国志·魏书·东夷传》。
③ 《三国志·魏书·三韩传》。
④ 〔韩〕李丙焘：《韩国儒学史略》,(韩国)首尔：亚细亚文化社,1980年,第5页。
⑤ 《魏书·百济传》。
⑥ 《百济本纪》卷五。

不多。而高句丽、新罗的相关资料则较多。

高句丽遣使朝华，由疏而密，渐及频繁。检诸史乘，太祖大王遣使朝汉，仅有一见：太祖大王七十二年(124)冬十月，"遣使入汉朝贡"①。小兽林王遣使朝苻秦，亦唯一见：小兽林王七年(377)十一月，遣使入苻秦朝贡②。入魏以后，朝华的记载，陡然增加，仅长寿王、文咨明王在位期间，就高达73次以上。以长寿王为例，或比月而朝，如二十七年(439)冬十一月、十二月连续朝魏；有一年之中，春夏或夏冬两朝者，如六十一年春二月、秋八月，六十二年春三月、秋七月，七十三年夏五月、冬十月等；至有一年三次遣使朝华者，如六十四年春二月、秋七月、九月，七十五年春二月、夏四月、秋八月等。

魏晋南北朝是中国政治格局处于分裂的时期，南方有宋、齐、梁、陈等政权，北方有少数民族建立的十六国政权。新罗、高句丽、百济政府则尽力与各王朝结好，如北魏时，高丽长寿王"始遣使者安东奉表贡方物，并请国讳。世祖嘉其诚款，诏下帝系名讳于其国，遣员外散骑侍郎李敖拜琏为都督辽海诸军事、征东将军、领护东夷中郎将、辽东郡开国公、高句丽王"。太和十五年(491)，长寿王死，其孙文咨明王继位，自此，"岁常贡献"，"迄于武定末，其贡使无岁不至"③。在与魏保持密切联系的同时，长寿王也与宋、齐等政府交往，长寿王四十三年(455)、六十六年遣使入宋朝贡，六十九年遣使入南齐朝贡④。文咨明王亦然，于二十一年(511)春三月、二十五年夏四月遣使入梁朝贡⑤。安臧王二年(520)春正月、秋九月、冬十一月，五年春二月，八年春三月，九年冬十一月，十一年春三月，遣使入梁朝贡⑥；六年，七年冬十二月，九年夏五月，十年十二月，遣使入东魏朝贡；二年、五年、八年、九年、十一年遣使入梁朝贡。到平原王时，与北齐、陈、北周都保持朝贡关系。每当中原王朝的政权发生更迭，高句丽等政府均随之发生变化，迅速交好于新政权。公元581年，杨坚建立隋

---

① 《高句丽本纪》第三。
② 《高句丽本纪》第六。
③ 《魏书·高句丽传》。
④ 《高句丽本纪》卷六。
⑤ 《高句丽本纪》卷七。
⑥ 《高句丽本纪》卷七。

朝,高句丽平原王迅速作出反应,于此年遣使入隋朝贡。公元618年,唐灭隋,高句丽新即位的荣留王于次年即遣使入唐朝贡。朝鲜半岛与中国关系之密切,于此可见一斑。

唐高祖武德二年(619),高丽荣留王高建武遣使来朝。四年,又遣使朝贡。贞观二年(628年,荣留王十一年),唐破突厥,荣留王"遣使入唐,贺太宗擒突厥颉利可汗,兼上封域图"①。十四年(640年,荣留王二十三年),荣留王"遣其太子桓权来朝,并贡方物,太宗优劳甚至"②;且有"子弟入唐,请入国学"③。宝藏王十五年(656)冬十二月,"遣使入唐,贺册皇太子"④。宝藏王二十五年(666),"王遣太子福男(《新唐书》作男福)入唐,侍祠泰山"⑤。

新罗遣使朝华也极为频繁。西晋武帝太康元年(280)、二年(281),马韩"其主频遣使入贡方物,七年、八年、十年,又频至。太熙元年(290),诣东夷校尉何龛上献。咸宁三年(277)复来,明年又请内附"⑥。真智王三年(578)秋七月,遣使于陈。真平王十八年(596)春二月、二十六年(604)秋七月朝隋。真平王四十三年(621)秋七月、四十五年(623)冬十月、四十七年冬十一月、四十八年秋七月、四十九年冬十一月、五十一年九月,遣使大唐。⑦ 善德女王元年(632)十二月,二年秋七月,十一年春正月,十二年春正月、秋九月,十三年春正月,十四年春正月,真德王二年(648)春正月,"遣使大唐朝贡"。善德王四年(636)六月,遣使大唐,告破百济之众。善德王织锦作五言《大平颂》,遣金春秋的儿子法敏献于唐朝皇帝。⑧ 足见双方关系之亲密。

天宝十四载(755),安史之乱起,次年唐玄宗逃亡蜀地,景德王乃"遣使入唐,溯江至成都朝贡"。玄宗落魄于此,而新罗能不远千里,朝聘行在所,故嘉其"岁修朝贡,克践礼乐名义",赐以五言十韵诗:"四维分景纬,万象含中枢。

---

① 《高句丽本纪》卷八。
② 《旧唐书·东夷传》。
③ 《高句丽本纪》卷八。
④ 《高句丽本纪》卷十。
⑤ 《高句丽本纪》卷十。
⑥ 《晋书·四夷》,《斠注》云:"咸宁建元在太康太熙之前,本传先后互倒。"
⑦ 《新罗本纪》卷四。
⑧ 《新罗本纪》卷五。

玉帛遍天下,梯航贵上都。缅怀阻青陆,岁月勤黄图。漫漫穷地际,苍苍连海隅。兴言名义国,岂谓善河殊。使去传风教,人来习典蔷。衣冠知奉礼,忠信识尊儒。诚矣天其鉴,贤哉德不孤。拥旄同作牧,厚贶比生刍。益重青青志,风霜恒不渝。"①

新罗频频遣使来华的重要原因之一,是当时朝鲜半岛三国鼎立,彼此攻略不已,故需要借助中国的力量来自卫或兼并他国。因此,"请师"成为新罗使节的重要任务之一。如真平王三十三年(611),"王遣使隋,率表请师,隋炀帝许之"②。善德王十二年(643)秋九月,遣使大唐,上言"高句丽、百济侵凌臣国",故"告急大国,冀以全之"③。文武王在位期间,新罗与百济、高句丽频频交兵,故入朝"乞师"颇多,"我遣使入朝求救,相望于路"④。

(2)封爵、举哀、赏赐

朝鲜半岛各政权与中国的交往,主要通过朝贡的形式。中国政府的回报,则有封爵、举哀、赐衣冠文物等名目。由于高句丽、新罗等国封爵与中国有政治上的从属关系,所以,作为宗主国的中国要对其王封以爵位。每当旧王薨,都要按照中国的习惯,赐以封号。对于继位的新王,则要重新确认或者追加其爵位,这是对双方关系的重新确认。

史书中有关封爵的记载很多,先来看关于百济的资料。百济国腆支王十二年(416),东晋安帝"遣使册命王为使持节都督百济诸军事、镇东将军、百济王"。毗有王四年(430)夏四月,宋文皇帝以王修复职贡,降册授先王映爵号。东城王六年(484)春二月,王闻南齐祖道成册高句丽王连为骠骑大将军,遣使上表,请内属,许之。秋七月,遣内法佐平沙若思为南齐朝贡。武宁王二十一年(521)冬十二月,高祖册王为"使持节都督百济诸军事、宁东大将军"。圣王二年(524),梁高祖诏:册王为持节都督百济诸军事、绥东将军、百济王⑤。威

---

① 《新罗本纪》卷九。
② 《新罗本纪》卷四。
③ 《新罗本纪》卷五。
④ 详见《新罗本纪》卷六,"文武王五年春二月"条。
⑤ 《百济本纪》卷四。

德王十七年(570),高齐后主拜王为使持节、侍中、车骑大将军、带方郡公、百济王①。威德王十八年,高齐后主又以王为使持节都督东青州诸军事、东青州刺史②。威德王二十八年,入隋朝贡,隋高祖诏,拜王为上开府仪同三司、带方郡公③。

再来看高句丽的记载。如高句丽长寿王二十三年(439)夏六月,宋文帝遣员外散骑侍郎李敖,拜王为都督辽海诸军事、征东将军、领护东夷中郎将、辽郡开国公、高句丽王。④ 长寿王五十一年(463),"宋世祖孝武皇帝策王为车骑大将军、开府仪同三司"⑤。太和十五年(491),长寿王薨。长寿王在位几近八十年,寿高百余岁,与魏的关系极为密切。自长寿王六十年起,"贡献倍前,其报赐亦稍加焉"⑥。北魏孝文帝闻听长寿王去世,深为哀痛,并举哀于东郊,遣谒者仆射李安上"策赠车骑大将军、太傅、辽东郡开国公、高句丽王,谥曰康"。又遣大鸿胪拜长寿王之孙、新即位的文咨明王为"使持节都督辽海诸军事、征东将军、领护东夷中郎将、辽东郡开国公、高句丽王,赐衣冠服物车旗之饰"⑦。

文咨明王三年(494)秋七月,齐帝策王为使持节、散骑常侍、都督营平二州、征东大将军、乐浪公⑧。文咨明王五年(496),齐帝进王为车骑将军。文咨明王十一年(502),梁高祖即位,夏四月,"进王为车骑大将军"。文咨明王十七年(508),梁高祖下诏曰:"高句丽王乐浪郡公某,乃诚款著,贡驿相寻,宜丰秩命,式弘朝典,可抚东大将军开府仪同三司。"⑨

文咨明王在位二十八年而薨,当时魏肃宗年仅十岁,由魏灵太后临朝称制。"魏灵太后举哀于东堂,遣使策赠车骑大将军。"⑩

---

① 《百济本纪》卷五。
② 《百济本纪》卷五。
③ 《百济本纪》卷五。
④ 《高句丽本纪》卷六。
⑤ 《高句丽本纪》卷六。
⑥ 《高句丽本纪》卷六。
⑦ 《魏书·高句丽传》。
⑧ 《高句丽本纪》卷七。
⑨ 《高句丽本纪》卷七。
⑩ 《高句丽本纪》卷七。

安臧王二年(520)二月,梁高祖封王为"宁东将军、都督营平二州诸军事、高句丽王。遣使者江注盛,赐王衣冠剑佩。魏兵就海中执之,送洛阳。魏封王为安东将军、领护东夷校尉、辽东郡开国公、高句丽王"①。安臧王四年,"东魏诏加王骠骑大将军,余悉为故"②。

安原王即位之初,梁高祖下诏袭爵,魏出帝(531—532)亦诏加"使持节、散骑常侍、车骑大将军、领护东夷校尉、辽东开国郡公、高句丽王,赐衣冠服物车骑之饰"。至天平中,又诏加安原王为"侍中、车骑大将军,余悉如故"。545年,安原王死,其子阳原王立,自此"讫于武定末,其贡使无岁不至"③。阳原王六年(550)秋九月,北齐封阳原王为"使持节、侍中、骠骑大将军、领护东夷校尉、辽东郡开国公、高句丽王"④。平原王十九年(577),周高祖拜平原王为"开府仪同三司、大将军、辽东郡开国公、高句丽王"⑤。平原王二十三年(581)十二月,高祖授平原王"大将军、辽东郡公"⑥。

婴阳王元年(590),隋文帝遣使拜王为上开府仪同三司,袭爵辽东郡公,赐衣一袭。二年春正月,遣使入隋,率表谢恩进奉,因请封王,帝许之;三月,策封为高句丽王,仍赐车服;夏五月,遣使谢恩。

武德七年(624),唐高祖遣前刑部尚书沈叔安前往册封荣留王高建武为"上柱国、辽东郡王、高丽王"。其后,荣留王为盖苏文所杀,"太宗闻建武死,为之举哀,使持节吊祭",十七年(643),封其嗣王(宝藏王)为"辽东郡王、高丽王"⑦。

仪凤(676—678)中,高宗授文武王"开府仪同三司、辽东都督,封朝鲜王,居安东,镇本蕃为主"。永淳初,文武王卒,"赠卫尉卿"。垂拱二年(686),封高藏之孙宝元为"朝鲜郡王"。圣历元年(698),进授左鹰扬卫大将军,封为

---

① 《高句丽本纪》卷七。
② 《高句丽本纪》卷七。
③ 《魏书·高句丽传》。
④ 《高句丽本纪》卷七。
⑤ 《高句丽本纪》卷七。
⑥ 《高句丽本纪》卷七。
⑦ 《旧唐书·东夷传》。

"忠诚国王"。圣历二年(699),又授高藏男德武为"安东都督,以领本蕃"①。

中国对新罗王的封爵举哀,一如高丽。真平王四十六年(624),唐高祖降使,"册王为柱国、乐浪郡公、新罗王"。贞观五年(631),真平王薨,"唐太宗诏赠左光禄大夫,赗物段二百"②。

635年,唐遣使持节,册命善德女王为"柱国、乐浪郡公、新罗王,以袭父封"③。639年,善德女王卒,唐高宗闻之,"为举哀于永光门,使大常丞张文收持节吊祭之,赠开府仪同三司,赠彩段三百"④。

武烈王元年(654),唐遣使持节,"备礼册命,为开府仪同三司、新罗王。王遣使入唐表谢"⑤。660年,武烈王薨,唐高宗闻讣,"举哀于洛神门"⑥,"唐使吊慰,兼敕祭前王,赠杂彩五百段"⑦。

662年春正月,唐使臣册命文武王为"开府仪同三司、上柱国、乐浪郡王、新罗王,拜伊飡文训为中侍"。秋七月,"遣伊飡金仁问入唐贡方物"⑧。文武王三年(663)夏四月,"大唐以我国为鸡林大都督府,以王为鸡林州大都督"⑨。文武王五年春二月,伊飡文王卒,"唐皇帝遣使来吊,兼进赠紫衣一袭,腰带一条,彩绫罗一百匹,绢二百匹"⑩。

神文王立,唐高宗遣使册立为新罗王,"仍袭先王官爵"⑪。691年,神文王卒,武则天遣使吊祭,仍册王为"新罗王、辅国大将军、行左豹韬卫大将军、鸡林州都督"⑫。701年,孝昭王卒,唐武则天闻之,"为之举哀,辍朝二日,遣使吊

---

① 《旧唐书·东夷传》。
② 《新罗本纪》卷四。
③ 《新罗本纪》卷五。
④ 《新罗本纪》卷五。
⑤ 《新罗本纪》卷五。
⑥ 《新罗本纪》卷五。
⑦ 《新罗本纪》卷六。
⑧ 《新罗本纪》卷六。
⑨ 《新罗本纪》卷六。
⑩ 《新罗本纪》卷六。
⑪ 《新罗本纪》卷八。
⑫ 《新罗本纪》卷八。

慰,册王为新罗王,仍袭兄将军、都督之号"①。

孝成王二年(738)春二月,唐玄宗闻圣德王薨,"悼惜久之。遣左赞善大夫邢璹,以鸿胪少卿往吊祭,赠太子太保,且册嗣王为开府仪同三司、新罗王";又"遣使诏册王妃朴氏"②。

景德王二年(743)春三月,"唐玄宗遣赞善大夫魏曜来吊祭,仍册立王为新罗王,袭先王官爵"③。孝成王二年(738)春二月,唐玄宗遣使吊祭圣德王,"帝制诗序,太子已下百寮咸赋诗以送"④。

景文王五年(865)夏四月,唐懿宗降使太子右谕德、御史中丞胡归厚、使副光禄主簿兼监察御史裴光等吊祭先王,兼赠一千匹,册立王为开府仪同三司、检校太尉、持节大都督鸡林诸军事、上柱国、新罗王⑤。

兴德王二年(827)春正月,唐文宗闻宪德王薨,"废朝。命太子左谕德兼御史中丞源寂持节吊祭,仍册立嗣王为开府仪同三司、检校太尉、使持节大都督鸡林州诸军事、兼持节充宁海军使、新罗王"⑥。

(3)对使者的恩宠

与朝贡和封爵等密切相关的,是中国政府对朝鲜半岛诸政权使者的特殊对待。由于双方的特殊关系,三国的使节朝华,每每受到特殊的接待。包括天子亲自接见、宴请、单独赏赐各类物品,授以官衔,等等。

长寿王七十二年(484)冬十月,高丽遣使入魏朝贡,"时魏人谓我方强,置诸国使邸,齐使第一,我使者次之"。平原王二十六年(584)夏四月,高句丽朝隋,"隋文帝宴我使者于大兴殿"⑦。荣留王二十三年(640)春六月,"遣世子桓权入唐朝贡,太宗劳慰,赐赉之物厚"⑧。

---

① 《新罗本纪》卷八。
② 《新罗本纪》卷九。
③ 《新罗本纪》卷九。
④ 《新罗本纪》卷九。
⑤ 《新罗本纪》卷十一。
⑥ 《新罗本纪》卷十。
⑦ 《高句丽本纪》卷七。
⑧ 《高句丽本纪》卷七。

643年3月,盖苏文对宝藏王说:"三教譬如鼎足,阙一不可。今儒释并兴,而道教未盛,非所谓备天下之道术者也。伏请遣使于唐,求道教以训国人。""大王深然之,奉表陈请。太宗遣道士叔达等八人,兼赐老子《道德经》。王喜,取僧寺馆之。"太宗又遣使持节,备礼册命,诏称宝藏王"早习礼教,德义有闻"①。

621年秋七月,真平王"遣使大唐,朝贡方物"。高祖亲劳问之,遣通直散骑常侍庾文素来聘,赐以玺书及画屏风,锦彩三百段。真平王四十七年(625)冬十一月,为与高丽争斗事,"遣使大唐朝贡"。真平王四十八年(626)秋七月,"遣使大唐朝贡,唐高祖遣朱子奢来,诏谕与高句丽连和"②。

善德王二年(633)冬,"遣伊飡金春秋及其子文王朝唐。太宗遣光禄卿柳亨郊劳之。既至,见春秋仪表英伟,厚待之。春秋请诣国学、观释奠及讲论。太宗许之,仍赐御制温汤及晋祠碑并新撰《晋书》。尝召燕见,赐以金帛尤厚。……春秋又请改其章服,以从中华制。于是内出珍服,赐春秋及其从者,诏授春秋为特进,文王为武卫将军还国。诏令三品以上燕饯之,优礼甚备。春秋奏曰:臣有七子,愿使不离圣明宿卫"③。

圣德王十二年(713)春二月,"遣使入唐朝贡,玄宗御楼门以见之"④。十五年(716)春正月,"遣使入唐献方物,出成贞王后,赐彩五百匹,田二百结,租一万石,宅一区。宅买康申公旧居赐之"。圣德王三十年(731)春二月,遣金志良入唐贺正。唐玄宗授大仆少卿员外置,赐帛六十匹,又赐圣德王绫彩五百匹,帛二千五百匹。⑤

圣德王二十五年(726)五月,"遣王弟金钦质入唐朝贡,授将郎还之"(类以授宫御之例甚多)。圣德王二十九年(730)春二月,"遣王族志满朝唐","玄宗授志满大仆卿",又赐以物,"仍留宿卫"。⑥ 景德王二年(743)夏四月,"遣王

---

① 《高句丽本纪》卷九。
② 《新罗本纪》卷四。
③ 《新罗本纪》卷五。
④ 《新罗本纪》卷八。
⑤ 《新罗本纪》卷八。
⑥ 《新罗本纪》卷八。

弟入唐贺正,授左清道率府员外长史,赐绿袍银带,放还"①。景德王二十四年(765)夏四月,遣使入唐朝贺,"帝授使者检校礼部尚书"②。

景文王五年(865)夏四月,唐懿宗遣使吊祭宪安王,而赐王官(谐)一道、旌节副、锦彩五百匹、衣二副、金银器七事。赐王妃锦彩五十匹、衣一副、银器二事。赐王太子锦彩四十匹、衣一副、银器一事。赐大宰相锦彩三十匹、衣一副、银器一事。赐次宰相锦彩二十匹、衣一副、银器一事。③

圣德王十三年(714)春正月,"改详文司为通文博士以常书表事。遣王子金守忠入唐宿卫,玄宗赐宅及帛,以宠之,赐宴于朝堂。闰二月,遣级飡朴祐入唐贺正,赐朝散大夫员外奉御还之"。"冬十月,唐玄宗宴我使者于内殿,敕宰臣及四品以上诸官预焉。"④

4.中国礼仪文明在三国的传播

由于中国与朝鲜半岛的密切交往,中国文化日甚一日地东传,朝鲜半岛的经济、政治、文化生活也随之发生变化。公元248年秋,东川王葬,"国人怀其恩德,莫不哀伤,近人欲自杀以殉者众,嗣王以为非礼,禁之"⑤。公元500年,智证王即位,新罗的历史由此进入新的阶段。智证王三年(502)春三月,"下令禁殉葬"⑥。野蛮的人殉制度从此结束。从被迫殉葬、求生不得,到甘心身殉而不能,显示了新罗社会风气的转换,表明举国上下对于人的价值有了全新的认识。这一事件不妨可以看作是新罗开始脱离奴隶制时代的重要标志。与此同时,百济早在多娄王六年(33),就已"下令国南州郡始作稻田"⑦,开始步入农业文明。智证王则"分命州郡主劝农,始庸牛耕"⑧。牛耕的推广,无疑是新罗农业走向新时代的信号。这两件大事都具有划时代的意义。下面略述朝鲜半

---

① 《新罗本纪》卷九。
② 《新罗本纪》卷九。
③ 《新罗本纪》卷十一。
④ 《新罗本纪》卷八。
⑤ 《高句丽本纪》卷五。
⑥ 《新罗本纪》卷四。
⑦ 《百济本纪》卷一。
⑧ 《新罗本纪》卷四。

岛三国时代的文化进步以及对中国礼仪文明的吸纳。

(1) 三国文化的嬗变

如前所述,半岛诸国朝华的使者相当之多,在华期间,多学习历法、佛学、道学等文化知识,作为本国改革、发展之资。公元435年夏六月,高句丽长寿王遣使入魏朝贡,"且请国讳",欲行仿效。其诚款之意令世祖感动,遂"诏下帝系名讳于其国"①。624年,高句丽荣留王"遣使如唐,请班历",唐代奉行儒、释、道三教并行的政策,所以,唐皇在班历之后,又"命道士以天尊像及《道德》往为之讲《老子》,王及国人听之"②。佛、道之学引起高句丽、新罗等贵族的极大兴趣,公元625年,荣留王又"遣人入唐,求学佛老教法,帝许之"③。新罗文武王十四年(674)春正月,"入唐宿卫大奈麻德福传学历术还,改用新历法"④。由于对中国文化的深入了解,从而产生慕华之心,并起而仿效之。新罗神文王五年(685),"复置完山州",由此"始备九州"。可见复置完山州,是为了合于中国盛行的九州之说。⑤

访求文献,购买典籍,是来华使者的又一重要任务。新罗景文王九年(869)秋七月,王子苏判"随进奉使金胤入唐习业,仍赐买书银三百两"⑥。

朝鲜半岛诸国本无文字,故长期以来不能记录史事。随着与中国的文化交往,汉字开始东传,不仅成为人们交际的工具,而且使得半岛诸国出现了最早的一些史书。《三国史记》引《古记》云:"百济开国以来,未有以文字记录,至是得博士高兴,始有书记。"⑦婴阳王十一年(600)春正月,"诏大学博士李文真,约古史,为《新集》五卷。国初始用文字时,有人记事一百卷,名曰《留记》,至是删修"⑧。

---

① 《魏书·高句丽传》。
② 《高句丽本纪》卷八。
③ 《高句丽本纪》卷六。
④ 《新罗本纪》卷七。
⑤ 《新罗本纪》卷八。
⑥ 《新罗本纪》卷十一。
⑦ 《百济本纪》卷二。
⑧ 《高句丽本纪》卷八。

（2）国学的创立

儒学是中国古代文化的主干，代表着中国社会的思维方式和价值体系。朝鲜半岛在与中国的漫长交往中，逐渐认识并接受了以儒学为代表的汉文化。最早在朝鲜半岛设立太学、传授儒学的，是高句丽小兽林王。史载，小兽林王二年（372）夏六月，秦王苻坚遣使及浮屠顺道，送佛像经文，王遣使回谢，乃"立太学，教育子弟"。百济圣王十九年（541），入梁朝贡，"兼表请《毛诗》博士，涅槃等经义，并工匠、画师等，从之"①。孝昭王元年（692）八月，"高僧道证自唐，上天文图"②。新罗神文王五年（685）二月，遣使入唐，"奏请《礼记》并文章，则天令所司写吉凶要礼，并于文馆词林，采其词涉规诫者，勘成五十卷，赐之"③。

唐代是儒学相当发达的时代，国学之盛，为前所罕见。唐太宗征求天下名儒为学官，并数幸国子监，使之讲论。凡能明一大经以上者，皆得补官。又增筑学舍一千二百间，学生已达三千二百六十员之多，故亦吸引了大批海外学子。高句丽、百济、新罗、吐蕃纷纷派遣子弟入学。640年，新罗善德王"遣子弟于唐，请入国学"④。陆续派往中国的留学生，数量相当之多，仅文圣王二年（840），唐武宗放还的"年满合归国的学生"，就达一百零五人之多。⑤ 中国也十分注重儒学在朝鲜半岛的传播，如新罗孝成王二年（738）春二月，唐玄宗遣使吊祭圣德王，对使者说，到新罗后，"宜演经义，使知大国儒教之盛"⑥。新罗景德王二年（743）春三月，唐玄宗遣使吊祭孝成王，赐御注《孝经》一部。⑦ 诸如此类，不乏其例。

新罗神文王二年（682）六月，"立国学，置卿一人，又置工匠府监一人，彩典监一人"⑧。新罗国学由此而起。国学成为本国文化和学术的中心。当时，新罗等国对中国的医学、算学、天文学等，也有极大兴趣，所以，不仅派遣留学生

---

① 《百济本纪》卷四。
② 《新罗本纪》卷八。
③ 《新罗本纪》卷八。
④ 《新罗本纪》卷五。
⑤ 《新罗本纪》卷十一。
⑥ 《新罗本纪》卷九。
⑦ 《新罗本纪》卷九。
⑧ 《新罗本纪》卷八。

前往中国学习,而且在本国的国学中设置相应的博士,以便传授和应用。圣德王十六年(717)春二月,"置医博士,算博士各一员","秋九月,入唐大监守忠回,献文宣王子哲七十二年弟子图,则置于大学"。次年夏六月,"始造漏刻"①。圣德王二十七年秋七月,"遣王弟金嗣宗入唐献方物,兼表请子弟入国学,诏许之"②。景德王六年(747)春正月,"改中使为使中,置国学诸业博士、助教"。八年(749)三月,"置天文博士一员,漏刻博士六员"③。

在选拔官员的途径上,新罗政府一改旧习,"前只以弓箭选人,至是改之"④。788年春,元圣王决定以儒学取士,于是略仿中国之制,"始定读书三品以出身,读《春秋左氏传》,若《礼记》,若《文选》,而能通其义,兼明《论语》《孝经》者为上。读《曲礼》《论语》《孝经》者为中。读《曲礼》《孝经》者为下。若博通《五经》《三史》、诸子百家书者,超擢用之"⑤。政府对于人才的选拔,注重学术,而不很在意家庭背景。元圣王五年(789)九月,政府委任一位名叫子玉的人为杨根县小守。子玉出身低微,引起执事史毛肖的不满,说:"子玉不以文籍出身,不可委分忧之职。"侍中反唇相讥道:"虽不以文籍出身,曾入大唐为学生,不亦可用耶?"于是"王从之"⑥。留学生在国内受到重视的程度,于此可以想见。政府倡导儒学的举措,有力地促进了儒学在朝鲜半岛的传播。

新罗王对儒学表现出极大的兴趣,证明之一,是每每亲往国学,听博士讲论儒家经籍,如景文王三年(863)春二月,"王幸国学,命博士已下讲论经义";宪康王五年(879)春二月,"幸国学,命博士已下讲论"⑦。类似的记载,不胜枚举。

(3)定国号、年号

智证王还仿照中国的模式,对新罗的国家制度也进行了诸多改革。首先

---

① 《新罗本纪》卷八。
② 《新罗本纪》卷八。
③ 《新罗本纪》卷九。
④ 《新罗本纪》卷十。
⑤ 《新罗本纪》卷十。
⑥ 《新罗本纪》卷十。
⑦ 《新罗本纪》卷十一。

是确定国号。自赫居世建国,到智证王践祚,历二十二王、五百五十余年,而国名未定,或称斯罗,或称斯卢,或言新罗,莫衷一是。智证王四年(503)冬十月,采纳群臣之言,定国名为"新罗",并赋予人文内涵:"新者,德业日新;罗者,网罗四方之义。"其次是定王号。此前,新罗王号或称居西干,或称尼师今,或称麻立干,均为方言,毫无君王之庄严可言。故智证王又采纳群臣建议,定王号为"新罗国王"①。此后三十余位新罗王,再无称居西干、尼师今、麻立干者,而一律以"王"称。智证王五年夏四月,"制丧服法颁行"。智证王六年(505)二月,"王亲定国内州郡县,置悉直州","又制舟楫之利"。514年,智证王薨。智证王原名智大路,群臣议定其谥号为"智证",是为新罗有谥法之始。

智证王元子法兴王继位后,承父王之余绪,再度鼎新国制。法兴王四年(517)夏四月"始置兵部"。七年(520)春正月,"颁示律令,始制百官公服、朱紫之秩"。十八年(531)夏四月,"拜伊飡哲夫为上大等,总知国事。上大等之官始于此,如今之宰相"。至此,新罗官制开始文武分职,且有最高行政长官之设。官员的服饰,也开始礼制化。二十三年(536),"始称年号",改元为"建元元年"。② 终三国之世,新罗是唯一仿效中国使用年号的国家。

在善德女王执政之前,新罗用自己的年号。但是,新罗既已接受中国王朝的册封,就必须奉大唐的正朔、用中央王朝的年号。善德王二年(633)冬,邯帙许奉命朝唐。唐太宗敕御史问来使道:"新罗臣事大朝,何以别称年号?"邯帙许巧妙地回答说:"曾是天朝未颁正朔,是故先祖法兴王以来,私有纪年。若大朝有命,小国又何敢焉?""太宗然之。"③善德王四年起,始行中国永徽年号。④

(4)王位继承制度

新罗的王位继承制度,也开始向宗法制度转移,最重要的变化之一,是基本确立了建王储的制度,在时王尚健在的适当时机,必须立太子,以备将来继承王位。由《新罗本纪》可知,从神文王起,已有立"太子"的记载。以往,新罗

---

① 《新罗本纪》卷四。
② 《新罗本纪》卷四。
③ 《新罗本纪》卷五。
④ 《新罗本纪》卷五。

王的王位发生变换时,若元子年幼,则"国人"可以另立他人为王,如"沾解无子,国人立味邹"①;"奈勿薨,其子幼少,国人立实圣继位"②。百济有同样的情况,如古尔王,盖娄王之第二子,因仇首王之长子"幼少不能为政",故古尔即位。③ 辰斯王,近仇首王之仲子,枕流之弟,因太子少,故叔。④ 高句丽的"国人"也有议立王位继承者的权力,如高丽大武神王薨,"太子幼少,不克即政",于是国人推戴大武神王之弟闵中王以立之。⑤ 再如,"慕本王薨,太子不肖,不足以主社稷",于是国人迎琉瑞王子古邹加再思之子继立,是为大祖大王。⑥ 又如,新大王薨,"国人以长子拔奇不肖,共立伊夷谟为王",是为故国川王。⑦ 故国川王乃新大王第二子。

如今,根据宗法制度的规定,嫡长子是王位的法定继承人,旧王崩时,无论其是否成年,都可以继承王位。如因年幼不能视朝,则由太后摄政。景德王卒,惠恭王继位,时年八岁,由"太后摄政"⑧。昭圣王卒,太子哀庄王立,时年十三岁。真兴王立,"王幼少,王太后摄政"。真兴王卒,真智王立,时年七岁,"王幼少,王太后摄政"⑨。

如果时王没有嫡子,则可按照宗法制度的规定作变通,由王的母弟,甚至庶子继位,如景德王,孝成王同母弟,孝成无子,立为太子而嗣位。⑩ 圣德王为神文王第二子,孝昭同母弟,"孝昭薨,无子,国人立之"⑪。哀庄王卒,昭圣王同母弟宪德王立。宪德王卒,宪德王同母弟兴德王立等也皆其例。

但是,新罗的宗法制度是不彻底的,主要表现有二:一是在金姓主导的王统中,曾经两度有朴姓羼入,第一次发生在孝恭王薨后,因孝恭王无子,国人推

---

① 《新罗本纪》卷二。
② 《新罗本纪》卷三。
③ 《百济本纪》卷二。
④ 《百济本纪》卷三。
⑤ 《高丽本纪》卷二。
⑥ 《高丽本纪》卷三。
⑦ 《高句丽本纪》卷四。
⑧ 《新罗本纪》卷九。
⑨ 《新罗本纪》卷四。
⑩ 《新罗本纪》卷九。
⑪ 《新罗本纪》卷九。

戴朴姓神德王立。① 虽然神德王卒后王权复归于金姓,但从宗法的角度看,神德王入承王统是不可思议的。另一次是在统一新罗的末期,朴姓的景明王再度执政,并传王位于其子景哀王,直至新罗灭亡。二是在王统中有两位女性加入,先是善德王,乃真平王之长女,"王薨无子,国人立德曼"②;后是真德女王,乃真平王的母弟之女。两位女王的出现,可谓封建社会的惊人之笔。

（5）宗庙制度

所谓宗庙制度,是与宗法制度互为表里的,其主要特征有三:一是祭祀对象为一姓的直系血亲;二是受祭者依昭穆之位排列;三是因主祭者的身份尊卑,而有庙数的限定。三国时代初期,朝鲜半岛没有形成宗法制度,三国虽然已经出现受享祭的庙,但如前所述,或所祭非一姓,或既无昭穆,也无庙数限定,因而都不是宗法意义上的宗庙。

新罗神文王五年(685)夏四月,"遣大臣于祖庙",致祭曰:"王某稽首再拜,谨言太祖大王、真智大王、文兴大王、太宗大王、文武大王之灵"云云,可见已有五庙之设。③ 到三十六代新罗王惠恭王(756—780)之时,对神文王所定庙制作了重要改革。惠恭王"始定五庙,以味邹王为金姓始祖,以太宗大王、文武大王平百济、高句丽有大功德,并为世世不毁之宗,兼亲庙二为五庙"④。惠恭王所立庙制,第一次将祖庙界定为金姓的宗庙,味邹王为金姓始祖,从而确立了金姓的世系。其次是确定了庙数,即五庙之制,这显然是遵照了《礼记·王制》关于"诸侯五庙,二昭二穆与太祖之庙而五"的规定;既而又仿照西周以文、武王为不毁之庙之举,以太宗大王和文武大王为不毁之庙,而兼父、祖之庙为五庙,表明已有昭穆之位。是为朝鲜半岛接受中国的宗庙制度之始。

但是,从《新罗本纪》看,新罗庙制似乎是王的家庙,而非国庙。元圣王元年(785),毁圣德大王、开圣大王二朝,以始祖大王、太宗大王、文武大王及祖兴

---

① 《新罗本纪》卷十二。
② 《新罗本纪》卷五。
③ 《新罗本纪》卷八。
④ 《三国史记·杂志》第一。

平大王、考明德大王为五庙。① 元圣王没有将其所承袭的宣德王、惠恭王列入五庙之中，而是将兴平大王、明德大王列入五庙，这是有悖于礼制的。兴平大王、明德大王都未曾继位为王，其王号都是元圣王即位后所封。这表明元圣王并没有接受诸侯以国庙为宗的做法。可以为此说作佐证的，是第四十代新罗王哀庄王（800—809）时的五庙制度。哀庄王二年春二月，"谒始祖庙，别立太宗大王、文武大王二庙，以始祖大王及王高祖明德大王、曾祖元圣大王、皇祖惠忠大王、皇考昭圣大王为五庙"②。哀庄王以高、曾、祖、父四亲庙，配始祖之庙为五庙，又别列太宗大王、文武大王二庙，共有七庙，不仅完全用家庙代替国庙，而且僭用七庙之制。新罗王封父、祖为王，可以追溯到第十二代王沾解尼师今。"沾解王立，即封其父为世神葛文王。"③其后之王多沿袭为制。这显然是不合礼制的。天子、诸侯从君统，不从宗统，故祭祀体系以王世为准，不得私于其亲。

新罗宗庙祭祀的时间已有定格，"一年六祭五庙，谓正月二日、五日，五月五日，七月上旬，八月一日、十五日"④，与中国宗庙通行四时之祭不同。

值得一提的是，新罗历史上有女性为王，百济、高句丽则都有受享的女性之庙。百济温祚王十七年（前2）夏四月，"立庙以祀国母"⑤。《三国史记》引《古记》云，高丽东明王十四年（前24）秋八月，"王母柳花薨于东扶余。其王金蛙以太后礼葬之，遂立神庙"⑥。此太后庙受到后来的高丽王的祭祀，如太祖王六十九年（121）冬十月，"王幸扶余，祀太后庙"⑦。随着三国的统一，这一现象归于消失。

（6）祭祀制度

《左传》云"国之大事，在祀与戎"⑧，祭祀不仅是古代东方最重要的文化现

---

① 《新罗本纪》卷十。
② 《新罗本纪》卷十。
③ 《新罗本纪》卷二。
④ 《三国史记·杂志》第一。
⑤ 《百济本纪》卷一。
⑥ 《三国史记·杂志》卷一。
⑦ 《高句丽本纪》卷三。
⑧ 《左传》"成公十三年"。

象,而且是中国礼仪文化的主要组成部分之一。从统一新罗开始,新罗王就模仿中国的祭祀制度,依祭祀对象的等级,分为大祀、中祀、小祀三类,初步建立起祭祀的规模。《礼记》云:"天子祭天地,诸侯祭社稷","天子祭天下名山大川,诸侯祭名山大川之在其地者"①。新罗三十七代宣德王(780—785)始依《礼记》之说,"立社稷坛"②,又祭境内山川。是为象征诸侯身份的大祭。

根据中国礼书的规定,中祀应该包括五岳、四镇、四海、四渎等。据《三国史记·杂志》第一,新罗政府以东岳吐含山(大城郡)、南岳地理山(菁州)、西岳鸡龙山(熊川州)、北岳太伯山(奈巳郡)、中岳父岳(押督郡)等为五岳;以东镇温沫懃(牙谷停)、南镇海耻也里(推火郡)、西镇加耶岬岳(马尸山郡)、北熊谷岳(比烈忽郡)等为四镇;以东海阿等边(退火郡)、南海兄边(居柒山郡)、西海未陵边(屎山郡)、北海非礼山(悉直郡)等为四海;以东渎吐只河(退火郡)、南渎黄山河(歃良州)、西渎熊川河(熊川州)、北渎汉山河(汉山州)等为四渎。小祀,则有霜岳、雪岳、花岳等二十四座山。

新罗王还依据礼制,祭祀八腊、先农、风伯、雨师、灵星等神。其致祭的时间分别为:十二月寅日,新城北门祭八腊,丰年用太牢,凶年用少牢;立春后亥日,明活城南熊杀谷祭先农;立夏后亥日,新城北门祭中农;立秋后亥日,蒜园祭后农;立春后丑日,犬首谷门祭风伯;立夏后申日,卓渚祭雨师;立秋后辰日,本彼游村祭灵星。以上所见祭名,或有想当然者,如"中农""后农"之祭即是因有"先农"之祭而杜撰者。中国古有"祭先"之传统,除祭先农之外,尚有祭先医、先师、先蚕、先牧、先火、先炊等,意在祭祀各类发明者,故所谓先农者,即最先发明农业者,犹言神农。新罗在先农之后,继以中农、后农,则大谬不可解。足见新罗的祭祀体系尚处于简单模仿的阶段。

另有四城门祭、日月祭、五星祭等与中国祭祀名目相同的祭祀,因文献阙如,无法确认这些祭祀的详细情况。此外又有部庭祭、四大道祭、压丘祭、辟气祭等不见于中原祀典的祭祀,其内容无从考索,殆是文献所谓"淫祀"之类。

从史料看,百济国王祭祀天地的礼仪,也日益中国化。温祚王时,屡屡"筑

---

① 《礼记·王制》。
② 《三国史记·杂志》第一。

大坛祠天地"①,但不记载祠天地之坛的方位,而中国天子祭祀天地必于国都之南郊。到多娄王二年(29)二月,开始"祀天地于南坛"②。古尔王十四年(247)春正月,也"祭天地于南坛"③。而比流王十年(313)春正月的祭祀,就明言"祀天地于南郊,王亲割牲"④。虽然其祭祀天地详细的仪式不清楚,但已不同于温祚王之时,而越来越趋同于中国,则是无可置疑的。

(7)官制

中国古代的职官制度,是礼制的重要组成部分,习称职官礼。《周礼》一书,根据"以人法天"的原则,确立了"设官分职、体国经野"⑤的体系,以及文武分职、尊卑相领的一系列法则,具有鲜明的人文特色。

三国时代早期的行政管理,实行贵族议政制度,"事必与众议,号'和白',一人异则罢"⑥,实行一票否决制。官员有等级,但无明确分工,没有官署。官制的发展,经历了由质到文的发展过程。新罗最初实行"骨品制"和"头品制"。骨品有"圣骨"和"真骨"之分。"其建官,以亲属为上,其族名第一骨、第二骨以自别。"⑦圣骨为金氏王室成员,真骨为金氏一般贵族、与国王通婚的朴氏,以及布加耶王室血统的"新金氏"。此外又有"头品制"。头品共分六等,六头品最尊,仅次于真骨。一头品最低。六头品、五头品、四头品为一般贵族品阶。三头品、二头品、一头品为无贵族血统但有低级职位的平民。儒理王九年(32)春,设官为十七等:一伊伐飡,二伊尺飡,三迊飡,四波珍飡,五大阿飡,六阿飡,七一吉飡,八沙飡,九级伐飡,十大奈麻,十一奈麻,十二大舍,十三小舍,十四吉士,十五大乌,十六小乌,十七造位。

百济古尔王二十七年(260)春正月,置内臣佐平,掌宣纳事。内头佐平,掌库藏事。内法佐平,掌礼仪事。卫士佐平,掌宿卫兵事。朝廷佐平,掌刑狱事,

---

① 见《百济本纪》卷一,"二十年春二月""三十九年冬十月"条。
② 《百济本纪》卷一。
③ 《百济本纪》卷二。
④ 《百济本纪》卷二。
⑤ 《周礼·天官·冢宰》。
⑥ 《新唐书·东夷传》。
⑦ 《新唐书·东夷传》。

兵官佐平,掌外兵马事。以上六佐平均为一品。又置达率、恩率、德率、扞率、奈率,及将德、施德、固德、季德、对德、文督、武督、佐军、振武、克虞等官号。达率为二品,恩率为三品,德率为四品,扞率为五品,奈率为六品,将德为七品,施德为八品,固德为九品,季德为十品,对德为十一品,文督为十二品,武督为十三品,佐军为十四品,振武为十五品,克虞为十六品。①

随着朝鲜半岛与中国交流的发展,三国的官制也开始了向礼制化转变的历程。真平王三年(581),"始置位和府,如今吏部"②。圣德王十二年(713)春二月,"置典祀署"③。

(8)服饰、屋宇制度

古代中国的礼制,依身份尊卑而礼数各有隆杀,服饰、屋宇之类,无不有等差。就文献所见,朝鲜半岛诸国的服饰等级,由简趋繁,逐步礼仪化。百济的史料较少,仅知古尔王二十七年(260)二月曾经下令,六品以上服紫,以银花饰冠,十一品以上服绯。十六品以上服青。次年春正月初吉,王服紫大袖袍、青锦袴,金花饰乌罗冠、素皮带乌,韦履,坐南堂听事。④ 官员服装依六品、十一品、十六品为界,分为三等,而且主要是用衣色为别,其粗疏可想而知。

新罗服制的华化,经历了几个阶段。最早是法兴王,初定六部人服色尊卑之制,"自太大角干至大阿飡,紫衣。阿飡至级飡,绯衣并牙笏。大奈麻,青衣。大舍至先沮知,黄衣。伊飡、迊飡,锦冠。波珍飡、大阿飡,衿荷绯冠。上堂大奈麻、亦位大舍,组缨"。虽粗分尊卑,然而犹是夷俗。善德女王三年(634)春正月,"始服中朝衣冠"⑤。

到真德女王二年(648),金出丘奉命出使大唐,"请袭唐仪",得到唐太宗许可,兼赐衣带。于是回国施行,以夷易华。到文武王四年(657),"下教妇人

---

① 《百济本纪》卷二。
② 《新罗本纪》卷四。
③ 《新罗本纪》卷八。
④ 《百济本纪》卷二。
⑤ 《新罗本纪》卷五。

亦服中朝衣裳"①。改革妇人之服,"自此已后,衣冠同于中国"②。到兴德王九年(834),下教曰:"人有上下,位有尊卑。名例不同,衣服亦异。俗渐浇薄,民竞奢华。只尚异物之珍奇,却嫌土产之鄙野。礼数失于逼僭,风俗至于陵夷。敢率旧章,以申明命。苟或故犯,国有常刑。"兴德王将服饰全面礼制化,再用法的形式确定后推行。兴德王所定服制约略为:

> 珍骨大等。幞头任意。表衣、半臂袴并禁罽绣锦罗。腰带禁研文白玉。靴带禁隐文白玉。袜任用绫已下。履任用皮丝麻。布用二十六升已下。
>
> 六头品。幞头用繐罗绝绢布。表衣只用锦绅布。内衣只用小文绫绝绢布。袴只用绝绢锦绅布。带只用乌犀鍮铁铜。袜只用绝锦绅布。靴禁乌麖皱文紫皮。靴带用乌犀鍮铁铜。履只用皮麻。布用十八升已下。
>
> 五头品。幞头用罗绝绢布。表衣只用布。内衣、半臂只小文绫绝绢布。袴只用锦绅布。腰带只用铁。袜只用锦绅。靴禁乌麖皱文紫皮。靴带只用鍮铁铜。履用皮麻。布用十五升已下。
>
> 四头品。幞头只用纱绝绢布。表衣、袴只用布。内衣、半臂只用绝绢锦绅布。腰带只用铁铜。靴禁乌麖皱文紫皮。靴带只用铁铜,履用牛皮麻已下。布用十三升已下。
>
> 平人。幞头只用绢布。表衣、袴只用布。内衣只用绢布。带只用铜铁。靴禁乌麖皱文紫皮。靴带只用铁铜。履用麻已下。布用十二升已下。

兴德王对从最高等贵族到平民的幞头、表衣、袴、内衣、带、袜、靴、靴带、履等的质地、颜色等,比照中国礼服制度作了详细规定。尤其需要指出的是,对布的密度的区别,使用了中国"升"的单位。至迟从先秦时期起,中国就用"升"来表示布的精粗,布八十缕为升,"朝服十五升"③,十五升布为精细之布,故五头

---

① 《新罗本纪》卷六。
② 《三国史记·杂志》第二。
③ 《礼记·杂记下》。

品以下的一般贵族不得服用。上举兴德王的服制比法兴王所定，要规范得多。

贵族的屋舍，也仿照中国制度作了详细的规定：

> 真骨。室长广不得过二十四尺，不复唐瓦，不施飞檐，不雕悬鱼，不饰以金银鍮石五彩，不磨阶石，不置三重阶。垣墙不施梁栋，不涂石灰。帘缘禁锦罽绣野草罗，屏风禁绣。床不饰玳瑁沉香。
>
> 六头品。室长广不得过二十一尺，不复唐瓦，不施飞檐。重栿棋牙悬鱼，不饰以金银鍮石白镴五彩。不置巾阶及二重阶，阶石不磨。垣墙不过八尺，又不施梁栋，不涂石灰。帘缘禁罽绣绫，屏风禁绣。床不得饰玳瑁紫檀沉香黄杨，又禁锦荐。不置重门及四方门。厩容五马。
>
> 五头品。室长广不过十八尺，不用山榆木，不复唐瓦，不置兽头，不施飞檐重栿花斗牙悬鱼，不以金银鍮石铜镴五彩为饰，不磨阶石。垣墙不过七尺，不架以梁，不涂石灰。帘缘禁锦罽绫绢绝。不作大门、四方门。厩容三马。
>
> 四头品至百姓。室长广不过十五尺，不用山榆木，不施藻井，不复唐瓦，不置兽头飞檐栱牙悬鱼。阶砌不用山石。垣墙不过六尺，又不架梁，不涂石灰。不作大门、四方门。厩容二马。

对屋宇的规格，涉及屋体、复瓦、飞檐、悬鱼、阶石、垣墙、屏风、门、厩等等，对其所用质料、大小、色泽、精粗等都严加限定，这在以前是不能想象的。

(9) 其他礼仪制度的建立

婚礼为"礼之本"①，为"万世之始"②。同姓而婚，为礼之大忌。鲁昭公娶吴女，吴、鲁为同姓之国，《春秋》称其为"孟子"③，乃是讳言娶同姓。孔子对昭公此举极为愤慨地说："君而知礼，孰不知礼！"④三国早期的婚姻制度，尚有氏

---

① 《礼记·昏义》。
② 《礼记·郊特牲》。
③ 《春秋》"哀公十二年"。
④ 《论语·述而》。

族时代之遗风,其突出表现是同姓可以婚配,尚不知"男女同姓,其生不繁"①"取妻不取同姓,以厚别也"②之说。"兄弟女、姑、姨、从姊妹,皆聘为妻。"③如奈勿尼师今姓金,其母是金氏,妃也为金氏。④ 更无嫁娶之礼。但神文王三年(683),王纳夫人,已有纳采、亲迎等礼节。⑤ 文圣王七年(839),欲娶清海镇大使弓福之女为次妃。朝臣引《礼记》谏曰:"夫妇之道,人之大伦也。故夏以涂山兴,殷以姺氏昌,周以褒姒人灭,晋以君不见姆姬乱,则国之存亡,于是乎在,其可不慎乎?"⑥此语乃约《史记·外戚世家》之文,历举三代夫妇之道的得失对国家兴亡的影响,极论婚姻之礼的重要。朝中大臣对婚礼的认识之儒家化,于此可见一斑。

致仕制度。中国从先秦时代起,就有致仕制度。在氏族社会世袭制度之下,贵族终身为官,乃天经地义之事。随着社会的进步,终身为官的制度逐渐被废弃,为新的制度所替代。官员年届七十岁,精力已衰竭,难以完成政务,应请求告老回乡,颐养天年。但是,如有特殊需要,暂时不能辞退,天子可以不允准其请求,而赐以几杖,请继续留任。由《三国史记》可知,朝鲜半岛的三国时代,已经沿用中国的这一制度。文武王四年(664)春正月,"金庾信请老,不允,赐几杖"⑦。文武王十六年(676),"宰相陈纯乞致仕,不允,赐几杖"⑧。

凶札之礼。《周礼·春官·大宗伯》云:"以凶礼哀邦国之忧。"凶礼为救患分灾之礼,中国在发生荒札灾害时,有赈灾之礼,包括释放罪犯、死囚,开仓济贫等。三国时代,朝鲜半岛地震、水旱、蝗虫之灾频仍,诸政权每每仿照中国,行赈灾之礼。如百济多娄王二十八年(55)春、夏,"旱,虑囚,释死罪"⑨。新罗圣德王在位期间(702—737),多水旱之灾,民多饥死,年谷不登,均开仓赈

---

① 《左传》"僖公二十三年"。
② 《礼记·坊记》。
③ 《新唐书·新罗传》。
④ 《新罗本纪》卷三。
⑤ 《新罗本纪》卷八。
⑥ 《新罗本纪》卷十一。
⑦ 《新罗本纪》卷六。
⑧ 《新罗本纪》卷七。
⑨ 《百济本纪》卷一。

济,大赦罪人。兴德王七年(832)春夏,"旱,赤地,王避正殿,减常膳,赦内外狱囚"①。诸如此类,史不绝书。

新罗善德王元年(633)春正月朔,"王御朝元殿,受百官正贺",是为新罗有贺正之礼之始②。中国帝王新即位,每每大赦天下,赐群臣以官爵,免百姓之租税,以示普天同庆。此类举措作为嘉礼的一部分而传入朝鲜半岛,如圣德王元年(702)九月,"大赦,赐文武官爵一级,复诸为郡一年租税"③。类似的例子,也是不胜枚举。此外,中国帝王都行大阅或大蒐之礼,其内容相当于今日之阅兵式,不过往往借用田猎的形式。宣德王三年(782)秋七月,"大阅于始林之原"④;哀庄王五年(804)秋七月,"大阅于阏川之上"⑤;百济近肖古王二十四年(369)冬十一月,大阅于汉水南,旗帜皆用黄⑥。中国帝王有巡守礼,数年之中,必巡行国之四方,采风问俗,存问鳏寡孤独等,以示勤政亲民。半岛诸国也仿而效之,如高句丽文咨明王四年(495)秋七月,"南巡狩,望海而还"⑦。新罗兴德王九年(834)冬十月,"巡幸南州郡,存向耆老及鳏寡孤独,赐谷币有差"⑧。以上皆为其例。

5.朝鲜半岛三国时代渐起的慕华之风

综上所述,朝鲜半岛三国时代,已经悄然兴起慕华之风,其主要表现就是对中国礼乐文化的学习和吸收,并由此改变了朝鲜半岛的面貌。应该说,在中国周边地区中,最为向慕汉文化的是朝鲜半岛,所以历代帝王都给以很高的赞誉。圣德王三十年(731)春,圣德王遣金志良入唐贺正,唐玄宗降诏书云:"三韩善邻,时称仁义之乡,世著勋贤之业。文章礼乐,阐君子之风。纳款输忠,效

---

① 《新罗本纪》卷十。
② 《新罗本纪》卷五。
③ 《新罗本纪》卷八。
④ 《新罗本纪》卷九。
⑤ 《新罗本纪》卷十。
⑥ 《百济本纪》卷二。
⑦ 《高句丽本纪》卷七。
⑧ 《新罗本纪》卷十。

勤王之节。固藩维之镇卫,谅忠义之仪表。岂殊方僿俗可同年而语耶!"①直称其为"仁义之乡",非"殊方僿俗可同年而语"者。新罗孝成王二年(738)春二月,唐玄宗遣使吊祭圣德王,说"新罗号为君子之国,颇知书记,有类中国"②。景德王二年(743)春三月,唐玄宗遣使吊祭孝成王,《制》称赞孝成王"率心常礼"③。元圣王二年(786)夏四月,遣金元全入唐进奉方物,德宗下诏书曰:"俗敦信义,志秉贞纯,夙奉邦家,克遵声教,抚兹藩服,皆禀儒风。礼法兴行,封部宁乂,而竭诚向阙。"④可以作为半岛崇尚礼仪的佐证的是,新罗孝昭王七年(698)三月,"日本国使至,王引见于学礼殿"⑤。殿名"学礼",新罗王职志之所在,已不难想见。公元857年七月望,新罗文圣王不豫,在弥留之际,犹念念不忘于礼,降遗诏曰:"送往事居,罔或违礼。"⑥

总体而言,三国时代是朝鲜半岛开始走向全面儒家化的滥觞期,中原王朝礼仪文明在此得到了初步的传播。尽管与数百年之后完全儒家化的朝鲜王朝相比,此时的礼仪文化显得零散、不成体系,但毕竟迈出了极为重要的一步。

---

① 《新罗本纪》卷八。
② 《新罗本纪》卷九。
③ 《新罗本纪》卷九。
④ 《新罗本纪》卷十。
⑤ 《新罗本纪》卷八。
⑥ 《新罗本纪》卷十一。

二、高丽时代的儒学与礼制

公元663年,新罗灭百济。五年后(668),新罗灭高句丽。此后,半岛有两百多年的统一,史称"统一新罗时期"。统一新罗末期,国势衰微,社会问题日益严重。公元892年,甄萱自立为王,国号后百济。901年,弓裔自立为王,国号高丽。半岛再次分裂为三国。弓裔强暴猜忌,滥杀无辜,民众怨望。新罗贵族子弟、弓裔大将王建,战功卓著,位极人臣。公元918年,王建在众兵将拥戴之下,推翻弓裔,建立高丽王朝,是为高丽始祖太祖大王。太祖十八年(935),新罗王举国归附,次年太祖灭后百济,统一朝鲜半岛。至公元1392年亡国,高丽共存在474年,略当于中国的五代和宋、元时期。

1.高丽与中国的文化交往

高丽王朝继续与中国王朝政权保持宗藩关系,建国之初,即与中国的后唐、后周政权密切交往,并用其年号。宋元时期,双方交往更为频繁,据不完全统计,仅整个北宋时期的168年之中,高丽派遣朝宋的使节就多达63次,北宋派往高丽的使节则有24次。①

总体而言,高丽统治者希望用儒家思想作为治国之本。太祖十九年(936),曾撰《政戒》一卷、《诫百寮书》八篇颁布于国中。二书均已亡佚,学界认为其主旨当是用儒家思想来训示大义名分、上敬下顺之道,以及政府官员的行为规范,希冀从精神上统一半岛民众。太祖晚年,又为子孙作《信书》《训要

---

① 笔者据《宋史》《高丽史》统计。

十条》,以示龟鉴。从《训要》诸条中,可以窥见太祖政治思想的梗概:如第三条说,"传国以嫡,虽曰常礼,然丹朱不肖,尧禅于舜,实为公心。若元子不肖,与其次子,又不肖与其兄弟之众所推戴者,俾承大统",强调在王位传承中必须遵循儒家处理传嫡与传贤关系的原则;第四条说,"惟我东方,旧慕唐风,文物礼乐,悉遵其制,殊方异土,人性各异,不又苟同。契丹是禽兽之国,风俗不同,言语亦异,衣冠制度,慎勿效焉",主张在与周边国家的交往中,注意学习先进的中国文化,而不要为野蛮的契丹风俗所化;第十条说,"有国有家,儆戒无虞,博观经史,鉴古戒今。周公大圣,《无逸》一篇,进戒成王,宜当图揭,出入观省"①,直以《尚书·无逸》作为治国者之诫铭。儒家思想对高丽统治层影响之深刻,于此可见一斑。

毋庸赘言,高丽与中国的交往,主要是通过礼的形式来进行的,例如,高丽王即位或者丧亡,彼此都会派遣使节,或依礼册封,或如仪祭奠,几无例外。见于记载者如,高丽文宗之丧,"宋遣祭奠使左谏议大夫杨景略、副使礼宾使王舜封、吊慰使右谏议大夫钱勰、副使西上阁门副使宋球来祭奠"②。洪武元年(1368),明太祖"遣使赐恭愍王玺书"。次年,"恭愍王请封,太祖封为高丽国王,赐历及锦绮"。洪武三年正月,明太祖派使者前往高丽,"祀其国之山川;是岁,颁科举诏于高丽"。整个高丽时期,中原王朝发生数次政权更迭,但都未影响到两国的交往,例如,明太祖即位之初,恭愍王不仅向明王朝交出了当初元朝政府授予的金印,而且,"自是贡献数至,元旦及圣节皆遣使朝贺,岁以为常"③。在彼此的交往过程中,中国的衣冠文物不断传入高丽。

高丽依然向中国派遣留学生,进入国子监等学府,学习中国文化,学成归国,为其所用。有些留学生在中国科举考试中获得过进士及第的殊荣,见于史书记载的如,公元976年,高丽景宗"遣国人金行成入就学于国子监";太平兴国二年(977),"行成擢进士第"④。雍熙二年(985),成宗"又遣本国学生崔罕、

---

① 《高丽史·太祖世家》。
② 《高丽史·志十八·国恤》"上国使祭奠赠赙吊慰仪"。
③ 《明史》卷三百二十,《西南夷两粤朝鲜列传》。
④ 《宋史·外国三》。

王彬诣国子监肄业";淳化三年(992),宋太宗诏赐崔罕、王彬及第,授将仕郎、守秘书省校书郎,遣还本国。① 此外,高丽统治者还利用使者出访中国的机会,寻求儒家经典,用为本国教学典籍,例如成宗就曾上言宋太祖,"愿赐板本《九经》书,用敦儒教",得到宋太祖的允许②。明太祖洪武五年,恭愍王表请遣子弟入太学,太祖曰:"入学固美事,但涉海远,不欲者勿强。"但是,向中国学习的迫切愿望,使得高丽政府不计路途的风险,因而派遣贡使洪师范、郑梦周等一百五十余人来京,不幸途中遇到飓风,包括洪师范在内的三十九人葬身海洋。

高丽政府对中原的衣冠文物爱慕有加,如光宗"令百官衣冠悉从唐宋之制"③。明太祖二年秋,恭愍王遣使感谢明太祖的册封,"因请祭服制度",于是,太祖"命工部制赐之",又"赐之《六经》《四书》《通鉴》"④。

宋学东渐时期,从中国输入朝鲜半岛的书籍文献极多。如忠肃王元年(1314),国学遣博士、学谕于江南入元,购买的经籍多至一万八百卷,而元仁帝复以宋秘阁藏书四千三百余册寄赠高丽。同年,太上王忠宣王入元,在燕京建万卷堂,尽行搜购经史诸家之书,与元朝硕学姚燧、阎复、元明善、赵孟頫等交游甚密。

在双方的交往中,高丽政府不断取法中原的制度,发现彼此有歧异时,每每加以改正。如成宗九年(990)六月,"宋遣光禄卿柴成务、太常少卿赵化成等来册王。国俗拘忌阴阳,每朝廷使至,必择月日受诏。成务在馆逾月,诘责之。翌日,王乃出拜命,自是止择日迎之"⑤。又如,高丽旧制,凡王生辰以及元正、冬至,百官行贺礼,仅宰相入直者一人押班,其余官员皆不就班。宣宗十年(1093)八月丁巳,制曰:"近闻宋朝仪制,凡放贺之日,其礼与坐殿日不殊,自今一依宋朝仪式。"又如,恭让王时,礼曹上言:"每当朝会礼毕,王坐殿而百官先出,非礼也。请自今礼毕,上入内,群臣鞠躬祗送讫乃出。"恭让王从之。⑥

---

① 《宋史·外国三》。
② 《宋史·外国三》。
③ 《高丽史·光宗世家》。
④ 《明史》卷三百二十,《西南夷两粤朝鲜列传》。
⑤ 《高丽史·礼七·迎大明无诏敕使仪》。
⑥ 《高丽史·礼九·王太子节日受宫官贺并会仪》。

随着儒学的推广,儒家礼学思想在现实生活中不断普及,如进士鲁准,其父娶大功亲而生者,崔奭为吏部尚书,请依律禁锢不叙。王曰:"选用人材,当不拘常局,可与诸进士,并授官秩,以通朝籍。"正等曰:"家齐然后国治,准父不正婚礼,渎乱人伦,然方今崇尚儒术,用士是急,宜降授阶职","从之"。① 由此可以想见礼制与文献同时传播的情况。

除官方的交往之外,民间的往来也不断增加,因各种原因来到朝鲜半岛的中国人,定居之后,努力传播中原文化。翻阅韩国流传的《万姓谱》可知,今日韩国的许多汉姓中,有相当一部分来自中国,许多姓氏都注明了来自中国的具体县名。其中不乏高丽时期迁徙来的汉人。笔者在韩国庆尚北道访问时,在当地看到南姓的族谱,据记载,韩国南姓的祖先本姓金,为唐朝官员,天宝年间,奉命出使日本,因遇飓风,使船被吹往朝鲜半岛南部的丑山岛。高丽王闻讯,因其从南方而来,赐姓南。其后,南氏有三兄弟同时在朝居官,分居于三地,遂发展为南氏的三个分支。如今,韩国的南姓人口已经达二十多万之众。类似的例子很多。另据《高丽史》记载,高丽光宗时,有一位名叫双冀的华人,后周时跟随中国使节而来,因病不能归国而暂留于此。光宗爱其才能,力排众议,擢为翰林学士,授以文柄。光宗九年(958),根据双冀的建议,实行科举考试,"以诗赋颂策试取进士,兼取明经科、医卜等业"②,朝鲜半岛的科举制度以此为肇端。

在此过程中,中国礼乐文化继续输入朝鲜半岛,高丽礼制进入全面建设的时期。

2.成宗制礼

高丽太祖虽然心仪中原的儒家思想,但是天下未定,因而在礼制方面却几乎没有建树,故史乘云:"高丽太祖立国经始,规模宏远,然因草创,未遑议礼。"③这种状况一直延续到第六代高丽王成宗,才有了根本的改变。

---

① 《高丽史·文正传》。
② 《高丽史·光宗世家》。
③ 《高丽史·礼一》。

成宗于公元981年即位,在位仅16年,在高丽的三十几位王中,属于执政时间比较短的一位,但却是振兴文教、最有作为的君王。成宗的辅弼大臣崔承老是高丽宿儒,行政治事,无不以儒学为圭臬,曾被任命为正匡行选官御事上柱国。崔承老上书云:"华夏之制,不可不遵","其礼乐诗书之教、君臣父子之道,宜法中华,以革卑陋";针对当时儒、释、道三教并立的状况,崔承老云:"三教各有所业,而行之者,不可混而一之也。行释教者修身之本,行儒教者理国之源。修身是来生之资,理国乃今日之务。今日至近,来生至远。舍近求远,不亦谬乎?"①

成宗非常留意于儒教的礼制,为此而派学者如宋游学,输入文物,如成宗二年(983),博士任老成自宋归来,呈献《大庙堂图》《社稷堂图》《文宣王庙图》《祭器图》《七十二贤赞记》等图书②,为全面推行中国礼典作了铺垫。

据《高丽史》记载,成宗二年正月辛未,成宗"亲祀圜丘祈谷,配以太祖。祈谷之礼始此"③。"成宗四年,立社稷"④,同年,"初定五服之制"⑤;五年,"建宗庙";七年,"始定五庙";成宗八年(989)十二月,下教:"太祖及王考戴宗、王妣宣义王后忌月,禁屠杀,断肉膳"⑥;同年,"始营太庙"。十一年,太庙建成,"命儒臣议定昭穆位次及禘祫仪,遂行祫礼"。十三年四月,"亲禘,祔太祖惠、定、光、戴、景宗于庙,各以功臣配享"⑦。可见,社稷、五服、宗庙等一系列最重要的礼制,都是经成宗之手而建立的。

成宗时,对于某些礼制的精神,已经有比较深入的把握。以宗庙制度为例,不仅在建筑形制上追慕华制,而且在体系上有所贯通,如成宗十二年(993)三月,下教曰:

---

① 《高丽史·崔承老传》。
② 《高丽史·任老成传》。
③ 《高丽史·礼一·社稷》。
④ 《高丽史·礼二》。
⑤ 《高丽史·礼六·五服制度》。
⑥ 《高丽史·礼六·先王讳辰真殿酌献仪》
⑦ 《高丽史·礼二》。

殷以十二君为六代,唐以一十帝为九室。《晋书》所云,"兄弟旁及,礼之变也"。则宜为主立室,不可以室限神。兄弟一行,礼文斯在。况我惠宗若论同世岂可异班。宜奉惠、定、光、景四主通为一庙,祔于太庙。①

由上文可知,成宗所定的太庙制度包含了五方面的内容:首先是五庙制度;第二,昭穆位次;第三,禘祫之礼;第四,祔庙之制;第五,功臣配享。涵盖了宗庙制度的所有方面。此外,太庙的祭祀时间也有严格的定制:"太庙,享有常日者,寒食、腊。腊兼荐鱼。无常日者,并择日四孟月。三年一祫以孟冬。五年一禘以孟夏。其禘祫之月,即不时享。"②可见,成宗对于中国宗庙制度的了解是比较深入的。

成宗制礼,并非简单模仿中原礼仪,而是有着明确的以礼为教的理念,故每每下教,向国中宣示礼仪的内涵,如十年(991)闰二月为祭祀社稷而下教曰:

予闻,社,土地之主也。地广不可尽敬,故封土为社,以报功也。稷,五谷之长也,谷多不可遍祭,故立稷神以祭之。礼曰:王为群姓立社曰大社,自为立社曰王社。诸侯为百姓立社曰国社,自为立社曰侯社。大夫以下成群立社曰置社。故有国有家者不可不立社稷。上自天子,下至大夫,示本报功,不可不备。爰自圣祖,至于累朝,未置夏松之祀,尚亏周栗之禋。缵承以来,凡所施为,必依礼典。子穆父昭之室,仿佛经营。春祈秋报之坛,方将创立。其令群公,择地置坛。于是始立社稷。③

因而成宗制礼,绝非流于形式,虚应故事,这对于其后的高丽诸王有重要影响。

为了强化儒家教学,成宗采取了以下举措:一是修太学,广募州郡县子弟学习儒教,并选通经阅籍者为经学博士、医学博士,于十二牧各置一人,教导在乡子弟。为了奖励教学,成宗下教褒赏太学助教宋承演及罗州牧、经学博士全

---

① 《高丽史·礼二》。
② 《高丽史·礼二》。
③ 《高丽史·礼一·社稷》。

辅仁,又命有司广营太学书斋、学舍,并给田庄,以充学粮。二是在开城创建国子监(992),由修书院抄录文献而典藏之,国子监之下有国子学、太学、四门学、律学、书学、算学等"六学",招收对象和教授内容各不相同:国子学招收三品以上的官宦子弟,大学招收五品以上的官宦子弟,四门学主要招收七品以上的官宦子弟。以上三学由博通经学的博士执教,学生限额为 300 名。律学、书学、算学等三学主要招收八品以下官员的子弟。三是在学校教育外,在全社会普及教化,颁示教条,奖励具备救恤老弱、孝顺节义等德行者。高丽科举考试分为两类:一为制述,主要考文学;一为明经,主要考《易》《诗》《书》《春秋》等儒家经典。成宗之意,显然是要将儒家政治要义推广于社会。

3.高丽的礼制格局

与三国时代相比,高丽一朝礼制最显著的特点,是仿照中国的五礼体系,陆续建立起礼制的基本框架。

中国古礼,名目繁多,一般以《周礼·春官·大宗伯》所载为本,分为吉、凶、军、宾、嘉五类,通称"五礼"。到《大唐开元礼》,五礼的细目更为完备。

高丽礼制的建立,始于成宗,至睿宗时,大体形成规模。史家云:"睿宗始立,肩定礼仪,睿宗始立局,定礼仪。然载籍无传。至毅宗时,平章事崔允仪撰《详定古今礼》五十卷,然阙遗尚多。自余文集,再经兵火,十存一二。今据史编及《详定礼》,旁采《周官六翼式目编录》《蕃国礼仪》等书,分吉、凶、军、宾、嘉五礼,作礼志。"①

显宗五年(1014)七月,"中枢使姜邯赞请修社稷坛。今礼司撰定仪注,从之。然仪文史无传焉"②。

一代典制已经大体确立,其体系之详备,几乎到了对《周礼》《大唐开元礼》诸条逐项沿用的地步,标志着高丽朝礼制体系的全面确立,其规庞和气象之宏大,绝非三国时代可以比拟。高丽朝的礼仪制度,《高丽史》有详尽的记载,限于篇幅,无法一一讨论,只能选择数项进行分析。

---

① 《高丽史·礼一》。
② 《高丽史·礼一·社稷》。

值得注意的是,许多具体的制度都是经由高丽诸王之手陆续建立起来的,如圜丘之祭始于成宗,方泽之祭始于显宗,显宗二十二年(1031)正月,"亲祀方泽"①。仁宗则方泽、地祇与四郊迎气并举,仁宗五年(1127)三月戊午,"制方泽,祭地祇,四郊迎气"②。应该说,经过几百年的努力,高丽王朝的礼仪制度已经达到了儒家经典所论定的规模,并开始全面影响到高丽社会和文化精神的走向。

(1)祭祀天神地祇

吉礼大祀:圜丘、方泽、社稷;中祀:藉田;小祀:风师、雨师、雷神、灵星、马祖、先牧、马社、马步、司寒。

祭祀天地,是君王最重要的活动。冬至南郊祭天,是古天子最重大的祭祀。《礼》云:"祭帝于郊,所以定天位也"③;"兆于南郊,就阳位也","郊,所以明天道也"④;"郊社之礼,所以事上帝也"⑤。按照《周礼》设计的祭祀体系,天有两等,一是昊天上帝,二是五方帝。《周礼·春官·大宗伯》"以禋祀祀昊天上帝",《大司乐》"冬日至,于地上之圜丘奏之",是祭昊天上帝。《大宗伯》又云:"以苍璧礼天,以黄琮礼地,以青圭礼东方,以赤璋礼南方,以白琥礼西方,以玄璜礼北方。"此为五方之帝,又称五精之帝。王昭禹云:"昊天之有上帝,犹国之有君;五精之君,犹四方之诸侯。"⑥

圜丘 唐礼,正月上辛"祀昊天上帝于圜丘,以高祖神尧皇帝配座。又祀五方帝于坛之第一等"⑦。高丽圜丘祭祀采用诸侯的等级,具体有两种:一是有固定祭日者,即孟春上辛祈穀;另一种是需要临时选择吉日致祭者,即孟夏雩祀。"玉币,上帝以苍璧,四圭有邸,币以苍;青帝以青圭;赤帝以赤璋;黄帝以黄琮;白帝以白虎;黑帝以玄黄;币如其玉。"⑧可见是祭祀五方之帝。

---

① 《高丽史·显宗世家》。
② 《高丽史·显宗世家》。
③ 《礼记·礼运》。
④ 《礼记·郊特牲》。
⑤ 《中庸》。
⑥ 《周礼详解》卷十七。
⑦ 《大唐开元礼》卷一。
⑧ 《高丽史·礼一》。

社稷 社稷是祭祀土地神的地方,对于"有民有疆土"的统治者而言,社稷是江山的同义词,社稷的设立和祭祀具有不可或缺的重要意义。《周礼》云:"掌建国之神位,右社稷,左宗庙。"①《礼记》云:"王为群姓立社,曰大社。自为立社,曰王社。诸侯为百姓立社,曰国社。诸侯自为立社,曰侯社。大夫以下成群立社,曰置社。"②由此可见,社稷之设,天子、诸侯、大夫皆有之。

显宗五年(1014)七月,中枢使姜邯赞请求整修社稷坛,并请礼司撰定《仪注》,得到显宗允准。文宗六年(1052)二月,在皇城内西侧重新建造社稷坛;戊子,文宗亲自前往祭祀。八月乙酉,又建社坛,以后土勾龙氏(其题主及祝文不宜称名,故改称后土氏)配享。③

宣宗四年(1087)正月己巳,祭社稷以祈神兵助战。仁宗八年(1130)四月戊子,日官奏:"今旱甚,宜祈岳镇海渎、诸山川及宗庙社稷,每七日一祈。不雨,则还从岳渎如初。旱甚,则修雩从之。九年十一月癸酉,祈雪。十二月甲子,祈雪。"④

(2)太庙制度

太庙 王室祭祀,以太庙为主要场所。高丽太庙始建于成宗时期,已如前述。唐代太庙祭祀,"四时各以孟月享太庙,每室用太牢。季冬蜡祭之后,以辰日腊享于太庙,用牲如时祭。三年一祫以孟冬,五年一禘以孟夏"⑤。高丽太庙祭祀制度,大体仿照唐宋,"享有常日者,寒食、腊,腊兼荐鱼。无常日者,并择日四孟月。三年一祫以孟冬。五年一禘以孟夏。其禘祫之月,即不时享"⑥。

上述祭祀制度,在高丽被严格地遵守着,即使发生灾异,也必定设法变通致祭,一般不敢阙漏。如显宗二年(1011),太庙发生火灾,无法再在此致祭。因此,"每值时祭,各祭于本陵"。为了使太庙祭祀能依例进行,显宗五年(1014)四月,修建了斋坊,作为权安神主之处,显宗为此"亲禘"。直到显宗十

---

① 《周礼·小宗伯》。
② 《礼记·祭法》。
③ 参阅《高丽史·礼一》。
④ 《高丽史·礼一》。
⑤ 《旧唐书·礼仪五》。
⑥ 《高丽史·礼二·太庙》。

八年(1027)二月,"修太庙,复安神主"①。

宗庙祭器损坏,经有司奏请而重新制作的记载屡屡见于记载,如文宗十年(1056)正月己巳,礼官上奏:"太庙祭器,年久破缺,不堪陈用。《曲礼》曰:'祭服弊,则焚之。祭器弊,则埋之。'其筵篚、玄衣、赤舄,命御史台焚埋之。"又如,红巾军起义时,王室曾经将先王的神主临时安置在崇仁门的弥陀房,其后,太祖、忠宣、忠肃、忠穆等四座神主在兵难中遗失。恭愍王十二年(1363),动乱甫定,旋即重新制作四神主,并准备祭祀。恭愍王下教云:"国之大事,惟祀为重。经乱以后,宗庙祭器礼服多有亏缺,可刻日营造,以备情文。牺牲粢盛,务要蠲洁。"丁亥,将诸神主迁往太庙,太祖神主用象辂载,其余庙主用平辂载,"百官公服侍卫。时经乱离,具冠带者仅四十余"。足见尽管条件还十分困难,但宗庙致祭不敢怠慢。

宗庙祭祀时祝文的称谓也不断得到规范,显宗末年(1031)六月癸巳,有司奉命改定高丽王在太庙致祭祝文的称谓:第一室为太祖及王后皇甫氏,王自称"孝曾孙嗣王臣某";第二室为惠宗及王后林氏,第三室为定宗及王后朴氏,第四室为光宗及王后皇甫氏,第五室为戴宗及王后柳氏,以上四室之王为兄弟辈,故王一律自称"孝孙嗣王臣某";第六室景宗及王后金氏,第七室成宗及王后刘氏,第八室穆宗及王后刘氏,以上三室为兄弟辈,故王一律自称"嗣王臣某王考"。显宗及王后金氏殁后,德宗自称"孝子嗣王臣某"②。

禘祫 (靖宗)八年(1042)三月戊申,尚书礼部奏:今四月当行禘祫,而二十一日将行王后册封礼,其禘祫,请行摄事。内史门下奏:禘祫固有定期,封册自可从宜,请先行禘礼,从之。

文宗十年(1056)十月辛亥,"王太子见于太庙,三师以下导从庶子二人为左右,赞者率更令请拜,注簿告办。初诣庙时,引乐悬而不作。谒毕,乐作,还宫。戊午,有司言,今月当禘祫于宗庙。礼,禘祫之月则停时享,乞依礼制停冬享。从之"③。

---

① 《高丽史·礼二》。
② 《高丽史·礼三·太庙》。
③ 《高丽史·礼三·诸陵》。

昭穆制度 昭穆制度是宗法制度的重要内容之一。宗庙大禘时,太祖居中,东向,以下受祭者按照父昭子穆的秩序,分列左右;昭班南向,穆班北向。四时、腊享、朔望、寒食,并室内南向。新亡者之主祔于其祖之庙。所以《汉书》有"父昭子穆,孙复为昭"之文,《公羊传》有"父为昭子为穆,孙从王父"之语。然而,所谓"父昭子穆"究竟怎样理解,一直存在争论。一种说法认为,昭穆是区分父子辈行的,继位者与前任不管是否直系相承,彼此在宗庙中都已昭穆相对,所以都是父子关系。另一种说法认为,兄弟先后继位,不得变成父子关系,只可同处昭位或穆位。高丽朝对昭穆制度的理解,采用后说。

靖宗二年(1036)十二月,祔德宗于太庙时。靖宗曾向辅臣徐讷黄、周亮、刘徵弼等问及昭穆之义,以及如何迁庙的问题。徐、周等认为,兄弟同昭穆,惠宗、定宗、光宗、戴宗同班为昭,景宗、成宗为穆,穆宗为昭,显宗祔于穆庙,如此则二昭二穆与太庙而为五庙。今祔德宗,数数已过五,所以当迁惠、定、光三宗,戴宗是追王之主,并未践位,可以迁祭于其陵。刘徵弼认为,太祖不过是在曾祖行,惠、定、光三宗在祖行,故不必迁,只要将戴宗迁于陵、而祔德宗于次室即可。周亮等反驳说:"臣闻前典云'亲过高祖则毁其庙',由是观之,自称祖曾高而上论,亲尽未尽,非以旁亲论,惠、定、光在从祖行,不可比于亲祖。昔晋钟雅奏言,景皇帝不以伯祖而祭于庙,宜除伯祖之文,朝廷从之。则从祖不入于庙明矣。惠、定、光、戴俱宜迁毁其后。"靖宗感到一时而迁走四位神主,意有未安,打算采用刘徵弼的意见。周亮说:"太祖为二庙,惠、定、光、戴为昭一庙,景、成为穆一庙。穆宗为昭,显宗为穆,五庙之数于是乎备。若以派系次第论之,显宗于穆宗为叔。若先即位,可与景、成同一行,然继穆宗位,故显宗祔于穆宗下第二穆位。今祔德宗,则惠、定、光、戴四神主可以迁毁。徵弼唯论四庙迁毁之难,不论昭穆之数。宗庙之礼,国之大事,胡可臆断。若以德宗为昭,则三昭二穆与太祖为六庙,非古制也。若论派系次第,以显宗为第一,穆次子景成,而降穆宗于其下,则《公羊》所谓僖闵逆祀也。"徐讷说:"周亮之奏,合于古制。然鲁以诸侯昭穆之外,有文世室、武世室,惠、定、光三宗亦不可迁毁。"①

---

① 《高丽史·礼三·诸陵》。

从之。

恭愍王时，先王的人数已达二十二位，而太庙依然为一堂五室，两者如何调和？再次引起讨论，核心依然是如何确定兄弟先后为王者如何安排昭穆之位。恭愍王六年（1367），李齐贤奉命定昭穆之次。齐贤认为，宗庙之制，天子七庙，诸侯五庙。太祖百世不迁，太祖而下，父昭子穆，亦百世不变。《左传》云"太王之昭、王季之穆，文之昭，武之穆"，《尚书》称文王"穆考"，称武王"昭考"，正是昭穆不变的明证。齐贤认为，凡是兄弟相代者，一律以昭穆同班的原则来处理，他举宋《祫享位次图》为例，证明太祖与太宗，哲宗与徽宗，钦宗与高宗，各位一世，就是采用兄弟同班的法则。他建议：

> 二十二陵盖自江都去水而陆，仓卒所置。其制一堂五室，而二十二陵神主一行而列，所宜拓而广之，厘而正之。然而不可造次，而就未就之间。四时之事，无所于享。宜于五室，略依东汉以来同堂异室之制，其二十二神主一一各为一房以别之。太祖、惠宗、显宗在太庙不迁，则太祖之昭，定、光、戴安于此，无先之者，居中室，而以西为上。光宗之穆景宗、戴宗之穆成宗为从兄弟，居西第一室之第一房、第二房。成宗之昭穆宗，显宗之昭德、靖文居东第一室之第一、第二、第三、第四房，亦从兄弟也。文宗之穆顺宣肃，居西第一室之第三、第四、第五房。宣宗之昭献宗、肃宗之昭睿宗为从兄弟，居东第五、第六房。睿宗之穆仁宗居西第六房，仁宗之昭毅、明、神居东第七、第八、第九房。神宗之穆熙宗、明宗之穆康宗，亦为从兄弟，居西第七、第八房。康宗之昭高宗居东第十房，合于"左昭右穆，兄弟同班"之义。若夫五室拓而广之，昭穆厘而正之，则乞下中书令礼官博士博议详定施行。①

齐贤引经据典，力主"左昭右穆兄弟同班"之说，主张将五室拓而广之，以便将二十二位先王全部纳入太庙的格局之中。这一主张得到忠定王的支持。事实

---

① 《高丽史·礼三·诸陵》。

上,五庙之中如何安排诸多先王,长期困扰高丽君臣,直到朝鲜时代都无法解决,辩论迭兴。这些牵动满朝大臣的辩论,促使双方都从儒家经典中去寻找答案,寻求昭穆之制的真谛,从而推动了高丽官员和文人对于中国礼书的深入研究。

山陵 帝王的墓葬称陵,始于西汉,汉高祖之陵称长陵,汉文帝之陵称霸陵,汉景帝之陵称阳陵,汉武帝之陵称茂陵。

靖宗十二年六月,尚书礼部奏:"顺、安、宪三陵,圣祖之兄弟也,称孙以祭,似未合义。"按《唐书》,宣宗祫穆宗室文称"皇兄"。大常博士闵庆之奏曰:"夫礼有尊卑而不叙亲亲,祝文称谓未当,请改为嗣皇帝。"从之。穆宗、宣宗,同父异母也。宣宗之祀,穆宗称"皇兄",未合于礼,故改称"嗣皇帝臣某,明告于某宗"。今顺、安、宪三庙祝文,宜称"嗣王臣某明告于某宗"①。靖宗从之。

别庙与景灵殿 中国帝王对祖先的祭祀场所,除太庙之外,还有原庙和景灵宫。原庙之设,始于西汉。据《史记·高祖本纪》,惠帝五年,"思高祖之悲乐沛,以沛宫为高祖原庙"。裴骃《集解》云:"谓'原'者,再也。先既已立庙,今又再立,故谓之原庙。"这是除太庙之外,在高祖故乡沛建立的原庙。此外,在渭水之北还有一座高祖的原庙。按照汉初的制度,每月要将高祖的衣冠从陵寝中请出,并备下法驾出游,称为"游衣冠"。惠帝时,太后居长乐宫,惠帝每每不时而往。为安全起见,惠帝每次前往,都要清道,戒绝行人,不免扰民。于是,惠帝决定修复道,不料,复道与游衣冠之道有一段重合。叔孙通提醒惠帝,子孙在祖宗的道上行走,是不敬的表现。为了掩饰这一过错,叔孙通建议在渭水之北再修一座原庙。原庙之外,又修原庙,是否会招人非议?叔孙通认为不必担忧:"益广多宗庙,大孝之本也。"②认为多建原庙,正是大孝高祖的表现。

西汉以后,原庙之设成为通行的制度。北宋的原庙称景灵宫,大中祥符五年,宋真宗上圣祖尊号、圣母尊谥,作景灵宫。③ 从此,景灵宫之设,成为帝王"奉先"的格局之一。太庙与景灵宫的分工是:"太庙以奉神主,岁五享,宗室

---

① 《高丽史·礼三·诸陵》。
② 《史记·叔孙通传》。
③ 《宋史·真宗本纪》。

诸王行事；朝祭而月荐新，则太常卿行事。景灵宫以奉塑像，盖四孟皇帝亲享，帝后大忌则宰相百官行香。"① 高丽王的墓地，除最末两位王（辛禑王、恭让王）之外，一概有各自的陵号，如太祖称显陵，惠宗称顺陵，定宗称安陵，光宗称宪陵，景宗称荣陵，成宗称康陵，显宗称宣陵，文宗称景陵，顺宗称成陵，肃宗称英陵，睿宗称裕陵，明宗称智陵，神宗称阳陵，熙宗称硕陵，高宗洪陵，元宗称韶陵，忠穆王称明陵，忠定王称聪陵，恭愍王称玄陵等。高丽的陵号，成为相沿不绝的传统，直接影响到后世，朝鲜诸王均有陵号，王后也有陵号，成为一代典制。

高丽王室依照礼制的规定，设立五庙，祭祀太祖，以及时王的高祖、曾祖、祖、父四代。太祖百世不迁，凡是血统已超出四代的先王，则从五庙中迁出，设"别庙"祭祀，如毅宗时，在五庙中受祭的有太宗、惠宗、显宗、文宗、顺宗、宣宗、肃宗、睿宗、仁宗等九位；进入别庙受祭的先王，则有定宗、光宗、景宗、成宗、穆宗、德宗、靖宗等七位。

太庙与别庙的祭祀等级有所不同：太庙四孟月及腊，王亲享；别庙四时常享及腊，由享官致祭，只有在禘祫大享时才进入太庙受享。

私庙致祭　对于宗庙祭祀中出现的新问题，朝臣每每能依据中原典故，提出解决办法。如高丽王位传至恭愍王时，无子而薨。辛禑父子趁机夺取王位。其后，恭让王中兴，得以接续大统。前所未有的问题是，恭让王的四代先公都未曾践阼，不得进入王统致祭；而论身份又都是恭让王的至亲；如此，如何处理，方为妥帖？恭让王二年（1390）正月，礼曹的官员上疏，建议按照汉宋故事，设私庙祭祀：

> 今西原君以下四代，封崇立园，置祠官事宜，谨依前代典故议之。汉末，王莽僭位，光武中兴，匡复汉室。孝元皇帝世在第八，光武皇帝世在第九，故以元帝为考庙，别立四亲庙于洛阳，祀父南顿君以上至舂陵节侯。宋英宗以仁宗从兄濮王之子入继大统，诏议崇奉濮王典礼。司马光等议，

---

① 《宋史·礼十二》。

为人后者为之子，宜尊以高官大爵，称皇伯而不名。吕氏引程子之论曰：为人后者，谓其所后者为父母，谓所生者为叔伯父母，此天地之大经，生人之大伦，不可得而变易也。然所生之义至尊，至大难当，专意于正统，岂得尽绝于私恩。要当揆量事体，别立殊称。……西原以下，当依汉宋，尊以高官大爵，立园置祠官，别子奉祀，而子孙袭爵，在礼当然，请尊定原府院君为三韩国大公；淳化侯为马韩国公，妃为韩国妃；益阳侯为辰韩国公，妃为辰韩国妃；西原侯为卞韩国公，妃为卞韩国妃。立园曰积庆，置祠官曰积庆署。祭享以朔望，曰孟月为制。①

礼曹官员以东汉光武帝和宋英宗处理私亲祭祀的成例为说，主张对未曾登极践位的君王私亲尊以特殊的爵号，并立园置祠官，由别子奉祀，子孙袭爵，既能抒伸私恩，又不违背中原礼制。得到恭让王的首肯。由以上引文可知，高丽礼官对中原历史熟悉的程度，以及中原典制对高丽的影响之深。

功臣配享 唐代太庙祭祀有以功臣配享的制度。祭祀有功之臣的做法，起源甚古，至迟商代就已经出现。盘庚迁殷时说："兹予大享于先王，尔祖其从与享之。"② 疏云："此大享于先王，谓天子祭宗庙也。言古者天子录功臣，配食于庙，故臣之先祖得与享之也。"可见商王大享先王时，某些贵族的先祖得以与享。又《书·洛诰》云："今王即命曰：记功，宗以功，作元祀。"《孔传》："当记人之功，尊人亦当用功大小为序，有大功则列为大祀。"《礼记·祭法》亦云："圣王之制祭祀也，法施于民则祀之，以死勤事则祀之，以劳定国则祀之，能御大灾则祀之，能捍大患则祀之。"均是为有功之臣立祀、配享于庙之证。因此，汉魏时期，帝王在庙庭祭祀，功臣每每受祭。唐代以后，开始有了配享的名称和正式的配享制度。③ 据《高丽史》记载，高丽王在禘祫祖宗时，也模仿中原典制，以功臣配享。见于记载的配享功臣有：

---

① 《高丽史·礼二》。
② 《尚书·盘庚上》。
③ 参阅《新唐书·礼乐志五》。

太祖室：太师、开国武烈公裴玄庆，太师、开国忠烈公洪儒，太师、开国武恭公卜智谦，太师、开国壮节公申崇谦，太师、开国忠节公庾黔弼，太傅、熙恺公崔疑。

惠宗室：太师、开国严毅公朴述希，太师、开国克翼公金坚术。

定宗室：太师、开国威静公王式廉。

光宗室：太师、匡卫公刘新城，太师、内史令开国贞敏公徐弼。

景宗室：太师、开国匡益公朴良柔，太师、开国敏休公崔知梦。

成宗室：太师、内史令匡彬公崔亮，太师、内史令文贞公崔承老，太尉、内史令贞宪公李梦游，太师、内史令章威公徐熙，司徒、内史令李知白。

穆宗室：太师、内史令贞信公韩彦恭，太师、门下侍中忠懿公崔肃，太尉、门下侍中金承祚。

显宗室：太师、门下侍中仁宪公姜邯赞，太师、赠门下侍中节义公崔沆，太师、内史令贞肃公崔士威，太师、中书令英肃公王可道。

德宗室：太尉、门下侍郎平章事襄懿公柳韶。

靖宗室：太师、内史令元肃公徐讷，太师、门下侍中景文公黄周亮，太师、中书令文宪公崔冲，守司徒、门下侍中贞简公金元冲。

文宗室：太尉、门下侍中顺恭公崔齐颜，太师、中书令章和公李子渊，太师、中书令景肃公王宠之，太师、中书令文和公崔惟善。

顺宗室：守司徒、门下侍中文忠公李靖恭。

宣宗室：守太尉、门下侍中长渊县开国伯贞献公文正，守司徒、门下侍中匡肃公柳洪，守太尉、门下侍郎平章事文贞公金上琦。

献宗室：（阙）

肃宗室：守太尉、门下侍中忠谦公邵台辅，守司空、左仆射参知政事景烈公王国髦，守太尉、中书令忠景公崔思诹。

睿宗室：守司空、中书侍郎平章事贞简公柳仁著，守太师、门下侍中铃平伯文肃公尹瓘，守太傅、门下侍中文成公金仁存，守太保、门下侍中忠烈公魏继廷。

仁宗室：守太傅、中书令乐浪侯文烈公金富轼，守太尉、门下侍郎平章事庄景公崔思全。

  毅宗室:平章事崔允仪,平章事恭肃公庾弼,平章事文公元。

  明宗室:平章事文定公尹鳞瞻,平章事忠肃公文克谦。

  神宗室:门下侍中文景公赵永人。

  熙宗室:平章事文懿公崔诜,平章事良淑公任濡。

  康宗室:参知政事翊烈公郑克温。

  高宗室:平章事文正公赵冲,侍中李杭,侍中威烈公金就砺。

  元宗室:平章事李世材,平章事蔡桢。

  忠烈王室:中赞文敬公许珙,中赞文良公薛公俭。

  忠宣王室:中赞忠正公洪子藩,中赞文靖公郑可臣。

  忠肃王室:(阙)

  忠惠王室:政丞思肃公韩渥,参理李揆。

  忠穆王室:(阙)

  忠定王室:铁城府院君文贞公李岩兴,安府院君文忠公李仁复。

  恭愍王室:政丞正献公王煦,鸡林府院君文忠公李齐贤,益城府院君文忠公李公遂,夏城府院君襄平公曹益清,瑞宁君文僖公柳淑。①

由上列名单可知,列王功臣乃是逐代递增,到最后一王恭让王(除去辛禑王父子)时,配享的功臣已达七十四人之多,场面之盛大,不难想见。高丽朝太庙从祀制度的确立,从一个侧面反映了中原太庙制度在朝鲜半岛浸润之深。

  大夫、士、庶人祭礼 自古"礼不下庶人",但自唐代以后,风气转换,礼书开始涉及庶人的某些礼仪。受此影响,高丽朝的礼制由大夫、士而下及于庶人。太宗二年七月,对官员的祭祀法式作了规定:

  大小官吏四仲时祭,给暇二日。嫡长子孙无后,次嫡子孙之长者主祭。主祭者秩卑,众子孙内有秩高者,祭品从秩高者。祖考秩卑,主祭者

---

① 《高丽史·礼二·禘祫功臣配享于庭》。

秩高，祭品从主祭者之秩。主人初献，主妇亚献，众兄弟终献。主妇有故，众兄弟代之。三献，人各致斋一日；其余宗族散斋。主祭子孙奉神主别居远地。其众子孙以俗祭仪祭于其室。若神主在主祭家，主祭者因事远出，则次嫡子孙就其家行祭如常仪。旁亲之无后者，以其班祔之，用纸钱，无神主。妻先夫亡者，亦同。有子孙，则以纸钱祭于其家。除四仲月正祭外，如正朝、端午、中秋，宜献时食、奠酒，不用祝文。如祖考忌日，只祭祖考及祖妣。祖妣忌日，只祭祖妣，不必遍举，仍请神主出中堂飨祭，余位忌日同，祭品随时损益，不必视时。祭仪，外祖父母及妻父母无主祭者，当于正朝、端午、中秋及各忌日俗祭仪祭之。

这一规定成为高丽大夫、士、庶人祭祀的基本样式。恭让王时又进一步规定，臣民的庙数为判大夫以上祭三世，六品以上祭二世，七品以下至于庶人只祭父母。规定大夫以下都必须立家庙，祭祀的时间、宜忌与品式：

朔望必奠，出入必告，四仲之月必享，食新必为，忌日必祭。当忌日，不许骑马、出门接对宾客。其俗节上坟，许从旧俗。时享日期：一二品每仲月上旬，三四五六品仲旬，七品以下至于庶人季旬。八月庚申朔，颁行士大夫家祭仪：四仲月祭曾祖考妣、祖考妣、考妣三代，嫡长子孙主祭，众子孙、亲伯叔父及子孙、堂伯叔祖及子孙，并于主祭家与祭。与祭者之祖考不得与享此祭者，则别作神主，各于其家奉祀。

祭之行礼仪式，一依朱文公家礼，随宜损益。一品至二品，设蔬果各五楪，肉二楪，面饼各一器，羹饭各二器，匙箸盏各二。三品至六品，设蔬菜三楪，果二楪，面饼鱼肉各一器。七品至庶人在官者，菜二楪，果一楪，鱼肉各一器，羹饭盏匙箸并同，两位共一卓。①

以上规定，作为宗子祭法颁行于国中，令朝野遵守，希冀以此化民成俗。到朝

---

① 《高丽史·礼五·大夫士庶人祭礼》。

鲜时代,家礼盛行,而推本求源,不能不上溯于此。

（3）文庙祭祀与贤哲从祀

自十一代文宗(1046—1083)到二十四代元宗(1259—1274)为高丽中期,是文教的昌盛时期。这一时期的文宗、宣宗、肃宗、睿宗、仁宗、毅宗等王,对儒学都有很高的热情,对儒学的发展,颇有建树。

据文献记载,某日,文宗谒佛寺后又诣国子监,对侍臣说:"仲尼百王之师,敢不致敬?"当时国子诸生多废学业,文宗认为"责在学官,自今精加勉励"[①]。与官学适成鲜明对比的是,私学日盛一日,京内之最负盛名者,当属崔冲徒。崔冲历仕显宗、德宗、靖宗、文宗四朝,修国史,校律令,尤为文宗垂青。文宗七年,崔冲以年满七十而请致仕。文宗以其为"累代儒宗,三韩耆德,今虽请老,未忍允从"[②],不予批准,而赐以几杖,继续留用。崔冲退官之后,乃私设学校,召募四方学子,教以儒家经典,为学界领袖,时人有"海东孔子"之誉。

睿宗四年(1109),国学开设七斋:①《周易》称丽泽斋,②《尚书》称待聘斋,③《毛诗》称经德斋,④《周礼》称求仁斋,⑤《戴礼》称服膺斋,⑥《春秋》称养正斋,⑦武学称讲艺斋。[③] 一至六斋为儒学斋,七斋为武学斋。公元1114年,睿宗亲往国学祭祀孔子,然后由翰林学士朴升中讲论《尚书》,"与百官、生员等七百人听讲"[④],可见其盛。睿宗十四年,在国学创立养贤库,以养国中之士;又广设学舍,置儒学六十人,选名儒为学官、博士,教授经籍。睿宗还在宫内设清宴、宝文两阁,搜集古今经史百家文献,并经常命学士讲《易》《诗》《书》《礼》《中庸》等儒家经典,文风蔚然。睿宗也派遣学生到中原留学之外,如权适曾奉命游学于宋凡七年,屡中魁科,宋徽宗亲临策试,擢甲科第一。学成还朝,睿宗备乐迎见,擢为国子博士,命撰定《国学礼仪规式书簿》。仁宗也为崇文好学之主,"命臣详定学制,内而完备京师六学之制,外而诸州郡县立乡学。

---

① 《高丽史·文宗世家》。
② 《高丽史·崔冲传》。
③ 《高丽史·睿宗世家》。
④ 《高丽史·睿宗世家》。

又以《孝经》《论语》,分赐间巷童稚,以图教育普及"①。

高丽科举,国子学、大学、四门学,均以经学为主,科目则有《周易》《尚书》《周礼》《礼记》《毛诗》《春秋左氏传》《公羊传》《穀梁传》《孝经》《论语》等。课业年限,《孝经》《论语》共一年,《尚书》《公羊》《穀梁》各一年半。《周易》《毛诗》《周礼》《仪礼》各二年,《礼记》《左传》各三年。治经顺序,则先读《孝经》《论语》,次读诸经并算,习时务策。明经业以《周易》《尚书》《毛诗》《春秋》《礼记》等五经试之。试取或间岁,或三年,未有定期,取士亦无定员。

明宗(1170—1197)以下至元宗(1260—1274)为高丽中期,学校衰颓,文教沉滞。高丽晚期诸王可圈可点者为忠烈王。忠烈王颇重视经史教育,六年(1280)三月下旨,"令通一经一史已上者,教授国子,乃以司宰金碑、正郎崔雍、左司谏方维、前通事舍人柳沆、权知祇侯薛调、前祇侯李卻、吴汉卿等七人为经史教授"②。此为国学生置教授。忠烈王二十二年(1296),又置经史教授都监,令七品以下官习业,王为朝臣别置经史教授都监,为前所未有。忠烈王二十八年(1302),准金元祥奏请,试国学博士能通六经者"迁秩"③。随着儒学推广,孔子在朝鲜半岛的声望日益提高。同时,受到中国尊孔观念和祭孔制度的影响,高丽各地也开始普遍推行文庙祭祀。

在高丽首都设立的文庙,是君臣百官膜拜孔子的场所。高丽孔庙的祭孔与配享从祀制度,与中国基本相同。在孔庙的格局上,不断模仿中国,在文庙壁上图绘七十二贤等的画像。宣宗八年(1091)九月庚戌,"礼部奏,国学壁上图画七十二贤,其位次依宋国子监所赞各目次第,其章服皆仿十哲,从之"。肃宗六年(1101)四月癸巳,"国子监奏,文宣王庙左右廊新画六十一子、二十一贤,请从祀于释奠,从之"。即以颜渊、曾参、子思、孟轲配享,以闵子骞、冉伯牛等十哲以下为从祀。凡是中国列入从祀的贤哲,高丽都一律尊奉。

文宣王神位设于殿上北壁,当中,南向。以颜回配享。闵损、冉耕、冉雍、宰予、曾参在东壁。端木赐、冉求、仲由、言偃、卜商、孟轲在西壁。

---

① 《高丽史·仁宗世家》。
② 《高丽史·元宗世家》。
③ 《高丽史·忠烈王世家》。

颛孙师、澹台灭明、宓不齐、原宪、公冶长、南宫绍、公皙哀、曾点、颜无繇、商瞿、高柴、漆彫开、公伯寮、司马耕、樊须、公西赤、有若、巫马施、陈亢、梁鳣、颜辛、冉儒、冉季、伯虔、公孙龙、秦宁、秦商、漆彫哆、颜骄、漆徒父、壤驷赤、林放、商泽、石作蜀、任不齐、公良孺、申枨、曹卹、奚容箴、句井疆、申党等四十一人,立东庑。祖句兹、荣期、县成、左人郢、燕伋、郑国、秦非、施常、颜会、步叔乘、颜之仆、邂瑗、叔仲会、颜河、狄墨、邦巽、孔忠、公西舆、公西箴、琴张、左丘明、荀况、公羊高、穀梁赤、伏胜、高堂生、戴胜、毛苌、孔安国、刘向、郑众、扬雄、杜子春、马融、卢植、郑玄、服虔、贾逵、何休、王肃、王弼、杜预、范宁等四十三人立西庑。①

每年春秋仲月的上丁日,君臣都要来此对孔子行释奠礼,祭酒为初献,司业为亚献,博士为终献。和八佾舞,之后,国君还要与官员、生徒等一起听经师讲解儒家经典,或者由国君亲自讲论,甚至有所著述。如睿宗九年八月乙卯:

> 王诣国学,酌献于先圣先师。御讲堂,命翰林学士朴升中借大司成讲《说命》三篇,百官及生员七百余人立庭听讲。久进歌颂,御制诗一首,宣示左右,令各和进。②

类似的活动,在《高丽史》中屡见不鲜。孔庙实际上成为宣扬文教、学习儒家典籍的重要场所。国君到文庙谒圣和举行教学活动,成为历王不可或缺的活动。国君通过类似的活动树立倡导文教的形象,儒生则借此阐发儒家理想,影响国君的治国方略。

忠烈王则喜好儒学,元人耶律希逸访开京,见文庙殿宇隘陋,毫无泮宫气象,劝忠烈王重修文庙,再振儒风。忠烈王从其议,下令兴作。忠烈王三十年(1304),国学大成殿落成,"王诣国学,入大成殿,谒先圣,命密直使李混作《入学颂》、林元作《爱日箴》示诸生"③,晓示兴学之志,其中最热心的赞成者为

---

① 《高丽史·礼四·文宣王庙》。
② 《高丽史·礼四》。
③ 《高丽史·忠烈王世家》。

安珦。

安珦,号晦轩,兴州人,元宗初登第,官翰林,屡选至赞成事。忠烈王十六年(1290),安珦于在燕京成为得见新刊《朱子书》,"潜心笃好,知其为孔孟正脉,遂手录其书,又摹写其真像而归"①。安珦慨然而起,以兴学为己任,建议两府"宰相之职,莫先教育人材,今养贤库殚竭,无以养士,请令六品以上,各出银一斤,七品以下,出布有差,归之库,存本取息,为赡学钱"。忠烈王闻之,决定用内库钱谷资助。安珦委托博士金文鼎于江南画先圣及七十二贤像,并购祭器、乐器、经史、诸子书而归,以振兴学政。四方向学之士无不闻风而往,读经受业者动以数百计。

恭愍王十六年(1367),采纳成均祭酒林朴的建议,重建成均馆,以李穑为大司成,增置生员,选拔经术之士金九容、郑梦周、朴尚衷、朴宜中、李崇仁等为教官。李穑更定学制,分五经四书斋,并请王奉行元朝科举之法。

诸州县文宣王庙 高丽各州县也普遍设立文庙,这里不仅是地方官员和民众祭祀的场所,而且成了"乡校"的所在地,即地方学校。为了与首都祭孔的时间错开,各州祭孔的时间延后一旬,在春秋仲月的中丁日;而各县祭孔的时间又延后一旬,为春秋仲月的下丁日。祭孔的仪式称为"释奠仪",由政府颁布,因而全国一律,内容极为详尽,如仪文规定献享官的级别,斋戒的场所及其注意事项云:

> 斋戒前享三日三献官(牧都护知州府郡享则使以下相次为三献官,若防御镇使县令镇将监务三献官不备则兼摄行事)及诸预享之官散斋二日、致斋一日。散斋皆于正寝。致斋,三献官于厅事;预享官各于本司。散斋理事如故,唯不吊丧问疾、不作乐、不判署刑杀文书、不行刑罚、不经秽恶。致斋唯享事得行。其余悉断助教及生徒,皆清斋一宿于学馆。若有乐工,则亦清斋一宿于享所。

---

① 《晦轩年谱》。

可见文庙祭祀的仪式已经相当的规范,从客观上反映了中国礼制在朝鲜半岛被受容的程度,以及由此而带来的潜移默化的影响。

文庙从祀 文庙从祀是以贤哲附祭于孔庙的制度,意在表彰有贡献于儒学的杰出人物,与功臣配享于太庙的意思仿佛,是祭孔礼仪的重要组成部分。中国对孔子的祭祀,始于汉代。唐开元末升为中祀,设从祀。宋代文庙,"塑先圣、亚圣、十哲象,画七十二贤及先儒二十一人像于东西庑之木壁"①,以颜渊、曾参、子思、孟轲配享,以闵子骞、冉伯牛等十哲以下为从祀。从祀者历朝都有增加。

为了表彰高丽儒者中的杰出人物,高丽列王仿照中国做法,不断追赠某些学者官衔,与从祀文庙的中国儒者一起受祭,这对于提升高丽学者的声望,奖劝后学,扩大儒学的影响,无疑都有积极意义。据《高丽史》记载,显宗十一年(1020),追赠新罗侍郎崔致远内史令,从祀文庙。十三年(1022),赠新罗翰林薛聪弘儒侯,从祀文庙。十四年(1023),又追封崔致远为文昌侯。是为朝鲜半岛以本地之儒配享文庙之始。②

(4) 丧服与国恤

《周礼》有吉、凶、军、宾、嘉五礼,《高丽史》所列凶礼条目如下:

> 国恤
> 陈慰仪
> 祔太庙仪
> 上国使祭奠赠赙吊慰仪
> 先王讳辰真殿酌献仪
> 上国丧
> 邻国丧
> 诸臣丧

---

① 《宋史·礼志八》。
② 《高丽史·礼四》。

五服制度

重刑奏对仪

高丽五服制度受《大唐开元礼》的影响至为明显。《大唐开元礼》以斩衰、齐衰、大功、小功、缌麻为五等丧服之纲。每等丧服之下，依次分列正服、加服、义服的服丧对象①,《高丽史》所载五服制度正是如此：

(一)斩衰三年

  正服：子为父，女子在室及已嫁而返室者为父。

  义服：妻为夫、妾为君。

  加服：嫡孙，父卒承重者为祖父，曾、玄孙承重者为曾、高祖。

(二)齐衰

  正服：子为母。

  加服：嫡孙，父卒承重者为祖母，曾、玄孙承重者为曾、高祖母。公侯以下三日而葬，十三月小祥、二十五月大祥、二十七月禫祭。

(三)齐衰周年

  正服：为祖父母，为伯叔父及妻，为姑姑姊妹在室，为姊妹适人无夫，子为兄弟，为长子及妻，为众子及女子，为侄及侄女，在室为嫡孙及嫡孙女，为嫡曾孙，庶母为、及君之众子。

  降服：父卒母嫁，报服如之。

  义服：嫁继母为子。

  外族：正服为外祖父母，义服为继母、慈母、义母、长母，如妻。

(四)大功九月

  长殇正服：为伯叔父及姑，为兄弟姊妹、为侄及侄女，为嫡孙成人。

  成人正服：为堂兄弟、为堂姊妹、在室，为众子妻、为庶子及妻，为侄妻。

---

① 《大唐开元礼》卷一百三十二，《五服制度》。

降服：为故姊妹，侄女适人。

外族：正服为舅，为姨在室。

(五) 小功五月

正服：为曾祖父母，为伯叔祖父母，为从祖母在室，为堂伯叔及妻，为堂姑在室，为兄弟妻，为再从兄弟，为再从姊妹左室，为堂侄及堂侄女，为嫡孙妻，为侄孙及侄女在室，为嫡曾孙妻。

殇正服：为伯叔父及姑之中殇，为兄弟姊妹之中殇，为子及女子侄及侄女之中殇，为嫡孙之中殇，为众孙之长殇，为嫡曾孙之长殇。

殇降服：为堂姊妹适人。

外族：正服：为舅妻，为外甥及外甥女在室。

义服：为妻父母，为女婿。

(六) 缌麻三月

正服：为高祖父母，为堂伯叔祖父母，为再从伯叔及妻，为再从姑为堂兄弟妻，为亲表兄弟及姊妹，为再从侄女在室，为堂侄孙女，为曾孙女，为众孙女，为曾侄孙，为嫡玄孙。

降服：为从祖母及堂姑适人，为再从姊妹及侄孙女适人。

殇正服：为伯叔父及姑之下殇，为堂叔，堂姑之长殇，为兄弟姊妹之下殇，为堂兄弟姊妹之长殇，为子及女子侄及侄女之下殇，为嫡孙之下殇，为众孙之中殇。

外族降服：为姨及外甥女适人。

正服：为堂舅，为舅姨兄弟及姊妹，为外甥妻，为外孙。

义服：为庶母、乳母。①

以上五服制度，成为高丽丧服制度的范式，大体没有改变。到高丽晚期，因军国事务繁忙，而对高官或军人的丧期有变通的规定。如忠烈王时，中赞金方庆服妻父母丧，因当时国务急需，朝廷命其权宜后任宰相，服制后行。忠烈

---

① 《高丽史·礼六·五服制度》。

王七年(1281)四月规定,士卒遭父母之丧,五十日后必须返回军队。恭愍王四年(1355)规定,停止三年丁忧之制。但是百日之内依然服衰绖,只是官员暂时解官不仕。两年后,应谏官李穑等的奏请,又恢复三年丧。其后,因四方兵兴,军务方殷,再次停三年丧制。但到恭让王时,明文规定丧服完全依照《大明律》服制式。

丧祭给假 与丧服制度匹配的是丧假制度。人遭遇失亲之痛,需要居丧尽哀,并逐渐平复悲伤。而丧礼繁重,也必须有集中的时间来料理。为此,为仕于朝的官吏,以及驻扎于外的将士,都应该给以一定的假期。如斩衰与齐衰,给假百日;齐衰周年,给假三十日;大功九月,给假二十日;小功五月,给假十五日;缌麻三月,给假七日。

上述丧假的最高限度为百日,而丧礼最长者为二十七个月,在灵柩安葬之后,还有小祥、大祥、禫等重要祭祀。不仅如此,本着"事死如事生"的精神,亲人死后,每逢忌日、生日、朔望等也必须祭祀。凡此,都需要政府给假。高丽诸王对丧祭给假制度不断作出种种规定,如成宗朝制定"朝官遭丧假式":忌假各三日,每月朔望祭,假各一日;大小祥祭,假各七日;大祥后经六十日行禫祭,假五日。显宗朝规定,文武官遭丧,十三月初忌日小祥斋给假三日,其月晦日小祥祭给假三日,第二十五月二忌日大祥斋给假七日,其月晦日大祥祭给假七日。自翌日计六十日,至二十七月晦日禫祭,给假五日,二十八月一日。靖宗朝规定,外任及东西兵马官吏在京身死,许令上京。又官吏及军,其人等有父母坟墓改葬者,给假三十日。文宗朝规定,外方官吏遭兄弟姊妹丧者,在远州,除申请京官,直于外官请假。妻父母服,不论妻之先后,并令给假。又规定:外官父母在京身死,除奏达,许令上京;边方彻官父母丧,百人已满,以吉服正角遥谢赴任。又规定:假母之丧,前式无服,然人子不服其丧,依忘劬劳膝下之恩,自今行百日服,以后吉服正角出仕;先亡有后之妻及同居妻父母制服,依式给假;奉陈入朝官吏父母死,回还后虽已过百日,自闻丧给假百日;宫城内各衙门官吏遭丧,入宫城吉服,归家依制行服。宣宗朝规定:嫁母制服,前制只给百日假,其余心丧。嫁母自有区别,其大祥祭外任之,子勿许上京。仁宗朝规定:同宗支子及遗弃小儿三岁前节付收养者为收养父母,并服三年丧。遗弃小儿仍继其姓。同宗支子为亲父母期年。异姓族人的收养者服丧之制,礼虽无据恩义俱重,不可无服,其令服大功九月四十九日。明宗朝规定:文武入流以上者妻之父母,依亲伯叔之妻齐衰周年,给假二十日。

国恤 丧服有恩服与义服之分。恩服是丧礼的本服,《礼记·丧服四制》云:"其恩厚者,其服重;故为父斩衰三年,以恩制者也。"义服是为某些非血缘亲属的尊者服丧,其中最重要的是国君,《丧服四制》云:"资于事父以事君,而敬同,贵贵尊尊,义之大者也。故为君亦斩衰三年,以义制者也。"按照丧服制度的规定,为国君的义服与为父亲的恩服同为斩衰三年。但是,这种规定在西汉初即受到挑战。汉文帝临终遗诏,令天下吏民皆服短丧:

> 其令天下吏民,令到出临三日,皆释服。毋禁取妇嫁女、祠祀饮食酒肉者。自当给丧事服临者,皆无践。絰带无过三寸,毋布车及兵器,勿发民男女哭临宫殿。宫殿中当临者,皆以旦夕各十五举声,礼毕罢。非旦夕临时,禁毋得擅哭。以下,服大红十五日,小红十四日,纤七日,释服。佗不在令中者,皆以此令比率从事。①

所谓"大红十五日、小红十四日、纤七日",《集解》引服虔曰:"当言大功、小功布也。纤,细布衣也。"大红、小红、纤三者相加,共三十六日,《索隐》引刘德云:"三十六日,以日易月故也。"从而开创了国恤以日易月的先河,对后世影响颇大。

唐《显庆礼》原有"国恤"一篇,记载帝后之丧的仪式。李义府、许敬宗等认为天子凶礼非臣子所宜言,故删除此篇,"至国有大故,则皆临时采掇附比以从事,事已,则讳而不传,故后世无考焉"②。唐代国恤之制,给高丽很大影响,《高丽史》云:"高丽人不立国恤之仪。至国有大故,则皆临时采掇,附比以从事。事已,则讳而不传。故其见于史书者,特梗概而已。"③这显然是沿袭《新

---

① 《史记·孝文本纪》。
② 《新唐书·礼乐十》。
③ 《高丽史·礼六·国恤》。

唐书》之文。

宋代宫廷三年之丧与以日易月之制交杂,每每因王的意志而转换。开宝九年(976)十月二十日,宋太祖崩,遗诏:"以日易月,皇帝三日而听政,十三日小祥,二十七日大祥。诸道节度防御团练使、刺史、知州等,不得辄离任赴阙。诸州军府临三日释服。"①孝宗"力持三年之制",而"宁宗居光宗之忧,复令百官以日易月,禫除毕,服紫衫、皂带以治事","诸路监司、州军、县镇长吏以下,服布四脚、直领布襕衫、麻腰绖,朝晡临,三日除之","士庶于本家素服,三日而除。婚嫁,服除外不禁"。② 宋代国丧服纪的通例,分为宫内与外廷两种情况,"外廷以日易月,于内廷则行三年之礼"③。

高丽国恤,吏民服纪多从汉、宋短丧旧例,故君丧遗命,多殷殷告诫,务必以日易月,诸道镇守等均于原地举哀。见于《高丽史》者如:

> 景宗六年(981)七月甲辰遗诏:"服纪,以日易月,十三日周祥,二十七日大祥。西京、安东、安南、登州等诸道镇守各于任所举哀,三日释服。"丙午,薨于正寝。
>
> 顺宗元年(1083)十月乙未,顺宗疾笃遗诏:"在外州镇官吏,止于本处举哀,丧服,以日易月。"
>
> 肃宗十年(1105)十月薨,遗诏:"方镇州牧,止于本处举哀。服丧之制,以日易月。"
>
> 睿宗十七年(1122)四月丙申遗诏:"丧服以日易月,方镇州牧,止于本处举哀,成服三日而除。"
>
> 仁宗二十四年(1146)二月丁卯遗诏:"丧服以日易月。"是日毅宗即位。三月甲戌,王及百官、国人成服。甲申,葬于长陵。癸巳,王以下释服。
>
> 康宗二年(1213)八月,王不豫。丁丑,遗诏:"易月之服,三日而除。"

---

① 《宋史·礼二十五》。
② 《宋史·礼二十八》。
③ 《宋史·礼二十八》。

高宗四十六年(1259)六月壬寅,王薨遗诏:"太子嗣位。太子奉使未还间,太孙监国,易月之服,三日而除。"

元宗十五年(1274)六月,王不豫。癸亥遗诏:"易月之服,三日而除;藩镇州县毋得越疆,奉遵朝廷哀制,至于科举、昏姻,一切如旧。"

可见,高丽外廷实行以日易月之制。

那么,高丽内廷是否为三年之丧?从《高丽史》来看,情况比较复杂,例如:

太祖二十三年(943)五月丙午,太祖薨,六月戊申,发丧于详政殿,宣遗诏。乙酉,殡于详政殿之西阶;庚午,行祖奠。壬申,葬于显陵。丧期时间总长仅约150天。

肃宗十年(1105)十月丙寅,肃宗薨,睿宗即位。甲申,葬于英陵。睿宗元年(1106)三月乙卯,王诣肃宗虞宫,与薨日间隔4个月。

明宗三年(1173)十月庚申,李义旼弑毅宗。至五年(1175)五月丙申,方才发毅宗之丧,百官玄冠素服三日。壬寅,葬于禧陵。从发丧到落葬,仅间隔7天。

忠肃王十二年(1325)五月辛酉,忠宣王薨于燕邸。七月癸酉,梓宫至,百官玄冠素服,郊迎殡。十一月甲寅葬。十七年(1330)六月丁未,祔于寝园。时间长度为13个月。

以上四例,前三例的记载是否完整?其后是否还有小祥、大祥之祭,不得而知。最后一例,自十二年五月至十七年六月,丧期长达五年,无法理解。但是,《高丽史》中也有某些记载比较完整,有助于了解当时君王丧期的长短:

显宗二十二年(1031)五月辛未,显宗薨,德宗即位,朝夕哀临。甲戌,德宗率群臣成服,百姓玄冠素服。六月丙申,葬于宣陵,群臣公除。戊戌,王释服。次年五月乙丑,举行小祥之祭。二年(1033)八月,祔显宗于太庙。于显宗丧后十三个月举行小祥之祭,二十七个月祔于太庙,无疑是行三年之丧。

顺宗元年(1083)十月乙未,顺宗薨,次日丙申,宣宗即位。三天后的戊戌,王率百官成服。十一月庚申,葬于成陵,宣宗二年(1085)九月壬子,王亲奠于顺宗魂殿。至此,丧礼已经进入到24个月,尚未提及祔庙,应该也是行三年丧。

睿宗十七年(1122)四月丙申,睿宗薨,仁宗即位,朝夕奠,殡,哭踊,尽哀。甲寅,葬于裕陵。七月乙卯,虞。八月壬寅,虞。十月癸卯,虞。十二月朔丙戌,虞。仁宗元年(1123)四月癸巳,小祥。己酉,虞。十月乙酉,虞。仁宗二年(1124)四月甲戌,祔于太庙。仁宗二年当宋徽宗宣和四年,此年三月戊寅闰①,故整个丧礼时间长度为26个月,与三年丧接近。

仁宗二十四年(1146)二月丁卯,仁宗薨,毅宗即位。三月甲戌,王及百官、国人成服。甲申,葬于长陵。癸巳,王以下释服。丙戌,虞。毅宗二年(1148)二月丁巳,丧期进入到25个月,行大祥之祭,符合三年之丧的规定。

忠烈王三十四年(1308)七月己巳,忠烈王薨。八月壬子,沈阳王(即忠宣王)自元来奔丧,诣殡殿,入哭,设奠。三天后的甲寅,忠宣王即位。九月辛卯,王祭殡殿。癸巳,祭殡殿。乙未,王祭殡殿,大殓,三临尽哀。百官皆缟素,停朝市。三日后的十月丁酉,葬于庆陵,次年(1309)九月丁丑,祔于寝园。丧期恰为27个月。

忠惠王五年(1344)正月丙子,忠惠王薨于元。六月癸酉,梓宫至。八月庚申,葬于永陵。忠穆王二年(1346)正月丁未,奉安木主于魂殿。五月乙酉,祔于太庙。丧期已经达29个月,略有超出,原因不详。

高宗四十六年(1259)六月壬寅,高宗薨,应由元宗即位,因当时远在元,故由太孙监国。七月乙卯,有事于太庙,以国恤除牲牢乐悬,九月丙辰,蒙使加大只大等来,太孙传令旨曰:大朝使来,不可以凶服迎,当服皂鞓以迎。其留使外馆,以待终制。己未,葬高宗于洪陵,太孙释服。元宗在元闻讣,服丧三日而除。三月甲申,元宗还。戊子,即位。六月丙寅,小祥。时间长度为13个月,而丧礼尚未结束。

元宗十五年(1274)六月癸亥,元宗薨。八月戊辰,忠烈王从元归国,谒殡殿。己巳,即位。九月壬午,忠烈王诣殡殿,始服斩衰麻绖,率群臣哭。乙酉,葬于韶陵,王释丧服。忠烈王元年(1275)十一月乙未,王行七虞,祭于魂殿。

---

① 陈垣:《二十史朔闰表》,中华书局,1962年。

二年(1276)六月乙丑,祔于景灵殿。七月乙未,祔于太庙。整个丧期的时间长度为26个月。

从以上诸例可知,除个别情况有超出(忠惠王之丧)或略短(元宗之丧)外,都可以视为内廷行三年之丧的明证。此外,可以作为佐证的还有两位王太后的丧期。

宣宗九年(1092)九月壬午,王太后李氏薨,葬于戴陵。乙酉,辽王朝遣使者王鼎来祝贺宣宗生辰。宣宗不得不见,而此时丧期刚刚进入第四天,重孝在身,若以凶服与使者相见,又违于礼,一时不知所措。有司建议:"古典,天子、诸侯三年之丧。既葬释服,心丧终制,不与士大夫同礼。今贺节使已至,望以日易月,二十七日后释服迎命。"宣宗从之。但是,次年(1093)九月丁丑,丧期进入第十三个月,宣宗依然诣仁睿太后返魂殿,行小祥之祭。太后既行三年之丧,则高丽王必行三年之丧可知。此其一。

又,明宗十三年(1183)十一月癸未,王太后任氏薨,闰月甲寅,葬于纯陵。十四年(1184)二月壬戌,卒哭。此时,关于任氏丧期的规格,礼官与中书省发生争议。明宗云:"人子之于父母,其心一也。岂可重父而轻母哉!"夏四月壬申,燃灯。翼日,大会观乐燃灯,上元事也。国恤权停,至是行之。唯禁插花诸伎。十一月己亥,设八关会,王观乐于毬庭,以太后祥月,除贺礼及舞蹈工人庭舞歌曲。十五年(1185)八月壬申,行八虞祭,十六年(1186)正月丙午祔于太庙。丧期为27个月。为任氏行三年丧,出于明宗的坚持,但由此可知,当时内廷为王服丧应是三年。

由《高丽史》可知,王丧有成服、设奠、祖、葬、卒哭、虞、祥等仪节,与中国基本相同。但也颇见错杂不经者,以下以虞祭为例加以说明。虞祭之数,因身份不同而有等差,"天子九、诸侯九、卿大夫五、士三"[①],高丽礼比诸侯,虞当用九,而睿宗用六虞,睿宗一虞,元宗七虞,明宗祭王太后任氏用八虞,似无定数。再如,始虞的时间,《礼记·檀弓》云:"葬日中而虞,弗认忍一日离也。是日也,以虞易奠。"是初虞在安葬之日的中午。虞祭的日数,王引之云:"天子九

---

① 〔东汉〕何休:《公羊传》"文公二年"注。

虞,凡十七日;诸侯七虞,凡十三日;大夫五虞,凡九日;士三虞,凡五日。"①则高丽当用十三日。又《仪礼·士虞礼》云"三虞卒哭",可知士最后一次虞祭之后紧接着为卒哭之祭,而任氏之丧,二月壬戌卒哭,十一月甲午虞,小祥之后又行虞祭;睿宗之丧,也有在小祥之后虞祭者,奇怪之极。两虞之间的时间亦似无规律,睿宗之虞,少者二月,多者六月,不知所据。

可见,当时的丧礼还不甚规范,高丽诸王对儒学的热情颇不相同,其下臣对于礼学的熟悉程度也必然是高下悬殊,故同一礼仪而纷然杂出,也就不足为怪。如明宗十三年(1183)王太后任氏薨。次年五月甲午,金以太府监完颜弃为祭奠使,初至西郊亭,接伴使大将军张博仁竟然不知正在国恤之中,以舞蹈行问上之礼。完颜弃讥之:"何失礼也。"张博仁依旧懵然。更有甚者,至有以私意随意损益者,如以忠烈王祔祭于寝园的仪式:

> 摄太尉大宁君崔有渰前一日诣灵真殿齐宿,其日早行告事由祭。摄司徒政丞柳清臣、典仪判事李之氐与诸享官受祝版,径诣寝园,百官具仪卫会灵真殿门外叙立,奉木主出,安于辂。密直二人坐于前,摄上护军二人坐于后,内侍常参二人又坐其后。百官前后导从至寝园。太尉、司徒及典仪判事先入庭,分立左右,右上。诸享官及侍臣入庭分立,奉主去辂就舆,乐作。及门,乐止。斋郎奉主置拜位,摄侍中俯伏致告讫,奉主复乘舆。堂上执礼官引入正室,先见太祖,次见惠、显二祖,次见仁、明二祖讫,奉安于位,堂下乐作。太尉洗爵初献,司徒亚献,典仪终献。其礼实王之所制也。②

礼仪的制定,经由先圣与三代学者之手,每一礼节,无不蕴涵着深刻的礼义,故有严格的规定性,不得任意移易。高丽的礼制状况,于此可见一斑。

(5)军礼

军礼为"五礼"之一,据《周礼·春官·大宗伯》,军礼包括大师之礼(王出

---

① 《经义述闻》卷十,《三虞》。
② 《高丽史·礼六·国恤》。

师征伐)、大均之礼(统计户口、确定赋税)、大田之礼(大蒐、田猎)、大役之礼(营造宫室、城邑)、大封之礼(正疆界、开沟渠)等五大类,内容相当繁复。后世军礼,又增入献俘之礼、大傩、救日月等礼仪。《高丽史》所见军礼,主要有以下几目:

遣将出征仪
师还仪
救日月食仪
季冬大傩仪

下面略举数例,以见梗概。

师还仪 高丽三面环海,北方与亚洲大陆相接,用兵之地主要发生在北方,对手有女真、契丹等。每次出征,必定有命将、赐斧钺的礼仪。师还,则又有复命、还斧钺的礼仪,称为师还仪。如睿宗二年(1107)伐女真,命尹瓘为元帅,吴延宠为副帅,师出、师还的礼仪:

十二月朔壬午,王御威凤楼,瓘、延宠率三军将士以次入庭,拜讫,赐铁钺,遣之。三年春,瓘等平女真,筑六城,立碑于公崄镇,以为界。至四月己丑,瓘、延宠凯还,命具鼓吹,军卫迎之。遣带方侯俌、齐安侯偦,劳宴于东郊。瓘等诣景灵殿复命,还铁钺。王御文德殿,引瓘、延宠上殿,问边事。未几,女真侵犯六城之地。四年四月,命副元帅吴延宠复征之。戊寅,延宠陛辞,王诣景灵殿,亲授铁钺,遣之。

又如,高宗三年(1216)闰七月,契丹军队袭击高丽西北境,转掠州郡。高宗乃命参知政事郑叔瞻为行营中军元帅,枢密院副使赵冲为副,率部出击,最后凯旋而归:

十二月己未,(王)幸顺天馆,御文德殿,群臣入谒,分立左右。叔瞻、冲以戎服率诸总管入庭,行礼,王亲授铁钺,遣之。恭愍王五年五月,遣评理印珰等往攻鸭江以西八站。九月癸未,以曲城伯廉悌臣为都元帅,刑部尚书柳渊等副之,以备西北。赐貂裘金带,授钺,遣之。十三年二月戊戌,西北面都元帅庆千兴、都巡慰使崔莹等却德兴兵,凯还。王命有司郊迓,如迎贺仪。十八年十一月辛未,以守门下侍中李仁任为西北面都统使,赐大纛,以遣之。①

救日月食仪 日食与月食本为自然现象,然古人不明其原理,王者必击鼓而救之。《左传》"文公十五年":"日有食之,天子不举,伐鼓于社。诸侯用币于社,伐鼓于朝。以昭示神,训民事君。"后世沿袭以为礼。高丽遇日月食,也有伐鼓之仪式,如:

> 文宗元年二月乙亥朔,日食。御史台奏:旧制,日月食,太史局预奏,告谕中外,伐鼓于社,上素栏避殿,百官素服,各守本局,向日拱立,以待明复。今太史官昏迷,天象不预闻,奏请科罪,从之。②

季冬大傩仪 先秦有驱赶疫疠之鬼的仪式,称为"傩"。《论语·乡党》:"乡人傩,朝服而立于阼阶。"何晏《集解》引孔曰:"傩,驱逐疫鬼。"《礼记·月令》则有季冬大傩之礼,后世相沿不衰。《高丽史》也有大傩的记载,如:

> 靖宗六年十一月戊寅,诏曰:朕即位以来,心存好生,欲使鸟兽昆虫咸被仁恩。岁终傩礼。磔五鸡以驱疫气,朕甚痛之,可贷以他物?司天台奏:"《瑞祥志》云:'季冬之月,命有司大傩,旁磔土牛以送寒气。'请造黄土牛四头,各长一尺高五寸,以代磔鸡。"从之。③

---

① 《高丽史·礼六·师还仪》。
② 《高丽史·礼六·救日月仪》。
③ 《高丽史·礼六·季冬大傩仪》。

由于军事活动相对较少,故总体而言,高丽军礼不仅条目少,而且内容也比较单纯。

(6)宾礼与冕服制度

《周礼·秋官》有大行人、司仪等职掌宾客之礼。所谓宾客之礼,包括天子南向朝诸侯之礼,以及百官朝仪,北宋《政和五礼新仪》以之列入宾礼,其子目主要有:大朝会仪、常朝仪、入阁仪、明堂听政仪、皇太子至正受贺仪、皇太子与百官师保相见仪、群臣朝使宴饯、朝臣时节馈廪、外国君长来朝、群臣上表仪、宰臣赴上仪、朝省集议班位,等等。《高丽史·礼志》列为宾礼的只有如下五目:

> 迎北朝诏使仪
> 迎北朝起复告
> 迎大明诏使仪
> 迎大明赐劳使仪
> 迎大明无诏敕使仪

可见其宾礼主要是迎接中国政府派往的使节的仪式,因使节的使命不同,而分为诏使(宣读诏书的使节)、劳使(专程前往慰劳的使节)、起复使(宣布某位降职官员复职的使节)等。

由于高丽与中国的联系密切,相关的记载相当之多,如:

> 宣宗七年九月,辽遣利州管内观察使张思说来贺生辰。庚辰,再宴辽使于乾德殿,令三节人坐殿内左右。有司奏:再宴使臣,古无此例。三节人坐殿内,亦所未闻。王曰:使臣赍御制天庆寺碑文来,宜加殊礼。不从。
> 睿宗五年六月辛巳,宋遣兵部尚书王襄、中书舍人张邦昌来。癸未,王命带方侯俌往顺天馆迎诏到阙庭。王出神凤门,拜诏,先入会庆殿幕次。王襄等至,出迎入殿庭,受诏及衣带、段匹、金玉器、弓矢、鞍马讫,上殿,使副就王前传宣谕。

> 神宗二年四月乙酉，金遣封册使大理卿完颜愈尚书、兵部侍郎赵琢等来。辛丑，王乘辇出至昇平门，入幄次。有司以侍立员少，聚文武散职员具冠服立毬庭。愈等入广化门，诏函至御史台前。王出升平门外望诏，还入门，乘辇入大观庭。愈等奉诏函及礼物，入自升平门，升殿，王行受册礼。
>
> 忠烈王元年五月甲戌，王闻诏使来，率宰枢侍臣时服，迎于西门外。王既尚公主，虽诏使，未尝出城而迎。舌人金台如元省官，语之曰：驸马王不迎诏使，不为无例。然王是外国之主也，诏书至，不可不迎。至是，迎之。十二月丁酉，副达鲁花赤入京，王以军服率侍臣出迎于宣义门外。入沙坂宫，开诏。达鲁花赤归馆，百官咸诣谒见。三品以上，阶上行揖礼。四品以下，阶下拜礼。①

可知宾礼的礼仪包括郊迎、入都城门、宣诏、受器物、拜谢、设宴等，已经相当程式化。

此外，按照中国五礼的分类，《高丽史·礼志》中归入"嘉礼"的诸多礼仪中，有相当一部分应该归入宾礼，如：

> 宰枢谒诸王仪
>
> 两府宰枢合坐仪
>
> 六官诸曹官相谒仪
>
> 诸都监各色官相会仪
>
> 参上参外人吏掌固谒宰枢及人吏掌固谒参上参外仪
>
> 文武员将人吏起居仪
>
> 监狱日台省内侍坐起仪
>
> 按察使别衔及外官迎行幸仪
>
> 外官迎本国诏书仪

---

① 《高丽史·礼七·迎大明无诏敕使仪》。

外官问圣仪

新及第进士荣亲仪

外官出官仪

三品使臣按察使相会仪

按廉诸别衔相会仪

兵马使及军官拜坐仪

北界营主副使及幕下员相会仪

两界兵马使厅行礼仪

外方城上录事谒宰臣及外官迎宰臣仪

诸道计点使中护评理尹使相会仪

平壤府尹迎观察使仪

牧都护知州员同坐仪

外官迎兵马使及兵马使外官迎衔命宰枢仪

外官遥谢改衔仪

西京官寮加职遥谢仪

防御员将谒按廉及参上官仪

由于与中国的长期交往,高丽的服饰最接近于中国,前文已经有所叙述。意味深长的是,有时中国因改朝换代,尤其是受周边少数民族影响,服饰开始发生较大变化,而高丽依然保持前代的服饰,史乘上有某些记载,读之令人感慨:

臣三奉使上国,一行衣冠,与宋人无异。尝入朝,尚早,立紫宸殿门,一合门员来问,何者是高丽人?使应曰:"我是。"则笑而去。又宋使赤忱、刘逵、吴栻来聘在馆,宴次见乡妆倡女,召来上阶,指阔袖衣、色丝带、大裙叹曰:"此皆三代之服,不拟尚行。于此知今之妇人礼服,盖亦唐之旧欤?"

高丽服饰制度,包括官员服饰和士民服饰,大抵依仿中原,为了叙述的方便,相关的内容散见于其他章节,此处不再赘述。

(7)嘉礼

《周礼》中的嘉礼,主要是指冠婚、宾射、飨宴、脤膰之礼。后世增入嘉礼的礼仪颇多,如从唐代起,而有为太后、王妃、皇太子上尊号仪,以及册立皇后仪、册命皇太子仪、公主受封仪等。开元十七年,唐玄宗从众臣之请,以其生日(八月十五日)为千秋节,"天下诸州,咸令宴乐,休假三日"①。后世相沿,以为故事。宋代称千秋节为乾明节、寿宁节、承天节、乾元节、寿圣节、同天节等等,因皇帝而异,通称"圣节"②,等等。这类礼仪大体为高丽所移用。

  册太后仪

  册王妃仪

  元子诞生贺仪

  册王太子仪

  王太子称名立府仪

  王太子加元服仪

  王太子纳妃仪

  册王子王姬仪

  公主下嫁仪

  进大明表笺仪

  元正冬至上国圣寿节望阙贺仪

  元正冬至节日朝贺仪

  元会仪

  王太子元正冬至受群官贺仪

  王太子节日受宫官贺并会仪

  人日贺仪

---

① 《旧唐书·玄宗本纪》。
② 《宋史·礼十五》。

立春贺仪

宥旨贺仪

一月三朝仪

亲祀圜丘后斋宫受贺仪

大观殿宴群臣仪

老人赐设仪

宣麻仪

东堂监试放榜仪

仪凤门宣赦书仪

亲祀圜丘后肆赦仪

元会仪,"元会"乃皇帝于元旦之日朝见群臣的礼仪,为西汉叔孙通所创,汉承秦制,以十月为岁首,故群臣皆朝于十月。

元正,即正月初一,源出于《尚书·舜典》:"月正元日,舜格于文祖。"

人日乃是魏晋时期的风俗,以正月初一至初七分别名之为鸡日、犬日、豕日、羊日、马日、牛日、人日①,人日即正月初七日。

下面列举有关的礼仪记载,以窥见其全豹:

册太后仪

恭愍王二十一年正月乙丑,王服黄袍、远游冠,诣太后殿奉玉册金宝。上尊号曰崇敬王太后。

恭让王二年四月乙巳,册恭愍王定妃。王以降纱袍、远游冠御大殿南,视朝降立路台上,动乐,向北拜,亲奉册宝授使副,向南再拜。使副奉册宝出大门外,王乃入。执事皆公服,各司一员侍册宝进定妃殿,肃拜,上

---

① 《北齐书·魏收传》云:魏帝宴百僚,问何故名人日?收对曰:"晋议郎董勋《答问礼俗》云:'正月一日为鸡,二日为狗,三日为猪,四日为羊,五日为牛,六日为马,七日为人。'"《荆楚岁时记》等书也有类似的记载。

尊号曰：王太妃。丙午，王以降纱袍、远游冠亲传国太妃，册宝礼与册王太妃同。①

王太子加元服仪

睿宗十六年正月辛亥，王太子加元服于寿春宫，百官表贺。先是，太子在行宫，欲加冠。平章事金缘奏曰：冠者，礼之始，始之重，故冠于阼，三加弥尊，所以尊其礼而著成人之义也。今以元子之贵，行事于外，非所以法先王、示后代，宜令有司举礼以行。从之。②

王太子纳妃仪

恭让王三年四月丙寅，定世子妃朝谒仪。妃凤兴斋沐，备仪诣阙。王便服，王妃盛服，坐殿。女史引妃，侍女奉枣、腵脩，筓以从。妃入，再拜。司宾、女史引升殿，进筓、降，又再拜。宦者酌酒以进，妃啐酒，再拜。女史引妃出。如有筵宴及赐赉，世子及妃坐，以家人礼酌献，极欢。妃朝谒后，王会群臣，礼如元会仪。群臣上寿曰：王世子嘉聘礼成，克崇景福，臣等不胜庆抃，谨上千秋万岁寿。③

老人赐设仪

穆宗十年七月，御毬庭，集民男女年八十以上及笃废疾六百三十五人临，赐酒食、布帛、茶药有差。

肃宗六年三月癸未，亲飨国老于阁门。七年十月，王在西京，礼部奏：《王制》曰：五年一巡狩，问百年者就见。盖王者尊老尚齿之盛礼也。乞令西京留守及先排，使西海按察使先问年八岁时以上人，赐设。制可。遂召年八十以上男女，赐设于阙庭。命太子侑酒食，赐物有差。

熙宗四年十月乙亥，飨国老、庶老、孝顺、节义，王亲侑之。丙子，又大酺鳏寡孤独笃废疾，赐物有差，州府郡县亦仿此例。比因国家多难，飨礼久废，至是诏立都监复遵旧制。未八十岁宰臣、枢密三品员，八十岁以上宰枢三品员母妻、三品员节妇。

---

① 《高丽史·礼七·册太后仪》。
② 《高丽史·礼八·王太子加元服仪》。
③ 《高丽史·礼八·王太子纳妃仪》。

有司于礼宾省主厅设王幄,命宰枢坐于左侠厅,各赐酒十盏、果十五
碟、味十三器。宴币:幞头纱二枚,生纹罗一匹,厚罗一匹,衣绫二匹,乡大
绢二匹,练绵二斤,腰带银一斤,金一目五刀,红鞓皮一腰,人参十两,花八
枝,红蜡烛三丁,包裹黄绢复子五。

三品员坐于左侠连廊,各赐酒十盏,果十四碟,味十三器。宴币:幞头
纱二枚,生纹罗一匹,厚罗一匹,衣绫一匹,乡大绢二匹,练绵一斤,腰带银
十二两,金一目,红鞓皮一腰,人参十两,花六枝,烛二丁,包裹黄绢复
子五。

宰枢三品员母妻、三品员节妇坐于右侠厅,酒果味与三品员厅同,各
赐宰枢母妻及节妇衣绫二匹,乡大绢四匹,练绵二斤,人参十两,花六枝,
烛二丁,包裹黄绢复子各三。赐三品员母妻衣绫二匹,乡大绢三匹,练绵
一斤,人参十两,花六枝,烛二丁,包裹黄绢复子三。又命八十岁未满四品
员,八十岁以上参上员,参外有无职僧俗、孝子坐于左同乐亭,各赐四品参
上员酒六盏,果九碟,味六器,广平布十匹,绵子十两。参外有无职僧俗酒
六盏,果五区,味六器。有职小平布五匹,绵子十两。无职小平布五匹,绵
子六两。孝子酒果味与僧俗同。有职广平布十匹,小平布十匹。无职小
平布十匹,造米二石。八十以上有职女有无职节妇坐于右同乐亭,酒果味
并与左同乐亭同。鳏寡孤独笃废疾、僧俗男女,男坐于左同乐亭,女坐于
右同乐亭,各给酒四盏,果五区,味四器,米一石,命都监员吏监赐。西京
八十岁男女孝子顺孙、鳏寡孤独笃废疾,各给酒果味各三器。八十男女布
三匹,孝子顺孙布七匹,鳏寡孤独笃废疾租一石,东北西南界孝子顺孙租
六石。八十男女鳏寡孤独笃废疾租一石,其酒果味与西京同。①

朝野通行礼仪

辛禑十四年昌立九月癸未,都评议使司据朝廷颁降仪注及本国旧仪
参定:群臣见殿下稽首四拜。三品见一品,四品见二品,五品见三品,六品
见四品,七品见五品,八品见六品,九品见七品,拜礼则顿首再拜,揖礼则

---

① 《高丽史·礼十·老人赐设仪》。

躬身举手齐眼下致敬。上官居上、下官居下行礼:上官随坐随立,无答路次;下官避马,不及避马则下马;上官不下马,放鞭过行。宪司省郎所属六部官及师长亲戚不在此限。其上官从优答礼,亦许任意行私礼。自一品至九品,差一等者,拜礼则顿首再拜,上官控首答拜;揖礼则躬身举手齐口下致敬。上官举手齐心。答礼:路次下官避马,不及避则下马;上官亦下马,揖礼如上仪。诸官品相等者,拜礼则控首再拜揖礼则左右各举手齐口下致敬。东西相对,行礼路次,马上举鞭相揖。凡民间拜礼,子孙弟侄甥婿见尊长,生徒见师范,婢仆见本使,行顿首四拜;其长幼亲戚,照依等次行顿首再拜礼,答受从宜;平交者行控首再拜礼。凡民间揖礼,验尊卑长幼,行上中下礼。凡官民相见,不许行胡礼。跪见,路次不许拜礼,止行揖礼。①

这一部分的礼仪,相当细密,如上举种种之外,还有《宰枢谒诸王仪》《两府宰枢合坐仪》《六官诸曹官相谒仪》等等。

4.佛教的兴盛与礼制的衰落

佛学传入朝鲜半岛的时间,可以追溯到三国时代。百济枕流王元年(384)秋七月,遣使入晋朝贡。九月,"胡僧摩罗难陀自晋至,王迎之致宫内礼敬焉,佛法始于此";次年春六月,"创佛寺于汉山,度僧十人"②,是为朝鲜半岛建立佛寺之始。其后,高句丽、新罗纷纷效法,崇信佛教之王甚多,佛教迅速流行。

高丽朝以佛教为国教加以尊奉。在高丽的前期和中期,儒、佛互为表里,相得益彰。朝野多认为,儒、佛都是切合人类社会的学问,各有侧重而已。儒家注重现实生活,讲究修身、齐家、治国、平天下。佛家则超然物外,关心来世,追求心灵的境界。崔承老曾经上书云:"行释教者,修身之本,行儒教者,理国之源。修身,是来世之资,理国,乃今日之务。"显宗朝儒臣蔡忠顺撰写的《玄化寺碑阴记》也说:"儒书,韫志勤修,则政教是兴,佛法在心虔敬,则福禄克□。

---

① 《高丽史·礼十·朝野通行礼仪》。
② 《百济世家》第二。

共在一源,真理内融,化门外显者也。"当时儒、佛两教,相互为用,关系密切。显宗时的崔沆,睿宗时的李资玄,仁宗时的尹彦颐、权适、元沆,毅宗时的崔惟清,明宗时的林民庇、任濡、李仁老,高宗时的李奎报,元宗时的李藏用,忠烈王时的李承休等,都是儒者文人而笃信佛教者。而文宗时的慧德王师韶显、大觉国师义天,睿宗时的大鉴国师坦然,仁宗时的广知禅师之印,高宗时的真觉国师慧谌,忠烈王时的普觉国师一然等,都是高僧大德而兼通儒家文献者。

中国唐宋两朝施行儒佛道三教并立的政策,其影响直接波及于高丽。高丽诸王虽不乏热心儒学者,而佞佛之君也不在少数,亦有儒佛兼奉,以二教互补者。毅宗醉心佛教,敬奉佛法,沉迷图谶,每年斋醮土木之费,不可胜计,以至国库枯竭。

尤其是入元以来,佛、道风行,拜佛祀神,举国风靡。安珦走进学宫,但见满目凄然,乃作诗云:"香灯处处皆祈佛,箫管家家尽祀神。独有数间夫子庙,满庭春草寂无人。"①恭让王即位,酷信佛教,欲迎粲英为师,李穑在经筵席上进言:

> 儒者之道,皆日用平常之事,饮食男女,人所同也,至理存焉。尧舜之道,亦不外此。动静语默之得其正者,是尧舜之道,初非甚高难行。彼佛氏之教则不然,辞亲戚,绝男女,独坐岩穴,草衣木食,观空寂灭,为宗,是岂平常之道?

崇儒排佛是高丽末儒者的普遍倾向,而太学成为排斥异端之中心,教官及学生皆热衷于此。间或也有言行过激者,如恭让王时,成均博士金貂、学生朴礎等上书斥佛毁神,要求"严立禁令,剃发者杀,无宥。淫祀者杀,无宥"。朴礎云:

> 佛本夷狄之人,与中国言语不类,衣服殊制,不知夫妇父子君臣之伦,伪启三途,谬张六道,遂使愚迷,妄求功德,不惮科禁,轻犯宪章。……殿

---

① 《晦轩先生实记》。

下以英明之资,惑于浮屠谶纬之说,往迁于南,以国君之尊亲幸桧岩,以倡无父无君之教,以成不忠不孝之俗,以毁三纲五常之典。

言词激烈,触犯王怒,王拟处以极刑。后因李穑上书,方得以幸免。高丽一代,佛教的影响遍及于全社会,丧葬礼仪中也盛行桑门之法,人死则火葬,忌日斋僧,时祭只设纸钱。高丽末叶,佛教界日渐腐败,寺刹兼并土地,奸僧跋扈朝野,日营豪华的生活,骄奢淫逸,干政乱朝。

明太祖洪武二年(1369),朱元璋询问高丽使者:"王居国何为?城郭修乎?兵甲利乎?宫室壮乎?"顿首言:"东海波臣,惟知崇信释氏,他未遑也。"遂以书谕之曰:"古者王公设险,未尝去兵。民以食为天,而国必有出政令之所。今有人民而无城郭,人将何依?武备不修,则威弛。地不耕,则民艰于食。且有居室,无厅事,无以示尊严。此数者朕甚不取。夫国之大事,在祀与戎。苟缺斯二者,而徒事佛求福,梁武之事,可为明鉴。王国北接契丹、女直,而南接倭,备御之道,王其念之。"①

反之,由于宋朝性理学的东传,儒林渐开新局,学者辈出,进而与佛徒对立,排佛之论,度牒之议,一时成为热潮。排佛者可以分为二派:一派仅仅指责佛徒的逆行,而不毁佛教;另一派从根本上否定佛教,斥之为灭伦害国之教。前者之议论,崔瀣、李齐贤、李谷及其子李穑等主之。如崔瀣云:

仆窃见天下奉佛大过,舟车所至,塔庙相望,而其徒皆附权擅富,奴视士夫,虫毒斯民。故吾儒或不取焉,是岂佛之心而佛之过欤?夫佛好善,恶不善,就其明心见性之说而观之,其与吾儒相去几何。

李齐贤揭露当时佛教界之弊端云:"余惟近世浮图之流,有所经为,必假势于权豪之家,毒民而病国,徒务亟成,而不知种福为敛恶也。"

后一派以郑道传为代表。郑氏一方面作《朝鲜经国典》②,依据儒家学说

---

① 《明史》卷三百二十《外国传一》。
② 《三峰集》卷七、卷八。

提出经世大纲,一方面作《佛氏杂辨》十五篇①,从轮回、因果、心性、心迹、慈悲、真假、地狱、祸福、乞食、禅教等佛教的基本范畴入手,全面攻击佛教,并从佛法东传中国、朝鲜的历史,揭露佛教昧于道器、毁弃人伦的本质,并列举大量事佛得祸的例证。例如,郑氏抨击佛教"真假"说云:

> 佛氏以心性为真,常以天地万物为假合。其言曰:一切众生,种种幻化,皆生如来圆觉妙心,犹如空华及第二月。又曰:空生大觉中,如海一沤发,有漏微尘国,皆依空所立。佛氏之言,其害多端,然灭绝伦理,略无忌惮者,此其病根也,不得不砭而药之也。盖未有天地万物之前,毕竟先有太极。而天地万物之理,已浑然具于其中。故曰:太极生两仪,两仪生四象。千变万化,皆从此出。如水之有源,万派流注。如木之有根,枝叶畅茂。此非人智力之所得而为也,亦非人智力之所得而遏也。然此固有难与初学言者。以其众人所易见者而言之,自佛氏殁,至今数千余年,天之昆仑于上者,若是其确然也;地之磅礴于下者,若是其隤然也;人物之生于其间者,若是其粲然也;日月寒暑之往来,若是其秩然也。是以,天体至大,而其周围运转之度,日月星辰逆顺疾徐之行,虽当风雨晦明之夕,而不能外于八尺之玑,数寸之横;岁年之积,至于百千万亿之多,而二十四气之平分,与夫朔虚气盈余之分积,至于毫厘丝忽之微,而亦不能外于乘除之两策。孟子所谓"天之高也,星辰之远也,苟求其故,千岁之日至,可坐而致者",此也。是亦孰使之然欤?必有实理为之主张也。②

郑氏之说,即使以今日之眼光审视之,也颇有唯物论的意味。类似的论辩在郑氏著作中触目皆是,在当时思想界产生极大影响。从某种意义而言,正是高丽末期的这场儒佛之争,为朝鲜时代性理学的兴起扫清了道路。

佛教与儒学,既有互相重合、互相补充之处,但也有冲突、排斥之处,尤其

---

① 《三峰集》卷九。
② 《三峰集》卷九,《佛氏真假之辨》。

是在制度与生活方式方面。佛教的盛行,必然导致礼制的衰落,从以下史事可以清楚地得到证明。

《诸陵》

忠烈王元年五月,命宰臣洪禄遒摄事于景灵殿,笾豆缺,假内殿净事色以祭。二年闰三月庚申,命有司夏享于太庙,将以四月朝京师,故先时行之。

忠宣王二年九月,太庙五室,东西置夹室,安惠、显二宗于西室,文、明二宗于东室。三年正月丙戌,以寝园春享,将誓戒,祭前七日,誓戒例也。令则三日也。凡享官,自太尉以下皆不至。纠正及时,到享官七人。同议不誓而罢。十月乙亥摄事于寝园,不宰牛。

忠肃王五年正月癸酉,王命佥议赞成事金士元以温泉所获禽荐于太庙。司膳典仪不至,纠正后至。士元以闻王曰,祭先所以报本,予躬获禽以献,而有司乃尔耶。是祭也,内竖朴仁平窃其禽,代以其家斋肉,王不能罪。十七年六月丁未,祔忠宣王于寝园,迁仁王主,权安康王主于东夹室。是祭,众阑入庙庭,争夺奠物而去,法司不能禁。凡行事,皆不如仪,日昏乃毕。初,典理佐郎赵廉言,本国昭穆之序,有乖古制,宜以太祖居中室,高宗为第一昭,元宗为第一穆,忠烈王为第二昭,忠宣王为第二穆,惠王、明王居东夹室,如周制武王居东北夹室之例。显王、康王居西夹室,如周制文王居西北夹室之例。如是,则惠、显二主分居东西,为不迁之主。明、康父子亦分东西,为假安之位,于礼便,而昭穆之序亦合古制。不从。

忠穆王三年四月辛卯,命参理安子由摄事于太庙。子由不宰牲牛,以与原刹僧,纠正白元石不据礼以争,时人非之。

忠定王三年十二月辛丑,恭愍王即位。壬寅,王亲传诸陵祝版。昌陵享官皆不至,命侍臣一人授祝版遣之。二年正月甲申,王将春享寝园,百官侍卫至寝园。次于园东。乙酉,王乘辇入自南侠门,文官叙立于东阶下,武官西阶下,王立于月台东。亚献,丹阳大君琠立王之后。终献,右政丞李齐贤于丹阳大君之后。斋郎立于最后行。牲宰牛一、羊五、豕九、鹿十,祭毕,退御幄次,受贺礼而还。成均及十二徒诸生各献歌谣,教坊伎乐,陈于路傍迎之。五年正月壬午朔,寝园春享。享官誓于三司,太尉乐安君李迁善、司徒典仪令金义烈不至,改命金海府院君李齐贤为太尉。

恭愍王八年六月辛未,御史台上言曰:"殿下躬享宗庙祭礼,祭器一皆新之,奉先至矣。自国都迁徙之后,国家多事,典祀之官,不共其职,用脱粟饭,沽酒市脯,不腆之甚。至于此极,而就野为坛。享官或年老神昏,岂其诚敬尽礼者乎?宜令有司就坛傍立舍,以庇风雨。令诸陵直于太常寺,更日直宿,以充祝史。又令都祭库、典厩署并隶太常支,祭物鱼果,各道按廉使以时输纳,祭器亦令新之,以副殿下诚敬之实。"从之。十二月正月,王在福州,命奉安久庙,假主于新乡校置诸陵署于旧乡校,如行春享。红贼之后,假安九庙神主于崇仁门弥陀房。太祖、忠宣、忠肃、忠穆神主失于兵难。十月,新作所失四神主。十二年五月庚午,教曰:国之大事,惟祀为重。经乱以后,宗庙祭器礼服多有亏缺,可刻日营造,以备情文。牺牲粢盛务要蠲洁。丁亥还,安九室神主于太庙,以象辂载太祖主,平辂载八庙主,百官公服,侍卫时经乱离,具冠带者仅四十余。其还安祭,王不亲行,祝版亦不亲押。命一内使奉香,九室合荐一牛。太祖室羊、豕各一,八室豕一而已。祭将灌,雨作,献官、执事并升堂东立避之,雨止乃复位。初献讫,于各室户外饮福,北向拜。执礼讥之曰:"初献官就位,乐九成再拜,升,行灌礼。今何无此礼耶?诸献官献毕,出就前楹,取各室酒,合酌一爵,饮福,西向再拜。何其各室饮福北向拜乎?七祀位在庭向东,功臣位庭东向西,都监官皆设于庭西向东。或讥之曰:何其两位皆向东乎!都监官惊骇,遽改之,误设七祀位于庭东向西。应鼓不悬,工人举而击之,如俳优戏乐章,登歌礼也。当亚献,都监官令登歌者皆下。工人争之曰:"前此,乐章皆登歌。"强下之,纠正执礼,无敢非之者。

辛禑七年四月壬戌,摄事于诸陵,献官皆不至。辛昌元年三月壬午,重房祭太祖真殿。旧制三月三日祭之,岁以为常。

恭让王二年正月,礼曹上议曰:按朱文公论天子宗庙假诸侯之制明之。天子诸侯,势殊而理同。令西原君以下四代,封崇立园,置祠官事宜,谨依前代典故议之。汉末,王莽僭位,光武中兴,匡复汉室。孝元皇帝世在第八,光武皇帝世在第九,故以元帝位考庙,别立四亲庙于洛阳,祀父南顿君以上至舂陵节侯。宋英宗以仁宗从兄濮王之子入继大统,诏议崇奉濮王典礼,司马光等议,为人后者为之子,宜尊以高官大爵,称皇伯而不名。吕氏引程子之论曰,为人后者,谓其所后者为父母,谓所生者为叔伯父母,此天地之大经,生人之大伦,不可得而变易也。然所生之义至尊,至大难当,专意于正统,岂得尽绝于私恩。要当揆量事体,别立殊称。惟我太祖,统合三韩四百余年,传至恭愍王,不幸无子而薨。辛禑父子,得奸王位,其祸不减王莽。殿下受命中兴,同符光武,而入承大统,以奉祖宗之祀。西原以下,当依汉宋,尊以高官大爵,立园置祠官,别子奉祀,而子孙袭爵,在礼当然,请尊定原府院君为三韩国大公。淳化侯为马韩国公,妃为韩国妃。益阳侯为辰韩国公,妃为辰韩国妃。西原侯为卞韩国公,妃为卞韩国妃。立园曰积庆,置祠官曰积庆署。祭享以朔望,曰孟月为制。从之。遂置园于成均馆西,分遣宗亲七人诣四亲墓祭告封崇,迎神入安于积庆园。三韩国大公奉使道卒,无兆域,设帐殿于迎宾馆,迎神以入。命定阳府院君瑀及各司一员公服侍备,仍行祭牛一羊一豕七,其仪仗祭品乐器,与景灵殿同。又于园外立碑使瑀主祀。闰四月,都评议使司奏积庆园七位祔庙安神祭及四时祭享,器物礼仪,一依诸陵署,从之。二年九月癸卯,王命弟瑀,率百官奉三韩国大公真入安于阳陵寺,仍名孝慎殿,祭仪与四时大享同。①

《文宣王庙》

(睿宗)十一年七月,追赠新罗执事省侍郎崔致远内史令,从祀先圣庙廷。忠宣王三年二月丁巳释奠,祭酒、司业皆不至。博士兼行三献。

忠定王三年八月丁丑,释奠。唐人林巨不知礼,以祝板为误,别取板,使成均官书之,不押于王而行之;薛聪、崔致远削去不享;牲本牛一、羊一,

---

① 《高丽史·礼三·诸陵》。

去牛用羊二。

恭愍王十二年八月丁酉,释奠。博士以下无有一人,唯明经博士、学谕各一人而已。十六年七月庚子,移文宣王塑像于崇文馆,文武百官,冠带侍卫。十八年八月丁卯,命三司右使李穑释奠于文庙。自辛丑播迁之后,礼文废坠,释采之仪,不中法式。穑考正其失,选诸生为执事,肄仪三日,礼度可观。二十二年三月,始命复行朔望祭。自十年南迁以后,废而不行,今复举之。八月丁亥,释奠,以节气,用仲丁。二十三年二月丁未,释奠,以日食,用仲丁。①

《一月三朝仪》

辛禑六年五月辛亥,宪府上疏曰:朝会礼仪,国之大事。近来,凡诸朝会,每令停罢。及至上国使命迎送等,不得已朝会,百官不知班次,乱行失序,朝班不肃。请自今雨雪及大故外,一月两衙,勿许放朝。禑纳之。十四年四月庚子,礼仪司请依皇朝礼,群臣每月用六衙日朝参。从之。②

礼制的堕落、官员的懈怠、执事的玩忽,于此可见一斑。朝廷祭典已如告朔的饩羊,徒存形式而已。

5.高丽礼制检讨

高丽礼制比之三国时代已有长足的进步,主要表现在礼制的格局已经基本建立,但总体而言,还远远没有进入到礼制化的时代,其原因可有以下几点:

第一,高丽儒学的整体水平还没有达到相应的层次。高丽的科举考试分为两类:一为制述业,主要考文学;一为明经业,主要考《易》《诗》《书》《春秋》等儒家经典。朝廷选拔文官,重在作文考试,而比较轻视明经。据统计,整个高丽王朝,科举录取者达六千余名,而"明经"只有450人,可见儒学没有得到应有的重视。

---

① 《高丽史·礼四·文宣王庙》。
② 《高丽史·礼九·一月三朝仪》。

儒家是礼治主义者，儒家的理想蕴涵在礼制之中。礼有礼法与礼义，礼法是礼的外在形式，而礼义则是礼的灵魂和核心。没有礼义而徒存礼法，就成了没有灵魂的躯壳。因此，推行礼制，需要有很高的学养，既要熟知礼的繁文缛节，又要洞悉仪节背后所蕴涵的思想。高丽时代的儒学水平虽然较三国时代为高，但尚未达到应有的层次，因此，对于中国礼制往往停留在外在形式的模仿上，使礼在许多场合中仅仅是徒有形式的"仪"。学者之中，也很少有讨论礼义的。

由于以上的原因，行礼者缺乏应有的虔诚和热情，往往是虚应故事而已。如忠肃王五年(1318)正月，王命佥议赞成事金士元将田猎捕获之禽荐献于太庙，而太庙的有司不在职守；其后，内竖朴仁平暗中用自家的斋肉替换禽肉，忠肃王居然不加责罚。十七年(1330)六月丁未，在寝园祔祭忠宣王，"是祭，众阑入庙庭，争夺奠物而去，法司不能禁。凡行事，皆不如仪"①，有多人闯入庙庭，争夺祭品而去，而法司不能禁止。其后的仪节都不合规范。

忠穆王三年(1347)，命参理安子由摄事于太庙。子由不宰牺牛，以与愿刹僧。纠正白元石不据礼以争，时人非之。②

恭愍王即位之初的某日，王亲传诸王陵的祝版，昌陵的享官居然都不到，恭愍王只得命侍臣一人将祝版送往昌陵。五年(1356)正月，恭愍王于寝园春享。享官誓于三司，太尉乐安君李迁善、司徒典仪令金义烈均无故不来，无奈，只得改命金海府院君李齐贤为太尉。

辛禑王七年(1381)，四月，"摄事于诸陵，诸官皆不至"③。

文献记载，忠定王之后，政局动荡，国家多事，"典祀之官，不共其职，用脱粟饭沽酒市脯，不腆之甚"④。

---

① 《高丽史·礼三·诸陵》。
② 《高丽史·礼三·诸陵》。
③ 《高丽史·礼三·诸陵》。
④ 《高丽史·礼三》。

可见,不仅是贵族,就连普通执事者的素质都相当之差。如此这般,要使高丽的礼制有良好的运营,当然有相当的困难。

第二,虽然在总体上建立起了礼制的格局,但在许多方面却是有其名而无其实。某些方面连名也没有,比较典型的例证是国恤。

高丽没有建立国恤的礼仪,国有大故,往往临时寻找类似的先例加以比附,然后采取应急措施,事毕之后不作记载,讳而不传。因此,君王之丧没有一定的仪则可依。如太祖二十六年(943)五月丙午,太祖弥留之际,命学士金岳草拟遗诏。君薨,"令百官列位于内议省门外,宣布遗命。惠宗即位,率群臣举哀。六月戊申发丧,于详政殿宣遗诏。己酉,殡于详政殿之西阶。庚午,行祖奠,太常卿读谥册,摄侍中元甫行礼宾令,王仁泽奉大牢之奠。壬申,葬于显陵。以遗命丧葬园陵,制度依汉魏故事,悉从俭约"①。

景宗薨,遗诏云:"服纪以日易月,十三日周祥,二十七日大祥。西京、安东、安南、登州等诸道镇守,各于任所举哀,三日释服。"

显宗薨于重光殿,"德宗即位,居翼室,朝夕哀临。甲戌,王率群臣成服。百姓玄冠素服。六月丙申,葬于宣陵,群臣公除。戊戌,王释服。十月戊寅,宰辅表请复常膳,许之。元年五月己丑,王以皇考中祥祭,斋七日,居翼室,凉阁及哭举哀,一如唐德宗故事"。

文宗薨于重光殿,殡于宣德殿。是日,顺宗即位。八月甲申,葬文宗于景陵。十月乙未,顺宗病笃,遗诏云:"在外州镇官吏,止于本处举哀,丧服以日易月。"当日薨于丧次,殡于宣德殿。丙申,宣宗即位。戊戌,宣宗率百官成服,前往宣德殿致祭。十一月庚申,宣宗亲临启殡,葬于成陵。次年九月壬子,宣宗于顺宗魂殿亲奠。九年九月壬午,王太后李氏薨,葬于戴陵。乙酉,辽遣王鼎来贺生辰。有司奏:"古典,天子诸侯三年之丧,既葬释服,心丧终制,不与士大夫同礼。今贺节使已至,伏望以日易月,二十七日后释服迎命。"从之。

从上所引诸例可知,当时遭遇高丽国君大丧,服丧的时间、停柩和致祭的场所都不尽相同,有较大的随意性。君丧为国丧,是一国之中最重大的事件,

---

① 《高丽史·礼十八》。

而仪节的繁简、长短等,都临时而论,实在不成体貌。类似的情况,在在多有,此不赘举。

第三,佛教对儒教的冲击。受中国影响,高丽政教如同唐宋,也是儒、释、道三教并立,而不是如同汉代那样独尊儒术。高丽诸王往往同时信奉三教,或有信奉佛教的热情超过儒学者,而儒、释两家对于治国、修身的见解有着明显的分歧,这种状况不能不影响到高丽礼制的建设。高丽的灭亡,引起朝野的反思,振兴儒学,重建礼仪制度和社会秩序,成为一致的呼声,因而儒家礼制得以在更加广泛的领域和深刻的层面上发展,并出现全盛的局面。

三、朝鲜时代《朱子家礼》的播迁

《朱子家礼》东传朝鲜,是中韩文化交流史上的重要事件,它对于朝鲜社会的儒家化起了极为重要的作用,其影响深刻而久远,以至在今日的韩国,依然能强烈地感觉到它的存在。研究《朱子家礼》的东传过程及其社会影响,对认识朝鲜半岛的文化特色,以及儒学在海外的播迁,都有重要意义。

1. 朱熹与《家礼》

儒家重礼,以礼为范,修身、齐家、治国、平天下。古代为宗法社会,家为宗族与国的基本单位,家治则国治。孟子曰:"人恒有言,皆曰'天下国家'。天下之本在国,国之本在家,家之本在身。"① 故儒家尤其注重用礼仪来规范家庭。至迟从隋代起,就已有私家仪注出现。见诸史乘的有谢元《内外书仪》四卷,蔡超《书仪》二卷,②王宏、王俭、唐瑾,以及唐裴茝、郑余庆、宋杜有、刘岳尚等也都有之③。入宋,此风更炽,其最著名者为司马光的《书仪》和《家范》。

司马光《书仪》十卷,内有表奏公文、私书家书式一卷,冠仪一卷,婚仪二卷,丧仪六卷。此书"本《仪礼》而参以今之所可行者"④,芟芜存要,参酌古今,既能存古礼之大要,而又能与时俱变,故有"礼家之典型"之誉⑤。但是,对于

---

① 《孟子·离娄上》。
② 《隋书·经籍志》。
③ 《崇文总目》。
④ 《朱子语类》卷八十四。
⑤ 《四库提要》卷二二,经部,礼类四。

普通士庶而言，司马光《书仪》犹有繁累之嫌，难以之通行于寻常百姓家。

《家范》十卷，是司马光的治家之书，先总述治家之要，既而依父母、子女、兄弟、妻等为目，采摘经史所载圣贤修身齐家之语训诫子孙。目的在于"整齐门内，提撕子孙""轨物范世""遗泽后世"。

朱熹也非常热心于保存、整理和普及儒家礼仪，曾经编撰《古今家祭礼》十六篇。他感慨当时古礼亡佚的情况：

> 遭秦灭学，礼最先坏。由汉以来，诸儒继出，稍稍缀辑，仅存一二。以古今异便，风俗不同，虽有崇儒重道之君，知经好学之士，亦不得尽由古礼以复于三代之盛。其因时述作，随事讨论，以为一国一家之制者，固未必皆得先王义起之意。然其存于今者，亦无几矣。惜其散脱残落，将遂泯没于无闻。……虽《通典》《唐书》，博士官旧藏版本，亦不足据，则他固可知已。诸家之书，如荀氏、徐畅、孟冯翊、周元阳、孟诜、徐润、孙日周等，仅有录而未见者尚多有之。有能采集附益，并得善本通校而广传之，庶几见闻有所兴起，相与损益折衷，共成礼俗于以上，助圣朝教化导民之意。①

朱熹对当时流行于社会的《三家礼范》等表现出强烈的兴趣和参与欲望，鉴于二程及张载之言"犹颇未具，独司马氏为成书"，所以朱熹"尝欲因司马氏之书，参考诸家之说，裁订增损，举纲张目，以附其后"，"具其大节，略其繁文，而不失其本意"。② 朱熹作《仪礼经传通解》，其中即有"家礼"一门。朱熹丁母忧时，曾潜心研究丧礼，并有所著述。然书稿为童行窃取，朱熹殁后，被窃之书稿复现，题为《家礼》，共五卷：卷一为"通礼"，说祠堂、深衣之制，末附《司马氏居家杂仪》；卷二为"冠礼"，卷三为"昏礼"，卷四为"丧礼"，卷五为"祭礼"，另有"附录"一卷。

黄榦为此书作序云："先儒取其施于家者，著为一家之书，为斯世虑至切也。晦庵朱先生以其本末详略犹有可疑，斟酌损益，更为《家礼》，务从本实，以

---

① 《朱子大全》卷八十一，《跋古今家祭礼》。
② 《朱子家礼》卷八十三，《跋三家礼范》。

惠后学。……则是书已就,而切于人伦日用之常。……见之明,信之笃,守之固,礼教之行,庶乎有望矣。"肯定此书为朱熹所作,并予以高度评价。

《家礼》以《书仪》为底本,再加删削,又离析仪文,分别节次,文字简洁,大纲明了。如冠礼仅存告于祠堂、戒宾、宿宾、陈冠服、三加、醮、字冠者、见尊长、礼宾等大节目,礼文仅百五十字。婚礼,《书仪》本诸《仪礼》,犹存六礼,《家礼》唯存其三,纳采、纳币、亲迎而已。丧礼,《书仪》简至卅七节,《家礼》再削为廿一节。《家礼》一反古代礼书的烦琐面貌,简便易行,因而为学界所注重,为之作注的有杨复的《家礼附注》、刘垓孙的《家礼增注》、刘璋的《家礼补注》、邱濬的《家礼仪节》等。并受到社会的广泛欢迎,不断被翻刻印行,仅见诸记载的就有:南宋嘉定四年(1211),廖德明在广州所刻《家礼》,仅有正文(已佚)。嘉定九年(1216),赵师恕在杭州所刻五卷本《家礼》。淳祐五年(1245)的《家礼》刻本,在五卷本之后加附录一卷,即杨复的附注。元代有《纂图集注文公家礼》。明代的七卷本《文公先生家礼》,五卷正文依旧,首列家礼图一卷,末卷为《深衣考》,另有附录三种。其流传之广,于此可见一斑。《家礼》比之朱熹诸述作,篇幅最为微小,但明朝将其编入《性理大全》,与《六经四书集注》并颁之天下,遂为垂世之典。学者所讲说尊尚,莫先于此书。

需要说明的是,黄榦作序的《家礼》是独自成书的,与《仪礼经传通解》中的"家礼"在内容和体例上都不相同。至清代,王懋竑作《家礼考》[①],对《家礼》的作者问题提出非议,认为非朱子之书。又有《家礼后考》,凡十七条,引诸说为印证;又有《家礼考误》,凡四十六条,引古礼相辩难。四库馆臣称赞其"考证最明","其说并精核有据"[②]。值得注意的是,王懋竑是一位笃信朱熹、精熟朱熹学说的学者,他对于《家礼》作者的看法应当不会含有偏见。因此,《家礼》的作者是否就是朱熹,在中国学术界是一个颇有争议的问题。但是,在朝鲜则不然,学者几乎都笃信《家礼》出于朱熹手作,以之为朱子学的主要内容之一而黾勉推行,并已深深契入朝鲜社会的底层,成为难以剥离的有机组成部分。因此,在讨论《朱子家礼》与朝鲜社会儒家化的关系问题时,《家礼》是否

---

① 《白田杂著》。
② 《四库提要》卷二二,经部,礼类四。

为朱熹所作,已经不重要,可以先存而不论。

2.《家礼》的东传

《家礼》东传至朝鲜半岛的时间,史书失载。目前,韩国学者一般认为是在高丽朝末期,经由安珦(1241—1306)之手。安珦,初名浴,兴州人,元宗初登第,官翰林,屡选至赞成事,忠烈王十五年(1289)和二十四年(1298),曾两度出使元朝。据《晦轩年谱》,忠烈王十六年,安珦在燕京始得见新刊朱子书,潜心笃好,知其为孔门正脉,遂手录其书,又写其真像而归。学界多认为,《家礼》即在其所录"朱子书"之中。安氏又曾奉命到中国购求"祭器、乐器、六经、诸子、史以归"①,晚年悬挂晦庵画像于壁,以致景慕,故自号"晦轩"②。安珦不仅是高丽末期最崇拜朱熹的学者,而且多次到过中国,《家礼》一书由他引入朝鲜,有很大的可能性。

高丽时代崇尚佛教,太祖晚年作《训要》,提出"我国家大业,必资诸佛护卫之力"的原则,要求后王"永为龟鉴"③。《家礼》东传之初,正值佞佛之风尤炽、国政疲靡、儒学衰微之际。《家礼》制定的冠、昏、丧、祭之礼的规范,凸现了儒家的道德标准和价值观,要而不烦,简便易行,最适合于在全社会的层面推行儒家礼俗。所以,很快为一些以转移世风为己任的高丽儒者所注目,乃以身为天下先,起而践行之。当时,高丽社会受佛教影响,盛行桑门火化之法。恭让王二年,著名学者郑梦周(圃隐)居父之丧,一反时尚佛家的风气,"于庐墓侧立家庙"④,依《家礼》行丧祭之礼。郑氏继而"思欲强化儒教礼俗于一般社会,于是上书请令士庶仿《朱子家礼》,立家庙,作神主,以奉先祀。此其朝鲜士类阶级立庙作主,及适用《朱子家礼》之滥觞也"⑤。高丽王朝末期学者推崇《家礼》者不乏其人,如赵浚曾上疏推行《家礼》:

---

① 《高丽史·安珦传》。
② 《高丽史·安珦传》。
③ 《高丽史》卷二。
④ 《增补文献通考》卷八十六。
⑤ 〔韩〕李丙焘:《韩国儒学史略》,第二编《高丽时代儒学》,(韩国)首尔:亚细亚文化社,1980年,第74页。

愿自今一用《朱子家礼》，大夫以上祭三世，六品以上祭二世，七品以下至于庶人止祭其父母，择净室一间，各为一龛，以藏其神主，以西为上，朔望必奠，出入必告，食新必荐，忌日必祭。①

儒者竞相仿效，而以《家礼》为丧祭之礼的轨范，如郑习仁，"居父母忧，皆庐墓，终制。治丧，一依《朱子家礼》"②。尹龟生"立祠宇，以朔望、四仲、俗节祭三代，冬至祭始祖，立春祭先祖，一用《朱文公家礼》"③。著名学者文益渐、全五伦等居父母之丧，皆依《家礼》寝苫枕块，服三年之丧，从而为社会树立了全新的行为范型。这些尚儒的行为，得到高丽末期统治者的支持，恭让王二年（1390）二月，颁布条令，规定大夫、士、庶人的庙祭之礼："大夫以上祭三世，六品以上祭二世，七品以下至於庶人止祭父母，并立家庙。朔望必奠，出入必告，四仲之月必亨，食新必荐，忌日必祭。"④但此时的《家礼》，仅仅在少数士大夫和儒者之中仿行，尽管政府下令推行，但没有能在社会层面上形成气候。

至朝鲜时代初，政府为了荡涤高丽末期佛教的消极影响，建立起完全儒家化的社会，确定以"崇儒排佛"为立国纲领。在此背景下，《家礼》被朝野视为推行儒家教化的重要资源而受到特别重视。太宗初，命平壤府印刷《朱文公家礼》一百五十部，"颁赐各司"⑤。其后此书不断被翻刻印行，在民间广为流传。由于政府的提倡，以及朱熹在朝鲜的崇高声望，《家礼》得到儒林的普遍欢迎，士族多以依行《家礼》为荣，"无不立庙"⑥。儒者对《家礼》的推崇之语，屡见不鲜，李象靖（1711—1781）云："礼之用，散为三百三千，而其关于有家之常体而不可一日废者，唯冠婚丧祭为尤切，此朱夫子《家礼》之所为作。"⑦如李植

---

① 《高丽史·赵浚传》。
② 《高丽史·郑习仁传》。
③ 《高丽史·尹龟生传》。
④ 《高丽史》卷六十三。
⑤ 《太宗实录》卷六，"太宗三年八月甲戌"条。
⑥ 《增补文献通考》卷八十六。
⑦ 《家礼辑遗序》，《大山集》卷四十三。

云:《家礼》"视古已约,视俗又俭,若一切仿依",则"理得而心安"①,堪称"垂世大典"②。李衡祥云:文公家礼,"为世大范者"③。辛梦参云:《家礼》"实万世通行之制,而邦国之远,闾巷之僻,家莫不有,人莫不讲矣"④。可见,《家礼》已被视为朝鲜社会礼仪的典则。著名学者李珥(字栗谷)大声倡言:"丧制当一依朱文公《家礼》","祭祀当依《家礼》","冠婚之制当依《家礼》,不可苟且从俗"⑤。当时士大夫的丧葬礼,"一依《朱文公家礼》,父母之丧,率皆庐墓三年,若有不谨者,不齿士列"⑥。《家礼》在朝鲜半岛根植之深,于此可以窥知。

3.《家礼》之研究

《家礼》一书之所以能在朝鲜半岛风行,其重要原因之一,是基于儒林对《家礼》普遍而深入的研究。当时的儒者,读礼、学礼、论礼,蔚然成风。留下的论著之多,超过中国,成为朝鲜时代最显著的特点之一。

朴世采(1631—1695)的《南溪集》,收录朴氏"答问"的信件一百二十九通,编为十六卷(卷三十七至五十二),其主要内容为"讲学论礼"。论礼的信件为八十八通,约占总数的七成,答问的范围,涉及丧祭礼、国恤礼、家礼、婚礼、乡饮酒礼、《礼记》等,其中仅丧祭礼的就有五十八通。此外,又有《乞讨论丧服札子》、《面奏祧庙札子》、《乞修三礼札子》(卷九)、《服制私议》(卷五十六)、《尹氏礼说辨》(卷五十九)、《仪礼丧服父为长子释义》、《朱子乞讨论丧服札释义》(卷六十二)、《论祖亡父有疾不当代服祧迁者考证》(卷六十三)等。《家礼》在朝鲜已成专门之学,诚非虚言。金榦(1646—1732)的《答问礼疑》⑦,也是一部以答问释疑的形式撰写的作品。全书围绕《家礼》礼义为说,且依《家礼》通礼、祠堂、宗法、冠礼、婚礼、丧礼、祭礼的章次为序。所答之人有宋基

---

① 《家诫》,《泽堂集》别集卷十六。
② 《家礼剥解序》,《泽堂集》别集卷十六。
③ 《家礼便考序》,《瓶窝集》卷八。
④ 《家礼辑解序》,《一庵集》卷六。
⑤ 《击蒙要诀》。
⑥ 《增补文献通考》卷三十四。
⑦ 《后斋集》卷十一至十六。

孙、李子厚、金致福、李士秀、李君辅、韩师伯、申明允、洪纯甫、金在鲁、金若鲁、宋基孙、崔泰济、朴尚甫、朴弼傅、尹殷耉、韩永叔、崔士逊、吴任道、金士直、郑潗、金尚鲁、韩永叔、李厚而、李汝恢、李士根、徐仲则、徐百源、朴斗望、金益光、闵致龙、洪禹平、柳道卿、金子直、李同甫、朴子龙、李普溟、具启勋、崔一观、洪子容、申光彦、李士亨、金君直、金希鲁、曹基煜、赵荣遂、李勋翼、郑衡周、朴宗岳、朴弼莘、韩天路、姜柱龟、姜宗寿、李平山、尹泌、安益大等及佚名者,共约六十人、二百六十通。参与讨论的人数如此之多,早已超越师生之际;讨论的内容如此之广泛,几乎涉及《家礼》的每一细节。

朝鲜诸贤研究《家礼》的作品,就其内容而言,可以约略分为以下几类。

(1) 通论

《家礼》虽文字短少,仪节简略,但记载的是中国礼仪,其宫室、服饰、器物、牲牢等,朝鲜士庶不易理解。此外,《家礼》虽出于宋末,其源头则在先秦的《仪礼》。《仪礼》文古义奥,古称难读,历代传习者最为稀少。故《家礼》文字,朝鲜士庶也不易通读。为了减少大众在阅读上的困难,儒林宿儒多有孜孜于《家礼》的疏解者。李植(1584—1647)云:"我国之尊是书,实自近代老师宿儒家自增注,穷闾士庶,举知从事,其道广矣。"① 洵为的当之论。

在疏解《家礼》的著述中,金长生(1548—1631)的《家礼辑览》一书影响最大。金氏"以为《家礼》之书,出于草创亡失之余,而其仪度名物之际,读者犹有病焉者,遂逐条解释,辨别其章句,填补其阙略。讹者正之,疑者阙之"②。此书卷首有《图说》一编,凡古今仪章文物,均详其原委,为之疏通证明。自此书出,《家礼》在朝鲜成为人皆可读之书。《仪礼经传通解》有冠礼、婚礼,为朱熹所作,而丧礼、祭礼未及完成而朱熹殁。其后,黄榦(勉斋)作《仪礼经传通解续编》,曾经补作。但因不是朱子手作,学者往往不敢深信。为此,金氏于丧、祭二礼,用力尤勤,"虽谓之置水不漏可也","可与勉斋《续编》共为舆卫于朱门也审矣"。

---

① 《家礼剳解序》,《泽堂集》别集卷五。
② 〔朝鲜王朝〕宋时烈:《家礼辑览后序》,《宋子大全》卷一百三十九。

类似的著述甚多,如张显光(1554—1637)有《冠仪》《婚仪》①两篇,摘取《家礼》经注文字,重新缀连成文,并逐节说解。俞棨《答尹吉甫问冠婚礼书》②,讨论《士婚礼》郑注"三族"、《曾子问》"亲迎在途而遭期大功之丧"、《杂记》"大功之末,小功既卒矣"等有关婚礼遇丧、冠婚孰轻孰重之问题。

(2)类辑集录

《家礼》为礼学专书,文略而义富,仪简而意深,故必须汇聚礼书的相关记载,以及历代学者的著述,方能得其会通。但是,"礼之所论,散在诸书,浩穰而难明,虽究而易忘"③,李象山云,"其记载散出,未易统会,穷乡晚进之徒,未能遍观尽识",要综合研究各家之说,或者全面了解诸说异同,颇为不易,"记识不广,则有窾启之病,取舍未精,则有驳杂之失。陈其数而或昧于义,徇乎文而反灭其质,则亦一史祝之事耳"。④ 为了给读者与研究者提供方便,遂有专门汇辑诸家之说的著作问世。其中比较著名的有郑述(1543—1620)《五先生礼说》、辛梦参(1648—1711)的《家礼辑解》、俞棨(1607—1664)的《家礼源流》、李衡祥(1653—1733)的《家礼便考》、金延年(1682—1776)的《东儒礼说》等。各家的与特色不尽相同,大别之有以下几类:

博采诸说。郑述《五先生礼说》,搜集二程、司马光、张载、朱熹等五位宋代名贤论礼之说,旁及《易传》《书传》《书传》《春秋公羊传》《春秋胡传》《礼记》《周礼》《大戴礼》《仪礼经传通解》《四书集注》《通典》《文献通考》《通鉴纲目》《颜氏家训》《韩昌黎集》《柳先生集》《小学集解》《事文类聚》《乡校礼辑》《吕氏宗法》等,凡十二卷,分门别类,务求详备,在学界享有盛名。又如《家礼剥解》"志专文献,博观先儒论礼诸说,取其切于证解者,撰为二册"。"其他僻文奥义,难于造次稽考者,殆无阙遗。然犹谦晦节逊,不以意见创通于其间。"⑤《家礼辑解》也为类辑之作,辛梦参《家礼辑解序》述说此书撰作旨趣云:

---

① 《旅轩集》续集卷七。
② 《市南集》卷十二。
③ 〔朝鲜王朝〕辛梦参:《家礼辑解序》,《一庵集》卷六。
④ 《家礼辑遗序》,《大山集》卷四十三。
⑤ 《家礼剥解序》,《泽堂集》别集卷五。

礼之节文,散于三百三千,而仪章极缛,常变多端。苟非平素讲明者,焉能随遇精察而合于宜乎?……若于《家礼》,逐条而汇附焉。则节目次第,便于翻阅,庶一开卷而了然在目。素所疑者,推类而自释。有若对圣贤面质而正焉。以故博采古经之的论,旁摭诸家之讲说。而正文及注疏处随而解之,或以瞽说赘焉,以备参互。①

是以《家礼辑览》的体例,以《家礼》正文为经,随文汇聚各家之说,以博采诸说为特色,所以间取"瞽说",以广闻见。金延年的《东儒礼说》也属于此类,是书以汇辑金长生、李植、柳成龙、成浑、郑经世、李珥、郑述、苏斋、高峰等朝鲜学者关于《家礼》涉及的疑难之处的说解为主,作为读者参考、研究之用。

考镜源流。俞榮的《家礼源流》十三卷,以《家礼》的本文为纲,以《仪礼》《周礼》《礼记》的材料补充、注说《家礼》,称之为"源",而将后儒的论礼之说称为"流",故名。郑澔(1648—1736)《家礼源流跋》,说俞氏编次之意云:

盖以礼书多门,有难准的。乃就文公《家礼》立纲分目,而取古礼经传及先贤礼说,并东方儒先论著文字类附于逐条之下,以便考阅。其有关于公私吉凶之礼大矣。《书》所谓天叙天秩,《传》所谓礼仪三百、威仪三千,皆可以由其源而知其流,析其流而穷其源,尽礼家之渊薮也。②

此书汇辑先贤诸说的目的,是为分析《家礼》所及各种仪节的源流,意在探其渊薮,明其礼义。

决疑别异。少数学者认为,《家礼》一书非朱子完帙,其在复得之后,可能经过后儒的改窜,因而多疑文变节,并造成争讼。解决的途径,是将礼书所载,详列于各条之下,供研究者判断。李衡祥《家礼便考序》云:

(《文公家礼》)非不灿然明也,不幸为童行所窃,当时未及完成,后论

---
① 《一庵集》卷六。
② 《丈严集》卷二十五。

亦多改定。若其疑文变节之散出于诸家者,亦汗漫难稽。每当讲义,辄歧而多讼。昔我宣庙临朝博访,命使训释,而下无承奉。惜哉!窃尝思之,既不敢别立意见,则引古载录,抑或小罪。始自丁亥,搜辑礼书,以类于各条之下。①

罗列异说。《家礼》所及诸礼,在具体仪节上,各家往往因理解不同,而所定仪节也相异。为便于读者行礼时比较、选择,故有汇辑诸仪者出。李选(1632—1692)著《家祭仪》三册、《丧葬仪》一册。《家祭仪》第二卷,裒集先儒论祭礼诸说;第三卷,裒集文公《家礼》祭式、邱氏《仪节》祭式,东莱宗法、魏公祭式、栗谷祭式、牛溪祭式、颐庵家令,泽堂祭式、家诫,以备参考。冠、婚礼及正至贺礼、家宴上寿之礼等,也从邱氏《仪节》誊为一册。②

羽翼《家礼》。《家礼》所及,仅冠、昏、丧、祭四礼,而礼之门类远不止于此。随着《家礼》的普及,其余诸礼也渐次引起学者注意,希冀于此求其会通。金闻韶以十数年之功,作《家礼辑遗》,"采摭《仪礼》《礼记》《通典》与二程、张、司马、朱氏之说,以及东方儒先之书,因《家礼》之门目而类辑焉。如小儿礼、居乡仪、国恤、杂礼议等,虽《家礼》所未及,亦有家之不能无者,亦因以附见焉。总之若干万言,规抚广大,节目详备,尽乎为礼家之大方而迷途之指南,所以羽翼乎《家礼》而有益于后学者"③。

综上所举,可知围绕《家礼》而作的类辑之书,形式多样,内容相当丰富。

(3)探求礼义

中国礼学,以礼法为其外壳,而以礼义为其灵魂。理寓于器,义存于数。陈其器、列其数,而昧失理义者时有所见,故曾子以笾豆之末为有司之事。故《家礼》东传之后,朝鲜学者多致力于探求该书所蕴涵的妙义奥旨。《家礼》篇幅虽不大,但却是从《仪礼》脱胎而来,要真正理解并非易事。是为驱动朝鲜学者起而研究《家礼》的主要原因。

---

① 《瓶窝集》卷八。
② 《芝湖集》卷六。
③ [朝鲜王朝]李象靖:《家礼辑遗序》,《大山集》卷四十三。

研究《家礼》礼义的著述相当之多,如仁宗时有金麟厚的《家礼考误》,明宗时有李彦迪的《奉先杂仪》、李滉的《丧祭礼答问》,宣祖时有李珥的《栗谷祭仪》、柳成龙(1542—1607)的《丧礼考证》、申湜的《丧礼考览》,仁祖时有申湜的《家礼谚解》、曹好益(1545—1609)的《家礼考证》、金长生的《疑礼问解》等等,皆其显闻于世者。下面略述其要者。

金长生早年问学于牛浑、栗谷,"自幼笃志于礼,研究讲磨,至老不懈。知旧门人,从而质疑者众。先生传稽有素,答问不穷。未尝师心义起,必根据众说,推类比意,要归于定论。凡礼文之变,品节之宜,殆无遗蕴矣"①。《疑礼问解》八卷,刻意探求变礼之礼义,为学林所推许。金长生卒,其子金集作《疑礼问解续》两卷②,"其规模整肃,条理详密"③。金氏父子,作述相承,锐意于礼义之研究,在国中传为佳话。

曹好益有《家礼考证》七卷。曹氏是李退溪的门人,好《家礼》之学,于宣祖时开始研究《家礼》。曹氏以经史为证,考订其文字,以及难以究明的名物出处,间下己意。宣祖九年,因得罪庆尚道都司崔滉,被贬于江东。曹氏于此继续研究《家礼》,并在弟子金垍的《家礼》藏本上详加批注。但是,曹氏仅完成了冠、婚二礼的编辑,即已谢世。其后,金垍对曹氏未及完成的丧、祭二礼进行整理,将其在《家礼》上的批注另纸移录;编辑后与曹氏已完成的部分汇合,于仁祖二十四年出版。此书第一卷,引用先贤之说说解《家礼》"通礼"的祠堂和宗法。第二卷论述衣服冠带、巾幞屦靴的制作方法与用处。第三卷介绍《居家杂仪》的礼义。以下各卷,引证《仪礼》《礼记》、邱濬的《家礼仪节》和先儒之说,分别说解冠礼、婚礼、丧礼、祭礼的礼义。作者还对自己撰作此书的动机作了论述,认为礼以天理为根本,依人性而为之节文,《家礼》的冠、婚、丧、祭四礼,对于每个人都是绝对必要的。因此,作为儒者,理应帮助一般读者了解《家礼》所代表的衣冠文物制度,遵行勿废。

---

① 〔朝鲜王朝〕李植:《疑礼问解跋》,《泽堂集》别集卷五。
② 《慎独斋全书》卷十二。
③ 《疑礼问解续跋》,《明斋遗稿》卷三十二。

姜硕期(1580—1643)的《疑礼问解》①,也是研究《家礼》的力作。姜硕期早年从金长生受业学礼,"其间见有疏密不同,取舍靡定,日用常行之际,或不无宜于古而在今难施,亡于礼而可以义起者,悉皆疑而录之,就而正焉,期于归一极趣而后已。先生随问领解,左右参明,明文的论,极其精详。间亦附以意见,发挥微蕴","其往复累百牍。彬彬乎成一家言,使蒙学后生得以业之,豁然如目之刮膜,心之去茅"。② 可知此书实际上是师徒论学的结晶。全书分上、下二卷,以《家礼》原书之顺序为先后,依家礼序、家礼图、通礼、冠礼、婚礼、丧礼、祭礼为目,以一百二十余个问答,通贯始终。所问所答,无不以穷究礼义为目的,颇多精彩之论。

李喜朝(1655—1724)的《家礼札疑》③,对《家礼》的通礼、婚礼、丧礼中二十七处文义,如"庙主自西而列""有大宗无小宗""墓下子孙之田""身及主婚""嫁母出母""墨衰""男东女西""大功废业"等进行探讨。韩伯谦(1552—1615)的《深衣说》,专门讨论《家礼》的深衣制度。作者引用《礼记》的《深衣》《玉藻》《檀弓》《仪礼》的《丧服》等篇为依据,对深衣的"续衽钩边""曲裾袷""纯""负绳""大带"等进行辩证,并根据自己的理解绘制深衣图。权諰(1604—1672)《家礼丧服私记》④,专门辨析《家礼》丧服等差之礼义。

还有一些著述,是从怀疑《家礼》是否为朱子手作,或者是否完全为朱子所作而发,他们着眼于《家礼》的矛盾或谬误之处。其代表人物是李廷馣(1541—1600)。李氏在《题家礼后说》中云:

> 按此《家礼》一书,非朱子旧文也,乃杨氏追述二程者。故其间曲折,多有不合于情文。而后之学者,以为朱子成书,或有一从其法,而不知变通,往往取讥于知礼者,岂朱子之意哉?今当参考《礼记》《戴礼》等书,而又酌于古今通行之礼,折衷而行之,然后庶不悖于考亭之意,而无骇俗招

---

① 《月塘集·别集》卷一。
② 〔朝鲜王朝〕郑弘溟:《疑礼问解跋》。
③ 《芝村集》卷三十一。
④ 《炭翁集》卷九。

侮之事矣。①

金长生是研究《家礼》的专家,但对于《家礼》是否纯为朱熹所作,也心存疑虑,他说:

> 盖自皇朝以来,祖述此书者,有邱氏《仪节》、魏氏《会成》、杨氏《正衡》,而然其损益修润,皆不纯乎朱子之本意,而或反有相戾者。故退溪先生常不满于邱《仪》,其于魏、杨可知矣。盖以此书即是草本,而未及再修者。

李氏、金氏的看法,与中国的王懋竑等大体一致,表现出一种应有的谨慎。提出这类意见者,都有独立思考之精神,不肯随声附和,同样是对《家礼》的礼法、礼义进行深入研究的结果,这无疑应该得到肯定。

(4)变礼研究

自古礼经所载,都是行礼之常规。礼的常规简单明了,而礼的应用引起的变化却是无穷。如丧服的大要不过斩衰、齐衰、大功、小功、缌麻五等,但由于服丧者与死者的关系有亲疏、内外、远近等的不同,因此,服丧的等差、时间等极形复杂,几乎无人可以穷尽。对此,朝鲜学者有相当透彻的认识,如李栽(1657—1730)云:

> (礼)有常变之不同。常礼有一定之礼,而人或讲之有素,犹患其临事颠错,而失情文之宜。况人事之变例无穷,礼家之聚讼多端,苟非参酌古今,博尽同异,于以极其变而通其会,其于吉凶相反,仓卒急遽之际,又安得一一应节合宜,而无沽野不轻之庆乎?古人所谓处变难于处常者,以此。而《戴记》之《曾子问》、《通解》之《丧变礼》,盖为是也。②

---

① 《四留斋集》卷七。
② 《跋变礼集说》,《密庵集》卷十四。

辛梦参对于行礼者在仓卒急遽之际,每每因不知变通之法而无所适从的窘迫,也有类似的感觉:

> 礼之节文,散于三百三千,而仪章极缛,常变多端。苟非平素讲明者,焉能随遇精察而合于宜乎?……语常而不语变,则礼之常者易知而变者难究也。其所以讲之者,亦在于变亡之所遭,几出于急遽之时、仓卒之际,名虽博识之士,犹未免临机之惑。甲乙互眩,是非交驰,而未见古论,莫知所的。①

有学者认为,《礼记》中《曾子问》、《通解》之《丧变礼》,就是先儒为礼仪中可能出现的各种复杂情况所作的讨论或规定。变礼研究,是礼学研究中最困难之处。朝鲜时代的许多学者都致力于此,涌现出许多重要的著述。

权之甫,忠信好礼,守经信古,"至白首如一日,惓惓以考礼善俗为事"。李栽云:权氏"以为海邦僻左,载籍不备,疑文变节,犹有未尽稽考者。一或放过率意做错,则事变既过,追悔莫及"。"于是就四种礼中上之经传注疏,以至历代儒先之论,东方诸老先生之说,有何及于吉凶变易之节者,靡不旁求博采,汇分类别。积功且十年,不以衰病忧戚自沮。"书曰《变礼集说》,"考据精审,辨证该洽,使人一遇变故,开卷了然"②。

柳长源(1724—1796)的《常变通考》也是享有盛誉的礼学专著之一。柳氏早年从李象靖(大山)先生学礼,大山曾经修《四礼常变》,篇目已成,而未及卒业。柳长源《常变通考》以"发挥《家礼》"为宗旨,依照《家礼》的次第分章立目,"汇附古今常变,本之经传,参以后来诸家之说,集千古异同之论,而翕然归之于一,盖礼书之大方也"③。全书凡三十卷,其中涉及《家礼》者二十五卷,此外有乡礼一卷、学校礼一卷、国恤礼一卷、家礼考疑二卷。每卷之下,先陈大

---

① 〔朝鲜王朝〕辛梦参:《家礼辑解序》,《一庵集》卷六。
② 《跋变礼集说》,《密庵集》卷十四。
③ 〔朝鲜王朝〕李秉远:《常变通考后序》。

纲,再详列细目。如卷二十,大要为丧礼之大祥与禫,禫下有中月而禫、十五月禫、禫计闰、为承重禫、为长子禫、妻为夫禫、卜日、沐浴设位陈器具馔、禫祭服、心丧服色、行事、祝式、疠疫出避行禫、丧中无禫、过时不禫、禫月行祥禫不禫、追后成服有禫无禫之辨、妇人不参禫祭除服、为慈母禫不禫、为出母禫不禫、为嫁母禫、为继母嫁从禫、庶子在父之室为其母不禫、嫡子父在为妻不禫、宗子母在为妻禫、小宗子母在为妻不禫、庶子父母在为妻杖而不禫、嫡子追服未禫诸子不可设祭、承重者无禫诸叔父除服、妻丧不禫其子除服、主丧者服除后犹主禫祭、并有丧禫祭先后、本生丧中所后禫、重丧不可参禫祭、妇人本亲丧中行姑禫、将行禫遇丧、禫祭遇国忌、心丧不再禫、不为本生禫、出嫁女不为本亲禫、禫后服色、饮酒食肉、禫而床从御乐作等四十三细目。全书细目总数,达二千条之多,规模之大,辨析之细,鲜有可比肩者。

《常变通考》取材广泛,所采礼书有《仪礼》《周礼》《礼记》《家礼》《后汉书·舆服志》《魏仪》《江都集礼》《三礼图》《开元礼》《大名会典》《大明集礼》;经籍类有《易》《书》《诗》《春秋》内外传、《论语》《孟子》《家语》《孝经》《五经异义》等;字书类有《尔雅》《说文》《释名》《广韵》《龙龛手鉴》《四声通解》等;诸子类有《庄子》《荀子》《孔丛子》《新书》《论衡》等;史书有《战国策》《史记》《汉书》《后汉书》《南史》《北史》《唐史》《五代史》《宋史》《元史》;典制类有《唐制》《通典》《宋制》《事文类聚》《文献通考》,以及《博物志》《风土记》《荆楚岁时记》《续齐谐记》《玉烛宝典》《天宝遗事》《事物记原》等,共一百三十余种;以及朝鲜学者论礼著述五十余种。用力之勤,不难想见。

具凤龄的《丧礼问答》①,篇幅不大,但也是论究变礼之作。如:"问:嫡子死,长孙在丧,则其家庙祭,何以为之?众子可主祭耶?"又,"问:放榜若当父母忌日,如何?终身之丧,情义不可著吉戴花也。或曰应榜,君臣交际大礼不可废也,宜训例为之出关门,去吉即素还家云,何如?又期丧之不可应榜,则前既得闻命矣。若遭功缌之丧则如何?值祖父母及外祖父母忌日,则何以为之?"又,"问师服如何"?所问所答,皆是现实生活中实际存在、而不易遽然作答的

---

① 《栢潭集》卷十。

问题。

4.《家礼》的普及与推广

李朝初,太祖、世宗表彰《家礼》,欲使之成为士庶之礼范。但是《家礼》究属异国礼仪,儒者素习于此,尚有依而行之的可能。若要使《家礼》成为万民的仪轨,则断断乎其难。因为《家礼》大体是从《仪礼》删削而成,以至过于简略,仪节之间每每不相连贯,礼义也时有不甚明了之处。士庶久习于旧俗,很难受容而内化为新俗。金长生云:"余自幼受读《家礼》,尝病其未能通晓。既而从友人申生义庆,与之讲论,积有年纪,又就正于师门,遂粗得其梗概。"①金长生是著名的礼学家,其读《家礼》尚且如此,遑论他人。李植云:"礼不难行于朝而难行于野。"②故儒者致力于《家礼》之普及、使之朝鲜化的著述,主要有以下几类。

(1)疏通文字

《家礼》文字语涉专门,需要注音、训诂者所在多有;名物制度,触目皆是,均须疏解;古文句逗,上读下读,往往不易判断,应加辨析;原本几经翻刻,讹误也在所难免,亟待校正。诸如此类,为普及《家礼》的首务,故多有学者措手于此。

金麟厚的《家礼考误》③对《家礼》的文字作了详细的考订与说明。文字考订如"丧礼"云"设奠具括发麻免",通行本于"设奠"下逗,以"具"字下读。金氏云:"具字当在奠字下,观大敛章可见。"又,"金银钱饰"之"钱"字,金氏云:"钱,疑当作镂。"又"虞祭具馔如朝奠"句,金氏云:"或朝上有朔日字,或朝乃朔字之误。"文字说明如"掠头",金氏云:"掠头如今之网巾。"又,"已成服者亦然",金氏云:"亦然者,归家诣灵座前哭拜也。"皆其例。

金隆《家礼讲录》④依《家礼》各篇顺序,根据文字难易,随文出注,或注字

---

① 《家礼辑览序》。
② 《谚解家礼跋》。
③ 《河西全集》卷十二。
④ 《勿岩集》卷三。

音、或指疑误、或解人名、或释难词、或存异说。如《深衣制度》篇之"踝",金氏云:"《手鉴》胡瓦切,足两侧高骨也。"指疑误者如丧礼之"闻丧、奔丧"章"变服",金氏云:"变,恐是成字之误。"解人名者,如"治葬"章之"廉范",金氏云:"汉杜陵人,父遭乱死于蜀,范时年十五,迎父柩船俱溺,以救得免,后举茂才治蜀,民歌其政。"释难词如祭礼"四时祭"章之"尚飨",金氏云:"尚,庶几也,犹言庶几飨之乎。诹于祖考之辞。"存异说如丧礼"迁祖"章之"迁于祖",金氏云:"迁,他本作朝。"此外,还屡见用俚语谚文为解者。

裴龙吉(1556—1609)《家礼考义》①,也是对《家礼》的文字、词义之类进行考订的著述。如"正至朔望则参"注之"背子",为中国宋代服装,朝鲜人多未之见,裴氏释云:"背子非惟妇人服,人君亦服之。《语类》宋孝宗常时著白绫背子。胡德辉《杂志》云:背子本婢妾之服,以其行直主母之背,故名背子。后来习俗相承,遂为男女辨贵贱之服。"又,"献以时食"注云"答张南轩曰今日",裴氏云:"日,本集作之。"又,冠礼之"戒宾"注云"某子某亲",裴氏云:"某子之子,当作之。"又,小殓之"衣衾"注云"束练紧急",裴氏云:"练,唐本作殓,乡本作缚。"均为正讹、存异之例。

李德弘(1541—1596)《家礼注解》从《家礼》中选择数十处词语或文意难晓者,逐一注释。因两国风俗、文化的差异,在宋人为常识者,在朝鲜或多有不解者,如以七月十五日为"中元",称粽子为"角黍"等等。又如"见田""交解""大男""小女"等词意不明,纻、喙、衿等读音难晓,如此之类,皆为士庶阅读之障碍,作者皆一一扫除之。遇有难解之处,则用谚文(朝鲜文字)解释,如与服饰有关的衽、黑缘、绦、武、盖头等,都以"犹朝鲜俚语之某词"为解。作者对于丧服各部位名称的说解,尤为详备。②

宋翼弼的《家礼注说》三卷③,是此类著述中最为系统、详尽的一种。书首引黄榦、邱濬、朱熹语录各一条,说明礼为"强世之具",《家礼》为"万世通行之典",而"礼,时为大",是为作者对《家礼》之认识。以下依《家礼》各篇顺序为

---

① 《琴易堂集》卷四。
② 《艮斋先生续集》卷五。
③ 《龟峰集》卷七、八、九。

先后,每篇之首均仿书首之例,引朱熹等名儒之语,以为该篇的要义。全书所列词目达四百五十余条之多,内容极其广泛,说解也较以上各书更为详到。如释"庙"云:

> 《士虞礼》注:鬼神所在曰庙。《经传》注:前曰庙,后曰寝。庙是接神,尊,故在前,寝是衣冠所藏,卑,故在后。〇《通典》:前制庙,后制寝,以象人君之居,前有朝后有寝。庙以藏主,以四时祭。寝有衣冠、几杖象生之具,以荐新物。〇《左传》:清庙茅屋,昭其俭也。〇《春秋》:庄公丹桓公楹,刻桓公桷。穀梁子曰:天子、诸侯黝垩,大夫苍,士黈,丹楹,非礼也。天子之桷,斵之砻之,加密石焉。诸侯之桷,斵之砻之。大夫斵之。士斵本。刻桷,非正也。〇《经传》:右社稷,左宗庙。①

作者引礼经、文献之语,解释庙之性质、构造、昭示的意义、楹柱的礼与非礼等,使读者对庙的理解大为深刻。又如释"斋戒"云:

> 《记》曰:斋之为言齐也。齐不齐,以致斋者也。〇《记》曰:将齐也,防其邪物,讫其诸欲,耳不听乐。又曰:心不苟虑,必依于道。手足不苟动,必依于礼。〇又曰:散斋七日以定之,致斋三日以定之。定之之谓齐。齐者,精明之至也,然后可以交于神明。〇《记》曰:致斋于内,散斋于外。〇《记》曰:齐者不乐不吊。注曰:乐则散,哀则动,皆有害于齐也。

对斋戒的意义、分类、要求等,言之甚明。由上举两例可知,该书最显著的特点是,汇集典籍来说解《家礼》,使之与经史百家沟通,拉近了《家礼》与历史文化的距离。

上述著述,从其内容来看,当主要是为学力较浅的读者而作,意在疏通文字,减少阅读障碍。或者原本就是为学生传授《家礼》的讲稿。它们对于培养

---

① 《家礼注说一》。

精通《家礼》之学的青年后学,以及广泛普及《家礼》起了重要作用。

(2)训蒙类著作

在《家礼》成为金科玉律的朝鲜时代,无论文化程度高低,任何人都有学习的义务。于是,出现了许多供儿童、妇女作《家礼》读本的书籍。李恒福的《四礼训蒙》,乃摘抄《家礼》冠、昏、丧、祭四礼的要语成书,"盖欲学者有以识本源之所在,而不徒屑屑乎末流也","其述《家礼》,亦自谓略浮文、敦本实,则其深意之所在也如是矣"①。名为"训蒙",而实有深意语焉。

宗英鸾、寿文叟的《丧礼谚解》是为不通汉字的朝鲜庶民而作。朝鲜半岛本无文字,书面语言完全借用汉字表达。其后,世宗大王创制拼音文字,以教士民。此文字简单明快,易读易记,颇受国民欢迎。为便利大众学习《家礼》,宗英鸾、寿文叟"以俚谚解《释家》之礼丧礼初终,使妇人蒙学,无不考订而行之,其意可谓勤矣"②。同类的著作还有申湜的《家礼谚解》。申氏曾为官于岭东,兴教劝学,造福于一方,申氏"患其师道阙而籍未遍,无以尽其节文",而撰《家礼谚解》一帙,"于岭之僻氓蒙学,有情质而无节文者,得之为尤幸"。其结果是,"氓俗至僻陋,然穷村细民,率知谨重丧祭"。鉴于《谚解家礼》的重要价值,李植曾将此书"印藏于校,且劝各坊置一本。举而从事,仍识卷末,俾学者知风化所自"③。

(3)实用性著作

冠、昏、丧、祭之礼,为家家必有之礼,然而未必家家皆有通晓四礼之人。尤其是丧葬之事,多遽然而至,不熟习于此者,每每手足无措。故士林多有为便于临时使用而撰作的手本。

金长生《丧礼备要》是实用类著作中享有盛誉的一种。《家礼》冠、婚、丧、祭四礼,丧礼的篇幅,独居其半,文字也最难解,为全书重心之所在。丧礼历时三年,仪节相续不绝,丧服、丧具之繁冗,绝非冠、婚诸礼可比。且朝鲜丧礼受

---

① 〔朝鲜王朝〕宋时烈:《四礼训蒙跋》。
② 〔朝鲜王朝〕宋时烈:《丧礼谚解序》。
③ 〔朝鲜王朝〕李植:《家礼谚解跋》,《泽堂集》卷九。

释、道影响弥深,亟需革正。金长生云:丧礼"在四礼为尤重且切焉者"[①];又云:"礼之繁缛莫甚于丧,亦莫急切于初丧。虽知礼者,不能领会,多所遗失,况穷乡谩闻,素昧于礼者,何能尽其节文之详哉?"[②]故独取丧礼诠解之,题为《丧礼备要》。《家礼》于朝鲜蔚然成学,冠、婚、丧、祭,家喻户晓,儒风广被,"继《家礼》而言礼者,在我东惟《丧礼备要》为最切,今士大夫皆遵之",《丧礼备要》所定,垂为朝鲜丧礼仪则。

李绛《四礼便览》一书撰作的缘起,是有感于《家礼》和金长生《丧礼备要》的种种不足。"《家礼》则节文或未尽备,《丧礼备要》则专主乎丧、祭,未可并行于古今而通行于吉凶也。"因此,作者以《家礼》为纲,而仿《丧礼备要》的体例,又增加冠、婚二礼,成为冠、婚、丧、祭四礼完备,与《家礼》一贯的礼书。该书意在帮助一般民众阅读,使他们能"一开卷了然"。观其体例,有以下可注意处:

一是对《家礼》的本文作了必要的处理。将"通礼"中的祠堂章后移于祭礼之首,深衣制度略作删节后,置于冠礼的"诸具"中,以免读者前后翻检。《司马氏居家杂仪》和丧礼的《居丧杂仪》与《家礼》有歧异之处,而且其中的初祖、先祖之祭,朱熹已自不行,所以一并删去。告祝状书之式,分附于每条"诸具"之下,以便查考。"诸具"之图,原列每卷之首,为便于读者考阅,改列于每卷之末。

二是注重搜集朝鲜民间的相关资料。《家礼》本注对"诸具"的说明,或欠详备,则广为搜集相关资料,尤其是"世俗之所遵行者"[③],附于每条之下。详列世俗所沿用的器具,便于行礼者变通使用,不至于因器妨礼,对于礼的推广具有重要意义。有关的情况,将在下一节中再谈。

三是着意礼意的贯通。作者有感于"世人多有行其礼而不知其义者",所以"博考诸书,详其名义",将本章礼义次于图式之下。又作《类会》一编,将"一事而异用"者,用注说明"某时如此,某时如此",以便读者贯通全书大意。

---

① 《丧礼备要序》。
② 《丧礼谚解序》。
③ 《四礼便览凡例》。

李彦迪的《奉先杂仪》，本于朱文公《家礼》而参以司马光和程氏所作的祭礼以及时俗之宜，"稍加损益，务从简易，以为一家之礼，庶几宜于今而遵守勿替云尔"，"又采礼经之文及先圣贤之言有明报本追远之义者，别为一篇"，附于书后。①

　　柳云龙(1539—1601)的《追远杂仪》②，以图解诸礼为主要特色，列有《正至朔望参礼图》《食时荐节俗图》《祭时四图》《祭祢图》《祭忌图》《祭墓图》《祭土后图》等七图，每图有器名，仪节，祝辞等三部分，随图说解，一目了然，也是为士庶立范式者。

　　(4) 对《家礼》的补苴

　　《家礼》的作者为求文字简洁，行文多有省略。省略过甚处，中国读者犹知其义，朝鲜庶民则往往茫然不明。于是，有学者起而对《家礼》作补苴、铺垫，使士庶明白易晓，金长生的《丧礼备要》堪为其代表作。金氏对《家礼》之补苴，大要有三：

　　其一，补列丧具。礼之要素有三，曰礼法、礼义、礼器。礼器为行礼必备之器物，舍之则无以行礼。《家礼》一书，重在礼法，即为礼之节目，礼器仅于行文中约略涉之。丧家急遽凶变之际，五内俱摧，茫然失措，丧事之操办，势不能置诸从容考订礼书之后。《丧礼备要》于每一仪节之首，专列丧具一项，除详列所需之器物外，尚涉及文书格式、工匠类别等等，以便丧家照单备办。如"初丧"一节，所列丧具有初终之具、治棺之具、讣告书、迁尸之具、沐浴之具、设冰之具、袭具、饭含之具、奠具、为位之具、灵痤之具、魂帛之具、铭旌之具等，计十三目。每目之下，又详列各种器物之名称、形制、质地、作用之类。形制复杂，或需特别说明者，则详作介绍，如"魂帛之具"下云：

　　　　[白绢]或苎布三四尺。所以为魂帛者，其制有二，或束帛，或同心结。
　　　　[仪节]束帛之制，用绢一匹，卷两端，相向而来之。结之制，折帛为长条，

---

① 〔朝鲜王朝〕李彦迪：《奉先杂仪序》，《晦斋集》卷十一。
② 《谦庵集》卷四。

而交互参结,上出其首,旁出两耳,下垂其余为两足,有肖人形。二者俱可。①

至于《家礼》中的讣告书之类,则拟定书式,丧家只需填入姓名或相关内容,按文钞录。如此之类,及于全书,极便使用。

其二,补足文意。《家礼》之礼文及本注,多有语焉不详处,金长生皆逐一补注,使文意完足。兹以金长生注"浴尸"本注为例:

> 侍者以汤入潘及水各盛于盆。主人以下皆出帷外北面哭。去病时所加新衣及复衣(悉去病时衣及复衣[《丧大记》注]),以俟沐浴。沐发以潘。柿之晞,以巾撮为髻,用组,乃施笄。女丧亦用组、笄,所落发盛于囊。抗衾而浴以水[《士丧礼》],母丧则内御者浴。拭以巾,上下体合②用一。剪爪,左右手足爪各盛于囊,大敛纳于棺中。〇设明衣还覆以衾。其沐浴余水并巾柿弃于坎[《士丧礼》],主人入即位。③

此节本注仅五十余字,而金长生补苴之处触目皆是,如汤有潘与水之分,潘以沐发,水以浴身;拭尸之巾,上下体有别;手足指甲分盛四囊,大敛纳于棺;主人以下出帷当哭,云云。"主人入即位"一语似与本注无关,实与下文"主人以下为位而哭"一语相衔接,因上文云"出帷",下文有"帷内哭位",而未言当于何时入帷,金长生乃据《士丧礼》补之,使文意、仪节皆得贯通。凡此,皆士庶之家所难以知晓者。

其三,补足仪节。《家礼》乃删《书仪》而成,然所删间有未当之处,金长生皆据《礼经》补正。金长生云:"如初终楔齿、缀足,易服用深衣,袭有冒及设水,小敛后绖带之类,皆出于《礼经》而不可阙者也。"④此以楔齿、缀足及冒制

---

① 《金长生全书》卷三十一。
② "合"当"各"字之误。
③ 《丧礼谚解序》。
④ 《丧礼备要凡例》。

为例说明之。古时自天子至士,初死皆以角楔柱其齿,以便饭含;又以几缀尸足,以便纳屦。《士丧礼》郑注:楔齿,"为将含,恐其口闭急也";缀足,"缀犹拘也。为将屦,恐其辟戾"。足见楔齿与饭含、缀足与纳屦,为相配合之仪节。《家礼》删楔齿、缀足,仅存饭含、纳屦,殊为无当,若死者口急闭、足辟戾,则饭含、纳屦何以行之? 又如,《士丧礼》袭后有"冒"。冒形如囊,尸身上下各一,上曰质,下曰杀,相向套尸,意在掩蔽尸形。《礼记·杂记》亦记其制,"自袭至小敛,不设冒则形,是以袭而后设冒也";冒者"覆其形,使人勿恶也"①。《家礼》删冒,殊失礼意。诸如此类,皆补足之。

金长生是朝鲜时代著名的礼学家,金氏在深入研究《家礼》的基础上,对《家礼》的细节作了许多处理。他对《家礼》的补苴,看似细微末节,无关宏旨,但却是理解礼义所必须,从而缩短了士庶与《家礼》之间的距离,使《家礼》变成朝鲜平民都乐于接受的日常礼仪,堪称《家礼》之功臣。

5.《家礼》的朝鲜化

《家礼》的朝鲜化过程,包括两个方向相反的方面:一是革除朝鲜的陋俗,用《家礼》取代之;二是吸收朝鲜半岛固有文化传统和生活习俗中的合理成分,使之与《家礼》的礼学原则对接。

(1)匡正旧俗

至迟在新罗、百济、高句丽三国并立的时代,中国古礼就开始东传朝鲜半岛,但是,半岛的礼仪化的进程相当之缓慢。由朝鲜诸儒的文集可知,直到朝鲜时代的初期,民间风俗与中国相比,依然存在很大歧异,既有受中国礼仪影响之处,又有土著的风俗。如传统葬俗,"死者殡在屋内,经三年,择吉日而葬。居父母及夫之丧,服皆三年,兄弟三月,初终哭泣,葬则鼓舞作乐以送之"②。殡于屋内、为父母及夫服三年之丧,当是受中国丧礼之影响,而殡期三年,鼓舞作乐以送葬,则为当地风俗。及至高丽朝,释、道葬俗兴起,又多有夹入者,所以

---

① 《释名·释丧制》。
② 《周书·异域传》。

相当驳杂,不成体统。栗谷说:"墓祭、忌祭,世俗轮行,非礼也。""忌祭不祭于神主,而乃祭于纸榜,此甚未安。"①《家礼》东传后,仿行者渐多,但新旧杂糅,不合礼义处甚多。如丧礼中,"复"为首要的仪节,有司登上屋脊为死者招魂,若死者是年少者,则可呼喊其名;若是年长者,则不可呼名,当随生时所称。而朝鲜俗例,复时必呼小字,栗谷斥之为"非礼也"②。又,丧礼有大殓,为死者加衣若干层之后,再加棺盖。此时之加衣,意在填充棺之空处,令棺内尸体不致动摇。而朝鲜之大殓颇有不得要领之处,柳云龙《家戒》云:

> 于入棺之后,多填衣服,高若堆阜。及加盖板,乃用之长木大索,左右挽引。若犹不合,又使健仆,并登而蹴踏。其为不敬,未暇论矣。胸陷腹折,必至势也,而可忍为乎?

高丽时代佛教的旧习,在民间礼仪中也多有遗存。李植云:"然佛事时旧习,犹有存者,以油果为上豆是也","私家四时祭品,亦耻于无油果"。③ 佛教习俗的强烈影响,无疑是推行《家礼》的障碍。

婚礼则犹如买卖,致使世风日下。李植痛诋道:"新妇所受礼物,甚者价费千金,贪侈之风,极于是矣。贫家慕效,力不从心。""至于绕客内外,杂沓填咽如市",主张"宜痛禁断"。④ 许多学者痛感于此,主张用《家礼》来齐一风俗,轨范社会行为,提升文明水准。朝鲜时代推行《家礼》的著述,无一不是基于这一认识。

此外,由于对《家礼》在阅读理解上存在诸多问题,礼仪中每每出现似是而非的现象。如古礼于死后三日大殓,四日成服。其原因是,孝子不忍死其亲,所以不忍遽于死日成服,是为礼义之所在。朝鲜士庶或不明于此,"或以殓具未备,过三日而大殓,仍以其日成服,殊失礼义也"⑤。又如家礼小殓时左袒不

---

① 《击蒙要诀》,《栗谷遗书》卷二十九。
② 《击蒙要诀》,《丧制》章第六。
③ 《家诫》,《泽堂集》别集卷十六。
④ 《家诫》,《泽堂集》别集卷十六。
⑤ 《金长生全书》卷三十二。

纽,因衣襟已向左,则小带自不结,"世俗或割去小带,误矣"①,也属理解致误。又如成服有童子服,古礼童子八岁以上乃得成服,且童子不冠,"今俗或加巾经,非礼也"②。又如朝鲜国制仅祭曾祖、祖、父三代,"然程朱皆谓高祖有服,不可不祭"③,故虽定为国制,仍有违背礼义之处。因此,朝鲜学者的许多著述,都是为申明《家礼》、纠正陋俗而作,是为《家礼》学的主流,此处不赘述。

(2)以俗入礼

但是,不能将旧有的风俗一概斥之为陋俗。恰恰相反,对于民间的旧有风俗,必须给以足够的尊重,圣人因俗制礼,而不以俗害礼。圣人有所举,每每与时俱变,绝不胶执古礼。如《家礼》所见的被发礼,即源于外族。金长生深察于此:"唐初胡越一家,蛮俗渐染于中国,因有此礼(被发礼——笔者注),乃至《开元礼》采入典礼,温公取之,《家礼》因而不删。"④《家礼》中如被发礼者,在在多有,如祭丧之器用香炉、倚桌床,卜用珓杯,书用笺纸,冠用幞头、帽子之类,皆为时俗,而非古礼。时与势使之然。君子当因势利导,采入礼范。因此,要使《家礼》为朝鲜庶民受容,则必须顾及其风俗。

《家礼》所规定之物,多有朝鲜民俗所无者,如丧礼"初终"一节有床,金长生云:"古礼有废床之节,《家礼附注》及《仪节》皆收录,但我国人平时不用床,则无所施耳。"⑤《家礼》每有用茶之处,祭祀用茶,于中国亦后起之制,而非古礼。韩人当时亦无饮茶之习惯,故金长生云:"国俗代以水。"⑥凡是古礼有等差、而今俗已不加分别,而且为国制所允许者,都应从俗。如饭含所用之物,古礼等级森严,不得僭越,"古者君用珠,而今国俗士庶人通用,《仪节》及《五礼仪》亦许用之,金玉钱贝俱可"⑦。衣裳,凡不妨于礼者,亦得从俗。如《家礼》孝子丧中出入时服墨衰,"既非古制,又非国俗所用,故代以方笠、生布、直领,

---

① 《金长生全书》卷三十六。
② 《五州衍文长笺散稿》上卷《家礼辨证说》。
③ 《金长生全书》卷三十四。
④ 《金长生全书》卷三十六。
⑤ 《金长生全书》卷三十一。
⑥ 《金长生全书》卷三十三。
⑦ 《金长生全书》卷三十一。

从俗也"①。凡《家礼》与时俗有异,而时俗有深义者,则可以从之,如《家礼》改题毕,"无别设馔之文,而五礼仪有题主奠,今俗或用之"②。《五礼仪》为朝鲜王朝颁布之礼典,虽以中国礼法为主体,但也颇采朝鲜礼俗。此外,时制有优于《家礼》之法者,也可从之。如窆柩之法,《家礼》所述极简略,《丧礼备要》引《五礼仪》所载窆柩之法更为详尽稳妥。窆柩为丧葬之大端,不得倾仄颠覆,金长生称《五礼仪》之法"极便好"③,也是从俗之义。《家礼》治棺之具有铁钉、铁环。铁钉用以合棺板,铁环用以贯绳索而举棺。朝鲜则不然,天地盖都以木为银钉,不用铁物。柳成龙说:"其制极好,虽违礼文,从俗可也。"④《家礼》冠礼,再加之礼为帽子、朝衫、革带、系鞋;三加之礼为幞头、公服、革带、纳靴。张显光《冠仪》再加之礼为笠子、红团领、黑韦带、黑鞋,三加之礼为程子冠、黑团领、黑修带、黑靴子。⑤ 李民宬在所撰《祭品定式》中,对祭品作了朝鲜化的处理:

果　栢子　栗子　大枣　榛子　干柿　胡桃　山葡萄
时果　樱桃　覆盆子　来禽　葡萄　梨　红柿　石榴
菜用桔蓼,菹用苽萝。⑥

与《礼记·内则》所列大多不同,可谓因地制宜,随其所产。《礼》云:"夫祭者,非物自外至者也,自中出生于心也。"⑦只要出于诚敬,祭品的变换并不伤及礼义。

《曲礼》云:"礼不下庶人。"郑注:"为遽于事且不能备物。"庶人终年劳碌于事,且无力备办行礼之器物,故古者制礼,下止于士,而不及于庶民。《书仪》《家礼》为使古礼平民化,尽力变通之。以保存古礼之礼义为原则,至若行礼之

---

① 《丧礼备要凡例》。
② 《金长生全书》卷三十三。
③ 《金长生全书》卷三十三。
④ 〔朝鲜王朝〕柳成龙:《丧葬质疑》,《西厓集》卷十三。
⑤ 《旅轩集》续集卷七。
⑥ 《紫岩集》卷四。
⑦ 《礼记·祭统》。

场所、衣裳、器物等,皆就庶民之所有,以称其财力。如古时祭必于庙,然而古之庙制不见于经,复之无由,且以庶人之贱,也不得建庙致祭。《家礼》乃创为祠堂之制,面阔二间,外设神厨及祭物之库,行事于正寝,以为通行之制。又立变通之法,"若贫家地狭,则止为一间,不立厨库","地狭,则于厅事之东(行事)亦可"①。古之寝庙必正南北之朝向,《家礼》为便庶民,"凡屋之制,不问何向背,但以前为南、后为北、左为东、右为西"②。

朝鲜学者承《家礼》绪余,多有对《家礼》《书仪》具体细节作变通的。如《家礼》承古礼传统,对祭品有明确规定。而朝鲜半岛之出产,与中国颇有不同,若胶执于《家礼》,势必以物害礼,故学者多主张变通,如李民宬(1573—1649)云:"古人以炙肝为贵,而非常得之物,以肉炙代之。鱼汤不时难得,则代以鸡雉。"③

实际上,《家礼》在朝鲜化民成俗的过程中,出现了一种反向的运动,即"以俗入礼",也就是用朝鲜的风俗来替代《家礼》中的某些内容,这主要表现在服饰、饮食、居室等方面。这样做,一方面是因民之便,量民之力,不以器用妨礼。如大祥所需的器具,有香炉、盏盘、玄酒樽、床、盥盆、祝版等,约二十种之多,因其皆属祭器,故当"具贮而封锁之,不得他用"④。此为贫家所难备,故《丧礼备要》准其变通,"力不能具者,临时代以常用之器"⑤。又如,迁尸须有床,而朝鲜民俗不用床,专为制作则靡费人力、财力,《丧礼备要》变通从简,"无则用门扇"⑥。成殡之具有毛毡,冬月用以裹棺,亦农家不易备之物,《丧礼备要》云"无则用稿席"⑦。治棺之具有黑缯,用以涂棺内四方及盖,亦民间非常有之物,《丧礼备要》许以他物替代,"或䌷或绵布……无缯用厚白纸七八张"⑧。《丧礼家礼》袭尸用深衣,而深衣之制,历来诸说纷纭,莫衷一是,制作

---

① 《朱子家礼》。
② 《朱子家礼》。
③ 《祭品定式》,《紫严集》卷四。
④ 《金长生全书》卷三十一。
⑤ 《金长生全书》卷三十一。
⑥ 《金长生全书》卷三十一。
⑦ 《金长生全书》卷三十一。
⑧ 《金长生全书》卷三十一。

亦不便。《丧礼备要》云："无深衣则用直领衣。"①直领衣为士庶平素所服,备办甚易。治棺之具有"衽",俗称"银钉",用以连合棺上下之缝,以松木制作,虽小而复杂,《丧礼备要》直云:"或用铁钉代之。"②如此等等,皆无妨于行礼大节及礼义,而丧家称便。另一方面,则是为了便于《家礼》与朝鲜风俗的结合。如,《书仪》规定庶羞十五品,宋明钦(1705—1768)认为,十五品中的食物,也不必拘泥,可以用"俗馔",那样可以更受神的欢迎:

今欲一变从古,而自来遵用俗馔已久,神已安之,未敢猝变。今宜脍胾、馒头蒸煎之类,总不过三品或二品。忌祭各思所嗜,或增一味。鱼肉汤,毋过三品或二品。鱼肉炙,毋过三串或二串。③

宋明钦主张用"俗馔"代替,因为,这正是神主久已安之的食品,若猝然改变,神或不歆,则适得其反。这是很有人情味的说法。《家礼》的朝鲜化,必须有如此之类的处理,方才能够实现。

柳成龙有《丧葬质疑》④,专门考证《家礼》丧葬礼所涉及的治棺之木、秫灰、灰漆、沥青、炭末、石灰、细沙、黄土、淡酒、铁钉、铁环,以及作灰隔、实灰、藏明器等问题,提出疑问以及解决办法,如:

按杉,未详何木。我国为棺椁,上下通用松板,不见用杉。……丧葬之具,莫重于棺椁,而取材不广,且不能辨,况于用乎!

古人于棺内不用它物,而用秫灰,必有其义。我国人不识秫为何物,或误以为粘稻,治棺之时,多烧粘稻作灰。其有力者作米烧灰用之,皆无意义。

《家礼》以板塞其门,但恐板木既朽,则土有崩陷之患,以碑或石代之,

---

① 《金长生全书》卷三十一。
② 《金长生全书》卷三十一。
③ 《栎泉集》卷十二,《家仪》。
④ 《西崖集》卷十三。

似无此患。

朝鲜学者在肯定《家礼》的前提之下,在礼仪的细节方面,往往有许多个性化的处理,形成了许多不尽相同的说法,呈现出丰富多彩的面貌,也为行礼者提供了充分的选择余地。如尹拯(1629—1714)云:

> 为人后有之妻,为本生舅姑,当依退溪、慎独斋两先生说,从夫妇期,慎独斋先生所论,恐合礼意人情。
> 小祥绞带,斩衰以布,《家礼》以后,未尝变也。《丧礼备要》改以布,恐未安。今当依慎独斋先生所行,用熟麻。①
> 《家礼》朔望参同,而《击蒙要诀》为之差等,当从《要诀》行之。
> 墓祭,当从《击蒙要诀》。正朝,端午,一献无祝。土神祭,子孙在墓下。或居官时,则当从朱子与子书,馔品与墓前一样,其余时则依《家礼》,米面食鱼肉四大盘。正朝、端午,则从《要诀》不祭。②

有时,对某一礼仪的制定,往往兼采各家,不主一说,反映出制礼者对《家礼》的深入思索,以及对诸说的判断,显示出独立思考的能力。如宋明钦(1705—1768)云:

> 妇人之位于阶下,非古也,自《书仪》始。吾家自献代,立于房中或厅上,障以屏帐,似得《仪礼》"妇人副袆立于东房"之义矣。人家内庭难得广阔,两阶分序,相去昵近。或有亲宾入参,不免混杂。主妇与外执事,升降皆由西阶,亦多难碍。今拟参礼则位于阶下如仪,大祭祀则立于房中,恐亦无害于礼意。
> 忌日变服,黲色冠衣,是淡黑色。寒冈欲留禫服,为忌日之服,似得之。而退溪深以为非,寻常未晓。栗谷亦许用缁色笠。而今人于父母忌

---

① 《丧礼遗书》,《明斋遗稿》卷三十。
② 《祭祀礼遗书》,《明斋遗稿》卷三十。

日通用。常时所著光漆笠白细布衫白条带,视极未安。今拟为父母黪笠以上,黑笠,白布衫,白布带。旁亲通用黑笠,白衫,白条带。庶得丧余之意。①

祭祀斋戒的日期,《家礼》四时祭、冬至祭初祖、立春祭先祖、季秋祭祢,均为前期三日斋戒;忌日祭与墓祭,则为前期一日斋戒。李珥则为之等差:四时祭为散斋四日、致斋三日,忌日祭为散斋二日、致斋一日,参礼则斋宿一日。②其他各家也互有差择,学者每每参照而定,如李选(1632—1692)云:"冠婚丧祭,宜以《家礼要诀》《丧礼备要》《疑礼问解》《泽堂家诫》为法。"③就是一种变通求宜的做法。

以上所举,鲜明地反映了朝鲜风俗渗入《家礼》的情况,可以借以了解《家礼》朝鲜化的形式和主要方面,以及朝鲜学者变通《家礼》的思想动因。

6.朝鲜儒林家庭礼仪的范式化

在朝鲜士林中,《家礼》已成为公认的仪轨,正如柳云龙所云:"文公《家礼》,固是吾东士夫所共遵行。"④故儒者之生活,处处以《家礼》为准则,规范自身以及家庭、家族的行为。

从地理位置而言,朝鲜半岛为东夷,为中国所谓的"四夷"之一,风气本与中原不同。但从文化发展来说,朝鲜对中国的趋同性最强。中国自古严夷夏之别,而以夷风蛮俗为耻。这种观念深深影响到了朝鲜士林。李珥是朝鲜时代最著名的学者之一,其《击蒙要诀》,乃家喻户晓之作。全书共十章,其中六、七两章为丧制章、祭礼章,为纠正时俗之弊而作。李珥云:"今俗多不识礼,其行祭之仪,家家不同,甚可笑也。若不一裁之以礼,则终不免紊乱无序,归于夷虏之风矣。兹抄祭礼,附录于后,且为之图,须详审仿行,而若父兄不欲,则当

---

① 《栎泉集》卷十二。
② 《击蒙要诀》,《栗谷遗书》卷二十七。
③ 《芝湖集》卷六。
④ 《家诫》。

委屈陈达,期于归正。"在李珥看来,虽有仪,而不知礼,则终究不能脱"夷虏之风",实为耻辱。尹凤九(1683—1767)在其文集中也一再提及"深耻夷虏之陋""耻夷虏之风"①。可见,摆脱夷虏陋习、复归于礼之正,已是士林的共同愿望。

通览朝鲜时代的文集,学者私人制定的家庭礼仪规范,可谓触目皆是,彼此呼应,蔚然一代风气。如李珥文集所见有《侄景恒冠礼仪》《冠礼图》《见祠堂仪》《参谒先生仪》《诸生相揖仪》《小儿须知》②等,或为临时制作,或为学生指点,或为童蒙教习,不一而足。尹镌自撰的居家之礼,③首为"庙制",继为冠礼、昏礼、祭礼,其大节均不离《家礼》。金隆所定居家之礼有《家礼讲录》《通礼》《深衣制度》《居家杂仪》《冠礼》④等。权諰所作礼仪有《惟儿冠礼仪》《次男婚书》《仲女受币后复书》《族孙以规婚书》⑤等。如此之类,不胜枚举。

所有的家用礼仪,无不以《家礼》以及《礼记》等为文献为蓝本。如尹凤九的文集中有婚书三通,其辞令多采《家礼》《礼记》,如"礼征牢盉""二姓之合是欢""父父、子子、夫夫、妇妇,正家而外内交修"⑥"聿合二姓之欢"⑦"谨修函书之仪,伫见筓赘之喜"⑧等,这种现象相当普遍。因此,尽管家家制礼,而礼仪皆归于一尊。

由私家仪注可知,儒者对于礼的关怀,不仅着眼于自身,而且着眼于身后,着眼于子孙万代能否永远一遵于礼,相沿不替。李埈(1560—1635)感慨于"礼经坏而妖说作,以致溺阴阳家说","溺心于诡诞,邀福于冥漠,或至于坏了家法",故作《家戒》,对后事一一交代,要求子孙依行勿违,如忌日之祭,"夫妇袝食,非礼也。自我而后,单祭一位,以革俗间径情直行之习";再如祭式,"凡祭主于罄诚悫,而祭物称家之有无,无至于分外求备也。用翰音代牲,永为恒式,

---

① 《孙健厚婚书》,《屏溪集》卷四十四。
② 《栗谷全书》拾遗卷四。
③ 《白湖集》卷二十八。
④ 《勿岩集》卷三。
⑤ 《炭翁集》卷十。
⑥ 《儿子心纬婚纳采书》,《屏溪集》卷四十四。
⑦ 《孙健厚婚书》,《屏溪集》卷四十四。
⑧ 《子心约婚书》,《屏溪集》卷四十四。

违此者,同于弃遗命也。贫乏之甚,翰音亦难得,则只奠时羞何害"? 又如治丧,"我情事,须用簠簋束体,庶得自安于心。……则敛用旧衣"①。

宋麟寿在其《祭礼遗教》中,对于家庭的祭礼系统地提出了"遗教":

> 凡为人奉祀者,无侈无俭,克敬克慎,惟当尽如在之诚。今反乎此,不遵礼仪,妄施已俭。有则太侈,无则太俭。丰约无制,率非享祀之道。窃为识者耻之。经礼之节文甚严,先儒之讲定昭著。而以一时之意见,径庭谬行,则恐违追远之礼,可不慎哉。吾家祭礼,皆我先祖双清堂府君遗教,而以朱文公《家礼》参酌定行者也。时祀忌祭,如仪奉行。而四时名节,以时食。朔望参礼,以酒果行之。凡遇新物,即荐于晨谒。是吾家定礼。而行祀仪节,亦有定规。惟我子孙,一遵遗教行之。而凡祭时,前三日别处斋宿。馔物亲自者看捡,务从精洁,品数无加无减。②

一些精于礼学的学者,每每以家族中出现违礼之举为耻辱,如柳云龙的先公迁墓时,未及考订外祖考妣葬例,"以致先妣祔葬于墓左,有违神道尚右之义,是可恨也"③。所以,柳云龙在《家戒》中,表示了他对于家人处理丧事时"仓卒之际,恐多差误成悔"的担心,故详为细则,明定是非,"以为一家永久遵行之礼",其内容极为详尽,如:

> 柩衣,用玄纁。按:时俗多用纯色,而古礼必用玄纁。
> 用明器下帐。按:明器等物,先世虽用之,自安山迁葬时已不用。盖当世士大夫家鲜有用者,此后则不必用也。
> 题主奠。只依礼文,以酒果,但奠一酌,不宜盛设。按:泽堂曰:题主设奠,本无礼文,但奠酌,读告以神返室堂之意。"是凭是依"之下,无"谨告尚飨"语,则非其祭奠明矣。祝史未暇置板于床,怀板而奉主升车即为

---

① 《苍石集》卷十二。
② 《秋坡集》卷二。
③ 《家戒》。

> 启行者,犹虑其神魂或安于墓次也。丧礼莫重虞,降神三献,自此始。所当致谨者在此。又曰:三虞而卒哭,卒哭而祔,此五祭最重,宜专力其馔,务为丰洁,以重祭祀之始。此言正是,不可不依此以行。
>
> 勿立石人。按:文武石是。虽是士夫家通用之物,而终涉未安。只立望柱一双可也。
>
> 勿立丰碑。按:时俗日益文胜,铺张虚美,树之以丰碑,终为识者所笑。吾家则虽立碣石,高不过四五尺。墓前亦宜依《家礼》,竖三四尺短碑,略记世系生卒而已。
>
> 前后室奠,当用先公所定之礼以行。

当时朝鲜儒家的礼仪,不仅在形式上严守《家礼》的原则,而且在礼的内涵上也恪遵孔子之教。子云:"礼,与其奢也,宁俭。丧,与其易也,宁戚。"①"奢则不孙,俭则固。与其不孙也,宁固。"②礼非以示奢,而是欲表达素朴的情感。由柳云龙的遗教可知,宁俭勿奢正是其谆谆告诫的灵魂之所在。类似的思想,还见于宋明钦的《家仪》:

> 吾家祭馔,旧无定式,随得尽荐,即高祖考所尝行者,而元庵先生善之。然其流弊至于过丰甚,或不容二桌,列置桌下,世颇讥议。亦虑家业旁落,无以继之。故自余主祭,略有奠定式,无敢随意过越。宗家近亦力诎,遵用此式。虽失从先之义,亦理势当然。凡我子孙,毋或以有余而或改。③

朝鲜儒者推行《家礼》的过程,本质上是新礼与旧俗的斗争。某些旧俗,根深蒂固,人所习行,而且每每被当作"先祖之意"而不得变动。如果屈从于此,则朝鲜旧俗"永无革正之日",李民寏在其《祭品定式》中表达了厘正旧俗,建立新

---

① 《论语·八佾》。
② 《论语·述而》。
③ 《栎泉集》卷十二。

仪,"永为定式"的决心:

> 凡人家报本追远之谊,祭礼为大。先儒定式非不明白,而末俗惟以多品为贵。骨董陈设,半是屈荚之私,殊非事神严敬之道。余欲厘而正之,不无嫌于从先祖之意,郑重而未果,则永无革正之日。兹敢取古设之宜于今者与新物之无害于义者,永为定式,不侈不俭,务令得中。惟在备之有素,用之有式,可以永久而无废矣。①

可见,朝鲜诸儒的私家仪注,放眼于千秋万世的礼制建设。正是他们的远见卓识和锲而不舍的努力,使礼化民成俗,变为朝鲜的一代新风。

从高丽末期《家礼》东传之后,朝鲜学者以一两个世纪的时间,坚持不懈地躬行实践、极力推广,使《家礼》在朝鲜半岛深深扎根,令人钦敬。李植云:

> 吾东文献,前代无征。礼乐之兴,实自我朝百余年间。大儒继出,遗文毕集,而后衿绅彬彬。乐节相益,习俗为之丕变。今虽兵戈创残,委巷治丧之家犹秉朱礼。鲁无君子,斯焉取斯。②

《家礼》的推广,使朝鲜从偏在四夷的化外之地,发展成为"虽兵戈创残,委巷治丧之家犹秉朱礼"的礼仪之邦,从根本上改变了朝鲜的文化面貌,并深刻地影响着朝鲜社会的文化走向,显示了儒家文化移风易俗的伟大力量。它为实现朝鲜王朝的全面儒家化的政策,奠定了深厚的基础,这不仅是朝鲜儒学史上的重大事件,也是朝鲜学者对中国礼学的重大贡献。

---

① 《紫岩集》卷四。
② 《疑礼问解跋》,《泽堂集》别集卷五。

四、乾嘉时期朝鲜学者的燕行

中国与朝鲜山水相依,至迟在先秦时期,就有了密切的交往。宋明理学东传朝鲜之后,儒学被尊奉为国教,浸润日久,朝鲜成为儒家化相当彻底的国家。明万历壬辰年(1592),日本丰臣秀吉大举侵朝,占领南北八道,史称"壬辰倭乱",朝鲜亡国在即。明朝政府应朝鲜政府之请,派遣军队入朝参战,为之用兵七年,所发帑银八百万两,使朝鲜得以复国,彼此遂结下血肉情谊。

1.清军入关前后的中朝关系

明末,由女真人建立的后金政权迅速崛起。万历四十六年(1618),努尔哈赤宣称与明廷有"七大恨",开始发动推翻明王朝的征战。朝鲜政府坚决拥明,次年(1619),朝鲜王光海君命姜弘立率师协助明军抗击后金,但兵败于富察之野。随后又出境抵抗瓦尔喀之师,并与明将毛文龙配合,袭击沿海城寨。1626年,努尔哈赤病死,朝鲜拒绝遣使吊问。皇太极天聪元年(1627)正月,贝勒阿敏等率军渡鸭绿江,连克义州、定州、汉山城、安州,并攻入平壤,朝鲜仁祖逃至江华岛,不得已而遣使求和。三月庚午,"刑白马乌牛,誓告天地,和议成,约为兄弟之国"[①]。

后金希望朝鲜积极介入打击明军的行列。朝鲜政府迫于大势,口头允诺,实际上虚与委蛇。天聪三年(1629),后金征朝鲜兵攻明,朝鲜"误军期,降诏切责"。天聪五年(1631),皇太极为了攻打明军控制的皮岛等沿海岛屿,征兵船

---

① 《清史稿》卷五百二十六,《属国一:朝鲜》,北京:中华书局,第14578页。

于朝鲜。仁祖云:"明国犹吾父也。助人攻吾父之国,可乎?"遂拒绝之。天聪六年(1632),皇太极的使者到达朝鲜,双方在颁定贡额、互市、征粮等问题上发生严重纠纷。

天聪六年正月,后金为了攻打锦州的明军,要求调用朝鲜舟船五千,运粮万石。仁祖称"军船、粮船三十二艘漂没无存",拒不从命。皇太极"知其饰词,诏切责,刻期督催"。其后,朝鲜军船、粮船虽遵命出发,但途中要求更改水路行进为陆路行进,而且暗中与明军接触,被皇太极获知,"诏以朝鲜三艘飘入明境通信,及见明兵船不迎敌,又不由水路进,严斥之"。其后,明军兵船"二至朝鲜界",朝鲜政府拒不采取任何措施,皇太极大怒。

天聪九年(1635),后金平定察哈尔林丹汗,缴获元代皇帝的传国之玺,八和硕贝勒和外藩蒙古四十九贝勒等请上尊号,后金希望联合朝鲜共同推戴,乃修书遣使,前往朝鲜。朝鲜大臣坚决反对,并扣留使臣。次年四月,皇太极改元为崇德,国号为"清"。朝鲜虽派使者朝贺,但不拜,拒绝行臣子之礼。清帝要求朝鲜送交质子,朝鲜亦置之不理。

崇德元年(1636)十一月,清帝率军征朝鲜。在清军打击下,朝鲜八道兵皆溃散。清军围困南汉山城。崇德二年(1637)正月庚午,仁祖及从数十骑投降,奏书称臣,乞免出城。清帝宣诏赦之,并命令朝鲜王从此去明年号,交出明所赐诰命册印,质二子,奉大清正朔。是年十月,册封仁祖为朝鲜国王。十一月,仁祖派臣子到盛京(沈阳)表贺清帝万寿。冬至,进供方物。十二月,遣使祝贺元旦。"嗣凡万寿圣节、元旦、冬至,皆专遣陪臣表贺,贡方物,岁以为常。"①从此以后,朝鲜政府每年至少三次,即万圣、元旦、冬至,派使节团到盛京。清与朝鲜的君臣关系从此确定。但是,朝鲜对此事深感耻辱,称之为"丙子胡乱"。

清军剿灭明军的战斗节节胜利,1644年又击退闯王李自成的军队,于北京建立了新王朝,朝鲜与清的关系终于尘埃落定。顺治即位前,孝宗李倧遣使北京,奉表祝贺登极。顺治元年(1644)、二年(1645),原先作为质子的两位朝鲜王子先后获准回国,清廷还减低朝鲜岁贡和三大节庆贺方物的种类和数量,以

---

① 《清史稿》卷五百二十六,《属国一:朝鲜》,北京:中华书局,第14578页。

示怀柔。

顺治六年(1649)六月,李倧去世,清帝先是派礼部官员前往谕祭,赠以谥号。其后又派户部官员前往册封新即位的朝鲜王。自此,每逢朝鲜王去世,清廷必派使者前往谕祭,赠以谥号,并册封新王和王妃。清廷还多次减少朝鲜贡物的数量。双方边境虽然时有事故发生,但双方都能妥善处理,因而边境比较平和。

乾嘉时期,两国关系趋于缓和。乾隆八年(1743)九月,清帝诣盛京,朝鲜英祖遣使表贡,乾隆特赐御书"式表东藩"匾额,以示恩宠,并许使臣与诸王大臣宴。在此后的几十年中,这种政策一再施用。乾隆四十三年(1778),清帝谒祖陵,事先通知朝鲜勿前来朝贺,但正祖仍遣使赍表迎驾,清帝御书"东藩绳美"的匾额赐之。乾隆五十年(1785)正月,举行千叟宴,朝鲜王遣使入贡,乾隆帝赏以仿宋版《五经》以及笔墨等物。嘉庆元年(1796),朝鲜正祖的使臣到北京祝贺太上皇乾隆归政,在宁寿宫参加千叟宴,乾隆赐予《圣制千叟宴诗》。嘉庆十年(1805),清帝诣盛京,朝鲜纯祖遣官接驾,嘉庆特赐"礼教绥藩"匾额。嘉庆二十三年(1818)九月,清帝诣盛京,纯祖遣使迎觐表贺,清帝赐御制诗及"福"字。凡此,似乎都足以说明两国关系正在不断走向密切。但是,这仅仅是表面现象,朝鲜政府俯首听命于清廷,不过是慑于清军兵锋,表贺、迎驾,例行公事而已。

2.清初朝鲜人的夷夏观

所谓夷夏之别,原本是孔子提出的观念。春秋时期,四方夷狄进逼中央王朝,中原诸侯以"尊王攘夷"相标榜。其后,韩愈提出儒家道统,从文明消长的角度说夷夏之别,认为《春秋》之义在严夷夏之别,"诸侯用夷礼则夷之,进于中国则中国之"[①]。韩愈之说被宋儒尊奉,进而为朝鲜儒者所尊奉。在朝鲜社会走向儒家化的进程中,朝鲜学者无不耻为夷狄,而以仿效中朝衣冠文物、"进于中原"为目标。

---

① 《原道》。

清军入关推翻明王朝,中华上下剃发易服,朝鲜举国震惊,感情上无法接受。今后如何处理与清政府的关系,成为朝野议论的重大问题。

以著名学者宋时烈为代表的一派,主张尊明攘夷、反清复明。宋时烈曾经担任过凤林大君的师傅,仁祖十四年(1636)满军围逼南汉山城时,宋时烈是"扈从"之一,与凤林大君亲身经历过兵临城下的惊恐与耻辱。1649年(己丑),凤林大君即位,是为孝宗。宋时烈是当时最为激烈的反清人物,他在给孝宗的奏议中提出了著名的"北伐议",主张北伐中原,恢复大明乾坤,一时成为舆论主流:

> 孔子作《春秋》以明大一统之义于天下,后世凡有血气之类,莫不知中国之当尊,夷狄之可丑矣。朱子又推人伦,极天理,以明雪耻之义,曰:"天高地下,人位乎中。天之道不出乎阴阳,地之道不出乎柔刚。是则舍仁与义,亦无以立人之道矣。然仁莫大于父子,义莫大于君臣,是谓三纲之要,五常之本,人伦天理之至,无所逃于天地之间者。其曰'君父之仇不与共戴天'者,乃天之所覆、地之所载,凡有君臣、父子之性者,发于至痛,不能自已之同情,而非出于一己之私也。"臣每读此书,以为此一字一句或有所晦,则礼乐沦于粪壤,人道入于禽兽,而莫之救也。
>
> 钦惟我太祖高皇帝与我太祖康献大王,同时创业,即定君臣之义、字小之恩、忠贞之节,殆三百年不替矣。不幸顷者得丑虏肆凶,举国沦陷,堂堂礼义之邦,尽污腥膻。彼时之事,尚忍言哉?继值甲申之变,皇京荡覆,天下无主。是则,虽曰非此虏之所为,然乘时聘丑,凌夷我寝庙,奸污我皇族,已为痛疾。至于弘光皇帝,建号南方,大统有存,我朝虽未有聘享之礼,然既是我神宗皇帝之骨肉,则君臣大义,岂以天外而有间哉?何意天不悔祸,逆虏复肆弑逆,日月所照,霜露所坠,凡有性命之伦,莫不有不共戴之义矣。况我国实赖神宗皇帝之恩,壬辰之变,宗社已墟而复存,生民几尽而复苏,我邦之一草一木,生民之一毛一发,莫非皇恩之所及也。……此虏者,君父之大仇,矢不忍共戴一天,蓄憾积怨,忍痛含冤,辟辞之中忿怒愈蕴,金币之中薪胆愈切,枢机之密死神莫窥,志气之坚赍育

莫夺,期以五年、七年以至于十年、二十年而不解[懈]。①

孝宗内心深处依然眷恋与明王朝的旧情,切望洗刷丙子国耻,所以十分赞成宋时烈北伐中原、"雪耻正义"的图谋,曾对宋时烈说:"予与卿志同道合,常如骨肉兄弟。"②孝宗赐裘一袭于宋时烈,宋氏谦辞不受。孝宗乃密谕宋氏:"辽蓟风雪,将与同驱驰也。"可见赐裘之意,在遥寄驱驰辽沈之日抵御风雪之情。

宋时烈为仁祖陵墓(长陵)撰写的碑文,拒不奉清朝正朔,依然使用明朝纪年。宋时烈此举影响很大,为朝鲜学者所仿效,朴趾源《热河日记·渡江录》开首记渡鸭绿江的年份朝鲜正祖四年(乾隆四十五年)为"后三庚子",即崇祯后的第三个庚子年。朴氏解释说:

> 曷为后三庚子?记行程阴晴,将年以系月日也。曷称后?崇祯纪元后也。曷三庚子?崇祯纪元后三周庚子也。曷不称崇祯?将渡江,故讳之也。曷讳之?江以外清人也,天下皆奉清正朔,故不敢称崇祯也。曷私称崇祯?皇明中华也,吾初受命之上国也。崇祯十七年,毅宗烈皇帝殉社稷,明室亡,于今百三十余年。曷至今称之?清人入主中国,而先王之制度变而为胡。环东土数千里划江而为国,独守先王之制度,是明明室犹存于鸭水以东也。虽力不足以攘除戎狄、肃清中原,以光复先王之旧,然皆能尊崇祯以存中国也。

由此可见,两国虽有君臣名分,关系也建立常态,但朝鲜君臣内心视满清为夷狄。

朝鲜文人、士大夫的认识相当偏激,他们过于看重剃发的作用,把它与文化等同。"皇帝也剃发,将相、大臣、百执事也剃发,士、庶人也剃发。虽功德侔殷、周,富强迈秦、汉,自生民以来,未有剃发之天子也。虽有陆陇其、李光地之学问,魏禧、汪琬、王士祯之文章,顾炎武、朱彝尊之博识,一剃发则胡虏也,胡

---

① 《宋子选集》,《己丑封事》,北京:中华书局,1999 年,第 110 页。
② 《宋子大全》卷七,《幄对说语》。

房则犬羊也。"①在他们看来,凡是剃发者,即使学识如顾炎武、朱彝尊,也都是犬羊、畜牲。还有的人到中国之后,狂妄自大,"谓中土不见文章"②,认为中国连会作文章的人也没有了。他们不了解明清之际,汉族人民和知识分子为了反抗清军的剃发令所付出的惨重代价;也不了解顾炎武、傅山等坚守节操的学者,是如何拒绝与清政府合作,而以局外人的轻松讥诮中州之士,"谓一部《春秋》无地可读,每叹燕赵之市未见悲歌之士"③。

他们认为文化可以像头发那样被剃尽,既已举国剃发,则中华文化已从中国人的头脑中和社会生活中消失殆尽。他们以"小中华"自称,认为中华文化的正宗已经转移到朝鲜;传统的夷夏观正在颠倒,历来称夏的中国已经变成夷,而一向以夷自称的朝鲜已经成了夏。有些人甚至用对待夷狄的方式与中国人打交道,"见大国人,无满汉,一例以胡虏视之","必无款接之理,虽相接,必以犬羊待之"。④ 这样的意识,当时的清朝学者是无法想见的。

3.乾嘉时期燕行的北学派学者

朝鲜半岛在经过了"壬辰倭乱"和"丙子胡乱"之后,国力空虚,加之朝政黑暗,党争不断,已是危机四伏。位高势尊的士大夫依然空谈心性,高远自赏,全不以生民为念。而某些有识之士则开始探讨社会问题,关注诸如天文、农学、交通、商业等涉及民生日用的领域,希望通过改革来振兴日渐颓靡的国势。其代表人物是洪大容、朴齐家、朴趾源、金正喜、丁茶山等,学术界将他们称为"实学派"。并非巧合的是,除丁茶山之外,其余四位都有过"燕行"的经历。

北京古称燕,故朝鲜人称北京之行为燕行。每年万岁节、元旦、冬至,朝鲜政府都要派使节团到北京祝贺,燕行者不在少数。随团成员不乏有撰作"燕行诗""燕行录""燕行日记"之类的纪行文者⑤,记述沿途所见山川形胜、制度文物,因多为例行公事的官员所作,可观者不多。而四位思想家的入燕,所见、所

---

① 《热河日记》卷二,《馹汛随笔》。
② 《热河日记》卷四,《审势编》。
③ 《热河日记》卷四,《审势编》。
④ 《燕岩集》第二集卷十三,《热河日记·太学留馆录》。
⑤ 据韩国东国大学出版的《燕行录全集》所收,仅顺治到雍正期间的"燕行录"就有90种左右。

交、所思、所论,自然不同凡俗,他们撰写的燕行记,成为朝鲜思想史上的丰碑。

四位学者中洪大容最先入燕。洪大容(1731—1783),字德保,号湛轩,学者、思想家。洪氏"早自废举,绝意名利"①,厌恶朋党倾轧,而潜心于经史子集之外的自然科学,自设"龙天阁",研究天文历法。44岁时,方才经荫补而获得从九品的职务——缮工监监役,其后担任过司宪府监察、泰仁县监、荣州郡守等职。

英祖四十一年(1765)十二月,洪大容随其叔父、三节年贡兼谢恩使洪檍前往北京,逗留两月有余。其间,与浙江名士严诚、潘庭筠、陆飞、孙天义等过从甚密,而与严诚结为生死之交。洪氏在京期间,与中国士人的笔谈稿,汇集为《乾净衕笔谈》;归国后与浙江友人的往来信件,汇集为《杭传尺牍》。洪氏所撰《湛轩燕记》,介绍中国闻见,有较大的社会反响。洪大容在汉城向好友朴趾源介绍燕行闻见,使朴氏大为兴奋。朴趾源(1737—1805),字仲美,号燕岩,朝鲜时代著名文学家、思想家。朴氏渴望燕京之行,而苦于一时没有机会,他的弟子朴齐家却得以先行,并且成为四人中入燕次数最多的一位。

朴齐家(1750—1805),字次修、在先,号贞蕤、楚亭,著名诗人、思想家,历任奎章阁检修官、军器寺正、扶余县监、五卫将、永平县监等职。1778年五月,朝鲜政府派遣宰相蔡齐恭为正使,出使北京,朴齐家及其好友李德茂随行。在北京期间,朴齐家与纪晓岚、李调元、潘庭筠、祝德麟、江德量等相交。1790年,朴齐家与著名学者柳得恭随使节团再次赴北京,与京师硕学鸿儒翁方刚、阮元、孙星衍、罗聘、陈鳣、黄丕烈等都有交往。1801年,朴齐家、柳得恭第三次出使北京,回国不久即辞世。三度入燕,与之相知的清代学者竟达百余人之多。

朴趾源入燕,是在朴齐家首次燕行的两年后,即正祖四年(1780)才得以成行。当时,朝鲜政府派遣使节团前往北京祝贺乾隆帝七十大寿,朴趾源的堂兄、锦城尉朴明源担任正使,时年四十三岁的朴趾源以观光客的身份随行。朴氏一行渡鸭绿江、越辽野、过山海关,到达北京。因乾隆皇帝驻跸热河避暑山庄,故又自古北口折向承德,往返六千余里。朴趾源在中国逗留的时间特别

---

① 《燕岩集》卷二,《洪德保墓志铭》。

长,到过的省份,比洪大容、朴齐家以及其他燕行者都要多。

朴趾源每到一地,都详细考察当地的地理沿革、风俗人情、文物典故,以及政治、经济、军事、吏治等方面的情况。在北京期间,他对京城的主要建筑和名胜,如太和殿、午门、天坛、万寿山、太液池、紫光阁、万物楼、琉璃厂、南海子、太学、明朝进士题名碑、文丞相祠、观象台、利马窦家等,无所不至。连对一般人很少开放的城内近二十所寺院,也都一一访问。归国后,他将燕行所见所闻,整理成洋洋三十余万言的《热河日记》。

金正喜(1786—1856),字元春,号秋史,又号阮堂、礼堂、诗庵、老果、果坡,朝鲜时代著名学者、金石家和书法家。金正喜是朴齐家的弟子,自幼为朴氏慕华之情所感染,来华之前,曾作《惠山啜茗》《武夷泛月》《蒲碉听泉》《净业莲因》《黄岩看瀑》《富春梅隐》《栖霞献赋》《汉江旅泊》《岱岳观云》等诗,笔迹所至,自无锡的惠山、镇江的梦楼、福建的武夷山、浙江的黄岩瀑与富春江、广州的罗浮山、山东的泰山、栖霞的千佛岩、武昌的黄鹤楼等等,无处不神游,向往之情,可见一斑。

纯宗九年(1809),金正喜的生父金鲁敬奉使入华,金正喜终于得以实现梦寐以求的北京之行。在北京期间,金正喜与曹江、徐松、洪占铨、李鼎元、吴嵩梁、周达、陈用光、叶志诜、李璋煜、邓尚玺、刘喜海、阮常生、汪喜孙、张深、朱为弼、徐有壬等学者过从甚密,论谈典籍、文集,切磋书画、拓本。金正喜与阮元、翁方纲相交最笃,回到汉城后,翁、金以信函讨论学术,品评刊本,考订古礼,探讨考据之学与义理之学的是非等。翁方纲还将自己的《苏斋笔记》《复初斋诗集》《复初斋文集》以及赵孟頫《天冠山诗》真迹石本等寄赠金正喜,金正喜亦以《李退溪集》《李栗谷集》以及日本旧刻泰峰山碑、春藤大石砚等相赠。①

作为乾嘉经学重镇的阮元,与金正喜的关系亦极密切。原东京帝国大学高田真治教授藏有《揅经室文集》一卷,据此书金正喜亲笔题记可知,阮元曾将亲手点校而尚未出版的《揅经室文集》、自己主持编纂的《经籍纂诂》、新作《十三经注疏校勘记》等赠送金氏。道光年间,阮元主编《清经解》,凡180余种,

---

① 参阅〔日〕藤冢邻:《清朝文化传入朝鲜与金阮堂》,(韩国)首尔:韩国学术出版社,1994年。

1400卷。此书初成,远在云南的阮元就将抄本寄至北京的阮常生处,嘱转赠金正喜。次年,由金正喜的弟子李尚迪携归朝鲜,转交金正喜,是为传入朝鲜的第一部《清经解》。①

四位学者在中国的经历,使他们目睹了一个繁荣、安定、富强的社会,一个真实、生动的清朝。朴齐家笔下的北京印象是:"其语文章,其屋金碧,其行也重,其臭也香,其都邑城郭笙歌之繁华,虹桥绿树殷殷訇訇之去来,宛如图画。"②

乾隆的治国能力、社会的安定、朝廷的人才之众,给金正喜留下了深刻的印象:"乾隆固英主也","乾隆之致六十年太平之治","乾隆之朝,如此名臣项背相望,不可以一二计,俱是滚滚台省,充衍满廷。君臣庆会,上下寅协,文思武工,直欲上掩汉唐"。③ 朴趾源看到国子监外学舍"莫不洒濯肃清,架桌齐整,窗户明净,纸涂虽旧,无一残缺,此虽一事,足见中国法度之概焉"④。他在北京目睹一场火灾是如何被有条不紊地扑灭的,因而感叹"可见中国法度之严,每事之不苟艰如此云"⑤。

洪德保、朴齐家、金正喜入燕,与汉族上层知识分子接触较多,因而对于精英阶层的文化水准之高,自然会有非常深刻的印象。朴趾源则不然,他与社会下层民众或地位不太高的士大夫交谈较多,但是,得到的结论则是完全相同的。某日,朴氏一行从新广宁往十三山的途中,遇见一位七八岁的小孩,遂与之"谈讨",小孩落落大方,用铁箠画地作答,文雅得体,朴氏叹为"绝妙"。⑥ 朴氏从如此偏僻的山村、如此稚幼的孩童的身上,看到了中国社会真实的、基层人民的文化水准。

朴趾源在热河太学见到的尹嘉铨,可能是他燕行全程中交谈最多、身份最

---

① 参见拙作《金正喜"实事求是"的实学思想》,载《韩国实学思想史》第18章,北京:首都师范大学出版社,2002年。
② 《楚庭全书》下册,《北学议外编·北学辨》。
③ 《金正喜先生文集》卷三,《与赵云石》。
④ 《燕岩集》第三集卷十五,《热河日记·谒圣退述》。
⑤ 《燕岩集》第三集卷十五,《热河日记·谒圣退述》。
⑥ 《热河日记》卷二,十六日壬辰条。

高的汉族知识分子。尹氏曾任通奉大夫、大理寺卿,与朴氏见面时已经"致仕"(退休),是临时奉命差遣而来。朴、尹相见后,"六日对窗,通宵会话",朴氏根据笔谈整理而成的文稿,竟达二万字左右。其中一日,"且饭且语,易数三十纸,自寅至酉凡八时"①,一次谈话,竟然长达八个时辰十几个小时,足见朴氏情感之投入。朴氏对尹氏的才华极为欣赏,"鹄汀敏于酬答,操纸辄下数千言,纵横宏肆,扬抠千古,经史子集随手拈来,佳句妙偶顺口辄成,皆有条贯,不乱脉络。或有指东击西,或有执坚谓白,以观吾俯仰,以导余使言。可谓宏博好辩之士"②。这也使朴氏看到,汉文化的传统没有因剃发而丧尽。

金正喜离燕归国时,作《我入京与诸公相交未曾以诗相契临归不禁怅触漫笔口号》诗,诗的首句云"我生九夷真可鄙,多愧结交中原士",表达了他对中华文化的钦敬之情。

北京之行,使四先生的"经世致用""正德利用厚生"等实学思想得以深化和完善。例如,朴趾源从发展朝鲜经济的需要,详尽考察了中国的各类车制,如太平车(乘车)、大车(货车)、独轮车、水铳车(救火车)等,详记其构造、轮高、质料、帷饰等等。朴氏由中国发达的车制联想到朝鲜的落后情况,提出了改革的理论和设想:"有国之大用莫如车,故周礼问国君之富,数车以对";"乘车、载车,尤系生民先务,不可不急讲也";"车制莫先于同轨","我东未尝无车,而轮未正圆,辙不入轨,是犹无车也"。他反驳朝鲜多山、不可用车的说法:"是何言也?国不用车,故道不治耳。车行则道自治,何患乎街巷之狭隘,岭阨之险峻哉!""中国固有剑阁九折之险、太行羊肠之危,而亦莫不叱驭而过之。"他批评性理学者虽然熟读《周礼》,知有轮人、舆人、辀人之官,"然竟不讲造之之法如何、行之之术如何,是所谓徒读,何补于学哉"?令人不得不佩服的是,朴氏理论与当代"要想富,先修路"的口号何其相似!类似的例子,在四先生的文集中触目皆是,此不赘举。

---

① 《热河日记》卷四,《鹄汀笔谈》。
② 《热河日记》卷四,《鹄汀笔谈》。

4.燕行学者对朝鲜的影响

洪大容等的燕行,对他们自身的思想产生了重要影响。而由于他们在朝鲜学术界的重要地位,故他们的燕行著作对朝鲜思想学术界和朝鲜社会的影响也是显而易见的,下面略作论述。

第一,清代学术传入朝鲜。清代学术以考据见长,与注重义理的宋明学术有明显区别,而朝鲜半岛的儒学几乎就是程朱理学的同义词。到明末,理学家游谈无根,成为末流,故清初学者多痛诋之。顾炎武最早倡导经世致用之学,对于清代学术有强烈影响。阮元张大顾炎武之说,高标"实事求是"之学。"实事求是"一词,源出于《汉书·河间献王传》。阮元之学以经学为宗,云"余之说经,推明古训,实事求是而已"①。实事求是是阮元学术思想最重要的特色,②也是清代乾嘉朴学最重要的特色。金正喜对阮元此说极为推崇,他汇集阮元的有关论述,题为《实事求是说》。③ 凌廷堪是清代提倡"以礼代理"的学者,试图用礼学代替宋明以来的理学思潮,所著《复礼》三篇曾加系统阐述,此篇也为金氏全文抄录。可见,洪大容等人燕之初,对迥异于宋明理学的乾嘉学术有耳目一新之感。朴齐家批评朝鲜朱子学者空谈心性理气,不能切实研究自然界本身,他以"实事求是"作为其实学思想的宗旨,与他的燕行经历显然有密切关系。

清代学术影响朝鲜学术最典型的例证,是以"真兴二碑考"为代表的朝鲜金石考据学的建立。中国有五千年文明史,历代流传的铜器、石刻、玺印等文物不计其数。到北宋,欧阳修、刘敞、吕大临、薛尚功、赵明诚等学者搜集金石碑帖以为研究之资,涌现了诸如《考古图》《宣和博古图》《历代钟鼎彝器款式》《集古录》《隶释》《金石录》等金石学名著,从而成为专门之学。到乾隆年间,因编《西清古鉴》等书,金石学再度复兴,并达到超迈前贤的巅峰水平。清儒认

---

① 〔清〕阮元:《揅经室集自序》。
② 参阅拙作《阮元实学思想丛论》,《清史研究》1999 年 3 期。
③ 见《金正喜文集》卷一。

为,金石铭文的价值,"其重与《九经》同之"①,故用以正经补史。阮元是清代金石学史上里程碑式的人物,所著《积古斋钟鼎彝器款式》《山左金石志》《两浙金石志》等,奠定了清代金石学的格局和规模。

朝鲜半岛古代碑刻本来就不多,而且不为文人所注重,金正喜云:"金石一学,自有一门户,东人皆不知有此。"②金氏在北京期间,在阮元、翁方刚处目睹把玩各色文物,引发研究兴趣,故回国后开始研究朝鲜碑刻,以"羽翼经史"③。他运用乾嘉朴学的研究方法,考订《新罗真兴王巡狩碑》与《真兴王巡狩碑》,所著《真兴二碑考》④,成为朝鲜金石学的开山之作。

《新罗真兴王巡狩碑》原植于咸镜道咸兴府之北的黄草岭,出土时残存 12 行、239 字。金正喜将碑文与《新罗本纪》《北齐书》等参证,考定此碑年代当高丽平原王十年、百济威德王十五年,对应的中国纪年为陈废帝伯宗光大二年、北齐后主纬天统四年、后周武帝邕天和三年。传统的看法认为,新罗王的谥号始于新罗中叶,金正喜通过对二碑考证,发现"真兴""真平"不是谥号,而是生称,朝鲜之有谥法,当晚在太宗武烈王(654—660)之后。金氏对新罗官名、地理、真兴王事迹等多所发明,并发现了《海东集古录》等文献中的错误。

金正喜学术思想受阮元、翁方纲影响最深,故自号"阮堂",又以"覃揅斋"名其室,氏云:"覃溪云'嗜古经',芸台云'不肯人云亦云'。两公之言,尽吾平生。"⑤又云:"大抵覃溪老人所著《群经附记》,门路甚正,持说甚平,无嗜异炫博、支离穿凿之,无半解一知、东西颠倒之习,至于撤瑟之辰,犹笔削不休。一字必致慎,一言必求是,积至七十四卷,八十年精笃尽在于是。"⑥

由日本学者藤冢邻所撰《阮堂旧藏书目录》可知,清代诸学术大家的著作,几乎尽在金正喜的邺架之上,如顾炎武《日知录》《音学五书》,黄宗羲《明儒学案》,全祖望《鲒埼亭集》,钱载《萚石集》,顾栋高《春秋大事表》,王念孙《读书

---

① 〔清〕阮元:《揅经室三集》。
② 《金正喜先生文集》卷二,《与申威堂三》。
③ 《金正喜先生文集》卷二,《与申威堂三》。
④ 见《金正喜先生文集》卷六。
⑤ 《金正喜先生文集》卷六,《自题小照》。
⑥ 《金正喜先生文集》卷五,《致李月汀》。

杂志》、王引之《经传释词》、段玉裁《说文解字注》、钱大昕《潜研堂集》《养新余录》、凌廷堪《礼经释例》、惠士奇《礼说》、朱彝尊《经义考》、戴震《戴氏遗书》、崔述《洙泗考信录》、翁方纲《复初斋集》、王士禛《带经堂集》、阎若璩《潜丘札记》《四书释地》、胡渭《禹贡锥指》、焦循《雕菰楼集》、陆陇其《读礼志疑》、江永《礼书纲目》《群经补义》、阮元《仪礼石经校勘记》《揅经室文集》《考工车制图解》《诂经精舍文集》等。由此可以窥见他与清代学者的关系。藤家邻认为金正喜是能真正把握乾嘉学术文化本质并向朝鲜传播清文化的最重要的功臣,诚非虚言。

第二,提出了"北学中原"的思想。洪大容、朴齐家、朴趾源、金正喜等学者燕行归国之后,不仅积极介绍燕行闻见,而且呼吁学习中国的先进文化,形成了与"北伐派"对垒的"北学派"。

"北学"口号的提出,丝毫没有佞清的味道,恰恰相反,他们对于"皇明"的感情是诚挚的,对于统辖中华的"夷狄"则颇有不满,这从他们的日记和文章中可以清楚地感知。他们比一般的朝鲜士大夫的高明之处在于,他们不为耳食左右,而是积极寻找机会作实地考察;他们不以衣冠取人,更不以衣冠取文化,而能理性地把政权更迭与文化惯性加以区分。中国虽然发生政权更迭,汉人不得不屈服于清军的武威,但是,政权的更迭并不等于文化的更迭,中华文明的进程并没有中断,不仅如此,满族统治者必须要融入汉文化之中,才有可能维持自己的统治地位。因此,尽管中国人的头发、服饰变了,但文化精神依然存在于社会的每一个层面。

洪大容与三位胡服的汉族学者交谈后感慨地说:"三人者虽胡服,与满洲无别,乃中华古家之裔也。吾辈虽阔袖大冠,沾沾自喜,乃海上之夷人也,其贵贱之相距也,何可以尺寸计也。"[1]洪大容目睹京师的繁华,感慨"盖中国升平百年,民物之繁庶,固其势也"[2]。"惟其范围之雄洪,财力之华赡,可见中土之

---

[1] 《湛轩书》外集卷三,《杭传尺牍·乾净衕笔谈》,(朝鲜)平壤:朝鲜民主主义人民共和国社会科学出版社,1965年。
[2] 《湛轩书》外集卷九,《燕记·入皇城》,《杭传尺牍·乾净衕笔谈》。

器量也。"①他游览了康熙的离宫畅春园之后说:"宫室之卑俭如此,宜其威服海内,恩浃华夷至今,称其圣也。"②

"北学"口号的提出,正是对中朝两地文化、经济考察后提出的必然结论。洪大容对中国与经世致用、利用厚生有关的事物,如农耕、工商、交通运输、建筑、古迹、风俗,甚至市内的"净厕"如何管理都详为观察,③并与朝鲜的实际情况作比较。朴齐家对中国的农桑、畜牧、城郭、舟车、宫室、道路、桥梁、牛马乃至瓦簟、笔尺之制等都做了研究。正是在此实事求是的基础之上,他们发现中国虽然江山易主,而文化依然优于朝鲜。朴齐家的《北学议》一书,是"北学派"的旗帜,书有内、外编,以下细分为二十七目,内容广博。朴氏以发达的中国经济及其管理制度作为其提出的"利用厚生"主张的借鉴,主张开通海路、改革财政、扩大贸易等,对推动朝鲜的学术创新和社会变革,作出了重要的贡献。

朴氏以"北学"二字揭诸大纛,耐人寻味。"北学"一词,取自《孟子》。《孟子·滕文公上》孟子曰:"吾闻用夏变夷者,未闻变于夷者也。陈良,楚产也,悦周公、仲尼之道,北学于中国,北方之学者,未能或之先也。"楚人陈良,北学中原的周公、孔子之道,意在"用夏变夷",进于中国。"北学派"通过对中国社会的亲身游历和考察,提出了向满清统治下的中国文化学习的主张。中国不仅没有成为夷狄、犬羊,而且文物灿烂,依然是中华文明的大宗之所在。历代朝鲜先贤梦寐以求的"以夏变夷""进于中国"的目标并没有达到,需要继续学习。

从宋时烈为代表的"北伐派",到以洪大容、朴齐家、朴趾源、金正喜等为代表的"北学派",是朝鲜时代的重要转折。这一转变是通过实学学者的燕行而实现的,它反映了朝鲜学者对中国社会和中国文化的认知过程,以及在文化选择上的理性思考。

第三,促进了朝鲜的西学研究。乾嘉时期,西学东渐,当时的学者大多有兼通中学与西学的胸怀,对于西学表现出强烈的兴趣,如焦循对于算学,凌廷

---

① 《湛轩书》外集卷九,《燕记·雍和宫》,《杭传尺牍·乾净衕笔谈》。
② 《湛轩书》外集卷九,《燕记·畅春园》,《杭传尺牍·乾净衕笔谈》。
③ 《燕记》外集卷八,《京城记略》,《杭传尺牍·乾净衕笔谈》。

堪对于三角、几何，阮元对于几何、三角、天文学，都有深入的研究。阮元所撰《畴人传》，显示了他对天文历算之道的精熟。钱大昕的数学造诣，可以达到当时数学家的水平。

明清之际，西方学者与中国学者的交流比较多，传入中国的仪器、图书也比较多。相比而言，传入朝鲜的西方学术就少得多，据朴趾源《热河日记》可知，当时朝鲜学者尚不知西方学者早已提出地球自转的学说。洪大容对西学有极大的兴趣，著有《筹解需用》《仪器说》等，对于宇宙构成及其秩序多有新说。但囿于闻见，无法尽畅其学。朴趾源等也是如此。所以，他们入燕活动的重点之一，是考察中国的西洋仪器，并与中西学者讨论西学的有关问题。在北京期间，洪大容参观了古观象台陈设的各种天文仪器，又到宣武门天主教堂参观西洋天文仪器等，与时任钦天监监正的德国学者刘松龄等都有过交往。

对于中国学者翻译、撰写的介绍科学技术或者世界知识的著作，四先生也表现出极大的兴趣。如金正喜的藏书中有《几何原本》《三角举要》等书，就是证明之一。魏源的《海国图志》一百卷，综合西人玛吉士的《地理备考》和高里文的《合众国志》两书，介绍世界各国的历史、地理，尤切于治国安邦之用，金正喜认为是"必备之书"。金正喜痛感于当时朝鲜面临的外患，而举国上下世界知识极为贫乏，"我人如豆之眼，以我北界为地球之绝境，为是更无可去处"①。金正喜对清代改革家龚自珍评价极好，说他"学问造诣，与魏(源)相垺又相近，著书等身，恨无由遍读其书矣"②。可见金正喜等是西学东渐之初就有心开眼看世界的思想家。

朝鲜王朝后期，朝鲜西学迅速兴起，这固然有朝鲜内部的原因，而在此之前燕行学者通过中国学习和介绍西学，为西学热潮的兴起做了重要的准备，也是不争的事实。

---

① 《金正喜先生文集》卷三，《与赵云石三十二》。
② 《金正喜先生文集》卷三，《与赵云石三十二》。

中 编

五、《经国大典》与朝鲜时代的职官礼

1. 《经国大典》对中国礼制的依仿
2. 职官体系的规范化
3. 官员的遴选与管理
4. 典礼仪式
5. 《经国大典》的治国思想
6. 《经国大典》的缺失

六、《国朝五礼仪》与朝鲜礼仪制度的确立

1. 《国朝五礼仪》的纂修背景
2. 《国朝五礼仪》对中国礼制的沿袭
3. 《国朝五礼仪》的"事大"礼仪
4. 《国朝五礼仪》中体现朝鲜特色的部分

附录：

1. 《国朝五礼仪》吉礼、嘉礼、宾礼目录
2. 《国朝五礼仪》宗庙正殿的神位
3. 《国朝五礼仪》宗庙祭礼乐
4. 《国朝五礼仪》配享功臣

七、朝鲜时代的礼讼与君统、宗法诸问题

1. 光海君继位的纠纷
2. 追崇元宗
3. 册封凤林大君为世子的争议
4. 己亥礼讼
5. 赵太妃丧服
6. 朝鲜礼讼简评

八、朱熹礼学与朝鲜时代乡风民俗的儒家化

1. 《小学》与《童蒙须知》
2. 学令
3. 乡约
4. 乡射礼与乡饮酒礼
5. 家范

五、《经国大典》与朝鲜时代的职官礼

官制是国家典制的核心,它不仅关系到行政机器的效率,而且标志着国体的文化特色和价值趋向。衡量职官制度是否成熟的主要标志有:官制的结构是否完整,领属关系是否清晰,职员的职责是否清楚,制约机制是否健全,日常运作是否畅通,职官体系能否体现治国思想,等等。

《经国大典》是朝鲜半岛第一部官制文献,也是朝鲜王朝最重要的法典之一,它的诞生意味着朝鲜官政正在走向成熟,显示了朝鲜礼制建设所达到的新水平。

1.《经国大典》对中国礼制的依仿

中国自古就有用官制来表达治国思想的传统。《尚书》有《立政》篇,论官人之道,"以便百姓"①。《荀子》有《王制》篇,论"是非之封界,分职名象之所起"②。汉初出现的《周礼》一书,更是中国职官制度史上的巨帙。

《周礼》原名《周官》,始出于西汉景、武之际。据《汉书·河间献王传》载,献王好古学,于民间广求遗书,所得皆古文先秦旧书,有《周官》《尚书》等多种。献王入朝,以此书进献,旋即被藏入秘府。哀帝时,刘歆校书中秘,终于发现此书,遂著于《七略》。班固本之作《艺文志》,录《周官经》六篇。王莽时,刘歆又更其名为《周礼》,指其为"周公致太平之迹",并列为礼经。东汉末,经学

---

① 《史记·鲁世家》。
② 《荀子·正论》。

大师郑玄作《周礼注》，认定《周礼》即周公为成王所制官政之法，影响深远。

《周礼》分为天官、地官、春官、夏官、秋官、冬官等六官。六官之下各有六十属官，总共三百六十官，象征周天三百六十度。①冢宰总领六官，以"六典"助王治邦国，以"八法"治官府，以"八则"治都鄙，以"八柄"诏王驭群臣，以"八统"诏王驭万民，以"九职"任万民，以"九赋"敛财贿，以"九式"均节财用，以"九贡"致邦国之用，以"九两"系邦国之民，展现了以儒家思想治国经邦的鸿图大略。②

《周礼》对中国历代政治制度的影响至为巨大。隋朝开始依仿《周礼》六官之制，设立吏、户、礼、兵、刑、工六部。其后的《开元礼》《显庆礼》《大明集礼》等典章，无不以《周礼》为蓝本。与中国文化交往极为密切的朝鲜，在建立职官制度时受此影响，则是顺理成章之事。

李朝太祖三年（1394），著名学者郑道传奉旨编撰《朝鲜经国典》，意在为新王朝正宝位、国号，定国本、世系。郑氏以儒家政治思想的基本理念为指南，仿照《周礼》六官分掌六典的体系，将朝鲜官制分为治典、赋典、礼典、政典、宪典、工典等六典，奠定了朝鲜职官礼的框架和基调。

《朝鲜经国典》出于太祖立国之初，其时诸事草创，尚无条件提出本朝的治国方略，故六典之中，除"宪典"采用《大明律》之外，其余五典几乎是高丽朝法令的汇编，而且条例繁复，脉络不清。有鉴于此，书成之后，政府就责成条例司检详修改，对原有条文进行汰选，删除其矛盾、重复者。太祖六年（1397），《朝鲜经国典》修改完毕，习称《经济六典》；由于分别采用了"吏读"和方言撰写，故又称"吏读元六典"或"方言六典"。

《经济六典》的内容比较单薄，不成体貌，不足以成为法典体系。太宗四年（1404），开始修订《经济六典》。修改后的《经济六典》称为《经济六典元集详节》。其后，又汇集太祖七年（1398）至太宗七年（1407）之间的法令条文，编次为《经济六典续集详节》，简称《续六典》。由于《朝鲜经国典》《经济六典》《续六典》经由多人之手而成，造成诸如抵牾、体例不贯等诸多问题，所以，世祖四

---

① 参阅彭林《周礼为周天之官说》，《中华读书报》，1998年1月21日。
② 参阅彭林《周礼主体思想与成书年代研究》，北京：中国社会科学出版社，1990年。

年(1458)再加修订,参与者有宁城府院君崔恒、右议政金国光、西平君韩继禧、右赞成卢思慎、刑曹判书姜希孟、左参赞任元浚、右参赞洪应、同知中枢府事成任、户曹判书兼艺文馆大提学徐居正等儒臣。此次修改参酌唐宋以来中国官制,裒集诸条,详采博稽,斟酌损益,多方会通。此后又修订了户典、刑典等,到世祖十二年(1466)方告完竣,并定名为《经国大典》,成宗二年(1471)正式颁行。朝鲜政府希冀《经国大典》"建诸天地四时而不悖,考诸前圣而不谬""率由成宪,不愆不忘,则我国家文明之治,岂唯比隆于成周而已乎!亿万世无疆之业,当益悠久而悠长矣"①,期望其能"为永久之传"②。

世祖之后,朝鲜政府的新政令时有新出,为便于查检、比照,故多次集中加以辑录,如成宗时有《经国大典·续录》,中宗时有《经国大典·后续录》。到英祖时,后续之政令不仅日益繁多,而且"先后宪章,或有节目之抵牾;中间沿革,亦多记载之缺遗"③,"旧宪新条,或相径庭,繁简不可不整,轻重不可不适"④。英祖"躬行曾闵,力挽唐虞,建极图治"⑤,是朝鲜史上颇有作为的君王,他命令议政府领议政金在鲁、议政府左议政宋寅明、议政府右议政赵显命、刑曹判书徐宗玉、户曹判书金若鲁、礼曹判书李宗城、龙骧卫副司直兼五都总府副总管李日跻等编撰《续大典》,于英祖二十年(1744)完成。《续大典》的贡献在于,"凡《大典》所不载者,并皆续辑"⑥,也就是说,将《经国大典》之外的所有朝鲜政令收集齐全,按照大典的纲目分条录入。如此,《经国大典》和《续大典》在手,则朝鲜政府繁复的政令就如目在纲,一览无遗。

与《朝鲜经国典》一样,《经国大典》的基本模范是《周礼》,但将《朝鲜经国典》的治典、赋典、礼典、政典、刑典、工典,改称为吏典、户典、礼典、兵典、刑典、工典,以与《周礼》完全一致。朝鲜官方冀其成为朝鲜的《周礼》,这一思想在《经国大典序》中有非常明确的表述:"自古制作之隆,莫如成周。周官以六卿

---

① 《经国大典》徐居正序。
② 《进经国大典笺》。
③ 《进续大典笺》。
④ 《续大典序》。
⑤ 《进经国大典笺》。
⑥ 《续大典凡例》。

配之天地四时,六卿之职缺一不可也。""其曰六典,即周之六卿;其良法美意,即周之《关雎》《麟趾》;文质损益之宜,彬彬郁郁。孰谓《大典》之作不与《周礼》而相为表里乎!"①

除《周礼》之外,《经国大典》还十分重视对历代中国典制的吸收。由于朝鲜与明朝的特殊关系,加之处在同一时代,所以对明朝礼仪制度的依仿最为明显,而整部典章的法律基础,在于"用《大明律》"②。

明太祖朱元璋十分重视礼仪典章的建设,初定天下之后,"他务未遑,首开礼、乐二局。广征耆儒,分曹究讨"③。洪武二年,下令编撰礼书,以吉、凶、军、宾、嘉五礼为主干,而增益冠服、车辂、仪仗、卤簿、字学、音乐,以及升降仪节、名物度数等内容,次年完竣,此即《大明集礼》。太祖在位三十余年,所撰礼典有《洪武礼制》《礼仪定式》《大礼要议》《皇朝礼制》《大明礼制》《洪武礼法》《礼制集要》《礼制节文》《太常集礼》《礼书》等等。自明孝宗起,开始编撰《大明会典》,内容较《大明集礼》更为详备。其后经过世宗、神宗朝的不断增益,方告完成,成为有明的一代成宪。

明洪武年间,颁定文武官员的正式冠服为朝服、祭服、公服、常服四种④,并规定了各自的形制、尺寸、颜色以及使用场合等。

朝服是在大祀、庆成、正旦、冬至、圣节及颁诏、开读、进表、传制等重大典礼时使用的礼服。其基本样式是梁冠,赤罗衣,白纱中单,青饰领缘,赤罗裳,青缘,赤罗蔽膝,大带赤、白二色绢,革带,佩绶,白袜黑履。一至九品官朝服的等差,主要体现在冠的梁数、佩绶的纹样等方面,如公冠为八梁,侯伯为七梁;品官:一品七梁,二品六梁,三品五梁,四品四梁,五品三梁,六品、七品二梁,八品、九品一梁;等等。

祭服是皇帝亲祀郊庙、社稷时,文武官分献陪祀所穿的服装。一品至九品官所穿的祭服的基本样式,都是青罗衣、白纱中单(皂领缘)、赤罗裳(皂缘)、

---

① 《经国大典》徐居正序。
② 《经国大典》卷五,《用律》。
③ 《明史·礼一》。
④ 《明史·舆服三》。

赤罗蔽膝、方心曲领、冠带、佩绶的等差与朝服同。

公服是官员每日早晚朝奏事及侍班、谢恩、见辞时所穿的服装。

常服是常朝视事时所穿的服装,为乌纱帽、团领衫、束带。

明太祖洪武二十四年,又规定朝服等服装胸背所绣的纹样为:公、侯、驸马、伯——麒麟、白泽。文官——一品仙鹤、二品锦鸡、三品孔雀、四品云雁、五品白鹇、六品鹭鸶、七品鸂鶒、八品黄鹂、九品鹌鹑,杂职练鹊,风宪官獬豸。武官——一品、二品狮子,三品、四品虎豹,五品、六品熊罴,七品彪,八品犀牛,九品海马。

《经国大典》各级官员的冠服,大抵沿用明朝制度,也分为朝服、祭服、公服、常服四种,但在等级上有所降杀。如一品官朝服冠用五梁绶织云鹤花锦、金环绶,与明朝三品官相同。常服则大君麒麟,王子君白泽,与驸马、伯服同。二品官朝服、冠用四梁、绶织云鹤花锦,金环绶,于明朝四品官相同。三品官朝服,冠用三梁,常服胸背,文官云鹤,武官虎豹,绶织盘鵰花锦,银环绶;常服胸背,文官白鹇,武官熊罴,与明朝五品官同。其余以此类推。与上述冠服配合使用的还有带、笏、佩玉、袜、靴鞋、鞍具等的颜色、质地、镶边、数量等各有等差,皆依仿明朝制度。①

"洪武二年,高丽入朝,请祭服制度,命制给之。""宣德三年,朝鲜国王李裪言:'洪武中,蒙赐国王冕服九章,陪臣冠服比朝廷递降二等,故陪臣一等,比朝臣第三等,得五梁冠服。永乐初,先臣芳远遣世子禔入朝,蒙赐五梁冠服。臣窃惟世子冠服,何止同陪臣一等?乞为定制。'乃命制六梁冠赐之。"②

2.职官体系的规范化

《经国大典》的主要成就之一,是官僚制度的规范化,包括品级制度、官员编制、职守范围、领属关系、选拔途径、考课方法、奖惩机制等,都形成了一定的格局,下面略作介绍。

品级制度 品级是官员身份的标志,也是建立领属关系的前提。中国古

---

① 《经国大典》卷三,《仪章》。
② 《明史·舆服三》。

代官员的等级,至迟可以追溯到周代。周代有九命制度,"壹命受职,再命受服,三命受位,四命受器,五命赐则,六命赐官,七命赐国,八命作牧,九命作伯"①。汉代改为禄秩制度,魏又发展九品中正制,分官阶为九品,每品又分正从,共十八级。历代相沿不废。

《经国大典》的品级分成官衙和官员两类。官衙分为九品,例如《吏典》所属京官各衙门的级别为正一品到从六品②:

正一品衙门:宗亲府、议政府、忠勋府、仪宾府、敦宁府③。

从一品衙门:义禁府。

正二品衙门:六曹、汉城府。

从二品衙门:司宪府、开城府、忠翊府④。

正三品衙门:承政院、掌吏院、司谏院、经筵、弘文馆、艺文馆、成均馆、尚瑞院、春秋馆、承文院、通礼院、奉常寺、宗簿寺、校书馆、司饔院、内医院、尚衣院、司仆寺、军器寺、内资寺、内赡寺、司䆃寺、礼宾寺、司贍寺、军资监、济用监、缮工监、司宰监、掌乐院、观象监、典医监、司译院。

从三品衙门:世子侍讲院。

正四品衙门:宗学、修城禁火司、丰储仓、广兴仓。

从四品衙门:典舰司、典涓司。

正五品衙门:内需司。

从五品衙门:昭格署、宗庙署、社稷署、平市属、司酝署、义盈仓、长兴库、冰库。

正六品衙门:掌苑署、司圃署。

从六品衙门:养贤库、典牲署、司畜署、造纸署、惠民署、图书署、典狱署、活人署、瓦署、归厚署、四学、五部、文昭殿、各陵殿⑤、延恩殿。

---

① 《周礼·春官·大宗伯》。
② 见《经国大典》卷一。
③ 其后将备边司、宣惠厅、堤堰司增置为正一品衙门,见《续大典》卷一。
④ 其后江华府增置为从二品衙门,见《续大典》卷一。
⑤ 《续大典》卷一。

各衙门官员又有品级高低之分,如敦宁府首长为领事(正一品)、副手为判事(从一品),以下又有知事(正二品)、同知事(从二品)、都正(正三品)等职。

品级规定了各衙门及其官员在职官体系中的地位。

明朝有宗人府,"掌皇九族之属籍"①,地位在百官中为最高。《经国大典》仿效之,首列宗亲府,掌管王室子弟;但又设仪宾府掌管尚公主翁主事务、敦宁府掌王亲外戚。又有忠勋府掌管诸功臣。这些机构地位虽尊,但都不得统领百官。真正统揽全局的是议政府,其职责是"总百官,平庶政,理阴阳,经邦国"②,约当于明朝的内阁。

《周礼》各职多有府、史。府掌治藏,史掌书。府、史并非王臣,不入流,由相应的职能部门的官长自辟除③,且免除其课役。《经国大典》在京衙前、宗亲府、议政府、中枢府、仪宾府等衙门中都有担任录事、书吏、书员等低级职务的士,无品级,称为士官,其身份与任用方法与《周礼》府、史约当。

外官主要指八道和各地驻军机构,按照职能和重要性的高低分为不同的品级。京畿道、忠清道、庆尚道、全罗道、黄海道、江海道、永安道、平安道的首长称为观察使,为从二品。

平壤府、宁边大都护府、镜城都护府为正五品。义州牧、会宁都护府、庆源都护府、钟城都护府、稳城都护府、富宁都护府、庆兴都护府、江界都护府为从六品。

忠清道、黄海道的首长称牧使,为正三品;庆尚道、江原道的首长称都护府使,为从三品。其下官员的品级,依次递减,如京畿道副手为牧使(正三品),其下依次为都护府使(从三品)、郡守(从四品)、都事判官县令(从五品)等。

六曹分工　议政府之下,六曹是最重要的职能部门,它是职官体系的主体部分,是行政机器得以运营的主要构件,因此,六曹诸官职责的划分最为详明。六曹的分工基本按照《周礼》:

---

① 《明史·职官一》。
② 《经国大典》卷一。
③ 参见《周礼·天官·冢宰》郑注。

吏曹——掌文选、勋封、考课之政。

　　文选司:掌宗亲、文官、杂职、赠职、除授、告身、禄牌等事。

　　考勋司:掌宗宰功臣封赠谥号、享官老职、命妇爵贴、乡吏给贴等事。

　　考功司:掌文官功过、勤慢、休假,诸司衙前仕日辨理乡吏子孙等事。

户曹——掌户口、贡赋、田粮、食货之政。

　　版籍司:掌户口、土田、税赋、贡献、劝课、农桑,及赈贷、敛散等事。

　　会计司:掌京外储积、岁计、解由、亏欠等事。

　　经费司:掌京中支调及倭人粮料等事。

礼曹——掌礼乐、祭祀、宴享、朝聘、学校、科举之政。

　　稽制司:掌仪式、制度、朝会、经筵、学校、科举、册命、天文、丧葬等事。

　　典享司:掌宴享、祭祀、牲豆、饮膳、医药等事。

　　典客司:掌使臣及迎接外方朝贡、宴设、赐与等事。

兵曹——掌武选、军务、仪卫、邮驿、兵甲、器仗、门户、管钥之政。

　　武选司:掌武官军士杂职除授、告身、禄牌、附过、给假及武科等事。

　　乘舆司:掌卤簿、舆辇、厩牧、程驿等事。

　　武备司:掌军籍、马籍、兵器、战舰、点阅军士、训练武艺、符信、更签等事。

刑曹——掌法律、详谳、词讼、奴隶之政。

　　详覆司:掌详覆大辟之事。

　　考律司:掌律令按核之事。

　　掌禁司:掌刑狱禁令之事。

　　掌隶司:掌奴隶簿籍及俘囚等事。

工曹——掌山泽、工匠、营缮、陶冶之政。

  营造司：掌宫室、城池、公廨屋宇、土木工役、皮革毡罽等事。

  攻冶司：掌百工制作、金银珠玉、铜镴铁冶铸、陶瓦、权衡等事。

  山泽司：掌山泽津梁、苑囿、种植、炭木石、舟车、笔墨、水铁漆器等事。

文书规范 衙门文书也均有固定格式，如《文武官四品以上告身式》《文武官五品以下告身式》《堂上官妻告身式》《红牌式》《白牌式》《禄牌式》《追赠式》《乡吏免役赐牌式》《奴婢土田赐牌式》《启目式》《平关式》《牒呈式》《解由移关式》《度牒式》《立案式》《勘合式》《户口式》等等，《经国大典》均加类列，供官员临事选用，事毕，"并置立案，以凭后考"[1]以提高行政效率。

与官制规范化相适应，官衙的权限、行政规模，乃至官员待遇等也都格式化，有了相应的规制，而且公之于众，如《兵典》详细规定了各道武器配备的规模，其中兵船之数为[2]：

京 畿：战船四只、防船十只、兵船十只、龟船一只、伺候船十六只。

忠清道：战船九只、防船二十一只、兵船二十只、龟船一只、伺候船四十一只。

庆尚道：战船五十五只、防船二只、兵船六十六只、龟船九只、伺候船一百四十三只。

全罗道：战船四十七只、防船十一只、兵船五十一只、龟船三只、伺候船一百一只。

黄海道：战船二只、防船二十六只、兵船九只、龟船（无）、伺候船五只。

平安道：战船（无）、防船六只、兵船五只、龟船（无）、伺候船十二只。

---

[1] 《经国大典》卷三，《用文字式》。
[2] 此处所列兵船仅是主要种类，为节省篇幅，尚有少量种类的非主要种类的兵船未列入，读者可参阅《续大典》卷四，《诸道兵船》。

除规定数量之外,《大典》还对各道兵船的具体配设地点作了规定,如京畿四只战船:主镇二只,注文岛、花梁各一只。忠清道的九只战船:主镇二只,洪州、泰安、瑞山、安兴镇、所斤浦、马梁镇、舒川浦各一只。类似的规定,有助于克服以往混乱、无序的局面,对于军事建设、国防布局以及编制经费预算等均有重要意义。

俸禄 俸禄是处理君臣关系的重要方面,"君使臣以礼,臣事君以忠"①。儒家历来强调君王对臣下的尽忠竭力要有相应的回报,这是维护君臣关系不可或缺的环节。但是,官员的俸禄如果没有一定之规,不仅可能会有失公允,而且容易引起纷争。因此,中国古代王朝都有禄秩制度,以示朝廷给予大臣的礼遇。《经国大典》将一至九品官员的俸禄分为十八科,"各科禄从实职、四孟朔颁赐"②,即每年四季第一个月的朔日颁给。所颁之禄包括中米、糙米、田米、黄豆、小麦、䌷、正布、楮货等八种。其后,《续大典》又增加米和黄豆两种,均依品阶高低,颁禄的数量各有定额,复有等差。《经国大典》还明文规定了授予各级品官的职田、官屯田等的数量。③

资源管理 《经国大典》对全国的资源进行统一登记、建立档案,以便国家控制和调配,这对于国家的经济发展至为重要。例如:

> 凡田分六等,每二十年改量,成籍,藏于本曹、本道、本邑。④
>
> 诸道宜桑处置都会蚕室,成籍,藏于本曹、本道、本邑。养蚕取丝茧上纳。⑤
>
> 诸道鱼箭盐盆,分等成籍,藏于本曹、本道、本邑。⑥

---

① 《论语·八佾》。
② 《经国大典》卷一,《禄科》。
③ 《经国大典》卷二,《诸田》。
④ 《经国大典》卷二,《量田》。
⑤ 《经国大典》卷二,《蚕室》。
⑥ 《经国大典》卷二,《鱼盐》。

录工匠等第及坐贾公廊之数,藏于本曹、工曹、本道、本邑,收税。①

京外工匠成籍,藏于本曹、本司、本道、本邑。②

诸邑漆木、桑木、果木条数,及楮田、莞田、箭竹产处,成籍,藏于本曹、本道、本邑,栽植培养。③

诸邑产铁处置冶场,成籍,藏于本曹、本道、本邑。每当农隙,吹炼上纳。④

诸邑宝物产处,成籍,藏于本曹、本道、本邑,看守。⑤

文书档案管理:

春秋馆时政记、承文院文书,每三年印藏本衙门议政府及史库。

书状官逐日记事回还后启下承文院誊录。

凡印书册,别藏于隆文、隆武楼。又于议政府、弘文馆、成均馆、春秋馆、诸道首邑各藏一件。

诸司、诸邑文书分类作综、悬签,各藏之。⑥

科举考试　　科举考试的时间、科目也都进入了规范化的范围,无论何种项目,都标有周全的说明。如文科初试的录取名额:

馆试五十人,(成均馆试)汉城试四十人。

乡试:京畿二十人,忠清、全罗道各二十五人,庆尚三十人,江原、平安各十五人,黄海、永安道各十人。

初场:五经四书疑义,或论中二篇。

---

① 《经国大典》卷二,《杂税》。
② 《经国大典》卷五,《工匠》。
③ 《经国大典》卷五,《栽植》。
④ 《经国大典》卷五,《铁场》。
⑤ 《经国大典》卷五,《宝物》。
⑥ 《经国大典》卷三,《藏文书》。

中场：赋颂铭箴记中一篇，表笺中一篇。

终场：对策一篇。

文科覆试：(录取三十三人)。

文科殿试：甲科三人、乙科七人、丙科二十三人。

武科考试也不例外，武科的考试科目有木箭、片箭、骑射、贯革、骑枪、击球、柳叶箭、鸟铳(每一中给七分半，贯则倍给)、鞭刍等九项。① 并明文规定各种器械的标准，如骑枪重三十斤，长十五尺五寸；柳叶箭长六尺六寸，广四尺六寸，贯长、广各三分之一，箭重八钱，镞尖细者禁断。以鸟铳射击，每一中给七分半，射穿者加倍给分。

度量衡 《经国大典》对涉及国计民生的许多制度也都进行了规范，如工程营作离不开度量衡制度，统一度量衡对于掌握工程进度、核算施工成本、防止官员贪污，都有重要作用，故《经国大典》规定，诸司、诸邑使用的度量衡器，一律由工曹制造。民间所用、由私人制造者，则必须于"每岁秋分日京平市署外巨镇平校并烙印"②，而且定时查验：

每秋分日，京则本曹，外而营镇，收聚公私用斗斛，更校烙印。其制不如法者，印迹不明者，以违令律论。诸司诸邑行用大斛，容入二十斗，长二尺，广一尺一寸二分，高一尺七寸二分。小斛容入十五斗，长二尺，广一尺，高一尺四寸七分。斗，长、广各七寸，高四寸。升，长四寸九分，深、广各二寸。③

物品制造，皆有法度，"不如法者重论"；对贵重金属制品，规定尤严，"银、锡、鍮、铜器皿，并刻斤两及制作年月日"④。

---

① 《续大典》卷四，《试取》。
② 《经国大典》卷六，《度量衡》。
③ 《续大典》卷六，《度量衡》。
④ 《经国大典》卷五，《杂令》。

符信、号牌 符信是出入宫禁的凭信,事关重大。朝鲜的符信有信符和汉符两种,对此,《经国大典》也作了具体的规范:"每岁首入直堂上官依常定数亲监烙印、内入外颁",信符长二寸九分,广二寸五分。汉符方曲,则长、广各四寸三分;圆则径四寸三分;直则长四寸五分,广四寸三分。对符信的发放数量也作了限定:内入,信符一百七十五,汉符二百三十五,共四百一十。并详细规定了分配给各部门的符信数量。①

为了便于识别和管理,《经国大典》规定"男丁十六岁以上佩号牌"②,并用不同质地的号牌表示不同的身份,如东西班及内官二品以上用牙牌,三品以下及三医司登杂科者用角牌,生进用黄杨木牌,流品、杂职、士庶人、书吏、乡吏用小木方牌,公私贱假吏用大木方牌。各种号牌必须经相关官衙烙印后颁给。凡是拒绝佩带号牌者,以律论处。借佩他人号牌者,以漏籍律论;借与者杖一百、徒三年。

户籍、救荒 户籍是国家制定税收政策的基础,核准全国人口的数量及相关资料,可以避免税收的流失和地方官的渔利。《经国大典》对于户籍登录也有具体规定:

> 每三年改户籍,藏于本曹、汉城府、本道、本邑。
>
> 京外以五户为一统、有统主,外则每五统有里正,每一面有劝农官,京则每一培有管领。③
>
> 式年(子、午、卯、酉年)成籍时,外邑各面监官以士夫择差。
>
> 士大夫、庶民一从家坐次序作统,入籍者户口成给。
>
> 每式年,中外人户别单启下付史官。
>
> 户籍限内不上送观察使推考守令,罢黜。④

---

① 《续大典》卷四,《符信》。
② 《续大典》卷二,《户籍》。
③ 《经国大典》卷二,《户籍》。
④ 《续大典》卷二,《户籍》。

《经国大典》不仅对税收的比例有各种详尽的指针,而且对于诸如荒年等特殊情况下的税收也有具体的条文应对。例如荒年的认定程序、减免的标准:

> 每岁,本曹视年之丰凶,颁年分事目于各道。遇灾年,则颁灾名。
> 守令踏勘灾实,陈起报观察使。观察使巡审,启闻敬差官。都事受抽标记于柱,户曹复审考验磨勘,启闻本曹,叩算定税。凡一结收田税四斗,三手米二斗二升。①

官制的规范化,几乎牵动了社会的各个方面,例如,官员之冠的样式,以及缨带的质地、颜色也有必须遵守的要求:"堂上三品以上为乌纱帽(纹纱角),戎服紫笠贝缨。堂下三品以下,乌纱帽(单纱角),戎服黑笠晶缨。录事为乌纱帽,别监为紫巾,守仆为皂巾。"②王出行时,不仅卤簿仪仗要合乎法定的规制,而且连随行者的衣服、旗帜、烛笼的颜色也有了统一的规定:

> 动驾时,御前巡视令旗,质以红缎,字以青缎。御前前排着红号衣。御前烛笼,红纱为质,青纱上下缘。挟辇烛笼红纱。挟辇军服色红号衣。东宫烛笼,黑纱为质,红纱上下缘。挟舆烛笼黑纱,挟舆军服色黑号衣。③

甚至连平时所穿衣服的前摆、后摆应该离地多高,以及衣袖的长度、袖口的尺寸等,也都有统一的要求:

> 大小人员,勿论文武职,表衣前则去地三寸,后则去地二寸。袖长过手,复回至肘。袖椿广一尺,袖口七寸。庶民表衣前则去地四寸,后则去地三寸,袖长过手,袖椿广八寸,袖口五寸,里衣亦以此递减其寸分。④

---

① 《续大典》卷二,《收税》。
② 《续大典》卷三,《冠》。
③ 《续大典》卷四,《军器》。
④ 《续大典》卷三,《服》。

官制的规范化,不仅是提高行政管理效率的必要步骤,而且是提升全社会的文明程度的重要保证。从以上所举例证可知,《经国大典》在这一方面起了重要的推动作用。

3.官员的遴选与管理

官员的选拔是职官制度的重要内容,选拔的机制越完善,则官员的素质越好。《经国大典》对官员的选拔权限和方式,都有比较明确的规定。最重要的官员,如吏、兵、户曹判书,两都留守,两界观察使,广州、义州府尹,水原、东莱府使,都由王亲自荐拟。其它官员则由不同途径举荐,如"京外东西班三品以上,每年春孟月,各荐三人。每年春孟月,东班三品以上,西班二品以上,各荐堪为守令万户者,并毋过三人"。"每年春孟月,议政府、六曹堂上官及司宪府、司谏院官员,各荐堪为观察使、节度使者。忠勋府荐功臣子孙才堪吏任者。"① 通过科举而获得官阶者,也有明文规定。"文科甲科第一人授从六品,余正七品。乙科正八品阶。丙科正九品阶。译科一等授从七品。二等参八品阶。三等从九品阶。阴阳科、医科、律科一等并从八品,二等正九品阶,三等从九品阶。"② "守令可合而无荐者,本曹堂上荐拟","各道前御及生进、幼学之才行表著者,每式年岁首,一乡人保举于守令,报观察使抄荐"。③ 对于考核成绩优秀者,如十考十上、五考五上者,即使没有得到有关部门的举荐,吏部也有权荐拟。各道举荐的人数和年龄也有具体规定:"下三道毋过三人,上五道毋过二人,各其名下悬录。其才行生进,则年三十以上;幼学则四十以上;前御则不拘年岁。"④

各级官员的权限,《经国大典》都有明确规定,有些可以直接处理,有些必须逐级上报。如逮捕、审问、刑讯犯人,要经鞫厅合议,个人无权决定:"推鞫罪人,请刑、请拿、请查,鞫厅完议以启,参鞫台官毋得独启。"⑤ 类似之例,不胜

---

① 《经国大典》卷一,《荐举》。
② 《经国大典》卷一,《诸科》。
③ 《续大典》卷一,《荐举》。
④ 《续大典》卷一,《荐举》。
⑤ 《续大典》卷五,《推断》。

枚举。

对于某些有时间限制的部门,则规定了相应的要求,不得拖延时日。"凡决狱,大事(死罪)限三十日;中事(流徙)二十日;小事(笞杖)十日。"①涉及司法诉讼的部门,每十天要上报一次,并作为日后考核的依据:"词讼、衙门决等公事,每十日录启。决讼月日,每朔具移本曹,考勤慢处之。"②类似的制度,对于提高办案效率,克服官员推诿、拖沓的恶习,无疑具有积极意义。

对官员有定时的考课,并给予相应的评价,称为"褒贬"。"京官则其司堂上官提调及属曹堂上官,外官则观察使,每六月十五日、十二月十五日,等第启闻。十考者十上,则赏加一阶。二中,于无禄官叙用。三中,罢职。五考、三考、二考者,并一中勿授右职;二中,罢职。"③"六曹及各衙门褒贬,春夏秋冬等,毋得兼行。"④并规定,各司提调,除老病之人外,亲自到都提调衙门领取褒贬单,书写完毕,要亲自送交,不得差人代送,都提调也不得前往受取。

《经国大典》对都城内外的公路、桥梁建设都依照礼制的要求作了规划。都城内的道路、沟渠、桥梁由工曹和汉城府联合考察修治,"大路广五十六尺,中路十六尺,小路十一尺。两旁沟各广二尺";"外方道路,每十里立小堠,三十里立大堠,置驿"⑤,驿皆标刻里数及地名。

各道管理的物资,凡需要报修、报废者,官员也不得任意处理,而必须依据规章审核后行事。如各道的战船、兵船达到使用年限,是否继续使用,要有军节度使亲自审验。由于各道船只的具体情况不同,做法也就不同:

> 庆尚道战兵船,右道则八十朔而退,限二十朔改造。左道则六十朔而退,限二十朔改造(皆用铁钉,故无改槊之事)。
>
> 全罗道战防兵船,三年后初改槊,又三年再改槊,又三年改造。
>
> 忠清道战船,三十朔改槊,又三十朔再改槊,又三十朔改造(七年六朔

---

① 《经国大典》卷五,《决狱日限》。
② 《续大典》卷五,《决狱日限》。
③ 《经国大典》卷一,《褒贬》。
④ 《续大典》卷一,《褒贬》。
⑤ 《经国大典》卷六,《桥路》。

一改)。防船,三十六朔初改楽,又三十六朔再改楽,又三十六朔改造(九年一改)。兵船则又加三十六朔三改楽(十二年一改)。

平安道大小船,每间三年改楽,十年改造。

黄海道大小船,每间二年改楽,十二年改造。

京畿大小船无定限,随其所伤,揿奸改楽。

两湖诸船,限前腐伤,不可不改楽、改造者,水军节度使亲自看审,报备局许施。虽过限,而船体完固,则又添木改楽。①

这些规定有很强的操作性,使得官员有章可循,避免了随意行事的弊端。

《经国大典》对官员的管理,还表现为奖优惩劣、劝善罚恶的种种制度。例如,若被荐举者犯法,则要追究荐举者的责任,"若犯赃污、败常之罪,则并座举主"②。在荐举官员过程中"应荐不荐者,该曹察推。犯职者,荐主罢职;重者削职","或所荐人名实不符、年岁冒录者论罪";"一乡保举人以贡举非其人,律论;观察使、守令罢职。京人之往来乡曲,贪缘冒占者,与保举者同律"。③

对于命官以下的下级人员,也有相应的鼓励机制。"每年都目时,写字官、两医司、观象监、图书署、司译院久勤人员,移文吏曹迁转","校书馆书册刊印后,监印官以下,考其能不,赏罚"。④ 从而使得官府所有的人员,无论高低贵贱,只要勤勉于职守,且持之以恒,都能得到升迁晋级的机会。

在自然灾害问题上弄虚作假或玩忽职守者,也决不宽贷。凡是妄冒以实为灾十负以上者,"监官色吏杖一百,充军。差错减缩米五十石以上,色吏勿限年,定配"。⑤ 守令在文书磨勘后,将余结私自区理者,以私用罪论处。隐漏十结以上者,禁锢三年;五十结以上者,五年;一百结以上者,十年。

在统计户口的过程中,凡是发生漏户、漏丁、漏籍、增减年岁、虚户、冒录等问题,有关官员要受到严厉的惩处。漏丁者,监官邑吏,五口以上杖八十,十口

---

① 《续大典》卷四,《兵船》。
② 《经国大典》卷一,《荐举》。
③ 《续大典》卷一,《荐举》。
④ 《续大典》卷三,《奖劝》。
⑤ 《续大典》卷二,《收税》。

以上杖八十、徒两年;守令,十口以上罢职。增减年岁者,六名,统首任掌并杖六十,徒一年,以次加等。虚户者,伪增五名以上,守令、部官罢黜,监官、邑吏杖八十,徒两年;十名以上,守令、部官夺告身,监邑杖一百,徒三年。①

对于失职的守令和边将,处罚也很严厉。如"战船不谨监造,未满限腐伤动退者,杖一百"②。岁末军队点阅时,"缺点、代点百名以上,守令夺告身三等,五十名以上削职,二十名以上罢职,十名以上从重推考"。③

军簿确实与否,直接关系到军队的训练、作战,以及军费开支,凡是出现脱漏、加减等差错者,根据情节轻重论罪。脱漏十人以上者,守令罢职;三人以上,降资;二人以下,杖八十。监色,一人以上,杖一百,徒三年;加年二十人、减年二十五人以上者,守令罢职;监色杖一百,徒三年。加年十人、减年十五年以上者,守令降资,监色杖八十,徒三年。加年九人、减年十四人以下者,守令杖八十,色吏杖一百。凡是军簿中出现两处以上错误,或者重复登录五人以上者,守令、监色杖八十;三人以上,杖六十;二人以下答五十。④

《经国大典》对于违法官员的惩处办法加以量化,预先公示,对于减少渎职行为,提高官员执法意识,都有正面的作用。

4.典礼仪式

儒家文化是礼乐文化,敬天、法祖、教化、勤政等的思想往往要通过各种礼仪来体现。因此,礼仪成为国家典制中不可或缺的重要内容。朝鲜时代的典礼仪式已经相当完备,为了与《国朝五礼仪》合理分工,《经国大典》的典礼侧重于朝仪和国家大祭等方面。

较之高丽时代,朝鲜时代的朝仪更加规范、具体。例如,册立世子是接续王统的大事,仪式颇为隆重,之后要接受祝贺。明朝礼制,皇太子册立回宫,亲王以下就拜位,四拜祝贺。⑤ 按照当时的中朝关系,朝鲜行诸侯之礼,但《明

---

① 《续大典》卷二,《户籍》。
② 《续大典》卷四,《兵船》。
③ 《续大典》卷四,《教阅》。
④ 《续大典》卷四,《名簿》。
⑤ 《明史·礼志八》。

史》无具文可据。《经国大典》规定二品以上的官员上堂行再拜礼致贺。这可以看作对皇太子册命礼的延伸。类似之例,《经国大典》在在多有。

王与官员见面、问对的时间、人数等,也用礼的形式固定下来。例如,每月初五、初十、十五、二十、二十五、三十日,一共六次,"备边司都提调以下堂上官,及三司官各一员入对";各司堂下官则是每月三次,"轮回受点入对"。① 堂上官、堂下官都有固定时间入对,报告下情,或者提出建议,王也因此得以全面了解下情,勤政之风由此可兴。

官员相见,不得随意杂坐,而必须按照品级、方向、顺序而坐。如:

> 堂上官会坐,则正一品北,从一品东,二品西,三品南。
> 衙门会坐,则一品衙门长官北,佐贰官从一品东,二品西,三品南。②

祭祀是沟通神人的仪式,故讲究精诚与洁净,中国自古有祭祀之前斋戒的传统。《经国大典》斋戒时间因祭祀对象而异,大祭宗庙或社稷,王亲行时散斋四日、致斋三日。王展谒山陵时,散斋二日、致斋一日。至迟从《周礼》开始,就有了礼官"视涤濯,莅玉鬯,省牲镬"③的规定,《经国大典》因之:"大祭牺牲,本曹堂上官同典牲署提调看品","陵殿祭物,典祀官看品,熟设后,献官受香,追进亦为亲审"。④

《经国大典》对祈雨之祭有详细规定。祈雨之祭古称雩祭。农业时代危害人民最多的是旱灾。《诗经》中曾记载西周时发生的一次大旱,"靡神不举,靡爱斯牲。圭璧既卒,宁莫我听"⑤,周天子为了祈雨,无神不祭,竟至礼神的圭璧全部用完,而诸神依然不肯兴云降雨。古人希望风调雨顺,五谷丰登,因而出现了祈谷于天的雩祭。雩祭分为"常雩"和"因旱而雩"两种。常雩是每年固定的祭祀,即使没有水旱之灾,届时必祭。因旱而雩是由于旱灾发生,临时增

---

① 《续大典》卷三,《朝仪》。
② 《经国大典》卷三,《京外官会坐》。
③ 《周礼·春官·大宗伯》。
④ 《续大典》卷三,《祭礼》。
⑤ 《诗·大雅·云汉》。

加的雩祭。常雩的时间,《左传》说是"龙见而雩"①。所谓"龙见",是制苍龙七宿在建巳之月(夏历四月)昏时出现于东方,此时万物始盛,急需雨水,所以每年在此时举行雩祭。因旱而祭一般在夏秋。冬天已是农闲,不存在旱灾的问题,所以《榖梁传》说"冬无为雩也",意思是说冬天不需要雩祭。

雩祭之礼,天子、诸侯都有,但内涵不尽相同。天子雩于天,称为"大雩";诸侯雩于境内山川,只能称"雩"。大雩在南郊之旁筑坛,用盛乐、歌舞,称为舞雩,"使童男女各八人,舞而呼雩"②。祭祀对象,除上天外,还有"山川百源"③,也就是地面上所有的水源。

汉代没有雩祭,另有祷旱之祭,名目不一。到南朝的齐、梁,恢复雩祭,设雩坛,但祭祀对象为五天帝、五人帝,已失古意。唐代有正雩,另有旱祷。宋代将雩列为大祀。明代嘉靖时设雩祭。

《经国大典》关于祈雨祭的名目如下:

初次(三角山、木觅山、汉江,遣堂下三品官)

再次(龙山江、楮子岛,遣从二品官)

三次(风云、雷雨、山川雩祀,遣从二品官)

四次(北郊,遣从二品官。社稷,遣正二品官)

五次(宗庙,遣正二品官)

六次(三角山、木觅山、汉江沉虎头,遣近侍官)

七次(龙山江、楮子岛,遣正二品官)

八次(风云、雷雨、山川雩祀,遣正二品官)

九次(北郊,遣正二品官。慕华馆池边蜥蜴童子,遣武从二品官)

十次(社稷,遣议政。庆会楼池边蜥蜴童子,遣武从二品官)

十一次(宗庙,遣议政。春塘池边蜥蜴童子,遣武从二品官。闭南门、开北门,迁市)

---

① 《左传》"桓公五年"。
② 《公羊传》"桓公六年"何休注。
③ 《礼记·月令》。

十二次(五方土龙祭,遣堂下三品官)

可见,因旱情的严重程度,致祭官员的级别也不同,从堂下三品官到议政一品官与武官同往;祭祀的对象,从汉江到北郊、宗庙、社稷、五方土龙等等,程序相当严格。于此可见《经国大典》仪式之繁密。

除此之外,朝鲜时代,政府各部门都有具体的仪轨,如《宗庙仪轨》《社稷署仪轨》《诸陵仪轨》等等,科条之详细,令人叹为观止。

5.《经国大典》的治国思想

《经国大典》的撰修,意在施行儒家的建国思想。如其序中所述:"夫圣王制治之道,其本在于五教,而所以弼之,则亦惟曰五刑、五服。此虞庭畴咨,既命司徒,而复有皋陶之作士也。然而敷教则曰宽,服刑则曰明。圣人道齐斯民者,何其深且远也。"[①]其具体纲领如下:

提倡儒家纲常

《三纲行实》翻以谚文,令京外士族、家长父老,或其教授训导等,教诲妇女小子,使之晓解。若能通大义,有操行卓异者,京汉城府、外观察使,启闻行赏。

孝友节义者(如孝子、顺孙、节妇、为国亡身者子孙、睦族、救患之类)、五子登科者之亲启闻,岁赐米。殁则追赠、致祭。

凡中文武科者,赐恩荣宴于议政府。荣亲宴时,本曹启闻,赐酒乐。居外者,守令设宴。亲殁者,设祭。中第一名者,赐米。[②]

完善丧服制度 丧服制度是中国宗法制度的核心内容之一,也是儒家礼学的重要组成部分,历代相沿不衰。丧服制度为朝鲜半岛所接受,最初主要是通过《朱子家礼》。随着儒家思想在朝鲜半岛的深入传播,《经国大典》以国家

---

① 《续大典序》。
② 《经国大典》卷三,《奖劝》。

法典的形式,将丧服制度法律化,并颁布全国遵行。《经国大典》按照礼学家的传统,将各种血缘关系的丧服分为本宗、外亲、妻亲、夫族四类,并逐一作了规定。如本宗亲戚:为父斩衰三年,为母齐衰三年(父在则十一月而练,十三月而祥,十五月而禫,解官,心丧三年),为祖父母齐衰不杖期,为曾祖父母齐衰五月,为高祖父母齐衰三月,妻为夫斩衰三年,夫为妻期年,为子期年,为嫡孙期年,为兄弟姊妹期年,为众孙大功,为曾孙、玄孙缌麻,等等。为了确保守丧制度的施行,《经国大典》还模仿中国,施行给丧假的制度:"期年之亲,给假三十日。大功九月之亲,给假二十日。小功五月之亲,给假十五日。缌麻三月之亲,给假七日。"①

以礼入法 众所周知,官制是治国之道的体现。是用严刑峻法,还是无为而治,或是礼法并重,在职官体系中必然会有相应的考虑。自魏晋以后,以礼入法,从而形成了中华法系的特色。《经国大典》是中国礼治思想影响下的产物,故内中儒家思想的印记触目皆是,以下略举数端。

在中华法系中,儒家伦理思想是量刑、定性的重要准则。凡是违背家族伦理的行为,不仅要受到法律的惩处,甚至要加等论罪。例如,同样是打人,殴打父母的性质要比殴打一般人严重。这是维护社会秩序所必需的原则。《经国大典》尤其注重家族伦常,注意严惩那些在家庭中制造仇杀事件者,例如:

> 子孙、妻妾、奴婢告父母、家长,除谋叛、逆反外,绞。奴妻、婢夫告家长者,杖一百,流三千里。②
> 继母嗾其夫故杀子女者,以一律论。
> 杀妻父母者,以谋杀缌麻亲律论。
> 杀妻上典者,不待时,斩。③

不仅如此,晚辈诬告长辈者,被视为大逆不道,要处以极刑。"子孙诬告祖父

---

① 《经国大典》卷三,《五服》。
② 《经国大典》卷五,《告尊长》。
③ 《续大典》卷五,《狱杀》。

母、父母之律,不待时,绞";《经国大典》进而规定,"凡子孙告诉其祖父母、父母者,勿辨曲直,依法论罪,以明彝伦"。①

同样是杀人之罪,若是出于报杀父之仇的动机,则可以减等定罪:

> 其父被人殴打伤重,而其子殴打其人致死者,减死定配。
> 其父被杀成狱,不待究核擅杀其仇人者,减死定配。
> 妻复夫仇、母复子仇,擅杀其仇人者,依子孙擅杀行凶人律,杖六十。②

为了顾念人伦之常,《经国大典》对遭遇双亲之丧的囚犯,往往法外施恩,如"死囚外遭亲丧者,限成服,启禀保放。定配罪人遭亲丧及承重丧者,给暇归葬,三月后回发配所"③。相反,悖逆宗法伦常者,要严厉惩戒:

> 葬用古冢者,依发冢律论。④
> 奴放火其主家祠板者,绞。
> 毁破山殡,剥取假葬衣衾者、啖食死人肉者,并以强盗律论。(为恶疾药用,诱致儿童于山间刳斫肝胆、肢体,因以灭迹者,斩,妻子流二千里,捕告者赏布百匹。)
> 罪犯纲常情理深重者,杖一百,流三千里。⑤
> 国丧张乐挟妓者,国忌正日及致斋日动乐者,并严禁科罪。⑥

对于遵从伦理教化者,《经国大典》则加以褒奖,以示提倡:

> 忠臣、孝子、顺孙、烈女,有贫寒丐乞者,每岁米五石,四节衣一领。内

---

① 《续大典》卷五,《告尊长》。
② 《续大典》卷五,《狱杀》。
③ 《续大典》卷五,《恤囚》。
④ 《经国大典》卷五,《禁制》。
⑤ 《续大典》卷五,《推断》。
⑥ 《续大典》卷五,《禁制》。

则本曹,外则观察使,启闻题给。

外方孝烈特异者,观察使详察,启闻旌褒。

五子登科者之父,启闻加资。①

为了实施仁政,尽可能保障司法公正,《经国大典》还明文禁止酷刑;必须用刑时,刑具的尺寸规格、刑讯的次数,以及女性罪犯的审讯等,也作了严格的规定:

官吏滥刑,杖一百,徒三年。致死者,杖一百,永不叙用。②

除压膝刑,除烙刑,除刺字刑,尽除全家徙边律。

凡推鞫讯杖,宽九分,厚四分三。省则广八分,厚三分。(用营造尺)

凡刑讯,一日一次。推鞫虽严重,毋过二次。

凡关系恶逆、诬上、不道、干犯大训者外,勿为设鞫。

妇女身犯大逆、自主阴计、紧援逆招者外,勿问。

孕胎女,以年七十例除刑,推收赎。③

对于违反规定,使用违禁刑具者,例如用圆棍、圆杖者,一律"以滥刑律论","绳以重律"。④《经国大典》要求典狱署设月令医,治疗"罪囚之有疾者"⑤,对普通罪犯给予必要的人道上的照顾:

狱者,所以惩有罪,本非致人于死。而祈寒盛暑、冻饿疾病间,有非命致死,其令中外官吏净扫囹圄,疗治疾病。无家人护养者,官给衣粮,如有懈缓不奉行者,严加纠理。

重囚外罪名稍轻,而身病极重者,月令看审,报典狱官,典狱官报本

---

① 《续大典》卷三,《奖劝》。
② 《经国大典》卷五,《滥刑》。
③ 《续大典》卷五,《推断》。
④ 《续大典》卷五,《滥刑》。
⑤ 《经国大典》卷三,《惠恤》。

曹,保授姑放。①

凡此,无不体现了儒家"明德慎罚"②,"惟敬五刑,以成三德"③,以刑辅德的思想。

崇儒抑佛 作为儒家类著述的《经国大典》,还刻意提倡一心向儒的风气。如除科举考试之外,还注意从下级文职人员中选拔人才,"书员中择年少聪敏者,每朔本曹堂上官以本业出题考试,岁终合计,画多者迁状,兵曹限一年付禄"④。当时成均馆的生员,家庭背景相差悬殊,一些富家子弟嫌养贤斋饭食简单,经常到外面的酒肆吃喝。为了减少这一现象,《经国大典》制定了"计点"制度,每次开饭时要登记人员情况,到在者有"点",每月每人不得少于五十点。诸如此类,《经国大典》中时有所见。与此适成鲜明对比的是,对佛教的大力压抑,如凡是"街路供佛唱魂者","僧人都城内骑马者","并杖六十";又,"私奴婢、田地施纳寺社、巫觋者,论罪后,其奴婢、田地属公";"京城内巫觋居住者,间阎内僧侣留宿者,论罪"。⑤

6.《经国大典》的缺失

《经国大典》的修撰,历经太祖到成宗的九朝臣僚之手,耗时约七十年,是朝鲜历史上的重要典章,对于提高政府的管理水平、推动社会进步起了十分积极的作用,这是必须肯定的。但是,平心而论,《经国大典》的架构体系,虽极力模仿《周礼》《开元六典》以及《大明律》,问题依然比较多。究其原因,除两国历史、职官体系方面的差异之外,主要是朝鲜时代的《周礼》之学远不如《家礼》发达,研究者稀少,《经国大典》的编撰者要驾驭《周礼》这部鸿篇巨制,显得力不从心。《周礼》的官政之法,体大思精,如以人法天、以简驭繁、官联制衡、儒法相济等,都有精意妙蕴在其中。编撰者不察于此,所以只能作表象的

---

① 《续大典》卷五,《恤囚》。
② 《尚书·康诰》。
③ 《尚书·吕刑》。
④ 《续大典》卷三,《奖劝》。
⑤ 《经国大典》卷五,《禁制》。

模仿,甚至连模仿也未能到位。

朝鲜英、正时期的著名学者丁茶山曾撰《经世遗表》[①],对《经国大典》存在的问题,进行了全面的抨击,并提出了全新的官制体系。丁茶山精于礼学,他对《周礼》的研究和把握,远在《经国大典》的编撰官之上。可惜,茶山的《经世遗表》是在贬谪于康津时撰写的,其在政治上已不能发生任何影响,"终使有为之志,咸归无成之议",殊为可惜。

《经国大典》的不足,主要表现在如下几个方面:

其一,体系紊乱。《周礼》天官冢宰统领六官,三百六十职官均在其掌握之中,而且从属关系分明,若网在纲,纲一举则万目皆张。《大典》最高行政部门为议政府,总辖六曹,由领议政及左、右议政等三人掌之,又有左、右赞成及左、右参赞等四人为辅弼。左、右参赞之品级与六曹判书相同。《大典》中的吏曹判书仅仅是二品官,而宗亲府、忠勋府、仪宾府、敦宁府、中枢府等"五上司"不仅都由一品管主持,而且游离于六曹之外。叠床架屋,繁复至极。《周礼》官员之职位与品级均有对应关系,《大典》则无一定之规,屡屡错杂为之。如堵司提调,或为上大夫,或为中大夫,丁茶山讥之为"破碎散漫""端绪莫寻"[②]。

《大典》虽有六曹之制,但官员的配属比较混乱。如《周礼·天官》之下设有掌王之宫廷、寝舍、膳饮、服饰、医疗、妇寺等事务的官职,含有宫府一体之意。《大典》则无此主旨,随意设置。如司卖寺相当于《天官》的膳夫,内资寺相当于《天官》的酒人、浆人,内赡寺相当于《天官》的醯人,司膳监相当于《天官》的渔人、盐人,以上四职均属膳饮之官,《大典》均归入户曹,殊为不类。

《周礼》每一职之内的官吏之数,均依尊卑为秩,递相增加,如中士之数必倍于上士,下士之数必倍于中士,职越卑则事越繁,故尊少而卑多。《大典》章法不严,或皂隶之数极少,而书吏之数相倍蓰,或正职与佐职员数相等,或正职与佐职员数悬殊。内医院、典医监、惠民署、观象监之属员,原均无皂隶,茶山斥其"不成体貌"[③]。下级官吏的人数,《大典》无节制,可任意增减,如礼曹的

---

① 《与犹堂全书》第十四、十五册,(韩国)首尔:骊江出版社,1989年。
② 《经世遗表》卷一,"唯我国家"条。
③ 《经世遗表》卷一,"内医院"条。

书吏,最初为三十八人,由于利禄丰厚,人数大增,至《续典》出,已增至六十人,而《周礼》大司徒府史之数仅十八人。

其二,无义之等。官员分品级,以表明领属关系为目的,故以简明为上。《大典》品级之复杂,比之中国有过之而无不及。国家规模虽小,但朝廷官员的品级与中国相同,也有九品,且各有正从,共十八级。如此设置,完全是出于单纯模仿,而没有考虑实际需要,其结果,必然容易造成冗员、冗费的局面。宫廷内命妇的等级,《大典》分为嫔(正一品)、贵人(从一品)、昭仪(正二品)、淑仪(从二品)、昭容(正三品)、淑容(从三品)、昭媛(正四品)、淑媛(从四品)等八级。内命妇之女御本为卑微之伦,也从正五品至从九品,分为十二级,二十七名。官员名目也横生等差,《大典》书记之官有大司、小司之别,大司称书吏,小司称书员,实无必要。茶山斥之为"无义之等"①。

其三,模仿失当。《大典》职名也较混乱。名不正则言不顺,言不顺则事不成。如《大典》有春秋馆掌史,而朝鲜史乘并不以《春秋》为名,春秋馆之名实为盲目追摹。

《大典》职名中还有因误解或沿讹而名之者。如司仆寺掌马驭之事,即沿讹而致。中国自汉以来,即误以《周礼》夏官之太仆为掌厩之官,其实《周礼》掌马之官为校人,掌驭之官为太驭,太仆之职为"掌正王之服位,出入王之大命,掌诸侯之复逆"等,与马驭之事毫不相涉。

其四,官职缺失。《周礼》大司徒掌建邦之土地之图,《地官》有载师等官掌土地、赋税之事,《春官》有大宗伯以礼齐民,掌民间诸礼,《秋官》有小司寇及司民掌登万民之数,所司均极重要。《大典》则无相应职官掌理之。

税收为国家财政之主要来源,征收得法则民用不匮而国用不竭,反之则民出不均,苦乐悬殊,而国府犹有枯竭之虞。《周礼》一书,经济管理思想极其丰富,开源节流之制贯穿其中。《周礼》关税之法极严密,《司关》职云:"凡货不出于关者,举其货,罚其人。"货物出入关卡,必须纳税,否则没收货物,挞罚其人。此为税收大项之一,李朝均役之设,仅限于在三田渡、汉江渡、露梁渡、杨

---

① 《经世遗表》卷一,"司楽寺"条。

华渡等重要渡口征取鱼盐及船税,而各陆路关隘,如东路大关忘忧岭、西路大关慕华岭、北路大关水逾岭等,均无司关之官。

之所以会出现上述问题,主要原因有二。《大典》虽然在格局上依仿《周礼》,但具体内容却是因袭高丽旧制,或采撷中国《大明会典》,或酌参日本律令,因而成分相当驳杂,难以形成一个有机体系,此其一。《经国大典》乃经历几代王世陆续修订而成,政出多门,科条繁杂,难免顾此失彼,前后抵牾,此其二。

由于朝鲜时代后期,政治动荡,社会问题丛生,政府最高层无心顾及于此,尽管有丁茶山那样精熟礼典的学者,并撰有按照《周礼》全面改革《经国大典》的《经世遗表》,但再也未能使《经国大典》再上层楼。

六、《国朝五礼仪》与朝鲜礼仪制度的确立

1392年,李成桂推翻高丽王朝,建立了朝鲜王朝,朝鲜由此开始了儒家化的进程。到15世纪70年代的成宗朝,这一进程达到高潮,其显著标志是,1471年,崔恒等以中国《周礼》为蓝本编撰的《经国大典》完稿,其后由政府颁行,成为官政大法;1475年,申叔舟等以中国《大唐开元礼》等为底本纂修的《国朝五礼仪》印行,成为国家礼仪大典。《国朝五礼仪》内容丰富详博,涉及朝鲜社会的制度、文化、经济、风俗等各个方面,对于研究中韩两国的古礼和文化交往,尤具学术价值。

1.《国朝五礼仪》的纂修背景

中国儒学向朝鲜半岛的播迁,至迟可以追溯到公元前2世纪的三韩(马韩、辰韩、弁韩)时代。其后经三国(高句丽、百济、新罗)时代而达高丽时代,儒学浸润益深,影响益广。在这一漫长的时期中,儒学主要是被作为一种优秀的文化来对待的,经学、艺文、医卜、律算,无不成为学习的对象,而对中国典制的模仿,则相当有限。高丽太祖在所著《训要》中说:"惟我东方,旧慕唐风,文物礼乐,悉遵其制。殊方异土,人性各异,不又苟同。"他所说的"悉遵其制",主要是指科举、学制之类,其余方面则不"苟同"。高丽一朝,成宗最重儒学,曾派学生如宋游学,输入文物,博士任老成自来归国,所献有《大庙堂图》《社稷堂图》《祭器图》,成宗始行籍田礼,又立社稷、建宗庙。这些变革依然是零散的,不成体系。成宗的辅弼之臣崔承老曾上书言:"华夏之制,不可不遵,然四方习俗,各随土性,似难尽变。"他们感兴趣的,主要是诗书礼乐之教、君臣父子

之道，对于用中国礼制来移风易俗，则不以为然。

此外，高丽朝虽重儒教，但也崇佛教，二教并立为国教。时人认为，二教各有所长，"儒书韫志勤修，则政教是兴；佛法在心虔敬，则福禄克□……共在一源，真理内融，化门外显者也"①。儒学关注今世，是经世致用之学；佛学向往来世，是安心立命之学。两者在理论上不乏相通、互补之处，故当时多有儒者而笃信佛教者，或高僧而兼通儒学者。而统治者对佛学的热衷，实际上每每超过儒学，所谓"东海波臣，惟知崇信释氏，他未遑也"②。由于这种局面，高丽风俗受佛教影响极深，道场、火葬之类风靡。到高丽末期，佛徒日益腐败，寺院兼并土地，僧众沉湎酒色，"五教两宗，为利之窟；川傍山曲，无处非寺。不惟浮屠之徒浸以卑陋，亦是国家之民多于游食。识者每痛心焉"③。他们已远离佛门教义，有的甚至干政乱朝，使得民怨沸腾。与此适成鲜明对比的是，由于宋明理学的影响，儒学跃入思辨的境界，学者辈出，生机勃勃。为拯救国运，儒者不得不起而排佛。

李成桂建立朝鲜王朝之初，即声言维新，鼎革旧政。其重要目标之一，就是廓清佛教对社会造成的影响，代之以儒家政治。扶助李成桂登基的裴克廉、赵浚、郑道传等，均为儒林之选，足以左右朝政，然天下甫定，于典制未及措手。到世宗朝，情况发生了根本性的变化。世宗博通经史，旁及诸子百家，国家大政，无不以儒学为圭臬。他深信"安上治民，莫善于礼"④。为了整肃风俗，敦行教化，世宗一方面大力排佛，禁止佛门的火葬等习俗，另一方面将《朱子家礼》颁行于国中，使民间冠、婚、丧、祭诸礼"一依《家礼》之法"⑤。以此为基础，世宗决定制订有系统的礼仪典则，他命令礼曹判书许稠"详定诸祀序列及吉礼仪"，"又命集贤殿儒臣详定《五礼仪》，悉仿杜氏《通典》，旁采群书，兼用中朝诸司职掌、洪武礼制、《东朝今古详定礼书》等，参酌损益，裁自圣心"⑥。世宗

---

① 〔高丽王朝〕蔡忠顺：《大慈恩玄化寺碑阴记》。
② 《明史·朝鲜传》。
③ 《高丽史·李穑传》。
④ 《礼记·经解》。
⑤ 《世宗实录》卷二十三。
⑥ 《国朝五礼仪》姜希孟序。

显然希冀能有一部博采众长、传之千古的《五礼仪》。他不仅命人做,而且亲加裁夺。可惜未及完稿,世宗即撒手离世。

世祖也是一位推崇儒家礼仪的君王,但他对世宗朝草撰的《五礼仪》并不满意,认为"条章浩繁,前后乖舛"①。因此,世祖命兵曹判书兼知经筵春秋馆事姜希孟和吏曹判书成任等"考古证今",修订《五礼仪》。但未及完成而世祖崩。

成宗即位后,继续以高压打击佛教,大力弘扬儒教,于成均馆建尊经阁,设养贤库、弘文馆,刻印经史典籍,广颁诸道,劝学奖士,登庸贤俊。② 同时倾力于朝鲜礼仪制度的儒家化。编纂《五礼仪》,肇端于世宗,后历文宗、端宗、世祖、睿宗而至成宗,已有六朝,几近百年,用力不可谓不多,但是"历累朝而未成,而前后有众议之不一"③。成宗乃命姜希孟及知中枢奉朝贺郑涉、礼曹判书李承召、参议尹孝孙、通礼院左通礼朴叔蓁、前内赡寺正郑永通、奉常寺金正李琼仝、吏曹正郎柳洵权、知承文院校检丘达孙、承文院著作崔淑卿等精于礼学的官员,"绅绎旧章,合乎古,宜乎今,欲极情文之备;刊其繁,会其要,益致节目之详"④。书成,又以申叔舟为总裁,详为考订。申叔舟是世祖、睿宗、成宗三朝的功臣元老,任世祖、成宗朝议政府领议政,位极人臣,尤受世祖恩宠。世祖曾赞誉申氏"是我之魏徵"。申氏因久掌礼曹和文衡,精通汉语,曾奉使中国达十余次,谙熟中国古礼。经过一年多的审校,终得付梓,定名为《国朝五礼仪》凡八十八卷,时在成化十一年(1475)。朝鲜的礼仪制度由此灿然大备。《国朝五礼仪》成为朝鲜史上最权威的国典之一,"是书之行,当与周家《仪礼》一书并传不朽也无疑矣"⑤。被认为具有与周公之典等同的地位,恐非虚语。

2.《国朝五礼仪》对中国礼制的沿袭

中国是举世闻名的礼仪之邦。相传周公制礼作乐,天下归心。周代礼乐

---

① 《国朝五礼仪》姜希孟序。
② 〔韩〕李丙焘:《韩国儒学史略》。
③ 《国朝五礼仪》申叔舟序。
④ 《国朝五礼仪》申叔舟序。
⑤ 《国朝五礼仪》姜希孟序。

极盛，种类繁多，自古有"经礼三百，曲礼三千"①之称。汉初，《周礼》出，始将纷繁诸礼归纳为吉、凶、军、宾、嘉五类，为学者所认同。到南梁，梁武帝以五礼为纲编次礼典，"始命群儒，裁成大典，吉礼则明山宾，凶礼则严植之，军礼则陆琏，宾礼则贺玚，嘉礼则司马褧"②。至隋文帝，"命牛弘、辛彦之等采梁及北齐仪注，以为五礼"③，当是大体沿袭南北朝之礼。唐太宗时，房玄龄、魏徵奉诏增订隋礼，"为吉礼六十一篇，宾礼四篇，军礼二十篇，嘉礼四十二篇，凶礼十一篇，是为《贞观礼》"④。凶礼本居五礼第二，自《贞观礼》起，始退居五礼之末，以后历代相沿不变。《贞观礼》一百卷，多有不周备之处。唐高宗时，长孙无忌、李义府等奉诏增补之，益为一百三十卷，但颇有芜杂之讥。至玄宗开元年间，徐坚、李锐等又奉诏撰《大唐开元礼》一百五十卷，而仍以五礼为纲，唐代礼制至此大备。宋徽宗时所作《政和五礼新仪》，多沿开元旧制。明洪武年间，又作《大明集礼》，除五礼之外，末附冠服、车辂、仪仗、卤簿、字学、音乐等目，益臻周备。

《国朝五礼仪》最显著的特点，是对周秦以降的中国礼制作了充分的吸纳和材料的采择，主要有以下几方面：

一是《大唐开元礼》。姜希孟序说《国朝五礼仪》的体例"悉仿杜氏《通典》"，这是不确切的。《大唐开元礼》成书后，因其完美，影响极大，"新旧《唐书·礼志》皆取材是书，而所存仅十之三四。杜佑撰《通典》别载《开元礼纂》三十五卷，比《唐志》差详，而节目亦多未备"⑤。将《大唐开元礼》《国朝五礼仪》两书目录比照，可见其大体一致。两者的开首几卷都是"序例"，专记择日、神位、俎豆、衣服、斋戒等的定制。以下五礼的名目与顺序完全相同。从细目的数量看，则后者大大少于前者。究其原因，《大唐开元礼》是帝王之礼，至尊至上，故有许多皇帝特有的礼仪，如皇帝冬至祀圜丘、皇帝正月上辛祈穀于圜丘、皇帝孟夏雩祀于圜丘、皇帝季秋大享于明堂、皇帝祀五帝于四郊、皇帝春

---

① 《礼记·礼器》。
② 《隋书·礼仪志》。
③ 《隋书·礼仪志》。
④ 《新唐书·礼乐志》。
⑤ 《四库全书总目提要》卷八十二。

分朝日于东郊、皇帝秋分夕月于西郊、皇帝于明堂及大极殿读五时令、皇帝于明堂读当月之令等等。《国朝五礼仪》是王国之礼,自然不敢僭越,所以将这一类礼全部略去。考虑到本国的礼数和级别,《国朝五礼仪》还对某些礼仪作了归并,如《大唐开元礼》有"皇帝元正冬至受皇太子朝贺""皇帝元正冬至受群臣朝贺"两目,《国朝五礼仪》则归并为"正至王世子百官朝贺仪"一目。又,前者的冠礼细分为"三品以上嫡子冠""三品以上庶子冠""四品、五品嫡子冠""四品、五品庶子冠""六品以下嫡子冠""六品以下庶子冠"等六目,《国朝五礼仪》则归为"文武官冠仪"一目,因为当时朝鲜的王世子的品级,只相当于明朝的二品官①,故朝鲜的文武百官于此不宜再细分其礼。这表明《国朝五礼仪》与中国礼仪在体系上的一致。为了既表示沿袭,又严守礼的等差,《国朝五礼仪》对《大唐开元礼》的子目作了处理,如"皇帝讲武"作"讲武仪","皇帝田狩"作"大阅仪","皇帝射于射宫"作"射于射坛仪","合朔伐鼓"作"救日食仪","大傩"作"季冬大傩仪","皇帝养老于太学"作"养老宴仪","皇太子加元服"作"王世子冠仪","公主降嫁"作"王女下嫁仪",如此等等,不胜枚举。

　　第二个来源是《仪礼》。《仪礼》一书大约成书于周秦之际,汉初立五经博士,《仪礼》居其一,对中国礼制产生过重大影响。南宋出现的《朱子家礼》,在大节上都沿袭《仪礼》,而在细节处则多有省略。《大唐开元礼》对某些礼仪语焉不详,如皇帝的丧礼,着重记述讣奏、临丧、刺使吊、赗赙、会葬等涉及外界的礼节,对尸体的处理则未提及。《国朝五礼仪》则依据《仪礼》中《士丧礼》《既夕礼》等篇加以填补,制定治丧则例,其主要仪节有:初终、复、易服不食、戒令、沐浴、袭、奠、为位哭、举临、含、设冰、铭旌、告社庙、小敛、大敛、成殡,以及启殡仪、祖奠仪、遣奠仪、发引仪、路祭仪、立主奠仪、返虞仪、卒哭祭仪、练祭仪、祥祭仪、禫祭仪、祔庙仪等,无一不出自《仪礼》。这些仪节中已经完全没有唐宋以来流行的烧纸钱、吹奏乐器等佛、道风俗的影子,是纯正的儒家丧礼。又如王世子的冠仪,从告庙起,戒宾、宿宾、陈设器服、设王世子与宾之位,到三次加

---

① 据《明史·舆服志三》,永乐初,赐朝鲜王世子李禔五梁冠。宣德三年,朝鲜国王李祹以朝鲜一品比明朝递降二品为五梁冠,而王世子冠等级应超品为由,请求立定制,于是明廷赐六梁冠(六梁冠为明朝二品官之冠)。

冠的细节,都本于《仪礼》。第一次加冠时,祝曰:"令月吉日,始加元服。弃厥幼志,慎其成德。寿考惟祺,以介景福。"二次加冠祝曰:"吉月令辰,乃申嘉服。克敬威仪,式明厥德。眉寿万年,永受祺福。"三次加冠祝曰:"以岁之正,以月之令。咸加其福,以成厥德。万寿无激,承天之庆。"醴王世子祝曰:"甘醴惟厚,嘉荐令芳。拜受祭之,以定厥祥。承天之休,寿考不忘。"宾为王世子取表字曰:"礼仪既备,令月吉日。昭告厥字,吾子所宜。宜之于嘏,永受保之。奉教字某。"五段祝辞几乎与《仪礼·士冠礼》所见全同。

第三是取材于洪武礼制。中国古礼自周秦而汉唐、而宋明,与时俱变,以适应时代的发展。洪武年间的《大明集礼》更趋严密,更为合理。当时朝鲜与明王朝的交往极为密切,所受影响也最深,因此,《国朝五礼仪》直接取材于明代礼制就是最自然的了。1398年,明太祖朱元璋崩,当时文武百官等闻丧志哀的仪节是:

> 京官闻丧次日,素服、乌纱帽、黑角带,赴内府听遗诏,于本署斋宿,朝晡诣几筵哭。越三日成服,朝晡哭临,至葬乃止。自成服日始,二十七日除。命妇孝服,去首饰,由西华门入哭临。诸王、王子、王妃、郡主、内使、官人俱斩衰三年,二十七月除。凡临朝视事,素服、乌纱帽、黑角带,退朝衰服。群臣麻布员领衫、麻布冠、麻绖、麻鞋。命妇麻布大袖长衫,麻布盖头。……行人颁遗诏于天下。在外百官,诏书到日,素服,乌纱帽,黑角带,四拜。听宣读讫,举哀,再四拜,三日成服,每旦设香案哭临,三日除。①

这里规定了三种人的志哀规定:即京官、诸王、世子等,在外百官,服丧时间分别为二十七日、二十七月、三日不等。服丧期间若临朝视事,一律服素服、乌纱帽、黑角带。听诏时四拜,听毕,举哀再四拜。这些原则全部为《国朝五礼仪》所吸纳。朱棣夺位后,又进一步规定:宫中自皇太子以下及诸王、公主,在服丧期间内停音乐、嫁娶、祭祀百日,百官同此。军民停婚嫁一月,素服二十七日。

---

① 《明史·礼志十二》。

在外军民素服十三日。这些规定在《国朝五礼仪》中也得到充分的体现。

综上所述,《国朝五礼仪》的主体,是以《大唐开元礼》为基础,充分吸收《仪礼》《大明集礼》等的成果后形成的。

3.《国朝五礼仪》的"事大"礼仪

朝鲜半岛与中国山水相依,自古就有频繁的交往。到明代,两国关系进入密切交往的巅峰期。明太祖即位当年,高丽王王颛"表贺,贡方物,且请封",太祖封其为高丽国王。"自是贡献数至,元旦及圣节皆遣使朝贺,岁以为常。"李成桂即位后,"请更国号,帝命仍古号曰朝鲜"。此后,凡立王世子、新王嗣位则请封,崩则请赐谥号。明朝的都城从南京迁至北京后,"朝鲜益近,而事大之礼益恭,朝廷亦待以加礼,他国不敢望也"①。朝鲜以明王朝为天朝大国而加以事奉,以"事大交邻"作为政治、外交的重心。明室也予以优遇,朝鲜使团过境,一律免检。倪谦出使朝鲜,申叔舟等达官文士与之唱和酬答,过从甚密,笔者曾在汉城(今韩国首尔)亲见彼等唱和的诗文手迹长卷,竟达18米之巨。两国在抗倭斗争中更是相互支持,协同作战。作为诞生于这一时期的《国朝五礼仪》,不能不烙有"事大"的印记。

《国朝五礼仪》的"事大"色彩,主要表现在两个方面:一是降低礼的等第,除了前面提到的不敢僭天子之礼外,在行礼规模、器种类、供品数量等方面,也都降等减杀,以示不敢与大国抗礼。二是增设了某些涉及明王朝的礼仪,如《正至及圣节望阙行礼仪》《皇太子千秋节望宫行礼仪》《迎诏书仪》等,以表示与明室的特殊关系。

所谓"正",即元正,指元旦。"至"指冬至。"千秋节"指明皇诞辰。开元十七年农历八月五日,唐玄宗诞辰,立此日为千秋节,布告全国,休假三日,宴乐欢庆。② 这是千秋节之始,以后历朝历王的诞辰均仿此庆祝,或称"圣节"。朝鲜王室于每年元旦、冬至及圣节,都要对明皇行望阙礼。代表明皇的阙庭设在勤政殿的正中,前有香案。乐器陈设在殿庭南侧,黄仪仗陈设在阙庭之前,

---

① 本节引文均见于《明史·朝鲜传》。
② 〔宋〕高承:《事物纪原·圣节》。

卤簿大仗在勤政门之外,东西侧列军士。行礼之日,戒严之鼓捶过三通,宗亲及文武百官分别从东、西偏门进入殿庭,王世子从东门进入殿庭,各就拜位。王乘舆到勤政门外,下舆,步入殿庭即拜位。王在阙庭前鞠躬,乐队奏乐,王伏地四拜后平身。随后,王世子、宗亲、文武百官行鞠躬四拜礼。王又到香案前跪下,王世子及宗亲、百官同,司香三次晋香,王俯伏致敬后平身,王世子以下同礼。王又对阙庭鞠躬、四拜,乐队再次奏乐,王世子以下同礼。王将圭插在腰间,对阙庭鞠躬、三舞蹈,然后跪,三叩头,王世子以下同礼。王拱手加额,三呼万岁,王世子以下同呼,乐工、军校则齐声响应。最后,王再次在阙庭前俯伏,乐声大作,王四拜后平身,世子以下同礼。乐止,礼毕。①整个仪式,使用了朝鲜礼仪的最高礼节,极其恭敬、庄严,王躬与大礼,王世子、宗亲、文武百官全体参拜,阙庭设在朝鲜王视政之处勤政殿的正中,前列仪仗卤簿,如同明皇亲驻于此。

由于朝鲜对明王朝时有所请,明皇的诏书也就时有所降,这是一件比望阙礼更为重大的事件,因而迎接诏书的仪式更为盛大、隆重。迎诏书的前一日,要在慕华馆的西北设帐殿,帐殿正中是供放旧书用的黄屋龙亭。帐殿之北是专门建造的红门。帐殿、红门、崇礼门内的街巷以及王宫的景福宫门,一律结彩。帐殿前陈设的金鼓、黄仪仗、鼓乐,象征明皇的威仪。又在勤政殿的正中设象征明皇宫阙的阙庭,庭前是放诏书用的桌案,再往前是香案。至迎诏书之日,戒严之鼓捶过两通后,宗亲及文武百官进入勤政殿庭的侍立之位,王世子头戴翼善冠、身着衮龙袍等候。捶鼓三通后,王头戴翼善冠、身着衮龙袍,乘舆出宫,到勤政门外换乘辇,然后出光华门,王世子及文武百官随行。到慕华馆前,王和王世子进入预设的幄次内,去除翼善冠、衮龙袍,换上冕服,宗亲百官也都换上朝服。王到帐殿西侧的祗迎位敬候诏书的到来,王世子、宗亲及文武百官也各就其位迎候。当使者手捧诏书而来时,王及王世子以下都鞠躬,以示恭敬,待使者将诏书放置于龙亭中,王等才平身。于是,抬送龙亭前往勤政殿上的阙庭。

---

① 《国朝五礼仪》卷三。

行进的顺序是,金鼓在前,其次是骑队,再次是文武百官,宗亲、王世子乘马随后,后面是大驾卤簿,接着是乘辇而行的王、黄仪仗、鼓乐、香亭、诏书龙亭、乘马而行的使者。到景福宫时,骑马者一律下马,进入殿庭就位。王则到勤政门外下辇,站在殿庭的道西,朝阙庭而立。此时,诏书龙亭从勤政门正门进入,鼓乐声大作,王面朝东鞠躬迎接,王世子以下同。诏书龙亭升上勤政殿,使者取出以书置于案上。使者称"有制",王鞠躬,乐声再起,王行四拜之礼,王世子以下同。王跪于拜位,司香到香案前三次晋香,王及王世子以下俯伏致敬后平身。接着两位展诏官展开诏书,相向而持,王及王世子以下跪。宣诏官宣读诏书,宣读毕,置诏书于案,王及王世子以下俯伏致敬,平身后再次鞠躬,乐声起,王及王世子以下行四拜礼,王将手中的圭插入腰间,面朝阙庭鞠躬,三舞蹈,然后跪下三叩头,王世子以下同礼。王起身后,拱手加于额上,三呼万岁,王世子以下同,乐工、军校齐声应之。王再次俯伏致敬,乐声大作,王行四拜之礼,王世子以下同礼,乐声止,迎诏仪至此完毕。接着是王款待明皇的使者。掖庭署撤去勤政殿上的阙庭、诏书案、香案等,设茶座。于是使者从东正门升殿就拜位面朝西;王从西正门升殿就拜位,面朝东;王与使者鞠躬再拜后入座饮茶。茶礼毕,使者离去,王送至勤政门外。使者回到下榻的太平馆,王世子稍后到达,向使者行顿首再拜之礼。宗亲及文武百官分成两批,向使者行顿首再拜之礼。最后,王亲往太平馆,设宴款待使者。宴毕,兵曹放仗,解除戒严。①

这是一个相当繁缛的礼仪,原文过于冗长,为了说明问题,择要叙述如上,两国关系之特殊,已跃然纸上,毋庸赘言。明王朝派往外国的使节很多,相关的记录仅有《遣使之蕃国仪》一篇。② 文字简略,仅能得其仿佛。《迎诏书仪》的翔实记述,是研究两国关系史及邦交礼的重要史料、弥足珍贵。

4.《国朝五礼仪》中体现朝鲜特色的部分

作为朝鲜的国家礼典,《国朝五礼仪》不可能完全沿袭中国礼制,而必然要融入本国的礼仪风俗。通览全书,朝鲜特色主要在以下几方面:

---

① 《国朝五礼仪》卷三。
② 《明史·礼志十》。

首先是某些致祭对象的朝鲜化。祭祀是古代社会最重大的活动之一。故有"国之大事,在祀与戎"①之语。致祭的对象因等级、地域不同而不同。如天地、日月等只有天子才能祭,是祭祀的最高等级,也是皇权的象征。诸侯只能祭本国的社稷,而大夫只能祭司命、中霤、门、行、厉神等"五祀"。这是等级的差别。地域的差别,如"诸侯祭名山大川之在其地者"②。郑注云:"鲁人祭泰山,晋人祭河是也。"根据这一原则,《国朝五礼仪》遂有《祭三角山仪(白岳山附)》《祭汉江仪》《州县祭名山大川仪》《祭木觅仪》等仪式。

其次是建筑风格的朝鲜化。这方面最典型的例证是,安置大行王梓宫的玄宫和便房的建造。在中国古代礼书中,天子、诸侯墓室的营造方式,是讳莫如深的,因此,《大唐开元礼》有《卜宅兆》《卜葬日》,而不及治墓室。《明史》等书也只记丧礼,而不及墓圹之制。《国朝五礼仪》则专设《治葬》一节,详记王的玄宫形制、尺寸,乃至何处以水灰涂隙、何处凿入引钉等细节。朝鲜多山,石料充盈,其建筑以石筑最具特色。从《治葬》仪文看,玄宫用支石、博石、隔石、旁石、挟石、盖石、隅石、初地台石、正地台石、满石、引石等各种名称的石料搭接、镶嵌而成,坚固稳重,且有防渗水、漏水等技术处理。此外,作为墓地的定制,墓室正南又有作为享堂的"丁字阁",堂正中供神主,前有宽敞的设祭具、跪拜的空间,颇具朝鲜特色。

再次是服饰和音乐的朝鲜化。行礼必有礼服。据史志,朝鲜半岛政府曾多次向中国政府请求赐以礼服。如洪武二年,"高丽入朝,请祭服制度,命制给之"③。永乐元年、景泰元年都曾赐以冕服,正统三年则赐世宗远游冠、绛纱袍、玉佩、赤舄等。④ 因此,朝鲜礼服在总体上沿用华制,但不尽然,如《服制》"王妃斩衰三年"一节中,"大袖长裙"下注:"大袖,本国长衫。""盖头头帽"下注:"盖头代以本国女笠帽,头帽代以本国首帊。""背子"下注:"本国蒙头衣。"都是以本国衣服相变通,以顺当地风俗。又,中国祭祀自古有乐,至明初,诸乐齐

---

① 《左传》"成公十三年"。
② 《礼记·王制》。
③ 《明史·舆服志》。
④ 《明史·朝鲜传》。

备,乐曲一一在录。这些乐曲不少已传入朝鲜,但仍有以朝鲜乐曲替代的,最典型的是《春秋享永宁殿仪》中"馈食"一节,行初献礼时,奏"《保太平》之乐",舞"《保太平》之舞";行亚献、终献礼时,奏"《定大业》之乐",舞"《定大业》之舞"。《保太平》和《定大业》是两首管弦乐曲,是朝鲜世宗以吹鼓乐和乡乐为基础,"以杖击地"创作的,并用"井间谱"加以记录。① 可见是地道的朝鲜乐曲。中国则不同,明代祭太庙,"初献,奏《寿和》之曲,《武功》之舞。亚献,奏《豫和》之曲;终献,奏《熙和》之曲,俱《文德》之舞"②。由此可见,《国朝五礼仪》对中国礼乐是审慎地作过变通的。

最后是王的仪仗的朝鲜化。古代帝王出行有仪仗,或称"卤簿"。仪仗的组成,不断变化发展。明代天子的仪仗包括六十四旗(风、云、雷、雨、五行、二十八宿、五岳、四渎等)、五辂(玉辂、金辂、革辂、象辂、木辂)、黄麾仗九十(黄盖、华盖、曲盖、羽葆幢、龙头竿等)、幢节仗九十(响节、金节、立瓜、卧瓜、骨朵等);此外尚有金交椅、金脚踏、金香炉,以及刀、盾、全、叉以及虎、豹、驯象等。仪仗种类在二百四十种以上,人数则倍于此。皇太子的仪仗约一百零八人以上。③ 这种仪仗的规格是皇帝、皇太子所特有,朝鲜王自然不可沿用,只有仿其等级自创,其大略如下:

> 红门大旗二,红盖二,朱雀、青龙旗各一,白虎、玄武旗各一,黄龙旗一,金鼓一,朱雀旗一,白泽旗二,三角角端龙马旗二,天下太平旗一,玄鹤旗一,白鹤旗一,吹角六人,仗马二匹,豹骨朵子六,金鼓一,熊骨朵子六,今字旗二,驾龟仙人旗二,鼓字旗一,金字旗一,哥舒棒十,碧凤旗二,金镫十,君王千岁旗一,银妆刀二,银交椅一,银妆刀二,朱雀、青龙幢各一,白虎、玄武幢各一,银灌子、银盂各一,银立瓜四,金立瓜二,金鼓一,仗马二匹,银横瓜四,金横瓜二,银交椅一,仗马二匹,银斫子、金斫子各四,朱漆

---

① 见《高丽亚那》1997年秋季号第5页。
② 《明史·乐志一》。
③ 《明史·仪卫一》。

交椅一,青阳伞二。①

仪仗中的三角角端龙马旗、天下太平旗、驾龟仙人旗、碧凤旗、银斫子、金斫等都是有很强地方色彩的旗物。1996年,笔者曾在汉城(今韩国首尔)观看过一次摹拟朝鲜王谒成均馆孔庙的典礼,其仪仗队与此相仿,旗仗种类约百有余,人数达二百余人,与中国仪仗有明显区别,地方色彩很强。

由以上对《国朝五礼仪》的构成、来源及其特色的分析可知,这是一部博采中国古今礼仪之长,又糅入朝鲜色彩的国家大典。"等威严而有序,文物来然可观,庶几行之朝廷、荐诸庙社,治国易如指掌,礼乐明而天地官;化民速于置邮,神人和而上下协"②,对于稳定长达五百余年的朝鲜王朝,对于敦化民俗,都起了重大的影响,所以时人誉其"实吾东方万世之令典也"③。韩国人喜称本国为"礼仪之邦",其源当追溯至此。韩愈说:"孔子之作《春秋》也,诸侯用夷礼则夷之,夷而进于中国则中国之。"④朝鲜虽处在四夷之列,而好中国之礼,这正是两国关系自古密切的根蒂之所在。

附录:

1.《国朝五礼仪》吉礼、嘉礼、宾礼目录

卷之一 吉礼

　　春秋及腊祭社稷仪

　　春秋及腊祭社稷摄事仪

　　祈吉社稷仪(报祀同)

　　州县春秋祭社稷仪

　　四时及腊享宗庙仪(七祀附)

　　四时及腊享宗庙摄事仪

---

① 《国朝五礼仪》卷七,《发引班次》。
② 《国朝五礼仪》申叔舟序。
③ 《国朝五礼仪》姜希孟序。
④ 《原道》。

俗节及朔望享宗庙仪

祈告宗庙仪(报祀及先告事由移还安永宁殿先告事由移还安同)

荐新宗庙仪

卷之二　吉礼

祭中霤仪

春秋享永宁殿仪

四时及俗节享文昭殿仪

四时及俗节享文昭殿摄事仪

文昭殿忌晨仪

朔望享文昭殿(先告事由移还安同)

亲享懿庙仪

四时及俗节享懿庙摄事仪

朔望享懿庙仪(忌晨及先告事由移还安同)

四时及俗节朔望享诸陵仪(先告事由移还安同)

俗节真殿仪(先告事由及还安同)

祀风云雷雨仪(山川城隍附)

风云雷雨坛祈雨仪(报祀同)

祭岳海渎仪

祭三角山仪(白岳山附)

祭汉江仪

祭州县名山大川仪

祭木觅仪

时旱北郊望祈岳海渎及诸山川仪(报祀同)

时旱就祈岳海渎及诸山川仪(报祀同)

卷之三　吉礼

享县农仪

享县农摄事仪

享县蚕仪

雩祀仪

雩祀坛祈雨仪（报祀同）

享文宣王视学仪

酌献文宣王视学仪

王世子酌献文宣王入学仪

王世子释奠文宣王仪

有司释奠文宣王仪

文宣王朔王奠仪

文宣王献告事由及移还安祭仪

州县释奠文宣王仪

州县文宣王先告事由及移还安祭仪

享历代始祖仪

祀灵星仪（老人星醋祭附）

州县醋祭仪

久雨荣祭国门仪（报祀同）

久雨州县荣祭城门仪（报祀同）

享司寒仪

纛祭仪

纛祭县告事由及移还安祭仪

礻馬祭仪

州县礻馬祭仪

大夫士庶人四仲月时享仪

卷之四　嘉礼

正至及圣节王阙行礼仪

皇太子千秋节望宫行礼仪

迎昭书仪

迎敕书仪

拜表仪（百笺附）

正至王世子百官朝贺仪(诞日贺附)

正至王世子嫔朝贺仪(诞日贺附)

正至会仪

中宫正至命妇朝贺仪(诞日贺附)

中宫正至会妇仪

中宫正至王世子朝贺仪(诞日贺附)

中宫正至王世子嫔朝贺仪(诞日贺附)

中宫正至百官朝贺仪(诞日贺附)

正至百官贺王世子仪(生辰贺附)

朔望王世子百官朝贺仪

朝参仪

常参朝启仪

王世子冠仪

文武官冠仪

纳妃仪

册妃仪

卷之五　嘉礼

册王世子仪

册王世子嫔仪

王世子纳嫔仪

王子昏礼仪

王女下嫁仪

宗亲文武官一品以下昏礼仪

贺仪

教书颁降仪

文科殿试仪

文武科放榜仪

生员进士放榜仪

卷之六　嘉礼

养老宴仪

中宫养老宴仪

饮福宴仪

王世子与师傅宾客相见仪

书筵会讲仪

王世子入学仪（王子及宗亲同）

使臣及外官正至诞日遥贺仪

使臣及外官朔望遥贺仪

使臣及外官拜笺仪

使臣及外官受选劳仪

使臣及外官迎内香仪

使臣及外官迎教书仪

外官迎观察使仪

使臣及外官受谕书仪

开城府及州悬养老宴仪

乡饮酒仪

文武科荣亲仪

卷之七　宾礼

宴朝廷使仪

王世子宴朝廷使仪

宗亲宴朝廷使仪（议政府六曹宴府）

受邻国书币仪

宴邻国使仪

礼曹宴邻国使仪

2.《国朝五礼仪》宗庙正殿的神位

室	神位
第一室	太祖高皇帝,神懿高皇后　韩氏,神德高皇后　康氏
第二室	太宗大王,元敬王后　闵氏
第三室	世宗大王,昭宪王后　沈氏
第四室	世祖大王,贞熹王后　尹氏
第五室	成宗大王,恭惠王后　韩氏,贞显王后　尹氏
第六室	中宗大王,端敬王后　慎氏,章敬王后　尹氏,文定王后　尹氏
第七室	宣祖大王,懿仁王后　朴氏,仁穆王后　金氏
第八室	仁祖大王,仁烈王后　韩氏,庄烈王后　赵氏
第九室	孝宗大王,仁宣王后　张氏
第十室	显宗大王,明圣王后　金氏
第十一室	肃宗大王,仁敬王后　金氏,仁显王后　闵氏,仁元王后　金氏
第十二室	英祖大王,贞圣王后　徐氏,贞纯王后　金氏
第十三室	正祖宣皇帝,孝懿宣皇后　金氏
第十四室	纯祖肃皇帝,纯元肃皇后　金氏
第十五室	文祖翼皇帝(宪宗之父,追尊),神贞翼皇后　赵氏
第十六室	宪宗成皇帝,孝显成皇后　金氏,孝定成皇后　洪氏
第十七室	哲宗章皇帝,哲仁章皇后　金氏
第十八室	高宗孝皇帝,明成太皇后　闵氏
第十九室	纯宗孝皇帝,纯明孝皇后　闵氏,纯贞孝皇后　尹氏

3.《国朝五礼仪》宗庙祭礼乐

次	乐名	曲名	佾舞
迎神	保太平	熙文九成	文舞
奠币	保太平	熙文	文舞

进馔	丰安之乐	进馔						
初献	保太平	熙文	基明	归人	亨嘉	辑宁	隆化	
		显美	龙光	贞明(重光)	大猷	释成		文舞
亚献	定太业	昭武	笃庆	濯征	宣威	神定	奋雄	
		顺应	宠光	靖世	赫整(重光)	永观		武舞
终献	定大业	亚献						武舞
撤笾豆	雍安之乐	进馔						武舞退
送神	兴安之乐	进馔						

4.《国朝五礼仪》配享功臣

太祖　赵浚,李和,南在(追配),李济(追配),李之兰,南訚(追配),赵仁沃

定宗　李芳毅

大宗　河崙,赵英茂,郑擢,李天祐,李来

世宗　黄喜,崔润德,许稠,申槩,李随,李褆(追配),李補(追配)

文宗　河演

世祖　权擥,韩确,韩明浍(追配)

睿宗　朴元亨

成宗　申叔舟,郑昌孙,洪应

中宗　朴元宗,成希颜,柳顺汀,郑光弼

仁宗　洪彦弼,金安国

明宗　沈连源,李彦迪

宣祖　李浚庆,李滉,李珥(追配)

仁祖　李元翼,申钦,金瑬,李贵,申景禛,李曙,李俌(绫原大君,追配)

孝宗　金尚宪,金集,宋时烈(追配),李㴭(麟平大君,追配),闵鼎重(追配),闵维重(追配)

显宗　郑太和,金佐明,金寿恒(追配),金万基(追配)

肃宗　南九万,朴世采,尹趾完,崔锡鼎,金锡胄(追配),金万重(追配)

景宗	李濡,闵镇厚
英祖	金昌集,崔奎端,闵镇远,赵文命,金在鲁
正祖	李宗城,闵百祥,金镇绣,俞彦镐,金祖淳(追配)
纯祖	李时绣,金载瓒,金履乔,赵得永,李球(南延君,追配),赵万水(追配),南公辙,金鏴,赵秉龟
宪宗	李相璜,赵寅永
哲宗	李宪球,李曦(益平君),金洙根
高宗	朴珪寿,申应朝,李敦宇,闵泳焕

七、朝鲜时代的礼讼与君统、宗法诸问题

所谓礼讼,是指在宗法制度下,由于王位继承的正统性、丧服的等差、宗室勋戚的封号等礼仪问题所引起的争讼。在古代中国历史上,礼讼的现象时有所见。朝鲜社会性质与中国相同,但礼讼频繁与激烈的程度却远远超过中国。17 世纪以后,朝鲜王朝围绕着仁祖反正、追崇元宗、孝宗册封为世子、景宗的元子定号、仁显王后复位、世子景宗的废立、肃宗建储等关涉礼仪名分的事件,纷争迭起,大多旷日持久,牵涉面广,造成"己巳换局""甲戌换局"等一连串政治危机,甚或酿成大范围的血腥诛杀,成为朝鲜时代最引人注目的现象之一。限于篇幅,本文仅仅选择其中的几个案例作剖析。

1.光海君继位的纠纷

宣祖(1568—1608)元配懿仁王后不能生育,继妃金氏也无子嗣。1575 年恭嫔金氏生下一对孪生兄弟,即临海君和光海君,临海君为兄,光海君为弟。此后,仁嫔金氏也先后生下义安君、信城君、定远君等三子。由于恭嫔金氏和仁嫔金氏都没有嫡配的身份,她们所生之子都属于庶子之列。换言之,宣祖没有嫡子可以作为王储,只能在庶子中择立世子。按照宗法原则,临海君长于光海君,应该被册立。但是,宣祖更希望自己偏爱的光海君入承大统。

1592 年(壬辰)四月,二十万日本军队在丰臣秀吉的指挥下从釜山登陆,阴谋占领朝鲜,史称"壬辰倭乱"。四月三十日,宣祖逃离首都汉阳,五月三日,宣祖命光海君摄国事,自己逃往平壤。日军长驱直入,六月十一日,宣祖逃往义州,并决定册封 18 岁的光海君为世子。

由于朝鲜与明朝有宗藩关系,故册立世子必须得到明政府的批准。册立世子的原则,儒家典籍有明确的记载:"太子死,有母弟则立之,无则立长,年均择贤,义均则卜,古之道也"①;"王后无嫡,则择立长。年均以德,德均以卜。王不立爱,公卿无私"②。宣祖违背这一原则,废长立爱,故其册命不能得到明朝政府的认可,礼部尚书范谦云以"继统大义,长幼定分,不宜僭差,遂不许"③。六月十三日,宣祖与世子在永边分朝。六月十八日,宣祖到宣川,明辽东巡按御使李时慈发出咨文,指责宣祖擅自册封次子光海君并与之分朝的举措。1593年一月八日,光海君不得不与宣祖合流,但继续以世子的身份自行其事。甲午(1594)、乙未(1595)两年,宣祖"屡遣使请封于明朝,而礼部每以越次,据礼不许"④。丙申(1596),宣祖在屡请而不获批准的情况下,强行宣布禅位于光海君。

辛丑(宣祖三十四年,1601)和壬寅(宣祖三十五年,1602),朝鲜两次奏请明朝礼部,请"亟封世子,以定国本",均被礼部驳回。甲辰(宣祖三十七年,1604),宣祖又派遣李廷龟等上奏礼部,请求早封世子"以镇人心",再度被礼部驳回。丙午(1606)春,继妃金氏生下一子,即永昌大君,从而使事态朝着更为复杂的方向发展。永昌大君有嫡子的名分,而明政府至此尚未承认光海君世子的合法身份,宣祖理应收回成命,改封永昌大君为世子,则王位纷争可以尘埃落定。

光海君为了巩固自己的地位,残杀对其构成威胁的诸子,"一举而杀先王之子临海,再举而杀先王之宠姬,三举而杀先王之孙晋陵,四举而杀先王之子永昌,五举而杀先王之孙绫昌"⑤。"元宗大王以忧薨。幽闭大妃于西宫,去大妃号。"⑥光海君还频繁兴起所谓"谋逆"案,残酷杀戮与其不合的大臣,成为朝鲜史上的暴君之一。1608年(明万历三十六年)二月一日,宣祖薨,光海君"自

---

① 《左传》"襄公三十一年"。
② 《左传》"昭公二十六年"。
③ 《明史·外国一》。
④ 《燃藜室记述》卷十八,《光海嗣位》。
⑤ 《燃藜室记述》卷十八,《光海嗣位》。
⑥ 《仁祖实录》卷一,"元年三月癸卯"条。

称署国事,遣陪臣来赴,且请谥。帝恶其擅,不允"①。朝鲜朝野一万八千余人联名上奏北京,希望尽快确认王位的继承者。次年,光海君宣布继位。面对既成事实,明政府才下诰命,"特封故王之次子讳为朝鲜国王,卑承先绪"②。

围绕光海君继位所发生的纠纷,主要反映在中朝政府之间。严格说来,尚未形成讼事,但却是朝鲜后期大规模礼讼的肇端。由于光海君的废立,直接引发了仁祖、显宗两朝的礼讼。不仅如此,光海君事件开启了用行政权力对抗宗法原则的先例,对此后的礼讼有着明显的影响。因此,我们不得不首先提及这一过程。

2.追崇元宗

1623年(癸亥),被幽囚十余年的仁穆大妃在大臣的支持下,脱离危境,并控制了局面,于是颁教书,历数光海君"灭天理、斁人伦,上以得罪于宗社,下以结怨于万姓"③的滔天罪恶,宣布废除其王位,逐出宗统。当时,宣祖的六个儿子,除光海君之外,其余五子均已去世,而且除定远君有一子之外,均无子嗣。因此,定远君之子(即仁祖)得以入承大统,史称"仁祖反正"。

"仁祖反正"之初发生的重大事件是所谓"元宗追崇"。所谓追崇,就是君主为自己未曾践位登基的父祖追赠封号,并祭以帝王之礼。追崇之礼至迟出现于中国商代。由殷墟甲骨文可知,商人祭祀商汤之前上甲微等六位先公的规格,与成汤以后的诸王等同,当是成汤王天下之后所为④,是为追崇先祖的权舆。至殷周之际,"武王末受命,周公成文、武之德,追王大王、王季,上祀先公以天子之礼",孔子称赞云:"武王、周公,其达孝矣乎!"⑤大王、王季乃文王之祖、父,在世时未曾登天子之位,但死后被周公追封为王,其余先公也得以享有

---

① 《明史·外国一》。
② 《光海君日记》卷十七,"元年六月辛亥"条。
③ 《仁祖实录》,"元年三月甲辰"条。
④ 参阅王国维《殷卜辞中所见先公先王续考》,载《观堂集林》卷九,石家庄:河北教育出版社,2001年;于省吾《释自上甲六示的庙号以及我国成文历史的开始》,载《甲骨文字释林》,北京:中华书局,1979年。
⑤ 《中庸》。

天子之祭，孔子认为孝莫大焉，故后世帝王纷纷效法周公故事，或称追赠，或称追封，以光宗耀祖。朱熹最早使用"追崇"一词来表述这一追赠封号的礼仪①，后代遂沿用朱熹之说，称之为追崇礼。

1626年，仁祖私庙致祭，遇到祝文的"头词"即开头如何称呼生父定远君的难题。从血统的角度而言，仁祖是宣祖之孙。仁祖认为，以孙继祖，其间空缺父位，如果能为其生父定远君加增某一名分，追封为元宗，使之成为宣祖在宗法上的继承者，就可以将君统体系理顺。朝廷功臣李贵等极力逢迎仁祖之意，声言由于光海君被废，永昌大君、临海君、义安君、信城君等都先于定远君而亡，而且没有子嗣，因此，定远君自然就是宣祖的长子，有继位的资格。

但是，这是一种缺乏宗法常识的无知之论。根据宗法的规则，人只能跟从一个宗统，如果过继给另一宗统做继承人，那么就与本生父母解除亲子关系，并降低丧服等级，所以礼经规定"为人后者为所后者服斩衰"，而为本生父母只能服齐衰不杖期。② 对于君王而言，尤其是如此，无论以何种身份继位，彼此都有父子之道。尽管仁祖是宣祖之孙，但已继承宣祖为王，彼此就有了父子之义，两人之间不存在考位空缺的问题；仁祖不得再称本生之父定远君为父考，而只能称叔父或者伯父，自称侄。因此，许多大臣反对追崇。

君统的继承原则，《春秋》中时有所见，最著名的例证，是《春秋》文公二年，"八月丁卯，大事于太庙，跻僖公"一事。僖公是文公之父、闵公之兄，而闵公最先即位，接着僖公继位，最后是文公继位。三人的关系变为，僖公以弟弟闵公为祢庙，文公以叔叔闵公为祖庙。而文公在宗庙祭祀时却将僖公放在闵公之前，故后人讥之为"跻"。跻僖公受到三家的一致批评：

> 跻僖公，逆祀也。于是夏父弗忌为宗伯，尊僖公，且明见曰："吾见新鬼大，故鬼小。先大后小，顺也。跻圣贤，明也。明、顺，礼也。"君子以为失礼。礼无不顺。祀，国之大事也，而逆之，可谓礼乎？子虽齐圣，不先父食久矣。故禹不先鲧，汤不先契，文、武不先不窋。(《左传》)

---

① 《中庸集注》："周公成文、武之德，以追崇其先祖。"
② 参见《仪礼·丧服》斩衰章、齐衰章。

  大事者何？大祫也。大祫者何？合祭也。其合祭奈何？毁庙之主，陈于太祖；未毁庙之主皆升，合食于太祖，五年而再殷祭。跻者何？升也。何言乎升僖公？讥。何讥尔？逆祀也。其逆祀奈何？先祢而后祖也。（《公羊传》）

  跻，升也，先亲而后祖也，逆祀也。逆祀，则是无昭穆也。无昭穆，则是无祖也。无祖，则无天也。故曰：文无天。无天者，是无天而行也。君子不以亲亲害尊尊，此《春秋》之义也。（《榖梁传》）

  可见，诸侯宗统的计算，是以昭穆为班辈，而与自身的血统顺序无关。长期以来，这是作为一种常识而为朝野所熟知的。

  由于朝臣对于礼制的理解不一，双方争执不下，仁祖让大臣和儒林讨论，意见依然不能归于一尊。最后由礼曹提出折衷之说："称考而不加皇字，称子而不加孝字。"①但是，"皇"和"孝"字都是形容词，加与不加，无关宏旨。此处不加，而对定远君称考，仁祖自称为子，依然大谬。故礼官之说同样不可取。

  金长生和朴知诫作为儒臣同被调往宫中征询意见，而两人所论，截然不同。金长生（1548—1631）擅长礼学，所论最为精到："礼，为人后者为之子。至于人君，则虽兄之继弟、叔之继侄者，皆有父子之道焉。"②认为祖统可以隔代直接继承，因为君王的世系是按照昭穆来计算的。继位者与前任君王原本有君臣关系，根据"臣子一例"的原则，为臣就是为子，宗法上的君臣等同于父子。既为昭穆，势同父子，而不得再宗其私亲。宣祖和仁祖虽然中间隔了一代，但在君统上已经形成父子关系，中间不存在考位空缺的问题，所以不需要元宗追崇之类的典礼。

  可为金长生之说作证的，是西汉的宣帝与昭帝的关系，与仁祖以孙继宣祖的情况最为相似。汉武帝有六子，卫皇后生戾太子，赵婕妤生昭帝。元狩元年，戾太子立为皇太子。元鼎四年，戾太子纳史良娣，生史皇孙。戾太子、史皇孙均死于巫蛊之祸，其后，昭帝崩，史皇孙之子继位，是为宣帝。故宣帝之于昭

---

① 《燃藜室记述》卷二十二，《元宗》。
② 《沙溪全书》卷一，《论私庙亲祭时祝文属号疏》。

帝,乃是以孙继祖。宣帝本始元年,宣帝欲为戾太子追封谥号,有司奏请云:"礼,为人后者为之子也。故降其父母不得祭,①尊祖之义也。陛下为孝昭帝后,承祖宗之祀,制礼不逾闲。……愚以为,亲谥宜曰悼,②母曰悼后,……故皇太子谥曰戾,史良娣曰戾夫人。"③可见,宣帝虽有帝王至尊,亦以王位相继为父子,而不得称其私亲为考。

金长生指出,如果既承大统,又以本生之父为考,就成了"二本",其后果必然导致伦序的淆乱,这正是宗法的大忌:

> 盖圣上之于宣庙,虽是亲孙,而既升大位,上接宣庙之统,则名号、伦序更无可议。若如议者之说,而既继大统又考私庙之亲,则是不专于正统,而为二本之嫌。其为害礼乱伦,不亦甚乎!④

根据"天无二日,土无二王"⑤的原则,则丧无二斩,庙无二主。人的一生中只能为所后者服斩衰,金长生指出,如果按照礼官之说行事,就会出现服"二斩"的窘境:"今者礼官之意,欲以考与子定为称号。既定之为父子,则必为三年丧。岂有入承大统而为私亲服三年之理乎!"⑥

朴知诫支持追崇,反对金长生之说,认为无论王室还是士庶,都不能缺少祢位,仁祖必须通过追尊元宗来填补祢庙之缺,"元宗早世,仁祖嗣位则追崇元祖,以承宣祖之统,有何不可乎"!并认为为继统之君服斩,与为本生父母服斩,并非"二斩":

> 故既为人后,则不可复为本生父服斩。至如高曾祖父凡正统之亲,虽代数之远,皆是一气也。故既为父斩衰,而父卒复为祖斩衰,祖卒复为曾

---

① 颜师古注:"为本生之父母也。"
② 如淳云:"亲,谓父母也。"
③ 《汉书·武五子传》。
④ 《沙溪全书》卷一,《论私庙亲祭时祝文属号疏》。
⑤ 《礼记·曾子问》孔子语。
⑥ 《沙溪全书》卷一,《论私庙亲祭时祝文属号疏》。

祖斩衰。则凡为斩衰者,虽曰有三四,亦非贰斩之类也。受国于祖而为祖后者,父虽未为君,犹为父服斩之说,载在圣经贤传。则为祖后而主祀于祖庙者,父虽未为君,复为祢庙之主祀,有何嫌于二主乎!丧既斩衰,则庙当主祀,其义一也。为人后者之为本生父母也,丧不服斩,降为期年,而与伯叔父母同,则其所以不亲主祀者固宜矣。若孙之受国于祖,则其于父也,丧无降杀之节,而不改斩衰。岂有服斩而不亲祀之理哉!丧虽斩衰,亦非贰斩,则庙虽主祀,亦非二主矣。不自主祀,而使人为之,则名虽为子,而实非所以尽孝子之道矣。①

朴知诫连篇累牍地撰写文章,有《章陵追崇疑礼辨》五篇、《金沙溪书辨》、《又辨金沙溪书》等②,专与金长生等论难;另有《郑副学八条答辨》《又辨郑副学论丧礼札》③,专与郑经世辩难;又有《张大宪典礼问答辨》《尹左相、申右相札辨》《赵参奉疏辨》《父子大经辨》《天子为庶祖母持重服议解》④等,专与张维、尹昉、申钦、赵相禹等论难。纵观朴氏所作,可知于礼学水平甚差,下面略举数例。

朱子《九庙七庙图说》云,周天子庙数,韦玄成、刘歆分别持七庙、九庙之说,姑两存之。又提及迁庙之法云:"新死者当祔昭,则毁高祖之庙,而祧迁其祖之主于高祖之故庙,而祔新死者于祖之故庙。祔于穆者,其序亦然。"所言极为明晰。而朴知诫却云:"朱子《图说》则乃曰:高祖以上亲尽当毁,则康王虽在四庙之外,若为高祖则岂可毁乎!"⑤将高祖之庙当毁理解为高祖不毁,故认为周当为八庙,大谬。此其一。

卫世子蒯聩欲杀其母,未遂而出奔,故得罪于父。灵公欲立公子郢,未果。夫人乃立蒯聩之子辄,辄据国以拒父。子路问孔子:"卫君待子而为政,子将奚

---

① 《潜冶集》卷七,《章陵追崇疑礼辨第一》。
② 见《潜冶集》卷七。
③ 见《潜冶集》卷八。
④ 见《潜冶集》卷九。
⑤ 《潜冶集》卷七,《章陵追崇疑礼辨第四》。

先?"子曰:"必也正名乎!"①朱熹注云:"出公不父其父而祢其祖,名实紊矣。"朴知诫以此作为子不得直接祢祖的证据。其实,孔子之言,意在指责蒯聩父子皆为无父之人,岂可有国。此事与仁祖继祖之事完全是两回事,而朴氏混同为一,真是不学之过。

有上引两例可知,朴氏"子既为正统之孙,则父亦为正统之子"之论为无知妄说,无怪礼曹判书李廷龟云:朴氏"似是独学,故其于说礼,识未透、见未到而已"②。

更有甚者,敬陵参奉李义吉上疏云:"夫宗庙何为而设也?为父祖曾高也。凡所谓父、所谓祖者,皆主殿下之身而言也。则殿下之宗庙,为殿下之父祖曾高而设也。以殿下之父而不得入殿下之宗庙,天下有是理哉!"③真所谓不入流之言也。

朴知诫、李义吉等认定,定远君不仅是仁祖的生父,而且在宗统上也有父子之义。为人后者与为祖后者对生父之礼是两回事,后者可称考称子,是服斩衰的父子关系。因此,仁祖应当主持定远君的祭祀,并把神主祔宗庙。

追崇元祖的争论尚未结束,又发生了新的丧服问题。仁祖四年(1626),仁祖的生母启运宫具氏丧,由于仁祖与本生父母的称谓没有确定,仁祖如何服丧遂成为问题。如果元宗追崇成功,则仁祖的丧服应为齐衰三年;仁祖坚持此说。反之,启运宫具氏不过是大院君夫人,则仁祖的丧服必须降为齐衰不杖期,李元翼、尹坊、申钦三位正丞和礼曹判书金尚镕等力持此说。金长生认为,仁祖的父亲只能是宣祖,而定远君只能是叔伯父,因此,为定远君的配偶就只能按照《仪礼》"为人后嗣者为本生父母穿不杖期服"的规定服不杖期。张维折衷两说,主张服齐衰杖期。

于是,仁祖与臣僚,大臣与大臣之间就三年丧、杖期、不杖期等三种意见展开激烈论争,之后,连太学、私学的学生,地方的儒生也都卷入了论战。最后,面对朝野舆论的巨大压力,仁祖被迫服齐衰杖期。

---

① 《论语·子路》。
② 《燃藜室记述》卷二十二,《元宗》。
③ 《燃藜室记述》卷二十二,《元宗》。

1631年,仁祖表示了追崇元宗的立场,朝臣则坚决反对,双方陷入僵持状态。鉴于明朝政府对朝鲜的奏请一般情况下都表示同意,所以,仁祖打算就追崇元宗问题向明政府上奏疏,以便用明朝政府的批复来钳住反对者的口。朝臣、儒生闻讯,纷纷表示反对上疏。仁祖采用李贵的建议,先任命赞成追崇的官员担任吏曹判书,掌握主动后,再由吏曹判书由向明朝政府上疏。

1632年五月,仁祖决定追尊元宗,设置别庙,并将别庙的神主合祔宗庙,旷日持久的元宗追崇典礼争论终于结束。仁祖通过追崇元宗大君、祔庙,使定远君(元宗)成为宣祖在宗法上的继承者。

3.册封凤林大君为世子的争议

1645年二月,在清朝盛京当了九年人质的昭显世子回到朝鲜,不料,"未几得疾,数日而薨,举体尽黑,七窍皆出鲜血,以玄帧覆其反面,旁人不能辨其色,有类中毒之人,而外人莫有知者"①。此事引起朝野的种种猜测。昭显世子在盛京期间,"广建馆宇,私殖货利,酬应清将之求索"②;"又赎得被房男女数百人,不禀于大朝,亦不出送"③云云,仁祖对他非常厌恶,两人之间的不和,是国中尽人皆知的事实,因此,舆论认为他当是被仁祖安排的人所暗杀。六月二日,仁祖置元孙的存在于不顾,决定册封凤林大君(孝宗)为世子,与会讨论者16人,赞成仁祖意见的只有金自点一人,连先前积极支持仁祖追崇元宗的领议政金鎏、洪瑞凤等也持消极态度,主要理由是,"太子不在,继以太孙,此乃不易之常经,反复行权,恐非国家之福"④,太子殁,由元孙继位,这是宗法的铁定原则。"元孙称号,国人所仰。"⑤元孙已经十岁,历史上,周武王殁,成王继位尚在襁褓之中,因此,元孙完全具备入承大统的资格。大臣言之凿凿,无奈仁祖决心已定,所以大臣最终只得向仁祖妥协。

---

① 《仁祖实录》卷四十六,"二十三年六月戊寅"条。
② 《仁祖实录》卷四十四,"二十一年十二月壬午"条。
③ 《仁祖实录》卷四十五,"二十二年四月己卯"条。
④ 《仁祖实录》卷四十六,"二十三年闰六月壬午"条。
⑤ 《仁祖实录》,卷四十六,"二十三年闰六月甲申"条。

4.己亥礼讼

显宗朝(1660—1674)发生过两次礼讼。第一次出现于己亥年(1659),孝宗薨,围绕着孝宗的母亲慈懿大妃如何为之服丧的问题,朝中出现争讼,史称"己亥礼讼"。

孝宗是仁祖的次嫡,孝宗的生母仁烈王后早死,慈懿大妃是继母。根据《仪礼·丧服》的规定,父母为嫡长子服三年之丧,为众子服期年之丧。问题的复杂性在于,孝宗不是嫡长子,却已承重、进入王统;作为孝宗继母的慈懿大妃应该如何为孝宗服丧?对于如此复杂的问题,《国朝五礼仪》没有相应的条文可以依据。朝中官员议或主服三年之丧,或主服期年之丧,莫衷一是。

领议政郑太和、左议政沈之源、领敦宁李景奭、延阳府院君李时白、完南府院君李原渊、领中枢元斗杓等认为,"考之时王之制,似当为期年之服"①。服制事大,为慎重见,礼官征询宋时烈的意见。宋时烈(1607—1689),号尤庵,字英甫,朝鲜时代著名学者,金长生的弟子,尤长于礼学。宋时烈依据《仪礼·丧服》疏有"虽承重不得三年"的规定,赞成"期年服制"说。因为孝宗虽然已经承重,但并非以嫡长子的身份继位,在伦序上依然是次嫡。因此,慈懿大妃为之服丧,不能超过期年。

大司宪尹镌上疏指责宋时烈"实乱大经","不闻有王朝之大礼"。他引《仪礼·丧服·斩衰章》贾公彦疏"第一子死,则取嫡妻所生第二长子立之,亦名长子"之语作为依据,认为大王大妃当服斩衰三年。他批评宋时烈不知士庶之礼与王朝大礼的区别,只知有长少之序,而不知有宗庶之大分。他指责宋时烈自入于无君之域,犯下了乱统坏礼之罪。尹镌认为,所谓嫡长子,并非如宋时烈所说仅仅是指嫡妻所生的长子,他举《丧服》郑玄注"立第二嫡子,亦名长子"之说,证明嫡长子早死,第二嫡子继位,也可以称为嫡长子。仁祖以孝宗为嗣,恰是郑玄所说的原则。孝宗大王虽然以次嫡继位,但已有嫡长子之名分,不得再视为庶子。既是嫡长子,"则不论长幼嫡庶、内外亲戚、百官士庶,皆服

---

① 《燃藜室记述》卷三十一,《己亥慈懿大妃服制》。

斩衰三年。虽母后之尊,亦以继统之义,而与天下同其服。此天地之常经,古今之通义,百王不易之道也"①。尹镌又云:

> 故《礼》曰"为君斩衰",与诸侯有五属之亲者,皆服斩。汉人之言亦曰"诸侯夺宗、圣庶夺嫡"是也。而若此等议,斑斑见于经传史策者非一。我《国朝五礼仪》亦实用古制,大王丧,则凡在斩衰、齐衰、大功、小功、缌麻之科者,皆服斩衰。内丧,则有服齐衰三年者,有服齐衰期年者。无他,功、缌之服,其义可知也。是知国君斩衰之服,非徒古礼则然,国朝之成宪亦然。而向日言者之所引,亦名长子曰正体、曰母为长子齐衰者,皆以未受重者言也。故《传》曰:"为长子何以三年也?以其将所传重也。"谓之将所传重,则于其已传重者,固不可以是班之也。②

在这篇疏中,尹镌危言耸听地说:"故大经不甚明而民心疑惑,邪说又潜腾而国是挠动,此实国家之大忧也。方今虽圣明在上,使君子有所恃而不恐,小人有所畏而不敢逞,安知他日小人谗说者不交乱其间而反复其事乎!"处心积虑地将关于丧服的讨论引向王权的安危。他还请求显宗"宜俟朔日或大练之时,大王大妃服改以斩衰,以终三年",并命礼官将其所著《典礼私议》③作为基础,交大臣及儒臣共同参订,"以定大礼"。尹镌的上疏得到显宗好感,当即批转大臣、儒臣廷议。

领相许太和征询宋时烈对尹镌疏三年之说的意见。宋时烈认为,《丧服》贾疏确实有"第一子死,则取嫡妻所生第二长子立之,亦名长子"之语,但下文接着说"嫡妻所生第二者同名庶子";又说"虽承重,不得三年,有四",这是十分紧要的话,尹镌居然没有注意。所谓"有四",是指不得为之服丧的四种情况:一是正体有废疾、不得传重者;二是庶孙为后、传重非正体者;三是立庶子为后、体而不正者;四是立庶孙为后、正而不体者。孝宗以次嫡继位,虽承重,

---

① 《白湖集》卷六,《论服制疏》(闰五月初一日)。
② 《白湖集》卷六,《论服制疏》(闰五月初一日)。
③ 见《白湖集》卷二十三。

但属于"体而不正",所以不得为之服三年之丧。宋时烈还指出,《大明律》和《国朝五礼仪》都有明文,无论长子、嫡子,母亲都只能为之服期年之丧。于是,郑太和乃宣布,根据《国朝五礼仪》定为期年之丧。

显宗元年(1660)三月,丧服即将满一年,按照丧礼的规定,练祭之后就要除丧。此时掌令许穆上疏,"请令礼官儒臣杂议,追正丧服之失于礼者"①,请求将期年之丧改为三年齐衰之丧。之后,许穆再次上疏,引《仪礼》为长子丧服图,申述"立嫡以长则三年,立庶子为后则期年"②之论,并草拟了第三疏③。

许穆是尹镌的同党,因而处处回护尹镌的三年之说。他主张,"第一子死,为次长传重者斩,所重在嫡嫡相承,尊祖祢之正体,推之一本,实无贰斩之疑也","昭显虽有子,先王之所废。孝庙实仁庙次嫡,既册立为世子,承统受重,礼所谓正体传重者也"④。许穆认为,无论长嫡、次嫡,只要是嫡子,继承王位者就是正体;而"体而不正"者是指妾子。许穆之论,完全不顾贾疏的解释,偷换概念,自立其说。

许氏又引《丧服》"父为长子""君""母为长子""君为姑姊妹女子之嫁于国君者"、《周礼·司服》等经传注疏的文字为据,申述其三年之说:

> 父母为长子三年,以先祖之正体也。盖已极无以加矣。诸侯为姑姊女子子嫁于国君者,与兄弟俱为诸侯者尊同,尊同则服其服。太后之与国君尊同,有母子之本服。父为子斩,以正体传重也。母为子齐衰,不得过于子为己也。《司服》"凡丧为天王斩",疏言诸侯诸臣为王斩,不言母后为王斩。《五服图》族祖出于高祖,诸祖出于曾祖,诸父出于祖,兄弟出于父,子孙出于己。正体之尊,不系于五属。君臣之义虽严,父子之伦何可废之。天子诸侯绝旁期,尊同则不绝,不绝则无斩。此丧服之大义也。⑤

---

① 《记言》卷六十四,《追正丧服失礼疏》。
② 《记言》卷六十四,《再疏上丧服图》。
③ 见《记言》卷六十四,《三疏》。此疏完成后,没有递上。
④ 《记言》卷二,《答堂兄雪翁》。
⑤ 《记言》卷四十九,《大王大妃服制收议》。

许穆还拾尹镌牙慧,引魏晋故事,皇太后三夫人以下,皆为天王斩。东晋太元二十一年,孝武崩,李太后制三年之服。宋永初三年,武帝崩,萧太后制三年服等为据,证成其说。①

南人尹善道与许穆彼此呼应,上疏支持许疏,称"孝宗大王既为世子之后,其可不谓之长、谓之嫡,而犹谓之庶子乎"! 称赞"许穆之言,非徒议礼之大经,实是谋国之至计"②。

于是,宋时烈上疏,对许穆之说进行逐条驳斥。氏云:

> 许穆之疏,其紧要有二段。其一,第一子死,立第二长者,亦名长子而服斩也;第二,庶子为后不得三年,妾子故也。夫所谓第一子死者,夫知其死于何等时耶? 谓已成人而死,其父既为之服斩;又立次嫡,谓之长子,而其次嫡死,又为之服斩三年耶? 如此,则其于无二统、不贰斩之义何如也? "妾子故"三字是穆自下之说,非疏说也。夫所谓妾子者,固谓妾子也。然自次嫡以下,则虽人君母弟,亦谓之庶子,孝宗大王不害为仁祖大王之庶子,庶非贱称也,乃众子之意也。父王既为庶子而不服三年,则虽已承统,母后何敢独服三年乎? 况大王大妃于昭显之丧,既与仁祖大王同为长子之服,则其义何可变于今日耶?③

上引宋氏之说要点有三:

第一,"第二长子亦名长子"一语不见于经传与注,而是贾公彦的说法。许穆疏中的"妾子故"三字,不是疏文,而是许穆的"自下之说",属于想当然之说,故不足为凭。

宋氏认为,贾疏之所以不说"长子死",而云"第一子死"者,意在"明其死于殇年,而不成为长子也","明第二子亦死于殇年,则亦不得为长子。必此第

---

① 许穆不久又收回此说,云"此非三代之礼也,臣不敢引以为圣朝尽礼之明证矣"。详见《记言》卷四十九,《收议后又进札》。
② 《孤山遗稿》卷三上,《论礼疏》。尹善道又有《礼说上》《礼说下》乃后来撰于谪所时所作,可参考。
③ 《宋子大全》卷二十六,《大王大妃服制议》(庚子三月二十三日)。

二长为成人,然后始可为长子也。《仪礼》"殇服"条只言嫡庶而不曰长子者,明其死于殇者,不得为长子也"①。因此,贾疏的意思,当是第一子殇,其父不得为之服斩;第二子立,方可以名为长子并为之服斩。如果第一子是成人而死,其父已为之服斩,则第二长者虽入承嫡统,也不得称为长子。

第二,"庶"不是贱称,是相对于嫡而言的称谓,庶是众的意思,嫡长子以外的子统称庶子,或称众子。"以嫡妻所生对妾子,则妻所生皆为嫡,而妾子为庶也。妻所生之中,以长对众,则长为嫡而众为庶也。考之礼经,此等处不翅明白","况礼有下正犹为庶之文,是庶不得称正,而正则兼称庶之证也"②。

朴知诫以"天子建国,诸侯夺宗"之说混淆嫡庶之别,宋氏驳斥云:

> 夫所谓诸侯夺宗者,天子所建之诸侯,若是于其伦序为弟者,则当夺其兄之宗,立庙于所建之国也。若是理所当然之事,则只曰天子建国,诸侯立宗可也。何必曰夺宗也?其曰夺者,明其不当有而有之也。盖长子立宗,经也。次子夺宗,权也。圣人于经权之际,立义严矣。又彼辈引程子"旁枝达为直干"之言,以证其说。此亦当为此边之证也。夫直干既绝,则旁枝之达为直干者,诚有之也。然而程子必曰旁枝者何?明其自与天然之直干有别也,其立文之义,可谓精矣。③

宋时烈指出,"服与统,自是二事也。服之降,是明嫡之义也。统之移,是尊君之道也","孝宗大王既入承大统,则服虽降,而于大统之尊,少无所损也";"帝王之家,长子承统则斩;众子承统则期;其余则绝而无服";"父子、君臣、兄弟,固是天叙之大伦也。兄亡弟及,是统不可绝,而出于变制之道也。其理虽如此,而兄弟之伦不以存亡死生而有异。故弟虽承统,而兄之为兄自若也"。

第三,昭显世子之丧,仁祖大王当从《礼经》服斩衰。不料却从《经国大典》服期年。既然如此,就没有理由为次嫡服三年丧,"第一子年长而死,父既

---

① 《宋子大全》卷百三十四,《礼说》。
② 《宋子大全》卷百三十四,《礼说》。
③ 《宋子大全》卷百三十四,《礼说》,以下几节均出自此文。

为长子服,则次子虽承统,而父不得为三年。不待四种之说而知也"①。

宋时烈之说,严丝合缝,为深得礼义者。对许穆的"图说",宋氏也提出反诘:

> 今之议者,犹为家国不同之说,臣所不敢知也。立庶子为后是也。今此所争,在此一段。盖以上下疏说观之,则"父为长子"条既曰"立第二长者亦名长子",其下又曰"第二长者,同名为庶子",其下又曰"体而不正,庶子为后是也"。此三说,一人所记,一时所说,而同条共贯,似不可主此而攻彼,是彼而非此也。正当反复参考,使其上下不相为病可也。②

尹鑴则多次上疏论服制,声称自己"欲据周公之礼,明继统之重,立君臣之义",指责宋时烈"以家人之礼而为王朝之典"③。尹鑴见自己的三年之说没有被采用,心中不服,于八月十五日第三次上疏,对显宗的决定表示失望,"知殿下遂不免夺于众议,变易圣见,改出判付。臣于此又不胜愕然而惊,怃然而失图",希望显宗收回成命,"窃以为,圣上必能大明是非,廓挥乾断,以定国家之大礼,以新四方之听闻",并再次提醒显宗注意服制争论的要害是王权:"礼失则愆,名失则昏。昏名愆礼,非以长世,岂非古人之天戒乎"!"柄失于上,纪乱于下,使四方得以窥其浅深,此非细故也。"④

尹鑴又引《丧服·斩衰章》"君丧,内宗妇女皆斩"之文,提出"大王大妃亦当服斩",以证明其三年之说不误。总之,尹鑴的意见可以归纳为:为长子,不管上下服三年丧;为君王,无论内外宗都服斩衰。

宋时烈驳斥说:"内宗妇女皆是臣子,故服斩矣。今大王大妃,则大行大王所尝臣事","子无臣母之义"。也就是说,君丧时,内宗因为都是臣子,所以才为之服斩衰三年之丧,而慈懿太妃是孝宗的母亲,哪有儿子把母亲当臣子的道

---

① 《宋子大全》卷百三十四,《辨柳元之礼说》。
② 《宋子大全》卷二十六,《练服变改及许穆图说辨破议》(庚子四月)。
③ 《白湖集》卷七,《论服制疏》(乙卯八月初十日)。
④ 《白湖集》卷七,《再疏》。

理?宋氏精于礼学,其说自然高出尹镌一筹。

领相许积、行判枢郑太和、左相权大运认为,尹镌所引为君斩、与诸侯有五属之亲者皆服斩的文字,虽然援据颇详,但是《仪礼》又有"尊同则服"的文字,母后之于国君,其尊既同,则其所服,宜服本服。所谓五属之亲,恐不并指母后而言也。《国朝五礼仪》所谓"大王丧,则凡在斩衰齐衰功缌之科者,皆服斩衰"的规定,正是指五属之亲为臣于国君者而言,而尊同则服其服者不在此中。

最后,许穆的三年说和宋时烈的期年说都没有被采纳,朝廷采纳了郑太和的折中主张,按照国制期年说。朝廷采纳期年说,表面上似乎是西人得胜,但宋时烈的期年说根据《仪礼》把孝宗当作众子,国制期年说则是不区分长子和众子,因此,问题并没有真正解决。

5.赵太妃丧服

显宗朝的另一次礼讼,是围绕孝宗之妃仁宣王后之丧中赵大妃如何服丧而展开的,实际上是前一次礼讼的继续。

显宗十五年(1674),孝宗之妃仁宣王后丧,赵大妃的丧服一时成为难题。《仪礼》有长子妇大功和众子妇小功的区别,《国朝五礼仪》"众子妇"条中没有承重时服期年的条文,所以除了大功服以外,没有其他合适的丧服。因此,当时在朝廷担任左右相的金寿兴、金寿恒认为,大妃应该服大功九月之丧。

己亥礼讼时,郑太和援引《国朝五礼仪》的服期年之丧,在兄弟伦序上不需要区别长子与众子,在当时似乎平息了宋时烈与尹镌的争论,但在实际上,不仅没有解决分歧,反而埋下了第二次礼讼的隐患。孝宗究竟是长子还是众子?因为按照逻辑,如果孝宗是众子,则仁宣王后就是众子妇。

大邱一位名不见经传的儒生都慎徵最先发现了这一隐藏的问题,他上疏责问穿大功服的根据是什么。他认为大功是众庶妇之服,如果穿大功服,等于把仁宣王后作为众子妇,则显宗就是众庶妇所诞生,就成了仁祖的众庶孙。如此,显宗的身份就非常低贱,其正统地位何在?这是许多人一时没有想到的问题。

显宗读完都慎徵的疏奏之后,陷入困惑之中:己亥服制定为期年之丧是基于国制,现在改为大功也说是基于国制,而彼此歧异,原因何在?显宗要求金寿兴等作出说明。但是,问题是出在作为国制的《经国大典》本身的不完善,金寿兴等当然无法作出令显宗满意的解释。

此时,宾厅接连上呈四启,系统叙述对两次服制的看法:首先,己亥服制依国制定长子期年服,现在服大功,两者有矛盾,不能互洽。其次,己亥服制虽然用期年之丧,但是并没有把孝宗当众子,所以仁宣王后不能当作众子妇。再次,大王大妃没有为姜嫔穿长子妇服,那么,长子妇期年服为谁穿?结论是,根据《仪礼》疏的说法,第二长子立为后嗣者可以称长子,所以孝宗是仁祖的长子;所谓"体而不正"不适用于孝宗,不能把孝宗当庶子。

显宗大怒,下令流放金寿兴,并采用许穆之说,将服制改为期年。许穆的地位陡然上升,成为礼学的权威,其学说遂成为南人礼说的指规,显赫于一时。显宗并任命南人许积为相,形势发生急转。

当初仁祖反正时,得力于西人的支持,所以,朝廷两班大多为牛浑、李珥的门人,南人的势力非常弱小。两个党派之间的斗争,实际上是显宗与宋时烈的纠葛。显宗逐渐排斥西人,提拔南人。以金佑明、金锡胄为首的清风金氏在孝宗朝就反对宋时烈,在第二次礼讼中,他们极力倡导孝宗嫡长子说,并与南人结成结盟,形成倒宋的政治力量。

不久,显宗逝世,肃宗继位。肃实从14岁起就敌视宋时烈,此时对于宋氏的不满达到极点。南人趁机发难,以"误礼""乱统"为罪名,要求惩处宋时烈、金寿兴。于是,肃宗宣布罢免宋时烈。肃宗五年(1679),宋氏门人宋尚敏上万言疏为宋时烈辩护,肃宗竟然下令将其拷打致死。接着,肃宗将宋时烈流配到巨济岛,数年后,强迫其饮鸩自杀。

6.朝鲜礼讼简评

现在我们讨论两个问题。第一,为什么朝鲜时代后期会出现礼讼的高峰?第二,如何评价朝鲜时代的礼讼?

关于第一个问题,笔者认为,主要是由于中国古礼在朝鲜半岛的深入传播。宗法制度传入朝鲜半岛,可以追溯到三国时代。但是,三国时代对中国宗法制度的运用,尚处于简单模仿的阶段,对于涉及宗法与丧服的复杂问题,往往作简单化的处理。高丽时代是儒释道三教并立的时代,学者对于佛学理论的探讨充满热情,对于礼制的建设,则主要满足于规制的扩展和外在形式的套用,对于宗法的理论问题的探讨相当之少见。朝鲜时代前期,随着理学的发达,学者开始注重于礼义的研究,但总体情况没有根本的改变。在这一漫长的历史时期中,因国君没有子嗣等原因而采用变通办法传位的情况时有所见,但几乎都没有引起大的震动,在许多人眼中,这纯粹是王室内部的私事。

但是,朝鲜学术界在经过两百多年的积累之后,不仅涌现出一些学养深厚的礼学者,而且朝臣和士林对于宗法礼制的认识越来越深入。许多学者以毕生的精力研究《三礼》之学,他们将蕴涵在宗法制度中的种种礼制原则,视为王室继承制度的准绳,任何违反礼制规定的举措,都会被视为大逆不道,都会有人挺身而出,拼死抗争。宋时烈堪称这一时期礼学家的代表。

宋时烈出于礼学名家金长生门下。金长生(1548—1631)师从宋翼弼(1534—1599)。宋翼弼长于礼学,著有《家礼注说》[①]三卷。金长生仰承师学,撰有《典礼问答》两卷、《家礼辑览图说》两卷、《家礼辑览》六卷、《丧礼备要》四卷、《疑礼问解》八卷,《群书辨疑》中有《礼记》一卷,其他著述、书札中论及于礼之处,可谓触目皆是,堪称礼学大家。金长生弟子众多,著述丰饶,专著有金集的《疑礼问解续》《古今丧礼异同议》,宋时烈的《尤庵先生礼说》,李惟泰的《疑礼问目》《疑礼问答》等。许多问题,金长生与门人弟子论讨往复,研究有素,如《仪礼》贾疏"虽三年不得承重有四种",金长生早就注意及此[②],故当朴知诫以此为证时,宋时烈立即从容反驳,条分缕析、鞭辟入里,绝非朴知诫意气用事、尹镌举此失彼之辈可比。

关于朝鲜时代礼讼的评价问题,我想提及韩国学者李迎春先生。李迎春先生对朝鲜时代作过非常深入的研究,提出了许多很有价值的见解。但其中涉及礼讼性质的观点,笔者难以苟同,下面略作讨论。李先生认为,"17世纪朝鲜礼学,是从以《三礼》为主的古典礼学到以《家礼》为主的中世礼学的过渡

---

① 《龟峰先生集》卷七、卷八、卷九。
② 《沙溪全集》卷三十七,《疑礼问解·斩衰》"父在为长子不服三年"条。

期"。以《家礼》为中心的礼学家,原则上反对区别身份,主张从王室到庶人都能用《家礼》,从而导致在国家典礼仪上的争论。礼学的分歧不一定以理气论等形而上学理论基础,也不一定按照退溪、栗谷两个学派来划分。从朝鲜初期起,出现了将本属士大夫阶层的《家礼》运用到王室的倾向。把王室当作一个家,而与士大夫同等对待。他认为17世纪礼讼的主要分歧是,"在典礼上坚持王室的特殊性,或者适用以士大礼之礼《家礼》的普遍原理,前者可称分别主义礼学,后者可称普遍主义礼学"①。

笔者认为,李迎春先生的观点有一定的合理性,但分别主义礼学与普遍主义礼学的提法,容易使读者将礼讼理解为学术之争。平心而论,在礼讼频繁发生的整个过程中,党争的因素大于学术的因素。与其说是学术见解的不同,毋宁说是党派利用学术更为准确。

朝鲜的党争由来已久,而以朝鲜时代后期为甚。当时党派林立,因师承关系、籍贯、政见等因素,形成了复杂的派别集团,彼此利益相关,一损俱损,一荣俱荣。在复杂的政治斗争中,各派往往利用礼讼之机打击政敌,使最初的学术争论恶变为无聊的党派斗争。

我们以己亥服制中宋时烈与尹鑴的争讼为例。宋时烈是四朝元老,早在孝宗为世子时就担任他的师傅。孝宗即位后,宋时烈担任掌令、执义、吏曹判书等职,备受信任。彼此关系之密切,非同寻常。孝宗弥留之际,宋时烈为顾命大臣之一。孝宗薨后,继位的显宗依然重用宋时烈,先后任命宋氏担任判义禁府事、判中枢府事、左参赞等重要职务。在慈懿大妃的丧服之争上,宋时烈主张期年说,反对三年说,完全是从学理出发,故详引经史百家之说为证,体现出严谨的学术态度。鉴于宋氏与孝宗的感情甚深,故绝对不可能有借此贬低孝宗、慈懿大妃的动机。

但是,论辩的对方并没有对等的学术基础,他们对于文献的研究颇欠火候,他们的兴奋点在于如何借机攻击对手。因此,他们在论辩中采用"夹叙夹议"的手法,将服制之争与国统、君位等纠缠在一起,千方百计将宋时烈等推向

---

① 李迎春:《朝鲜后期王位继承的正统性论争研究》,博士论文,1994年。

图谋篡逆的方向。许穆声称:"《春秋》言治道,褒善纠恶,明王道之大法,莫如尊君严礼";"君位至尊,君礼至严,君不严则国不重";①"今之所争,所重在国之大统,嫡庶长少,非所论也"。②尹善道指责宋时烈的期年说是以孝宗为庶子,"非独背于圣经,实背于天理也"③。宋时烈也已看出其包藏之祸心以及追随者的心态:"尹镌是其中之稍黠者,故知其说之穷,而三变其说,为子可臣母之说。如穆辈,只以服降统降之说,最利于恐动主听,构成士祸。故以此公诵阴嗾,而余人争为傅会,以赌其利。""今镌穆辈必曰'服降则统不在',以此为某祸之张本。"④尽管宋氏坚信学术之不可欺:"殊不知百世之后必有知言者能言,而如是跷跷,其实可哀也已。"⑤但依然遭到对手的残害。当论辩的一方不厌其烦地罗列其说的学术证据,另一方却在处心积虑地罗织罪名时,这种因礼而起的争讼已经没有多少学术含量。

党争无疑是朝鲜时代政治中最黑暗的一页。光海君时期,东人分为大北和小北两党。大北有李山海、庆全父子、郑仁弘、李尔瞻等权要。小北以柳永庆为首,柳永庆为相七年,擢拔的金大来、李弘老、李效元、南复圭等大批官员几乎都是其党羽,故人称"柳党"。惟南以恭不入柳党,并与金耆国、南以信、朴以叙等结为南党。光海君嗣位后,郑仁弘、李尔瞻等制造了朴应犀案,诬称柳永庆雇用杀手谋反,柳永庆遂遭光海君残杀,史称"戊申党祸"⑥。

显宗朝的第一次礼讼主要在西人与南人之间展开,第二次礼讼则是在显宗与西人之间展开,出现了所谓"黑白论",非黑即白,非君子即小人,实际上是党同伐异,加之君王的积极,顺之者昌,逆之者亡,从而出现一党专制的局面,使政治生态大为恶化。这种情况不断升级,到肃宗时已是登峰造极。1689年二月,肃宗将禧嫔所生庶子(景宗)定为元子,指定为继承者,而此时正妃虽然无子但年纪尚轻,仍有可能生嫡子。此事引起执权的西人老论的反对。肃宗

---

① 《记言》别集卷四,《以礼进戒札》。
② 《记言》卷二,《答堂兄雪翁》。
③ 《孤山遗稿》卷三上,《论礼疏》。尹善道又有《礼说上》《礼说下》乃后来撰于谪所时所作,可参考。
④ 《宋子大全》卷百三十四,《礼说》。
⑤ 《宋子大全》卷百三十四,《礼说》。
⑥ 《燃藜室记述》卷十九,《光海君》。

一意孤行,1689年四月,赐死金寿恒;五月四日,宣布废黜仁显王后;五月十三日,册封禧嫔为正妃。老论、少论群起反对。被肃宗起用的南人乘机清除老论。六月八日,宋时烈被赐死。西人几乎都被逐出朝廷,史称"己巳换局"。因此,所谓礼讼,实际上成为党派斗争的导火线,一经点燃,性质立即变化。类似的情况,绵延到英祖时犹然,令人扼腕长叹。

韩国学者将《朱子家礼》和《仪礼》作为普遍主义礼学与分别主义礼学的界定标准,将《朱子家礼》作为平民之礼,而将《仪礼》作为王室之礼,此说恐怕未必能够成立。众所周知,《仪礼》是士礼,而非天子、诸侯之礼,古云"礼不下庶人"①,但庶人可以上拟士礼,因而士礼与庶人之礼最为密切,此其一。《朱子家礼》之丧礼,大节均采自《仪礼》,并非在《仪礼》之外自成一系,此其二。因此不宜将《仪礼》与《朱子家礼》相对立,更不得以两书作为划分礼学派别的标准。

最后要提及的是《国朝五礼仪》。此书关于丧服的部分问题甚多,例如金集批评道:"《五礼仪》多用《开元礼》,而泥于短丧之谬,删添之际,缺漏甚多。或举其细而遗其大,或急于文而缓于实。"②显宗朝的两次服制争议,同样依据《国朝五礼仪》,结果自相矛盾,酿成祸端。《国朝五礼仪》成于朝鲜早期,内容上并非处处成熟,以之为礼学经典,就难免举措失当。

---

① 《礼记·曲礼上》。
② 《慎独斋全书》卷三,《封事》。

八、朱熹礼学与朝鲜时代乡风民俗的儒家化

公元1392年,李成桂推翻高丽王朝,开创了长达五百年之久的朝鲜王朝。鉴于高丽朝佞佛亡国的覆辙,新王朝以"崇儒排佛"作为立国的纲领之一,并确立了以朱熹性理学为主干的儒学在国家意识形态中的主导地位,因而朱熹在朝鲜时代的威望无与伦比。

朱熹是理学的集大成者,同时也是杰出的礼学家。朱熹晚年好礼,曾以《仪礼》为纲,融《周礼》大小戴《礼记》于一炉,作《仪礼经传通解》,希冀成为万世礼学的法典。朱熹的礼学思想极其丰富,需要撰作专门的论文、甚至专著,才能充分表述。本文仅就朱熹所倡导的小学、学礼、乡礼以及乡射礼、乡饮酒礼等,对朝鲜的乡风民俗的儒家化所产生的影响,作粗浅的论讨,并就教于达雅方家。

1.《小学》与《童蒙须知》

关于中国上古的学制,儒家文献有"小学""大学"之说。《大戴礼记·保傅》云:"古者年八岁而出就外舍,学小艺焉,履小节焉;束发而就大学,学大艺焉,履大节焉。"《尚书大传》也有类似的记载,但略有不同:"公卿之大子、大夫元士嫡子,年十三,始入小学,见小节而践小义。年二十,入大学,见大节而履大义。"朱熹调和二说:"人生八岁,则自王公以下至于庶人之子弟,皆入小学,而教之以洒扫、应对、进退之节,礼乐、射御、书数之文。及其十又五年,则自天子至元子、众子,以至公、卿、大夫、元士之嫡子,与民之俊秀,皆入大学,而教之

以穷理、正心、修已、治人之道。"①朱熹坐实文献的大学、小学之说,认为是古人为学的两个阶段。两者的分工是"小学是学其事,大学是穷其理"②。拯救乱世,根本在于小学的童蒙教育能否"养其正",否则"蒙养弗端,长益浮靡,乡无善俗,世乏良材",认为圣人"建学立师"的目的,是要"以培其根,以达其枝"。③他指认《礼记》中的《曲礼》《少仪》《内则》以及《弟子职》诸篇,"固小学之支流余裔"④,是小学的教材。朱熹还对小学的教育内容作了进一步发挥:

  古者小学,教人以洒扫、应对、进退之节,爱亲、敬长、隆师、亲友之道,皆所以为修身、齐家、治国、平天下之本,而必使其讲而习之于幼稚之时,欲其习与知,长化与心成,而无扞格不胜之患也。⑤

  小学之方,洒扫应对,入孝出弟,动罔或悖。有余力,诵诗读书,咏歌舞蹈,思罔或逾。穷理修身,斯学之大明命,赫然罔有内外。⑥

为了使童蒙教育能上接三代,朱熹与刘清之编撰了《小学》一书,分内外篇,共六卷。内篇有《立教》《明伦》《敬身》《稽古》等四卷,外篇有《嘉言》《善行》等二卷。全书以儒家道德理念为准绳,采撷儒家经典,尤其是礼书中的文句而成。此书曾被列为学官,受到社会重视。在朝鲜,《小学》备受政府和儒林推崇,被指定为"学校始教之次第节目"⑦,将其与《家礼》⑧一书并立,作为淑世教民最切要的著作。政府曾下令,翻刻印行,广颁于国中:

  念自秦火后,先王施教,大小次第节目,未能考究。赖宋子朱子著为

---

① 《大学章句序》。
② 《朱子语类》卷七,《小学》。
③ 《朱子大全》卷七十六,《小学题词》。
④ 《大学章句序》。
⑤ 《朱子大全》卷七十六,《题小学》。
⑥ 《朱子大全》卷七十六,《小学题词》。
⑦ 《御制养老务农颁行小学、五伦行实、乡饮酒礼乡约纶音》。
⑧ 《家礼》,俗称《朱子家礼》,其作者有争论,一说为朱子手作,朝鲜学者多持此说;一说为清儒王懋竑所倡,认为是他人冒朱子之名而作。笔者持后说。

《小学》之书,修身大法,该在其中。规模节目,亦无不备。使千万世为师者,有所据而教之;为学者,有所仿而习焉。切于人伦日用而为教学之本领者,莫重此书。而朱子所编《家礼》一书,亦切于齐家范俗之道。故国家于生员进士覆试,令讲两书,以示崇重之意,俾学者无不讲习以成就其德行。……小学之书,既为时习所不尚,公私藏储亦必稀少。其速广行印,颁使京外学校,以至乡间村巷,无不得而学习。师长之诲后进,父兄之训子弟,朝廷之取选试,率以是为急。教而学,学而行,习与性成,化随教行,则风俗何患不正,人材何患不美!①

朱熹另撰有《童蒙须知》,分为衣服冠履、语言步趋、洒扫涓洁、读书写文字、杂细事宜等五部分。朱熹在书首表述各章的内在逻辑:"童蒙之学,始于衣服冠履,次及语言步趋,次及洒扫涓洁,次及读书写文字及杂细事。"需要指出的是,《童蒙须知》的主体部分,正是取自《礼记》的《曲礼》《内则》《少仪》等篇,即朱熹所认定的上古时代小学教材。朱熹将其条分缕析,分类编排,如《杂细事宜第五》有云:

> 凡相揖必折腰。
> 凡对父母长上朋友必称名。
> 凡称呼长上,不可以字,必云某丈。如弟行者,则云某姓某丈。
> 凡出外及归,必于长上前作揖,虽暂出亦然。
> 凡饮食于长上之前。必轻嚼缓咽。不可闻饮食之声。
> 凡侍长者之侧,必正言拱手。有所问,则必诚实对言,不可妄。
> 凡众坐必饮,身勿广占坐席。
> 凡饮酒,不可令至醉。
> 凡夜行,必以灯烛,无烛则止。
> 执器皿,必端严,惟恐有失。

---

① 〔朝鲜王朝〕金安国:《慕斋集》卷九,《下礼曹崇小学传旨》。

> 凡道路,遇长者,必正立拱手,疾趋而揖。
> 凡夜卧,必用枕,勿以寝衣覆首。
> 凡饮食,举匙必置箸,举箸必置匙。食已,则置匙箸于案。

几乎每一条都可以在大小戴《礼记》中找到出处,其用意与《小学》同,这是朱熹《小学》最重要的特色之一。但是,古今异制,古礼难以简单移用,"必将因今之礼而裁酌其中"①,因此,朱熹又在童蒙教育中增加了适宜于时势的内容,如《衣服冠履第一》提及仪容时云:

> 大抵为人,先要身体端整,自冠巾、衣服、鞋袜,皆须收拾爱护,常令洁净整齐。我先人常训子弟云:男子有三紧,谓头紧,腰紧,脚紧。头谓头巾,未冠者总(髻)。腰谓以条或带束腰。脚谓袜。三者要紧束,不可宽慢。宽慢则身体放肆不端严,为人所轻贱矣。
> 凡着衣服必先提整衿领,结两衽纽带,不可令有缺落。

上述服饰,均是宋代所有,故与《仪礼》《礼记》所记多有不同。朱熹注意古礼与今礼的结合、渗透,使得在他人看来"复之无由"的古礼,贴近现实。他说《童蒙须知》的内容,"若能遵而不违,自不失为谨愿之士。必又能读圣贤之书,恢大此心,进德修业,入于大贤君子之域,无不可者"。

朝鲜学者不仅普遍认同朱熹关于童蒙之学重要性的论述,而且赞赏朱熹"自易及难,自简及详,因下学而上达,以至于神而明之"②的小学之道。《小学》甚至成为王室内的童习之书,正祖云:

> 《小学》一书,即学校始教之次第节目也。以予寡昧,尚赖先大王道迪之恩,记在童习之年,粗收日讲之力。世之子弟,虽不及遍通《六经》,或庶

---

① 《朱子语类》卷八十四,《论考礼纲领》。
② 〔朝鲜王朝〕权斗经:《苍雪斋集》卷十一,《书斋简仪》。

几勉勉持循于做人样子。①

《小学》在民间的影响可想而知。

金榦(1646—1732)曾排列为学的先后如下:

> 先读《童蒙须知》,次读《孝经》,次读《小学》《家礼》,次读《大学》《心经》《近思录》,次读《论语》,次读《孟子》,次读《中庸》,次读《书》,次读《诗》,次读《礼》,次读《易》,次读《春秋》及《纲目》。此外《二程全书》《朱子大全》《性理大全》,其它诸子百家,亦皆兼看旁通。②

李埈(1560—1635)云:

> 今依此规,分为三等。读《小学》《家礼》《心经》《近思录》及程、朱诸书者为一等,读《四书》《三经》者为二等,读史、子者为三等。一等则通读讲论,二等则背诵令熟,三等或通读或诵,随宜。③

可见这种顺序在朝鲜具有相当的普遍性,从中可以看到《童蒙须知》与《小学》在学者的知识结构中,居于最基础的地位。

朝鲜学者普遍意识到,童蒙养正可收事半功倍之效。李埈云:"童蒙之学,以豫为先。物欲未萌,思虑未乱。如水未波,如鉴未尘。苟及此时,施其涵养之方,以发其向道入德之趣,则心志凝定,趣向端雅。耳目之所濡染,莫非嘉言。朝夕之所讲习,莫非善事。自非下品之资,必有上达之效矣。"④

李选(1632—1692)《训子要语》云:"修身进业,宜以《孝经》《小学》《家礼》《童蒙须知》,栗谷《击蒙要诀》,牛溪《为学之方》《泽堂杂著》(十四、十五

---

① 《御制养老务农颁行小学、五伦行实、乡饮酒礼乡约纶音》。
② 《厚斋集》卷三十六,《学规读书次第》。
③ 《苍石集》卷五,《鲁冈书院斋规》。
④ 《苍石集》卷十二,《谕童蒙师长文》。

两编)为法。"①

李埈认为《小学》《家礼》可收"化于乡而兴孝悌之俗"之效,所以主张四十岁以下者都课此书:

> 《小学》《家礼》二书,修身、正家之法皆备。国家敦尚教化,必以此等书为劝课之本。每于举子省试之日,必讲此两书。……今欲就一境士子,从四十岁以下,咸课学礼。《小学》则不惟习其句读,兼且探讨旨义。《家礼》则不惟讲论其文,亦必服行其事,严立科程,毋至悠泛。玩索之久,体验之切,行于身而为礼法之士,化于乡而兴孝悌之俗。②

受朱熹的启迪,朝鲜学者多有仿《童蒙须知》体例作儿童行为规范,如栗谷著有《圣学辑要》《击蒙要诀》《小学集注》《精言抄选》等书,这类文字浅近而见义深远的著作,不仅使儿童在举手投足之际向近儒学,而且秉礼树风,垂为成法。故学者间仿作者甚多,如金榦所作《童蒙学规》:

> 每早朝睡起,必敛衣正带,栉发洗面。
> 读时必须默会古人爱亲、敬兄、隆师、亲友之道,体之于吾身,而尤为用力于弃幼志、革旧习等事。
> 读数既满成诵,以次入于师前,拱手危跪,各诵昨日所受文字,诵毕受业而退。
> 无相侵辱,无相欺诳,无相喧哗,无相斗争,无轻出入起动,无得偃卧箕坐。
> 长者书册笔砚等物,勿为移置他处,勿为私相假借。坐则敛膝拱手,立则竦身齐足,行则缓步徐趋。虽暑无得裸裎,虽劳无得跛倚。③

---

① 《芝湖集》卷六,《训子要语》。
② 《苍石集》卷十二,《劝课小学家礼文》。
③ 《厚斋集》卷三十六。

以儒家礼书所言,作为言行的准则,已蔚然成风。李恒福(1556—1618)言及其家风时云:"虽盛暑,不敢褰袒。""年过十岁,男女不同席,不同椸枷。夜行以烛,嫂叔不通问。"① 朝鲜学者多有取材于礼书,著为文字,以规范自身行为的。如金榦曾摘取《礼记·曲礼》的"毋不敬,俨若思,安定辞",《玉藻》的"足容重、手容恭、目容端、口容止、声容静、头容直、气容肃、立容德、色容壮","趋以《采齐》,行以《肆夏》,周还中规,折还中矩,进则揖之,退则扬之",《冠义》的"正容体、齐颜色、顺辞令",《大戴礼记·五帝德》的"声为律,身为度","左准绳,右规矩"等有关礼容的语句,作《威仪图》②,使"威""仪"的标准,根植于儒家文献之中。

黄宗海((1579—1642)将儒家文献中有关儿童应知应会的礼仪要求编成诗歌,以便教学和诵记,如:

《事亲》
  养则致其乐,居则致其敬。昏定而晨省,冬温而夏凊。
  立不敢中门,行不敢中道。坐不敢中席,居不敢中奥。
  父召唯无诺,父呼走不趋。食在口则吐,手执业则扱。
  父母或有过,柔声以谏之。三谏而不听,亦当号泣随。

《子女教训之方》
  男女七岁时,读《孝经》《论语》。出入及饮食,教以谦让道。
  子生择诸母,使为子之师。能言教以言,男唯而女俞。
  男十年出外,就傅学书计。学乐学射御,学礼学孝悌。
  女十年不出,母教婉娩从。执麻治丝茧,观察纳酒浆。

《夫妇》
  命子迎妇时,勉其帅以敬。于女戒之曰:夙夜无违命。
  母与女衿帨,戒勿违宫事。庶母亦施鞶,申告父母意。
  男女不杂坐,嫂叔不通问。内言不出梱,外言不入梱。

---

① 《白沙集》别集卷四,《杂记》。
② 《厚斋集》卷三十六。

男不言内事,女不言外事。临祭不交爵,非丧不授器。①

在许多学者看来,《小学》《童蒙须知》不仅是儿童的必修科目,而且是儒者修身养性课程中不可或缺的组成部分。蔡之洪(1683—1741)提出的"大学工夫功效次第"②,将诚意、正心、修身、接人、言语、容止、践履、矫揉、操守、道德、文章、礼乐、书数、居处、衣服、饮食、辞受取与、出处进退、新民、齐家、明伦、刑妻、事亲、友兄弟、教子女、敦宗睦族、接宾取友、隆师敬长、冠昏丧祭之礼,与治国平天下、止於至善直接相连。《小学》《童蒙须知》对儒林的影响,于此可见一斑。

2.学令

宋代是中国历史上书院最繁盛的时期之一。朱熹曾讲学于白鹿洞书院、岳麓书院,创办寒泉、竹林等精舍,弟子数以百计。朱熹的教育生涯中,十分注重用儒家的礼来规范学生的行为和思想。他认为古代贤圣教人为学的目的,"莫非使之讲明义理,以修其身,然后推以及人。非徒欲其务记览、为词章,以钓声名、取利禄而已也"。他不满于当时许多书院的学规浅陋,不能得古人深意。所以,他"特取凡圣贤所以教人为学之大端,条列如右而揭诸楣间",要求学生"相与讲明遵守而责之于身"。③ 这就是朱熹亲手制定的《白鹿洞书院学规》:

父子有亲,君臣有义,夫妇有别,长幼有序,朋友有信。(五教之目)
博学之,审问之,谨思之,明辨之,笃行之。(为学之序)
言忠信行笃敬,惩忿窒欲、迁善改过。(修身之要)
正其义不谋其利,明其道不谋其功。(处事之要)
己所不欲勿施于人,行有不得反求诸己。(接物之要)

---

① 《朽浅集》卷一,《礼诗》。
② 《凤严集》卷九。
③ 《朱子大全》卷七十四,《白鹿洞书院学规》。

朱熹不仅提出了一系列教学的宗旨,而且将礼作为为学、修身、处事、接物的依据,其影响超越古今,意义深远。

朝鲜时代是朝鲜半岛历史上书院最为发达的时期,据统计,英、正时期(约当于清朝的乾隆年间)全国三百多个县建有七百余所书院。在各地书院的创办和建设过程中,朝鲜学者无不以《白鹿洞书院学规》为龟鉴。尹镌(1617—1680)称《白鹿洞书院学规》是"万世问学之准则也。学圣贤者,固当书绅著膺,佩服终身"①。许多书院以"寓教于礼"作为兴学的准则,宋明钦(1705—1768)云:"学校即礼仪相先之地,师友长幼之伦不可不严。凡我同志,务存谦挹,首明礼教。凡于进退揖让,毋或杂乱陵犯。"因此每日定坐后,由有司先读白鹿学规,"专欲讲学习礼,修复故事,使弦诵之习、忠厚之风,蔚然复兴"②。有些学者撰文作书,宣扬《白鹿洞书院学规》的精义奥蕴,比较突出的是尹镌的《白鹿洞规释义》。此书不仅对朱熹的"学规"逐条诠解,认为"圣狂自此分,治乱从此起",不可等闲视之。

朝鲜时代的著名学者无不执教于书院,他们仿照《白鹿洞书院学规》,结合所在书院的具体情况,制定学规、院规。李退溪(1501—1570)所作《伊山院规》,规定诸生读书,"以四书、五经为本原,《小学》《家礼》为门户。遵国家作养之方,守圣贤亲切之训",并朱熹《白鹿洞规十训》等,揭诸院中壁上。又规定,"书不得出门,色不得入门,酒不得酿,刑不得用",因为"书出易失,色入易污,酿非学舍宜,刑非儒冠事"③。

有些学者还按照《白鹿洞书院学规》的原则,为自家的书斋制定仪规,使自己的言行举止片刻不离儒家之道。有权斗经(1654—1726)《书斋简仪》可以为例:

> 逐日早起盥洗,就尊长所省候,诣祠堂瞻拜。

---

① 《白湖集》卷二十九,《白鹿洞规释义》。
② 《栎泉集》卷十二,《谕崇贤院儒》。
③ 《陶山全书》卷五十八,《杂著》。

夜间俟尊长将寝就定,夜深乃寝。非有疾,不得早卧。

朔望晨起,行家间礼毕,齐群从诣宗家祠堂参拜。

坐起行步,不得放肆。言语尤宜慎节,不得为鄙悖诐淫之辞。

与人有礼,不可言人过恶,不可讥笑人物,不可嘲侮前辈。

一家之间,当忘其过而记其善,躬自厚而薄责于人。

祭祀时致斋,行事一依古礼。时祭则三日斋,忌日则一日斋。斋时饮酒不得至乱,不如荤、不吊丧、不听乐,不得喧哗,一致精明以交神明。

凡祭具必亲检视。祭物之余,未祭之前不得先食。

俗节小祭,宜以早朝行事。

新物未荐之前不得先食。

若有一家疾病,或迎医或助药,随事致力,以尽相爱之道。

若有丧事,自同五世祖以下当袒免。有服之亲,皆当致哀相助。未除服前月朔,则服其服哭于灵筵。地远不能往,则设位,服其服而哭之。①

此之可如孔子所谓"非礼勿视,非礼勿听,非礼勿言,非礼勿动"②也。

随着书院院规、学规的制定,书院的其他方面也日益规范化,其中最重要的莫过于祭祀。每年对先贤的享祀,是朝鲜书院最重大的活动之一。其致祭的程序,大体按照中国儒家的祭礼来制定,如洪可臣(1541—1615)《扶余乡校释奠祭规》所见:

○正月,始贸特牛,作脯干之。
○正月上旬,有司贸纯牛于市,又择中豕,谷养县司。
○择定掌馔、陈设判司、执礼、大祝等四员。
○献官以下诸生皆沐浴。
○涤井封禁。
○前一日平明,诸生巾服谒圣,献官次谒。

---

① 《苍雪斋集》卷十一。
② 《论语·颜渊》。

○涤器。

○祭米净洗淘沙,熟蒸。

○鹿脯、鹿醢、兔醢、鱼醢等,再三洗净,数改水。醯醢不洗。

○杏仁、莲实、榛子、胡桃,正实净洗。栗黄、干枣、鱼脯亦洗。栗黄若有内皮,则用刀尽去之。

○豕腥、牛腥盛于柳筥,置于架子上,待其血尽,然后入设。八月则日暖,故照水,两员角立,挥扇去蝇。日昏无蝇,然后入设。醯醢亦慎。

○习行祭礼如仪,若失礼则更习。

○祭之日丑初行礼,使陈设判司择二三员,谨首开椟开盖。

○祭时职任员外,其余无职事诸生,皆立学生位致拜,不使乱立或坐。

○奉香授币爵,皆在献官之右。奉炉奠币爵,皆在献官之左。

○行祭一以严肃为务。

○笾豆撤荐之际,无使一粒一物误落于地。若误落,则盛于他器,使不践踏。

○饮福时,虽年少儒生及被损徒儒生皆入坐,均受福胙。

○明伦堂东壁,揭陈茂卿《夙兴夜寐箴》,西壁揭朱子《敬斋箴》。①

从朝鲜时代的文集来看,各地书院、乡校祭祀的规格和仪节曾有过不甚规范的阶段,有较多的随意性,如宋明钦《沧州书院释菜仪抄》提及,咏归书院的祭仪,完全袭用乡校大祭的仪节,馔品用四笾四豆,"是乡社俎豆反隆于圣庙从祀,恐非所以尊奉先贤"②。是不知礼有等差、隆杀之别。但也有一些乡校的祭祀仪则相当规范、严格而中于礼。随着书院的发展和中国礼学在朝鲜的深入传播,祭祀的规式逐渐趋于统一。

3.乡约

儒家思想最重要的特点之一,是强调教化的作用,认为礼施于"已然之

---

① 《晚全集》卷五,《祭式》。
② 《栎泉集》卷十二。

先",刑施于"已然之后"。礼先于刑、重于刑。礼治主义的普及,必然导致儒家个人的道德自律,进而发展为社群的道德自律,其形式一般表现为民众自发订立的乡规里约。乡规里约是政府法律之外对人民具有约束力的条文,其特点是强调道德力量,注重提升社群的道德向心力,对于减少民事纠纷具有重要作用,实际上是行政法规的一种补充。古代中国的社会稳定,在一定程度上正是得力于乡规民约的普遍推行。

  古代中国的乡规民约,出现较早、影响较大的是宋代的《吕氏乡约》。宋人吕大防、吕大钧兄弟家居京兆蓝田,嗜好古礼,每与家族中人"相切磋论道考礼,冠婚丧祭,一本于古。关中言《礼》者,推吕氏。尝为《乡约》曰:凡同约者,德业相劝,过失相规,礼俗相交,患难相恤。有善行则书于书籍,有过若违约者亦书之,三犯而行罚,不悛者绝之"①。《吕氏乡约》树立了道德自律的典范,引起了较大的社会反响。朱熹充分肯定《吕氏乡约》"德业相劝,过失相规,礼俗相交,患难相恤"四条纲目,为了进一步明确其道德趋向,使之涵盖更大的生活层面,朱熹对《吕氏乡约》加以增益修订,作《增损吕氏乡约》②,对四纲目详加说明,如"德业相劝":

  德谓见善必行,闻过必改,能治其身,能治其家,能事父兄,能教子弟,能御童仆,能肃政教,能事长上,能睦亲故,能择交游,能守廉介,能广施惠,能受寄托,能救患难,能导人为善,能规人过失,能为人谋事,能为众集事,能解斗争,能决是非,能兴利除害,能居官举职。
  业谓居家则事父兄、教子弟、待妻妾,在外则事长上、接朋友、教后生、御童仆。至于读书、治田、营家、济物,畏法令,谨租赋,好礼乐射御书数之类,皆可为之,非此之类,皆为无益。

从而使"德业"的范围扩大到修身、齐家、结交、居官、经营、治学等所有方面,具体而详。又如"礼俗相交",分为尊幼辈行、造请拜揖、请召送迎、庆吊赠遗等四

---

① 《宋史》卷三百四十,《吕大防传》。
② 见《朱子大全》卷七十四。

类,每类之下再行细分,如"尊幼辈行"有五等,"造请拜揖"有三条,"请召送迎"有四条,"庆吊赠遗"有四条。每条之下再作明细规定,如"造请拜揖"中的第一条,是少者、幼者对于尊者长者的礼见和燕见。礼见包括岁首、冬至、四季孟月朔日的辞见、贺谢。燕见包括除礼见之外的候问起居、质疑、白事及赴请召等。见尊长的礼节,有种种曲为详尽的规定,如:

〇凡见尊者长者,门外下马,俟于外次,乃通名。主人使将命者先出迎客。客趋入。至庑间,主人出,降阶。客趋进。主人揖之,升堂,礼见,四拜而后坐。燕见不拜。则主人送于庑下。若命之上马,则三辞。许,则揖而退出大门,乃上马。不许,则从其命。凡见敌者,门外下马,使人通名,俟于庑下或厅侧,礼见,则再拜。退则主人请就阶上马。凡少者以下,则先遣人通名,主人具衣冠,以俟客入门;下马则趋出迎,揖,升堂。来报礼则再拜谢。退则就阶上马。

〇凡遇尊长于道,皆徒行则趋进,揖;尊长与之言则对,否则立于道侧,以俟尊长;已过,乃揖而行。或皆骑马,于尊者则回避之;于长者则立马道侧,揖之;过,乃揖而行。若已徒行而尊长乘马,则回避之。若己乘马而尊长徒行,望见则下马,前揖,已避亦然。过,既远,乃上马。若尊长令上马,则固辞。遇敌者,皆乘马,则分道相揖而过。彼徒行而不及避,则下马揖之,过则上马。遇少者以下,皆乘马,彼不及避,则揖之而过;彼徒行不及避,则下马揖之。

显而易见,朱熹是将《仪礼》中相见、相接的仪节加以简化处理,移用于此,使古代相见之礼及其敬让之义得以在现实生活中再现。

《吕氏乡约》的影响很大,明代王守仁曾仿之而作《南赣乡约》,黄佐则撰《泰泉乡礼》。《泰泉乡礼》今犹见存,乃黄佐以广西提学佥事乞休家居时所著,凡六卷。黄佐字才伯,泰泉为其号,该书"首举乡礼纲领,以立教、明伦、敬身为主;次则冠婚以下四礼,皆略为条教,第取其今世可行而又不倍戾于古者;次举五事,曰乡约、乡校、社仓、乡社、保甲,皆深寓端本厚俗之意。末以士相见礼及投壶、乡射礼别为一卷附之。大抵皆简明切要，可见施行"①。于此可见《吕氏乡约》在中国之影响。

由于朱熹的提倡，《吕氏乡约》传入朝鲜后，受到朝野的欢迎。政府对于推行《吕氏乡约》表现出很高的热情，屡屡用行政命令予以倡行。正祖在即位第二十一年的正月初一的诏书中说：

> 然乡约之于化民成俗，亦易为力。朱夫子盖尝月朝读约，三代之制如复可见。予故曰因今之民，变古之俗，被之以仁义，示之以本实，乡约之效不差于乡饮酒。此规亦不可不讲而明之。②

在政府的支持下，各地儒林成为乡约的积极推行者，认为《乡约》是"厚风俗、纠谣邪，俾斯人兴于礼让，免于刑辟"③的极好形式。他们清醒地意识到自己在推行儒家化的进程中所处的地位：

> 夫四民之中，莫贵于士。而士之所守者，礼让为先。所谓礼让者，持以自重。恭逊以待人，忿捷以为戒，拱揖以相让之谓也。④

从今存的朝鲜乡约来看，其形式主要有两类：一类是以《吕氏乡约》或朱熹《增损吕氏乡约》的四纲领为基础，略加增损；另一类是另立纲目，制定新的、适宜于本地民情的乡约。

前一类《乡约》如金榦的《契约文》："凡契之约四：一曰德业相劝，二曰过失相规，三曰礼俗相交，四曰患难相恤。"⑤又如权斗经的《社约节目》："凡社之约四：一曰德业相劝，二曰过失相规，三曰礼俗相交，四曰患难相恤。""以上乡约四条，本朱夫子就蓝田吕氏之约而增损之，今又窃取寒冈《契议》及文宪书院

---

① 《四库提要》卷二二，经部，礼类四。
② 《御制养老务农颁行小学、五伦行实、乡饮酒礼乡约纶音》。
③ 〔朝鲜王朝〕李埈：《苍石集》卷十二，《里约告示文》。
④ 〔朝鲜王朝〕李埈：《苍石集》卷十二，《谕赴举士子文》。
⑤ 《厚斋集》卷三十六。

立约中优于时俗者若干条以附之,将与社中诸友讲而行之。"①朝鲜的《乡约》大多属于此类。这类《乡约》的细则,与吕氏或朱子所定往往有所不同,如金榦的《契约文》,《德业相劝》一目下云:

> 德谓孝于父母,忠于国家,友于兄弟,悌于长上,治身以道,正家以礼,言必忠信,行必笃敬,见善必行,闻过必改,祭尽其诚,丧致其哀,能睦亲族,能和邻里,训子有方,男女有别,御下有法,惩忿窒欲,放声远色,择友亲仁,贫好廉介,富好礼让之类。
>
> 业谓读书穷理,习礼明数,营家不苟,济物行仁,能践约信,能受寄托,能救患难,能广施惠,能导人为善,能规人过失,能为人谋事,能为众集事,能解斗争,能决是非,能畏法令,能谨租赋之类。

文字与吕氏、朱子《乡约》虽然有所不同,但精神实质完全一致,不过是儒家道德的另一种表述而已。《礼俗相交》的内容,也有所不同,如"岁首迎送"下云:

> 岁首迎送有三条:
> 一曰契员于岁首先往见契长。
> 至门外,先通于主人。主人具衣冠,立俟于堂上。客趋入,主人揖客使升,相向拜揖。客退,则主人拜送于堂上,出门上马。
> 二曰契长于岁首往谢契员。
> 至门外,先通于主人。主人具衣冠,降俟于庭中。客入,主人三揖而升堂,相向拜揖。客退,则主人拜送于庭中,俟出门上马后升堂。
> 三曰契员于岁首相往还。
> 至门外,先通于主人。主人具衣冠,降俟于阶上。客趋入,主人三揖升堂,相向拜揖。客退,则主人拜送于阶上,客出门上马。
> 凡客见主人,别无相议之事,而主人语终不更端,则告退。或有倦色,

---

① 《苍雪斋集》卷十一。

或有干事,皆退。若主人有所饷而请留,则辞谢而还坐。

主旨在契长与契员之间相见,为《吕氏乡约》和《增损吕氏乡约》所无,但相见时所用的礼节,却与朱熹所定相同,即大体采自儒家礼书。

后一类如宋明钦的《乡约节目》①,所定纲目,不从吕氏或朱熹,而是另拟为孝顺父母、恭敬长上、和睦邻族、停水防火、觉察盗贼、禁止斗争等六条,体现了鲜明的地方色彩,这正是乡约的生命力之所在。但其大旨仍然与吕氏、朱熹不悖。

许多儒者在制定《乡约》时,对《乡约》的内容作了充分的拓展,将儒家的伦理思想尽行纳入。如李嵩逸(1631—1698)《乡约定规》中"礼俗相交"条下云:

> 乡人年长以倍则父事之,十年以长则兄事之,五年以长亦稍加敬。父之执友则拜,洞内年长十岁以上拜,乡人年长十五岁以上拜。遇尊长下马,过公门下马,乡人会饮处下马,会射处下马。凡聚会皆乡人,坐以齿。非士类则否。若有亲则别序。若有他客有爵者,坐以不相妨者,犹以齿。若有异爵者,虽乡人亦不以齿。若请召、迎劳、出饯,皆以专召者为上客。如婚礼,则姻家为主客,皆不以爵齿为序。约中冠子、生子、登第、进官之属皆可贺。婚礼虽曰不贺,礼有贺娶妻者,但以物助宾客之费。②

上引文字将家庭伦理推及社会,对乡中的尊者、长者,礼之如父兄;对邻家的冠婚等大事,视同自家,尽力相助;并规定了相应了礼节。类似之例甚多,其意皆在使人人皆能"不独亲其亲,不独子其子"。

有些朝鲜儒者不仅将《乡约》的推行和履践看作是敦厚民俗的过程,而且视为个人修身内求的过程:

---

① 《栎泉集》卷十二。
② 《恒斋集》卷四。

> 今仰同保之人,互相劝戒。孝顺父母,恭敬兄长。如有孝友著闻,当行褒劝。……讲乡里之好,兴敦厚之风。时节往来,讲信修睦。……但务修身而不务荣身,但务求道而不务求利。向里着力,无慕乎外。①

各地《乡约》所规定的程式,在儒家礼学的原则下日益规范化,如金榦所拟《顺宁契约》中设定的乡人聚会的礼仪:

> 会日,主人夙兴,栉具冠带,别设卓子于两楹间,置酒注盏盘洗器于其上。
>
> 上宾率众宾,各具冠带,序立于门外西边,东向北上。主人出门,立于东边,西向南上。主人三揖请入,上宾三让。主人先入,上宾以下从之。至阶,主人三揖请升,上宾三让。主人先自东阶升堂,立于东边,西向。上宾以下升自西阶,立于西边,东向北上。主人向上宾再拜。上宾答再拜毕,上宾退诣北壁下,少西,南向立。主人向众宾再拜。众宾答再拜毕,众宾就堂前南边,东上,北向再拜上宾。上宾答再拜毕,众宾于立处分东西,相向再拜。②

类似的礼仪,脱胎于《仪礼》,在《乡约》中被普遍采用,并长期习用。另有一些学者专作乡居时的"戒辞",以与《乡约》相应,并成为乡人的表率,如金榦有三十二条"书之座右,朝夕视以为警"的戒辞,其要者如下:

> ○乡中长老,不敢以无礼相加。朋友之际,一以诚信相待,绝勿昵狎嘲戏。年少之流,亦当以孝悌、忠信、谦恭、笃学等事,谆谆劝勉。
>
> ○乡中武弁及农夫之类,亦当随人接待,殚其诚款,以尽在我之道,勿示厌薄慢忽之意。
>
> ○乡人会集,勿为往参。若不得已往参,亦趋即辞归,勿与之乘醉喧

---

① 〔朝鲜王朝〕李埈:《苍石集》卷十三,《告谕三事文》。
② 《厚斋集》卷三十六。

哗,贪游放倒,以伤其德性威仪。如声色博弈之所,一切谨避可也。

〇凡遭丧者,即为往吊(自初丧限成服,自葬时限返魂,往看为可)。若相去稍左,或有事故,不能往吊,则无论亲疏贵贱,即以书问。

〇道遇尊丈,即为下马,拱手以待。虽非尊丈,若是乡中长老,亦当驻马拱揖,以致其敬。至于贱人年老者,亦宜按辔劳问,不可直为冲过也。

〇待人之道,当以尊彼而卑己,先人而后我为务,切不可有尚气凌人之习。

〇形势之前勿为谄,贫寒之处勿示傲。[①]

《周礼·地官》记载,每年的岁时,州、乡、党、族、闾、比等各级民政组织,都要"属民读法",即向民众宣讲政府的法律或各种条规。朱熹非常赞同这种方式,主张加以移用,云:"今若将孝、弟、忠、信等事撰一文字,或半岁,或三月一次,或于城市,或于乡村,聚民而读之,就为解说,令其通晓,及所在立粉壁书写,亦须有益。"[②]

受朱熹和《周礼》的影响,朝鲜时代的乡约中,每每有定时组织乡民诵读乡约条规的记载,如《顺宁契约》规定,主人、上宾就坐,上宾以下以齿序坐后,"使善读者抗声读约文,在坐者皆拱手肃容以听"[③]。又如李嵩逸《乡约定规》:

春秋讲信礼,大小、上下咸集。两班为一厅,庶孽为一厅,乡吏为一厅,下人则男女各行礼数坐。直月中坐,抗声读乡约一遍,使人人通晓事。

每月朔日,风宪各于其面。行月朔会,两班则少长咸集。下人则里正行首外,有老人则亦许来参。读约条一遍,备加劝谕极农时否。[④]

李埈在《里约告示文》中,更为详尽地记述了当时拟约、讲约、读约的情况:

---

① 《厚斋集》卷三十六,《居乡戒辞》。
② 《朱子语类》卷八十四,《论考礼纲领》。
③ 〔朝鲜王朝〕金榦:《厚斋集》卷三十六。
④ 《恒斋集》卷四。

于是欲取古人已行之诚法,以为之教。则其平政简易,切于日用,宜莫尚于陈古灵《谕俗》一文,故遂誊其语,并采本注。而患夫闾巷凡民难于晓解,则逐条疏释,皆用方言。月朝会于公门或各里,通读一遍。非欲朝令而夕行也,只要因其性之固有,而为之品节之。讲之于身心,习之于耳目,修之以渐,久而驯致也。①

其内容取"平政简易,切于日用"者,且"逐条疏释,皆用方言",务使"闾巷凡民"易于晓解,每月"于公门或各里,通读一遍",从而因民之性,"修之以渐,久而驯致",用心可谓良苦。

从朝鲜时代文集中有关《乡约》的史料来看,《乡约》与乡间的行政组织密切结合,《乡约》所包括的内容越来越丰富,以至及于乡民生活的各个方面。李嵩逸《乡约行规》②云:

○洞内人户盛夥,或至二百许户,则分为二洞内而春秋讲信。及朔会,则一处合会事。

约中下人中,别择愿谨有识一人为里正。十家各置一人为行首,传掌劝谕纠检事。

○四孟朔,都风宪会各面风宪于乡射堂,可书者书之,可罚者罚之,略仿朱子乡约法。

鳏寡孤独废疾无依者,曲加矜恤,毋令失所事。

○处女贫窭、过时不婚者,孤儿单弱、失学无归者,并报官司。或自约中通议善处事。

如前所说,《乡约》已经成为国家行政法令的重要补充。

《周礼》聚民读法之后,有关官员要宣布:"不用法者,国有常刑!"③《大司

---

① 《苍石集》卷十二。
② 《恒斋集》卷四。
③ 《周礼·地官·小司徒》。

徒职》也有"以乡八刑纠万民"之语。道理很简单,冥顽不灵,不能循章守法者,所在都有,若姑息处置,必将惑乱人心,毁法败约。故必须以法为教之辅。

朝鲜时代的乡约,不少都有类似的规定。李退溪先生说:"犯义侵礼,坏我乡俗者,是乃天之弊民。"①其所拟《乡立条约》,对不守戒约者,有极罚、中罚、下罚三等。父母不顺者、兄弟相阋者、家道悖乱者、事涉官府有关乡风者、守身孀妇诱胁污奸者等行极罚。邻里不和者、侪辈相殴骂者、不顾廉耻污坏士风者、恃强凌弱侵夺起争者、造言构虚陷人罪累者、患难力至坐视不救者、婚姻丧祭无故过时者等行中罚。公会晚到者、紊坐失仪者、坐中喧争者、空坐退便者、无故先出者行下罚。又如李嵩逸《乡约定规》,对于违反条规者,视情节轻重,处以极罚、上罚、中罚、下罚。柳云龙(1539—1601)《族中立议》:"万一不念讲睦之重,违约不行者,一依立议施罚。"②《顺宁契约》:"契中如有不如约者,会集之日,同约随其所闻告于契长施罚。凡契中用罚时,契长随其所犯之大小轻重而酌定之,问于契员,佥议询同,然后施罚。上罚满座面责,中罚契长及两有司面责,下罚酒一觥。"③表明朝鲜时代"以礼为法"的进程已经渗透到乡间里内。

与中国相同,朝鲜也是宗法社会。宗族是宗法社会的重要支柱。如何用儒家思想统一宗族的生活,已成为《乡约》普遍推行后的必然课题。朝鲜时代的"宗契""族议"就是《乡约》在宗族内的衍生形式。辛梦参(1648—1711)《宗契序》云:"契何为而作也?合众族也。合者何?使讲惇睦而一乃心也。"④

从柳云龙所撰《族中立议》,我们可以窥知当时"族议"的主旨:

> 凡我同宗之人,虽在数息之地,平时邈不通好,至于吉凶,亦不相知,有同路人。同宗之义,果安在哉。况先祖坟茔,散在各处,年代久远,香火或绝,名为子孙,而不识墓门者有之,情理极为哀痛。今后每于八月二十

---

① 《陶山全书》卷五十九,《乡立条约序》。
② 《谦庵集》卷四。
③ 《厚斋集》卷三十六。
④ 《一庵集》卷六。

日,有司以各墓附近子孙,分定际员,回文知委。子孙等精备壶果,齐进所定之墓。奠扫讫,俱诣河回,拜谒家庙,馂余为会,或山或水,极其欢乐,岁以为常。族中吉凶,亦即知会,庆吊随遇。或有不给,视力相助。益敦追远亲亲之厚意,永遵不替。①

"族议"的目的,是用祭祀祖先、奠扫墓所的固定活动联络同宗之人,并通过吉凶庆吊来加深感情,增强血缘上的认同感,其主旨是"敦追远亲亲之厚意"。

4. 乡射礼与乡饮酒礼

《仪礼》是上古贵族礼仪的汇编,是孔子整理的"五经"之一,汉初即立为官学。但此书古奥难读,到唐代其地位即被《礼记》所替代。北宋熙宁年间,王安石改革科举制度,废罢诗赋及明经诸科,《仪礼》亦在废罢之列。朱熹一反唐以来重《礼记》、轻《仪礼》的风气,力图恢复《仪礼》为"礼之经"的地位,指出《礼记》不过是"礼经之记",两者不可等量齐观。由于《仪礼》地位的回升,《仪礼》所载包括乡饮酒礼、乡射礼在内的各种古礼,受到朝鲜朝野的重视。

乡饮酒礼和乡射礼是儒家为化民成俗而制定的礼仪,其社会意义,礼书中屡屡论及。《礼记·经解》云:"乡饮酒之礼,所以明长幼之序也。乡饮酒之礼废则长幼之序失,而争斗之狱繁矣。"《礼记·仲尼燕居》:"乡射之礼,所以仁乡党也。"古时行乡射礼之前,先行乡饮酒礼,两者有相辅相成之义,故清儒云:"合诸乡射,教之乡饮酒之礼,而孝弟之行立矣。"②

宋、明两朝与朝鲜半岛的关系极为密切,宋朝文物制度对朝鲜半岛的影响相当之大。据《玉海》,宋代曾将乡饮酒礼的仪制"镂板颁行""遍下郡国"施行。《宋史·礼志》云,宋太祖曾命有司定《大射礼仪注》。据《明会典》,洪武三年五月,诏行大射礼。后又颁行乡饮酒礼图式,各府、州、县,每岁正月望日、十月朔日在当地学宫举行乡饮酒礼。应该说,这也是"向慕华风"的朝鲜政府倡行乡饮酒礼和乡射礼的重要原因之一。

---

① 《谦庵集》卷四。
② 《钦定仪礼义疏》。

乡饮酒礼和乡射礼在五代曾经久废于世,故宋代复兴此礼时,往往不能准确把握其全部仪节。朱熹曾经提及朝廷令行乡饮酒礼时,"县之有司奉行不谨,容节谬乱,仪矩缺疏,甚不足以称明天子举遗兴礼之意"。为此,朱熹与诸生"考协礼文,推阐圣制,周旋揖逊,一如旧章"①。证明朱熹对乡饮酒礼有很深的研究。

朝鲜政府对于乡饮酒礼的教化作用评价甚高,下引正祖的论述,可以为佐证之一:

> 一日礼行,风动四方,惟乡饮酒近之。是礼也,休老而劳农,道欢而序齿,明贵贱而辨隆卑。正身安国之要,率是以兴也。粤我世宗盛际,创行养老宴,《三纲行实》之颁下,亦在其时。民到于今,举切亲贤乐利之思,而不能谖。予小子其敢不修述焉。
>
> 机务之暇,汇成乡饮仪式、乡约条例,欲其委曲周挚纹质俱备,偕我同胞之民,油然起感,肃然知序。苟使是举不归于徒法言,则何顽之敢梗?何愚之不明乎?咨尔有众,毋侮古训,毋迁予言,俛焉孳孳,惟兹饮约,是讲是遵。其君子若生三古而秉周礼,其小人若捧乘矢而游矍圃。一切知菽粟可去而亲亲长长之不可斯须去,以为人乎,何暇他求。即此而民志壹、世教靖。②

正祖以乡饮酒礼为能"风动四方"的礼仪,故亲自汇成仪式,颁于国中,认为推行此礼,即足以壹民志、靖世教。

朝鲜儒者的文集中,论述乡饮酒礼、乡射礼的文章,触目皆是。如李栽(1657—1730)《乡饮酒礼跋》云:

> 吾观于乡饮酒之礼,而知先王制礼之义也。速宾请介,众宾自从,所以别贵贱也。揖让献酬,及介而省,所以辨丰杀也。父坐子立,教民孝也。

---

① 《朱子大全》卷八十六,《行乡饮酒礼告先圣文》。
② 《御制养老务农颁行小学、五伦行实、乡饮酒礼乡约纶音》。

序宾以贤,敬有德也。宾介交酬,燕及沃洗,而少长以齿,序馔以爵,所以贵贵长长而不忘贱。是其一饮食、一升降,坐、立之间,无非所以为教。奚但睦乡闾、亲邻党,息斗辨、陵犯之风而已?合天理、正人心,无所施而不得其当。孔子所谓知王道之易易者,岂不信而有征乎?古昔盛时,风醇俗美,人人知礼让重为邪者,其以是夫。自夫礼坏乐崩,斯礼也遂废不讲。群居而崇饮者,不过以饮食声妓相尚。流连酣谑为高,快耳目、娱心意,以长淫侈之风而已。曷尝有古人制礼之遗意也。此所以乡无善俗,治不古若。而人心世道,日趋于慢争暴乱者也。……今为官于灵四年矣,尝聚邑中父老子弟行尚齿之礼,明老穷不遗之义,既又欲行乡饮酒礼。①

可见李氏熟知乡饮酒礼的礼义,而且率领邑中父老弟子躬行其礼。在有些学者的文集中有《乡饮酒礼诗卷》②,可知其曾在朝鲜半岛流行。

朝鲜学者关于乡射礼的论述,似乎多于乡饮酒礼,下面列举数例。郑蕴(1569—1641)云:"饮射读法,庆老讲信,优优乎其有容焉","未有能任于乡,而不能任于国者矣"。③权五福为岭南礼泉的乡射堂作《记》云:"思导民礼俗,此乡射堂之所由作也",继而又申述之:

古昔明王,躬行仁义,以导民厚矣。犹以为未也,又设乡官以教之,有若闾胥、族师、比长、党正之属,各掌其戒令政事,励民读邦法。春秋以礼会,而饮、射于州序,书其德行道艺,纠其过恶而劝戒之。风淳俗美,跻一世仁义之域。今之留乡所,即古党正之遗意也。乡有顽嚚自恣,不孝悌、不睦姻、不任恤者,此堂得以议之。吏有包藏奸慝,凭假城社,侵渔百姓者,此堂得以议之。推《周官》三物之教,行《汝南》月朝之评,以励一乡之风俗者,亦莫不于堂焉。若然,则堂之所包者广,而独扁以射,何也?曰:

---

① 《密庵集》卷十四。
② 如〔朝鲜王朝〕洪泰猷《讷隐集》卷六有《乡饮酒礼诗卷序》。
③ 《桐溪集》续集卷二,《乡射堂重修记》。

> 乡射之礼,尚矣!①

权氏还在文中提及"今国家率旧章,举礼教,设乡射之礼",并欣喜地表示,"春秋吉日,以鸡豚燕随父老,更讲饮、射之礼焉"。

张显光(1554—1637)在其《乡射堂记》中,对孔子"吾观于乡,而知王道之易易也"②一语之深意作了说解:

> 古之所谓乡者,在邦国京都之外,居比闾族党之上。教化之由于上者,从此而宣于下。风俗之成于下者,由此而孚于上。此圣人所以致重于乡,而制为乡饮、乡射之礼,使之知夫事长尊贤之义,贵贱隆杀之节,辞让和乐之道。有以消其懈惰委靡之风,贪鄙淫僻之心,暴戾倾危之习焉。孔子所谓"吾观于乡,而知王道之易易者",此也。
>
> 饮射之礼,则后世废而不讲,宜乎教化之不见古盛,风俗之必至日卑也。③

河受一(1553—1612)作《射说》,论述射之大义在于观德,由对孔子射于矍相之圃所云"贲军之将、亡国之大夫与为人后者不入,其余皆入"④一语的理解,阐发射与德的关系:

> 古之君子必学射,射者所以观德行也。射而不失其德,射之善者也。是故,天子以射而观德于诸侯,考其中否,以行黜陟。诸侯亦尽志于射,以习礼乐。故《书》曰:"侯以明之。"《诗》曰:"发彼有的,以祈尔爵。"射之义大矣哉。孔子之射于矍相也,无勇而偾军者不得与焉,不忠而亡国者不得与焉,贪利者不得与焉。故去者半,入者半。孝悌于幼,好礼于老。能修

---

① 〔朝鲜王朝〕权五福:《睡轩集·文集》卷三。
② 《礼记·乡饮酒义》。
③ 《旅轩集》卷九。
④ 《礼记·射义》。

身以俟死者,得在其位。故去者半,处者半。好学而不倦,好礼而不变,称道而不乱者又在其位。故仅有存者。射之设岂端使然哉。①

河氏还对射礼之道、射礼之争、射礼之本、射礼之贵、射礼之教等作了系统的阐述,认为是"风化所先,而尤今日急务也":

> 萃心莫如享,观德莫如射。大则泽宫,小则乡党,其义一也。夫射者,六艺之一而男子之事也。其道近仁,其争君子,是以所本在正己。正己者敬也。所贵在揖让,揖让者礼也。其次巧,又其次力。巧力虽全,礼与敬不足,则不可谓之射矣。先王之时,自弧矢初,教法已立。于国于乡,各设其所。曰立敬,每静其义。制度节目尽其详,尊卑贵贱辨其等。粲然欢然,有文有恩。在乎日则雍容揖逊,谭礼乐之风;有危难则亲上死长,励忠贞之节。射之设,其义大矣。……顾乡射一礼,又风化所先,而尤今日急务也。肆用酌古今便宜,随州县大小,每春秋,俾讲习以为恒式焉。记曰"各尽志",又曰"各心竞"。夫尽志者,谓序贤也。心竞者,谓祈爵也。然徒志于序贤,不如志乎敬。徒心于祈爵,不如心乎礼。礼则不敢遗其亲,敬则不敢忘其君。不忘君,至忠也。不遗亲,至孝也。射法一举,忠孝两尽,实今日所望于诸君子也。②

李埈《乡射堂重修记》云:"事之尽礼乐、立德行者莫若射,故古圣王之治民也,必以是为重。"乡射礼的作用在于,通过立宾主、序老少的形式,教尊让、明贵贱、立孝悌,"孔子之所谓要道,孟子之所谓在迩是也。而三代之所以治隆于上、俗美于下,皆用此道也"。李埈之时,由于战争与内乱,乡射礼虽然多已废而不讲,"而其意则犹存,今之列邑皆建乡堂,而其名号之必取于此"③。可

---

① 《松亭集》续集卷二。
② 《松亭集》卷四,《乡射礼序》代柳巡相永询作。
③ 《苍石集》卷五。

见,当时列邑普遍建有"乡射堂"。①

乡射礼在朝鲜时代普及的情况,有一典型的例证。盖马大山东约三百里有北青邑,古为东沃沮国。高句丽兴起,东明、琉璃、大神武王,都善用兵,北沃沮、挹娄、梁貊、扶余、盖马、句茶等国皆降服。惟独在挹娄、盖马之间的沃沮不服。历百余年之久,始为高句丽之郡,后人每每于田间得砮镞、石斧,其民风之强悍可想而知。其地偏僻,久在化外。后来,由于朝中士大夫时有迁谪于此地,家居于此的文士渐多,而成为文物之区。申景濬(1712—1781)任知州的翌年壬辰,拟举行乡射礼,而不知行礼所需的器物是否见有,遂询问当地故旧,方知侯、楅、鹿、筭、物、乏等一应诸具,乡射堂内应有尽有。乃行乡饮酒礼,"于青海馆设俎豆笙鼓,赞胪仪,升降拜揖,进退步趋如率,肃如也。彻俎既,庭宴青衿三百,乐合奏、觯传三,欢如也"。申景濬乃感慨道:"兹土与肃慎邻,劲弓毒矢,相杀伤以事者,数千有余载",如今"一变而雍容辞逊,争以君子乃如斯。斯岂非我列圣暨朝之化之至欤"?②

1592年(壬辰)4月,日本丰臣秀吉政府派遣20万军队,从釜山登陆。5月,攻陷朝鲜首都京城(今韩国首尔)。6月,攻陷平壤。史称"壬辰倭乱"。后在朝、中两国军队的打击下,日军诈称议和。1597年,日人再度纠集大军,分水陆两路进犯朝鲜。其后,日军虽被击退,但战争造成的灾难相当深重。各地民众在修复家园时,往往不忘重建"乡射堂"。如张显光《乡射堂记》云:"一日,乡首李君成春来见而言曰:'吾乡旧亦有乡射堂矣,兵火之日,随而火焉。议卜得新基于府城之南,础其柱、瓦其盖。堂以两楹,房以两夹,并之为十间屋。'"张显光应邀为之作记,喜不自胜,云:"今值国家重恢之运,区区小乡,亦得有貌样。堂曰乡射者既复焉,诸君盍相与顾其名而敬重之,思有以处此堂之道耶?古礼固不可易行,而古人尚德之意,因是名之存而可以想之矣。"③

金孝元的《射以观德赋》,铿锵抑扬,于中可见朝鲜文教之盛:

---

① 《苍石集》卷十三。
② 《旅庵遗稿》卷四,《乡射礼记》。
③ 《旅轩集》卷九。

猗欤美哉,射者之有志。反己而已,争也君子。俨体直而心平,妙圣中而智至。方其泽宫日晏,西序风媚。兽侯初张,羽旌乍倚。歌《采蘋》而为节,挟乘矢而耦比。历阶钩盈,进退有仪。当物循声,升降中规。注一心于度释,凝四肢于体反。羌执箫而顺羽,迭宫举而商偲。剡注参连,发有的而祈爵。左贤右奇,委纯筹而视获。得隽非私,胜己何怨。艺容两美,礼义交尽。四正具举,周诗道其燕誉。三意有切,天子用以简擢。然后知艺虽一技,教亦多术。子射子鹄,父射父鹄。绎己之志,正己之德。由中应表,制外养内。捡筋骸于坚束,导心志于正大。故德行之可尚,伊庆让之有在。是故宣尼矍相,扬觯迎射。三申益严,廑有存者。幼壮孝悌,知有几个。耄期称道,得之愈寡。既序宾而不侮,伟四镞之如树。非直为此才美,贵教养之有素。夫何世降尚力,古道其衰。穿杨称妙,贯虱为奇。昧礼让之为饰,骋血气之争能。不出正兮,鲁庄无称。反以一矢,何取由基。有技艺之相尚,或攻伐之交驰。是不过丧仪败身之一物,亦何德之可观。河清千载,天地奠安。射不主皮,郁郁周文。据德游艺,申佩圣言。聚羽林而论技,陋前代而不屑。习礼仪而尽正,庆复睹于今日。①

数年前的仲夏,笔者往韩国收集礼学研究资料,获见《古县乡约五礼集成》一书,而知全罗道全州的井邑市七宝面的儒林,至今犹行乡饮酒礼,其绵延力之强,令人惊叹!

5.家范

中国儒家讲究"修身、齐家、治国、平天下",家庭是社会的基本单位,孟子曰"国之本在家"②,家齐则国治、天下平,故儒者多有治家之道。"三代而上,教详于国,三代而下,教详于家"③,诚非虚言。较早见于记载的,有北齐颜之推的《家训》显于世。其后,《新唐书·穆宁传》云:"宁居家严,事寡姊甚恭。尝

---

① 《省庵遗稿》卷二。
② 《孟子·离娄上》。
③ 〔明〕张一桂《重刻颜氏家训序》。

撰《家令》，训诸子，人一通。"虽其内容不得而知，但其为形诸文字的治家条规，则无可疑。宋代的家训类著作主要有司马光的《家范》、赵鼎的《家训笔录》、袁采的《世范》、叶梦得的《石林家训》、孙奕的《履斋示儿编》等。其中，司马光的《家范》影响最大。清代学者朱轼指出，朱熹取则司马光之处甚多。"朱子志在《纲目》，行在《小学》。《资治通鉴》实《纲目》胚胎，《小学》与《家范》又互相发明者也。"①朱熹所作《仪礼经传通解》，内有《家礼》三卷，可见他对家庭礼仪的重视。

朝鲜时代的学者大多有类似《家礼》的条规，这一方面是受到朱熹的影响，另一方面也是出于修身齐家的需要。当时的士林意识到"君子之居家，莫急于服礼，生民之为德，莫大于报本"，不满意"贵游子弟，类多猖狓；豪家享祀，最无品式，往往至于伤世教而坠家声"的现象，迫切希望"缙绅巨室，所宜讲习体行，以标准于国中"②。这在某些礼学世家尤为突出。如李宗城（1692—1759），其先文忠公，"晚而好礼，礼书不去手。尝类编《礼记》矣，辑成《四礼训蒙》矣。家藏《仪礼》，亲自标题，丹铅点绝，皆是手泽。而北迁之日，亦以手抄《礼记》，挂诸马鞍而行"。又有文敬公，"一生讲礼，节文仪则，无所不备。盖常日用力于四勿之训，克复之功，至晚年而纯如也"。他最"疾夫小子蒙学，每当祭时，登降拜俯，从长者而已，漫不知何义"，所以编成《家范》一书，"欲令一家子弟，私相诵读，不知大迷云"。③ 当时的家范类著述很多④，一时蔚然成风。

家范的内容，没有一定之规，视各家具体情况而定。如宋明钦《家仪》，首先强调家庭礼法，"凡居家，当谨守礼法"；其次是财用，"制财用之节，量入以为出。称家之有无，以给上下衣食及凶之费，皆有品节而莫不均一"；再次是祭祀、祭器、祭服之类，"祭祀当依《家礼》，必立祠堂以奉神主，置祭田，具祭器"，

---

① 《温公家范序》。
② 〔朝鲜王朝〕李宗城：《梧川先生集》卷十五，《家范》。
③ 《梧川先生集》卷十五，《家礼》。
④ 如李埈的《家戒》（《苍石集》卷十二）、权好文的《家箴》（《松岩集》卷六）、洪泰猷《齐家十箴》（《讷隐集》卷六）、申益愰《家塾杂训》（《克斋集》卷六）、宋寅《家令》（《颐庵遗稿》卷九）、林泳《家礼》（《沧溪集》卷二十三）等。

"祭服,宗子主之,毋得苟相假借"。①

洪泰猷(1672—1715)的《居斋节目》,则与教授诸生紧密相关。"每朔望,诸生早食,来会于东西斋。斋有司一人受到记后,因谒院庙,还庭行相揖礼。次次进讲","居斋之日,早起冠栉正衣冠,端坐读书。食时鼓,各具巾服,东西相揖,升堂以次坐。既食,曹司一人,读《白鹿洞规》《伊山院规》"。对于家庭关系的处理,则另有《斋家十箴》,其细目有"事父母""友兄弟""正家室""谨祭祀""接宾友""教子孙""敦姻睦""和邻里""勤本业""谨租赋"等十项。②

还有些家范,内容详尽,如李德弘(1541—1596)《溪山记善录下》,依照中国礼书的记载,对人物称谓也加以规范划一,如"先生曰谓父子兄曰伯父,谓父之弟曰叔父,谓父之娣妹曰姑母,谓母之娚曰舅,谓母之兄弟曰从母。妇谓夫之父亦曰舅。谓夫之母,亦曰姑。己谓妻父曰外舅,谓妻母曰外姑"等等。又有"居家之仪",内容繁复,包括"辞受之仪""接物之容""人物之品""处变之道""推恕之仁""饮食之节""居乡之事""进退之节"等等。甚至将父祖生前的言行作为典范,要求子孙遵行,如"先生每得新物,必送于宗家俾荐于庙。如不可送者,则必藏于家,待其可祭之日而具纸榜。不设祝文,又不设饭羹,只以饼面祭之","先生每于节祀时享,三日子斋,三夜于外,以致其诚敬。虽祈寒盛暑,疾病在身,未尝不躬亲祭之"云云。③

尹镌《白鹿洞规释义》一书,将方孝孺的《家范四箴》和二十四首《勉学诗》一并收入。方氏《四箴》乃针对时人"内无所养,外无所约"而作,所以行跪、拜揖、饮食、言动均有法度,以"养其心志,约其形体"。其中《幼仪杂箴》,用诗的形式对幼童的坐、立、行、寝、揖、拜、食、饮、言、动、笑、喜、怒、忧、好、恶、取、与、诵、书等二十种行为动作,提出规范要求。《拜箴》对《周礼》"九拜"均有箴,白氏嫌其过于简略,而意义未备,故"略述九拜之义,俾蒙学识其名耳"。方氏文集中有《勉学诗》二十四首,系将《学规》中的伦序之目缀联成辞句,"端懿简谅,有足感发人者","足为训蒙之具",乃用鄙语补其缺失,仿其义例,编成韵

---

① 《栎泉集》卷十二。
② 《讷隐集》卷六。
③ 《艮斋集》卷六。

语,并疏其所出,以授家间儿辈,"使儿辈朝夕歌之",如:

> 上堂拜父母,甘旨手自供。入庙罗豆笾,祀我祖与宗。
> 死者魂魄安,生者恩义隆。一门无二志,霅欸生春风。
> 岂非熏闾里,上闻天九重。祥云及膏雨,滋我庭下松。
> 孰云唐虞远,不得身遭逢。由来豪杰士,世世皆时雍。(其四)
> 《内则》记孝养,《檀弓》著衰思。寥寥三代音,于此犹见之。
> 我欲绘作图,岂乏丹青师。丹青状形体,性情那可为。
> 冬夏适温清,方鲜在盘匜。二亲未饮食,知子渴与饥。
> 奈何报本心,限以百岁期。飞鸟失其巢,尚此鸣声悲。
> 创巨痛亦深,衰麻交涕洟。圣王为制礼,进退随天时。(其八)①

方氏《家箴》是对《学规》内容的延伸。尹镌认为,《学规》提出的法则,是为人、为学之本。家范的核心是父子、君臣、夫妇、长幼、朋友为主的儒家伦理思想。二者各有所重。朝鲜世宗大王为了社会的长治久安,曾下大力推行君臣、父子、夫妇等三纲。世宗六年(1423,明成祖永乐二十二年)诏曰:

> 三代之治,皆所以明人伦也。后世教化陵夷,百姓不亲,君臣、父子、夫妇之大伦,率皆昧于所性而常失于薄。间有卓行高节,不为习俗所移而耸人观听者亦多,予欲使取其特异者,作为图赞,颁诸中外,庶几愚夫愚妇,皆得易以观感而兴起,此亦化民成俗之一道也。

遂命集贤殿副提学权采总其事。权氏等从中国和朝鲜古今书籍所载孝子、忠臣、烈女事迹卓然可观者,得百有十人,乃令辅臣分撰。忠臣、烈女之诗,也令文臣分制。"图形于前,纪实于后,而并系以诗。"编定后,世宗赐名《三纲行实图》,令铸字所"锓梓永传",刊布于民间,作为"明人伦、敦教化之一助"②。使

---

① 《白湖集》卷廿九。
② 〔朝鲜王朝〕尹宪柱:《三纲行实图原跋》。

国中之民，无论贤愚贵贱，孩童妇女，都能"以乐观而习闻，披玩其图以想形容，讽咏其诗以体情性，莫不歆羡叹慕，劝勉激励，以感发其同然之善心，而尽其职分之当为矣"①。

该书分为"孝子""忠臣""烈女"三卷，每卷所收人物，均以四字一句为标目。《孝子》卷有闵损单衣、子路负米、皋鱼道哭、陈氏养姑、江革巨孝、薛包洒扫、孝娥抱尸、黄香扇枕、丁兰刻木、董永贷钱、王裒废诗、孟宗泣竹、王祥剖冰、许孜埋兽、王延跃鱼、杨香搤虎、潘综救父、黔娄尝粪、叔谦访药、吉翂代父、不害捧尸、王崇止雹、孝肃图像、卢操顺母、孟熙得金、徐积笃行、吴二免祸、王荐益寿、刘氏孝姑、娄伯捕虎、自强伏冢、石珍断指、殷保感乌等三十三个人物故事。《忠臣》包括龙逄谏死、栾成斗死、石碏纯臣、王蠋绝脰、纪信诳楚、苏武杖节、朱云折槛、龚胜推印、李业授命、嵇绍卫帝、卞门忠孝、桓彝致死、颜袁骂贼、张许死守、张兴锯死、秀实夺笏、演芬快死、若水效死、刘韐捐生、傅察植立、邦乂书襟、岳飞涅背、尹毂赴池、天祥不屈、枋得不食、和尚喋血、绛山葬君、虾蟆自焚、普颜全忠、堤上忠烈、丕宁突阵、郑李上疏、梦周殒命、吉再抗节、原桂陷阵等三十五个人物故事。《烈女》包括伯姬逮火、女宗知礼、殖妻哭夫、宋女不改、高行割鼻、节女代死、穆姜抚子、贞义刎死、礼宗骂卓、媛姜解梏、令女截耳、王氏感燕、崔氏见射、淑英断发、魏氏斩指、李氏负骸、赵氏缢舆、徐氏骂死、李氏缢狱、雍氏同死、贞妇清风、梁氏被杀、明秀具棺、义妇卧冰、童氏皮面、王氏经死、朱氏惧辱、翠哥就烹、宁女贞节、弥妻偕逃、崔氏奋骂、烈妇入江、林氏断足、金氏扑虎、金氏同窆等三十五个人物故事。以上一百多个都是中国和朝鲜历史上最著名、最鲜明的人物故事，具有很强的感召力。

其后，时有重版再刊者，如尹宪柱曾谪于平安道，见"民俗犹未甚淳，心窃慨然矣"，思以此书化民。其后，尹氏任观察使，乃访求《三纲行实图》旧板，对旧时谚解的简略难解之处，"增删改翻"，刊布于一道。《三纲行实图》刊行之后，"人人皆知忠臣、孝子、烈妇之行为可仰也，莫不感激奋励以兴起其善心"②。

---

① 〔朝鲜王朝〕权采:《三纲行实图序》。
② 〔朝鲜王朝〕姜浑:《二伦行实图原序》。

儒家倡导君臣、父子、夫妇、兄弟、朋友等"五伦",《三纲行实图》宣扬君臣、父子、夫妇,使长幼、朋友二伦无从表彰。有鉴于此,庆尚道观察使金安国请求撰作《二伦行实图》,"添续三纲,以备观感"①,得到中宗大王的首肯,下礼曹令设局撰进。于是,由前司译院曹伸撰集历代诸贤处长幼、交朋友,其行迹可为师法者三十五人,分为两卷,体例全仿《三纲行实图》。《兄弟》卷有伋寿同死、卜式分畜、王琳救弟、许武自秽、郑均谏兄、赵孝就烹、缪肜自挝、李充逐妇、姜肱同被、王览争酖、庾衮守病、王密易弟、蔡廓咨事、棘隆争死、杨氏义让、达之赎弟、光进反籍、德圭死狱、杜衍待兄、张存布锦、彦霄析籍、道卿引颈、郭全分财、思达义感等二十四个人物故事,下附君良斥妻、公艺书忍、陈氏群食、仲淹义庄、陆氏义居、文嗣十世、张闰同爨等九个宗族人物故事。《朋友》卷有楼护养吕、范张死友、张裔恤孤、道琮寻死、吴郭相报、李勉还金、徐晦不负、查道倾橐、韩李更仆、纯仁麦舟、侯可求医等十一个人物故事,下附云敞自劾、桓荣奔丧、牵招敛殡、杨时立雪、元定对榻等五个师生故事。每一故事之下都有纪事和图赞,为了便于庶民阅读,文字部分作了谚译。此书初刊于金山郡,"以扶植彝伦,为化民之本。而躬率励师生,以考其德业,旁搜孝行贞烈之卓异者闻于上而旌表之"②,对社会有激励作用。

正祖二十一年(1797,清嘉庆二年)正月元日,诏以《乡饮酒仪》《吕氏乡约》《士冠仪》《士昏仪》等,厘为一编。"《三纲》《二伦》行实等篇为辅治励世之具"③,二书"后先汇成,列于学官,为化民成俗之本。今欲讲行乡礼,宜自二书而表彰之,乃命其书为《五伦行实》"④。

中宗时,庆尚道观察使金安国在庆州、安东等五邑,刊印十一种有关于治道的书籍,其中有《童蒙须知》《口诀小学》《三纲行实图》《二伦行实图》《谚解正俗》《谚解吕氏乡约》等,⑤对于乡间风俗的儒家化,起了重要的作用。

为敦民化俗,使庶民、妇孺皆知儒家礼仪,许多学者也竭尽努力,通过各种

---

① 〔朝鲜王朝〕姜浑:《二伦行实图原序》。
② 〔朝鲜王朝〕姜浑:《二伦行实图原序》。
③ 《御制养老务农颁行小学、五伦行实、乡饮酒礼乡约纶音》。
④ 〔朝鲜王朝〕李晚秀:《五伦行实图序》。
⑤ 〔朝鲜王朝〕姜浑:《二伦行实图原序》。

形式使治家之道通俗化。黄宗海(1579—1642)有《礼诗》[①]七首,包括《事亲》《子女教训之方》《君臣》《夫妇》《兄弟》《事师》《长幼》等,涉及家庭礼仪的各个方面。金尚容(1561—1637)则作《五伦歌》五章和《训诫子孙歌》九章[②]。朴仁老(1561—1642)有《五伦歌》[③]二十五章,其内容均是摘取礼书中词语,编成诗句,押韵合辙,便于诵记;倡导父子有亲,君臣有义,夫妇有别,兄弟有爱,朋友有信。为方便不识汉字的下层民众阅读,两者均用"谚文"撰写。

综上所述,在朝鲜走向儒家化的进程中,乡风民俗的变化极为明显,从儿童、学校到乡村、家庭,无不以儒家思想为行为准则。朝鲜王朝持续的时间达五百余年,与社会、家庭的稳定有着最直接的关系。而朱熹则是朝鲜时代乡风民俗儒家化的功臣。

---

① 《朽浅集》卷一。
② 《仙源遗稿·续稿·歌辞》。
③ 《芦溪集》卷三。

下 编

九、郑逑与《五先生礼说》

1. 生平与学行

2. 《五先生礼说》述要

3. 《五先生礼说》之编撰旨趣

十、《家礼辑览》与金沙溪的解经之法

1. 《家礼》传释为何不易

2. 金沙溪及其《家礼辑览》

3. 《辑览》如何传释《家礼》

4. 《家礼》疑义商榷

5. 余论

十一、丁茶山礼学与清人礼学之比较

1. 以礼为天地之情

2. 以《礼记》为七十子后学者之作

3. 以《周礼》为经国之具

4. 辩难郑注及贾孔之疏

5. 创为新说

6. 名物制度考释

7. 余论

附录：茶山礼学的两个特点

十二、茶山的考据学

1. 《梅氏书平》对伪《古文尚书》的考辨

2. 茶山对郑玄的臧否

3. 茶山的文字考订

4. 18世纪中朝考据学的比较

九、郑逑与《五先生礼说》

1.生平与学行

　　寒冈郑先生讳逑,字道可,因取朱子寒泉之义筑寒冈精舍,故又号寒冈。郑氏本贯清州,为西原之大姓。高丽高宗朝神虎威大将军郑颐为寒冈先生十二世祖,建大功、立大节,名垂高丽之史乘。其后,"继有伟人,文献名家"①。祖郑应祥为通训大夫行司宪府监察,乃朝鲜小学之祖寒暄堂金宏弼先生之婿,是以有家学之渊源。其父郑思中,乃定略将军行忠佐卫副司猛。

　　朝鲜中宗三十八年(1543,明嘉靖二十二年)七月九日壬子,寒冈生于庆尚道星州沙月里。幼年即向慕儒学,以九岁之龄,即手摹孔子画像,挂之壁上,日必再拜,出入必奉持而行。年十二,有志于学,发愤读书。年十三,受业于德溪吴先生。癸亥(二十一岁)春,拜退溪李先生,退溪先生称之曰:"资质颖敏,志学好善,寒暄流庆,岂无余韵。"叹为英才。秋,中乡解进士试。乙丑(二十三岁)春,就质《心经》于退溪先生。丙寅(二十四岁)春,拜南冥曹先生,南冥先生谓之曰:"汝于出处,粗有见处,吾心许也。"②

　　及长,以读书论学为职志。戊辰(二十六岁),建川谷书院,奉享程、朱,州人推为院长。癸酉(三十一岁),建寒冈精舍。聚学徒讲《小学》。癸未(四十一岁),建桧渊草堂。于桧渊草堂约乡友及门徒为月朔讲会之契:"入约之人各自敦饬,读书修行。虽学有深浅,材有高下,而要其志趣,必学古人,必正其义,

---

① 《寒冈先生行状》,《寒冈先生年谱》卷二。
② 《寒冈先生年谱》卷一。

而不谋其利。必明其道而不计其功,勿汲汲于富贵,勿戚戚于贫贱,庶几有儒者气味节拍处。"与学者讲《心经》,次年,与学者讲《近思录》。

寒冈先生学识宏富,故屡受朝廷征召,然无意仕途,故每每坚辞不往,间有从命赴任之时,则振作有为,以儒学为教,化民成俗。如先生任昌宁县监时:

> 仿家塾之制,四境皆设书斋,择定训长,日课教读。每朔望,行望阙礼,就校谒圣,坐明伦堂,引诸生讲论终日。见其学舍颓毁,即为之重新。祭器、祭服,一时俱新。其于春秋释奠,备尽严敬。至于社稷、城隍、厉祭之事,必皆亲行。……又与诸生讲习乡饮、乡射之礼;聚境中老人行养老宴,延分内外,以别男女。

寒冈先生幼而好礼,九岁,执父丧,哭泣无异成人,乡人无不惊异。戊辰冬,丁内艰,丧礼一从《家礼》,倚庐门外,不蔽风雨。……时方盛寒,凝冰满衣,而不离殡侧,致有危疾。寒冈先生尤有志于以礼移风易俗,其居官时,多有举措:

> 时礼教废坏,人家冠昏丧祭,皆用俗礼,鄙野不足观。先生独遵用《家礼》,乃博究经传、大小《礼》文,参商节目,抄定四仪,躬先行之,笃信无疑。遂考深衣、襕衫、野服等,依古制而着之。又具笾豆篚杓等器用于冠昏之礼。当初见闻者,群怪且笑。行之既久,在士友间者,稍稍有仿效之,终至于远近乡间,以不率古礼为羞者多矣。

先生早存撰作礼书之意。己卯(三十七岁)撰《昏仪》,壬午(四十岁)撰《冠仪》。甲寅(七十二岁)改撰《五先生礼说》,乙卯(七十三岁)编次《礼记·丧礼》分类。丁巳(七十五岁),《五服沿革图》成。庚申(七十八岁),五日甲申朝,披阅《家礼会通》。且,见壁间所贴校礼说时题名不正,命侍者整顿改贴。至酉时,连呼"席不正"者三,而气微语涩,以手指席,然后旁人始会其意,扶抱而正之,俄而,考终于持敬斋。

寒冈先生所撰,尚有《濂洛羹墙录》《洙泗言仁录》《景贤续录》《古今人物志》《儒先续录》等。

2.《五先生礼说》述要

寒冈撰作《五先生礼说》,缘起于癸卯春李仲绥之提议,类辑诸先生礼说,以便观览。乃与士子十余人,以半月之功而草本成。辛亥秋,应士友之请而净写草本,并作弁言,记撰作颠末。甲寅春,家童失火,稿本尽付一炬。乃与徐行甫、宋学懋重行辑写。其间,寒冈先遭长子之丧,复罹风痹之疾,忧病交加,然矢志不移,累年而稿复成。自嘱稿至此,前后已十六年矣。

寒冈撰作之先,学者已有采摭朱子论著成帙者,如《丧祭礼录》《朱门问礼》等,然皆只取朱子之书,而采择亦不备。朱子学说,多有遵用或发挥二程、横渠之说者,仅采朱书,则不能考镜源流。故寒冈以五先生为主体,而兼采博收,除"三礼"经文与五先生之著述尽行采录之外,复采《宋朝名臣言行录》《伊洛渊源录》《性理大全》《文献通考》《仪礼经传通解》《通典》《资治通鉴纲目》《纲鉴大成》《家礼仪节》《家礼会通》《颜氏家训》《小学集解》《事文类聚》《文翰类选》《鹤林渔露》《乡校礼辑》《吕氏宗法》,以及韩愈、柳宗元等前后诸贤之文集,可谓洋洋大观,应有尽有。

当时学者所编《朱门问礼》等,不分门类,间见杂出,极不便于读者。寒冈所著则如网在纲,有条而不紊,极易查检。且于各门题下略证古礼,或暂记事实,以便考据。

《五先生礼说》分为前、后两集,凡二十卷。前集八卷,为天子、诸侯礼,包括天子诸侯冠礼、婚礼、丧礼、祭礼、杂礼等五类,每类之前皆有总论。每类之下,又分为若干细目,如丧礼包括君有疾、君丧、册礼吉服、祠于先生、君丧服、行三年、宅忧亮阴、遗诏短丧、以日易月、丧无二嫡、继统执丧、论居丧吉礼、越绋祭天地、葬不及期、受外国吊、谥法、讳法、论濮王称亲、公族等细目;祭礼包括天地之祭、方明、明堂、社稷、风师、城隍、山川、旅祭、祈雨、雩、腊、五祀、傩、神祠、淫祀、圣贤等细目。细目之下或有更为详细之条目,如"圣贤"目下收录"朱子文庙释奠仪",详列文庙祭祀之时日、斋戒、陈设、省馔、行事、奠币、初献、亚献、终献、分献、饮福受胙、望瘗、祭器等。或附以图，如"祭祀"类之末附有韦玄成《王者五服图》之《庙制图》，韦玄成《周庙图》，刘歆《宗无数图》《周世数图》《周七庙图》《周九庙图》《周大禘图》《周大祫图》《周时祫图》等图。"杂礼"类包括尊号、圣节、国忌、天子车服、朝廷之仪、册命、巡守、觐礼、摈相之礼、聘享之礼（附圭）、民臣礼、宫室等目，为朝鲜与明朝交往所需了解之礼仪。

后集凡十二卷，乃天子、诸侯以下至士庶之礼，仍以冠、婚、丧、祭四礼为大纲，体例与前集一贯，四礼之首皆有总论。四礼之细目较天子、诸侯礼加详，如"丧礼"之下包括疾病、豫凶事、始死、复、立丧主、相、袒免、不食、铭、重、治棺、敛、殡、卜兆、下穴昭穆图、井椁、治葬、明器、刍灵、作主、功布、饰棺、启殡、朝祖、陈器、遣奠、发引、合葬、反哭、坟墓、庐墓、行状、志石、墓表、墓碑、虞祭、卒哭、门人私谥、讳法、祔、练、短丧、祥、迁主、毁丧服、禫、丧毕祫祭、祧迁等；另有丧服制度，以及君臣、士民吊丧之礼，如君临臣丧、刺使吊吏民丧、吊、奠赙、哀有丧、朔望、闻丧、奔丧等。"祭祀"之下包括宗法、祭祀日、朔望、荐新及节物、时祭、忌日、省坟、婚嫁、生子、租赋、家塾、居处、饮食、衣服、束脩、合族、宾客、庆吊、送终、会计、规矩、中庭小碑约束、进退婢仆约束、庙制、影堂、世数位次、配祭、出母不可入庙、殇与无后者、尸、主祭、七十老而传、主妇、支子不祭、祭田、祭器、祭服、祭馔、祭仪、时祭、卜日、斋戒、设位、降神、纸钱、祝、祭三献、受胙、馂、冬至祭始祖、立春祭先祖、祢祭、忌祭、晨谒、朔望、节祠、焚黄、墓祭、正祭、节祠、墓祭、斋享、设位、从俗、三献、斋戒、祭仪、土地、祝文、告祀、授官、立后、异姓为后、立外家后、祭外家、祭非其鬼等细目。

后集卷十为祭礼附录，收录与祭祀之礼相关之事类，如：生日、饮食必祭、封赠、姓氏、亲属、外族、乡饮酒、乡约、乡射等。卷十一为杂礼，收录无法列入四礼之中而涉及四礼之名目，或随时势发展而出现之礼数，如：所堂礼、父子异宫、处家、明衣、寝衣、深衣、贽、笏、拜、跪坐、坐向、步趋、乘车、乘轿、门生、赴试、杂仪等。卷十二为编礼，收录朱熹撰作礼书时与弟子、友人往还之书信、谈话之类，如朱熹《乞修二礼札子》《答吕伯恭书》《答郑景望书》《答立季章书》等书札，记述编撰礼书的意图、心得，有助于理解朱熹编撰要旨。《答黄直卿书》为朱子与黄榦讨论《仪礼经传通解》有关章节的修改情况，尤其重要。

3.《五先生礼说》之编撰旨趣

礼学是宋学。北宋程颐、程颢、横渠张载、涑水司马光,南宋晦庵朱熹等五先生,为宋代理学之中坚。理学于高丽王朝末朝鲜王朝初东传朝鲜,传播日广。尤其经退溪、南冥诸贤之奉修、弘扬,而取得朝鲜思想学术界之指导地位。宋代之理学,虽与心性之学为标榜,而实与礼学密不可分。"礼者,理也,知理则能制礼"①,故一则以礼为修身践履之具,一则以礼为经国亲民之纲。故五先生无不汲汲于小学、家礼之类,相关之论述,可谓触目皆是。朝鲜王朝初期之理学,以探究心性理气之义理为主,虽云"人不可一日离其礼,天下国家不可一日无其礼。所谓礼治则治,礼乱则乱,礼存则存,礼已则亡"②,但实际上所谓礼学,乃小学、家礼而已,对于礼学之总体研究,则犹差一间。寒冈曾问学于退溪、南冥之门,学术之兴趣在《大学》一书之格致诚正、修齐治平之道,即经邦治国之道。其传二先生之学,不在心性之学,而在礼学。《五先生礼说》规庑宏大,体例严密,正可补退、南二先生之遗失也。

古代儒家所谓"三礼"之学,乃以《周礼》《仪礼》《礼记》所载之礼法、礼义为主要研究对象。《礼记》有"经礼三百,曲礼三千"之说,科条极其浩繁,故有"当年不能穷其礼,累世不能通其学"之说;加之书阙有间,文献多歧,每每莫衷一是,故又有"自古议礼如聚讼"之说。中国古礼至迟在三国时代即东渐,然多为衣冠文物、礼乐制度之类,即所谓礼法也,礼义之深究,多未遑也。朝鲜时代既以"崇儒排佛"为基本国策,则礼法、礼义之学之全面引入,即是势在必行。以礼学之繁难,中国学者犹多视为畏途,何况朝鲜乎!故礼学之引入,必以异说纷争相伴随。为消弭异说,定礼学于一尊,必得树一理论之威权。中国"三礼"之学,以汉学为宗,以郑玄为不祧之祖,是所谓"汉学"。而宋学蔑视汉学,以郑玄为土埂。两军对垒,形同水火。朝鲜学术既以宋学为宗,故礼学亦必以五先生之论为礼说之权威,而定诸说于一尊也。寒冈云:

---

① 《衍义补》,《前集》卷一引。
② 〔朝鲜王朝〕张显光:《五先生礼说跋》。

（五先生之出）大道以阐，宣揭人文，以礼为本，随事剖析，如指诸掌。大而宏章巨论，小而片言单词，无非一循乎天则，曲尽乎人情，精深恳到，明白昭晰。其所以开蹯乎后学之耳目者，岂但为车之指南，烛之炳幽乎？①

故两汉、魏晋、隋唐旧疏，一概不取；郑玄、贾公彦、孔颖达辈文字训诂、名物度数之说，一概不用，一切以五先生之说为断。是为《五先生礼说》特点之一也。平心而论，宋儒礼说浅近明快，切于实用，且以礼义为重，得义可以忘仪，是其优长，宜乎为朝鲜士林所欢迎也。

礼当与时俱变　五先生之礼说，堪称浩繁，寒冈并非有言必录，而是精心加以选择。此等之选择，必受其固有思想之左右。或是借五先生之言，申述其礼学之主张也。故后人可沿其取舍之迹，而探其礼学思想。

寒冈于卷一“礼总论”部分所采之语录，涉及礼当与时俱变者，反复迭出：

《曲礼》：礼从宜，使从俗。

君子行礼，不求变俗，祭祀之礼，居丧之服，哭泣之位，皆如其国之故，谨修其法而审行之。（《礼记》）

叔子曰：礼孰为大？时为大。亦须随时，当随则随，当治则治。当其时、作其事，便是能随时。随时之义大矣哉。……三王之礼与物不必不同，自画卦、垂衣裳至周文方备，只为时也。若不是随时，则一圣人出，百事皆做了。（《遗书》）

古礼繁缛，后人于礼日益疏略，然居今而欲行古礼，亦恐情文不相称。不若只就今人所行礼中删修，令有节文、制数、等威足矣。（《语类》）

礼时为大，有圣人者作，必将因今之礼而裁酌其中，取其简易易晓而可行，必不至复取古人繁缛之礼，而施之于今也。古礼如此零碎繁冗，今岂可行？亦且得随时裁损尔。孔子从先进，恐已有此意。或曰，礼之所以亡，正以其太繁而难行尔。（《语类》）

① 《五先生礼说序》。

> 横渠所制礼,多不本诸《仪礼》,有自杜撰处。如温公却是本诸《仪礼》,最为适古今之宜。(《语类》)
>
> 礼之本出于民之情,圣人因而导之耳。礼之器出于民之俗,圣人因而节文之耳。圣人复出,必因今之衣服、器用而为之节文。其所谓贵本而亲用者,亦在时王斟酌损益之耳。(《遗书》)

中国古礼,出于周、孔制作,垂为万世大法。然时移势易,生活之环境屡有变迁,饮食器用时有更新,若胶柱鼓瑟,泥于旧说,则势必与时代凿枘不投。宋儒张大"礼时为大"之说,意在创立新说,反对固守汉儒成说。寒冈突出此说,亦有深意存焉。中国之礼制,以何种面貌移植于朝鲜?是以先秦之古礼,抑或是以宋儒改变之"新礼"?此为无可回避之重大问题。若此等观念不能确立,则势必纷争四起。故尤须首先揭明之。

礼既以时为大,则现今社会中之民俗如何处置?是一概取消,抑或有所保留?此一问题,于风俗迥异于中国之朝鲜,尤为现实。

> 君子行礼,不求变俗。祭祀之礼,居丧之服,哭泣之位,皆如其国之故,谨修其法而审行之。(《礼记》)
>
> 大凡礼不可大段骇俗,不知者以为怪且难之,甚者至于怒之疾之,故礼亦当有渐。(《衍义补》)

《周礼》云:"以本俗六安万民。"《礼记》云:"圣人因俗以制礼。"是礼起于俗也。君子行礼,不求变俗,而寻求礼与俗之结合点。若大段骇俗,则中原礼制殊难朝鲜化也。寒冈有识于此,故引五先生之语,反复倡明之。是可视为寒冈礼学思想重心之所在。

礼当简明切用 《五先生礼说》虽为罗列先贤礼论之作,然亦兼顾实用性。如前所述,儒家之礼,以繁缛著称,故殊难为大众所接受。宋儒洞明于此,故大刀阔斧,去芜存精,施于士庶者,不过冠、昏、丧、祭四礼,每礼之仪节亦简洁明了。朱子对此多有论述,如:

>《周礼》忒煞繁细,亦自难行。(《语类》)
>
>大凡礼制欲行于今,须有一个简易底道理,若欲尽拘古礼,则繁碎不便于人,自是不可行。(《语类》)
>
>《礼记》有说宗庙、朝廷,说的远后,杂乱不切于日用。若欲观礼,须将《礼记》节出,切于日用常行者,节出《玉藻》《内则》《曲礼》《少仪》者。(《语类》)

寒冈深以为然,故此书章节之编排,充分吸收宋儒成说,以便读者按图索骥。如卷七天子、诸侯祭礼有《朱子祧庙议状》、本朝太庙制、见行庙、室次第等;卷六居丧杂仪,收录有司马公致赙奠状式、谢状、慰人父母亡疏、父母亡答人慰疏、慰人祖父母亡启状;卷七祭礼附《颜氏家训》、东蒙先生宗法宗法条目等;皆是。

朝鲜与中国地理环境不同,生活方式多异。中国古礼乃根据本土情况而作,故其中多有为朝鲜学者、士庶所不熟悉,而又为礼制所不可或缺者,如宫室构造、宗庙位序、衣裳等,寒冈均尽行罗列,以供读者查阅。《五先生礼说》全书细目凡约二百余,可谓应有尽有,极便实用,是为该书一大特点。

辨明变礼 礼学有常礼、变礼之分。常礼单纯,变礼复杂,如丧服之常,不过斩衰、齐衰、大功、小功、缌麻等五服而已。然因生者与死者亲疏、尊卑关系之不同,而生万千之变化,或竟至有无从确定者。寒冈先生云:

>常礼惟一,变礼万殊。虽在昔博识之士,尚不免临机滋惑,是非相眩,议论多歧,聚讼构嫌,至于举天下而莫辨,积世代而留疑。其精微之难审,真是之莫睹,果如是哉。①

故《五先生礼说》自天子、诸侯之士庶之礼,冠昏丧祭诸礼之末,必列"变礼"一

---

① 《五先生礼说序》。

门,如丧礼中有"葬变礼",记载并有丧、返葬、旅葬、久不葬、火葬、招魂葬、改葬、地风等丧礼权变之法。寒冈遍搜五先生之文集、语录等书,条录而类辑之,以便学者寻考,以便仓促急遽之用。

寒冈刻意搜求五先生对变异之礼之论断,使朝鲜读者知所归往。如古代男子行冠礼之年,《仪礼·士冠礼》云男子二十而冠。然文献所记帝王之冠年,每每早于是,如文王十五而生武王,武王尚有兄伯邑考,则文王冠年必早于十五。又《金縢》云:"王与大夫尽弁。"其时成王十五,既已着弁,则已冠矣。又据《左传·襄公九年》,时鲁襄公十二岁,晋悼公曰:"十二年矣,是谓一终,一星终也。国君十五而生子,冠而生子,礼也。君可以冠矣。"襄公还,及卫,假钟磬而行冠于成公之庙。细味晋悼公之言,是时诸侯年十二或十五行冠礼者甚多。天子、诸侯之冠可否早于士,历代礼家聚讼不已,莫衷一是。程颢据《礼记·冠义》云:

> 冠礼废则天下无成人。或人欲如鲁公十二而冠,此不可。冠,所以责成人,十二年非可责之时。既冠矣,且不责以成人事,则终其身不以成人望佗也。徒行此节文何益?虽天子诸侯,亦必二十而冠。

其说甚得礼义,千年是非,为之一扫。

又如丧服制度。礼书有三年之丧,齐疏之服,饘粥之食,自天子达于庶人,无贵贱之殊。然汉文帝遗诏云:"出临三日,皆释服。"故汉文葬后,三易服,三十六日而除。其后,至有自始遭丧起,二十七日而除丧者。历代因之,天子遂无三年之丧。绍兴五年四月,徽宗崩于五国城。至七年正月,始闻凶讯,百官表请以日易月之制。胡寅上疏云:"天下万事虽众,皆无以加于父子之恩、君臣之义也。"请致丧三年,衣墨临戎,以化天下。张浚云不可。帝乃诏告群臣,以日易月,宫中仍行三年之丧。此中是非,究竟如何评说?

又绍熙五年六月,宋孝宗崩,光宗称疾不出。太皇太后诏嘉王扩成服即位。有司请以日易月之外,用漆纱浅黄之制。而往昔孝宗服丧期间,视朝听政,朝衣朝冠皆用大布。两者孰是孰非?若以孝宗所服为是,而漆纱浅黄之制已行,则如何补救?

又如居丧之礼。宋神宗之丧未除,而冬至已到,百官依例表贺。丧中可否年节之贺?再如钦宗久囚于虏而崩于虏,宋朝群臣服丧已毕而钦宗实未葬,礼云亲丧未葬不除服,此时之丧期当如何处理?

又礼书所及制度极其复杂,或是古制,或是理想之制,或是传闻异词,而往往不易考论其真伪。如《觐礼》有"方明"之制:"诸侯觐于天子,为宫方三百步,四门,坛十有二寻,深四尺,加方明于其上。方明者,木也。方四尺,设六色,青、赤、白、黑、玄、黄;设六玉,圭、璋、琥、璜、璧、琮。"又如明堂之制,《大戴礼》云:"凡九室,一室而有四户八牖,凡三十六户、七十二牖。以茅盖屋,上圆下方,赤缀户也,白缀牖也,二九四、七五三、六一八。堂高三尺,东西九筵,南北七筵,上圆下方,九室十二堂。室四户,户二牖,其宫方三百步。在近郊。"如此等等,不一而足。其制是否可信?若可信,其结构又当如何理解?五先生对此多有说解,寒冈皆详加罗列,以为指示。

评判后世礼仪 唐宋之后,中外文化交流频繁,礼仪制度多有新起者。此类制度为礼书所无,后人是否应该仿行?是为礼学研究之新课题。如此之类,寒冈皆引五先生之论述加以褒贬。如后集卷十论生日是否庆祝,而引朱子云:

唐太宗生日罢宴乐,谓长孙无忌曰:"今日吾生日,世俗皆为乐,朕翻成伤感。《诗》云:'哀哀父母,生我劬劳。'奈何以劬劳之日,更为宴乐乎?"(《纲目》)

(大全)寿诞时,不受弟子寿酒,不易衣服,"一例不受人物事"。

又后集卷十一论乘轿。宋室南渡以前,士大夫不甚用轿,皆只乘马。或有老病,朝廷赐令乘轿,尚再三辞让,不敢便乘。高宗建元元年,诏百官特许乘轿,惟不得入皇城。于是无论官阶高低,甚至宦官、将命之类,无不乘轿。此举是耶?非耶?寒冈引程子云:

伊川先生少时未尝乘轿。顷在蜀,与二使者游二峡。使者相强乘轿,

不可。诘其故,语之曰:"某不忍乘,分明以人代畜。若疾病及泥泞,则不得已也。"(《外书》)

如此等等,不胜枚举。所录皆为其他朝鲜礼书所不见,读者可以史为鉴,疏通致远。类似之例,朝鲜学者亦必逢遇。五先生之说,为鉴别其是非,而提出以是否合于人情为标准之说,深得礼义,盖"礼因人情而作"也。朝鲜学者可据此为规矩绳尺,衡量所见新礼之是非曲直。

宋代为中国学术上极为重要之阶段,五先生为宋代学术思想之杰出代表。寒冈先生以独特之体例,将宋代最优秀之思想资源荟萃一书,对宋儒礼学思想在朝鲜半岛之传播,以及使中国古礼朝鲜化,均有杰出之贡献。《五先生礼说》为朝鲜礼学史上之重要著述,史料详赡,史实与理论并重,极富学术价值,读者可由此探究圣人制礼之本意,而知晓权度折衷、临时应变,诚如寒冈后学张显光所言:"自是天理节文人事仪则,互备相翼,融贯会通,而眩者明,疑者定,睁者息矣。"[1]

---

[1] 〔朝鲜王朝〕张显光:《五先生礼说跋》。

十、《家礼辑览》与金沙溪的解经之法

中国南宋时期出现的《家礼》,以冠、婚、丧、祭四礼为主体,旨在齐一士庶阶层的礼仪。高丽朝末期,曾经两次出使元朝的安珦(1243—1306)从中国购得《家礼》一书。此书旧题朱子撰,故旋即引起朝野重视,注家蜂起。《家礼》篇幅不大,而处处涉及中国的名物制度以及繁复的仪节,其传入风俗与传统颇不同于我华的异域之后,对方如何消化、受容,不能不引起我们的兴趣。

1.《家礼》传释为何不易

中国学术有汉、宋之别。大致而言,汉学重训诂,以《五经》为主;宋学重义理,以《四书》为主;两者判然有别。自刘敞作《七经小传》,学界由是蔑视训诂。王应麟《困学纪闻》引:"陆务观曰:'唐及国初,学者不敢议孔安国、郑康成,况圣人乎! 自庆历后,诸儒发明经旨,非前人所及,然排《系辞》,毁《周礼》,疑《孟子》,讥《书》之《胤征》《顾命》,黜《诗》之《序》,不难于议经,况传注乎!'"①宋儒视汉儒如土埂。程颐说:"经所以载道也,诵其言辞,解其训诂而不及道,乃无用之糟粕耳。"②"善学者,要不为文字所梏。故文义虽解错,而道理可通行者不害也。"③王安石废罢《仪礼》,所撰《周官新义》决不用郑注。中国文化对朝鲜的影响以宋明理学为主流。有趣的是,礼乐虽创自周公,而周人即有"礼不下庶人"之藩篱,礼仪盛行于贵族层面。

---

① 〔宋〕王应麟:《元本困学纪闻》第 2 册,卷八,《经说》,北京:国家图书馆出版社,2017 年,第 211 页。
② 〔宋〕程颢、程颐著,王孝鱼点校:《二程集》,《与吕方案手帖》,北京:中华书局,2004 年,第 671 页。
③ 《二程集》,《罗氏本拾遗》,第 378 页。

宋儒重义理,但又热衷周代之礼,并竭力将礼推向庶民阶层,于是而有切于民生日用的礼书出现。宋人编礼书,并非向壁虚构,而是以《仪礼》等先秦文献为本,删繁就简,保留核心要素。《仪礼》为中华礼仪之渊薮,自古以简奥难读著称,唐代已鲜有治此经者。是书为实学,非训诂不能明。四库馆臣云:"《仪礼》至为难读,郑注文句古奥,亦不易解,又全为名物度数之学,不可空言以骋辨,故宋儒多避之不讲。"①尽管宋儒好贬低训诂之学,然而制礼依然无法绕开《仪礼》。有门人问《礼》书,朱子曰:"惟《仪礼》是古全书。"②"而今丧礼,须当从《仪礼》为正。"③朱子赞赏司马光《书仪》,"是本诸《仪礼》,最为适古今之宜"④;又说:"二程与横渠多是古礼,温公则大概本《仪礼》,而参以今之可行者。要之,温公较稳,其中与古不甚远,是七八分好。若伊川礼,则祭祀可用。婚礼,惟温公者好。"⑤足见《仪礼》为宋儒所依傍的程度。

《家礼》看似普及于里巷之通俗读物,实为《仪礼》之浓缩版,解读之困难,非浅人所能想象,即使对于中国学者,亦绝非易事。《家礼》传入朝鲜,正当程朱理学在朝鲜传播的巅峰期。在此大背景之下,轻视考据之学的朝鲜理学家,如何向民间传释这本汉学色彩极浓的礼书,成为必须面对的严峻挑战。

《家礼》入朝,掀起冠、婚、丧、祭四礼研究的热潮,如金榦(1646—1732)《答问礼疑》,依《家礼》各卷次第为序展开,所答之人近六十,书信凡二百六十通,可见讨论的盛况。全注《家礼》者,就笔者一时所检,有金麟厚(1510—1560)《家礼考误》,赵穆(1524—1606)《家礼疑义》,申湜(1551—1623)《家礼谚解》,李恒福(1556—1618)《四礼训蒙》,黄宗海(1579—1642)《答问》,金隆(1525—1594)《家礼讲录》,姜硕期(1580—1643)《疑礼问解》,宋翼弼(1534—1584)《家礼注说》,皆一时之选。专题讨论《家礼》某卷、某节或若干仪节者,

---

① 〔清〕永瑢、纪昀主编:《四库全书总目提要》卷二〇,经部二十,礼类二,《钦定仪礼义疏》条下,海口:海南出版社,1999年,第113页。
② 〔宋〕黎靖德编,王星贤点校:《朱子语类》卷八四,《礼》一,《论修礼书》,北京:中华书局,1986年,第2187页。
③ 《朱子语类》卷八九,《礼》六,《冠昏丧》,第2283页。
④ 《朱子语类》卷八四,《礼》一,《论后世礼书》,第2183页。
⑤ 《朱子语类》卷八四。

数量更多。其中水平最高者,当推金沙溪(1548—1631)的《家礼辑要》。

2.金沙溪及其《家礼辑览》

沙溪金长生,字希原,朝鲜时代著名礼学家,明世宗嘉靖二十七年戊申、明宗大王三年(1548)生于汉城京师皇华坊贞陵洞。十三岁,从学于龟峰宋翼弼先生,受四子、《近思录》等,学业渐成。二十岁,受业于栗谷李珥先生之门,由此"烀温旧学,琢磨新得,尤精于礼学,节目该尽,巨细毕举,李先生常倚重之,期许特深"①。据《家状》,沙溪"平日不事著述,而讲读之余,随手札记者,有《经书辨疑》八卷、《近思录释疑》一卷、《疑礼问解》八卷、《书疏杂录》若干篇,添注申义庆《家礼辑览》三卷,添删申公《丧礼备要》一册"②。其学淹博,而"平生用力最多于礼学也"③。崇祯四年辛未(1631)八月甲辰易箦于连山之居第,享年八十四岁。

沙溪礼学著作,以《家礼辑览》《丧礼备要》最为重要。今所见者,二书之卷数与《家状》不同。据《年谱》,二书之撰成年代为,《丧礼备要》四卷④,成于36岁时,《家礼辑览图说》二卷⑤、《家礼辑览》六卷⑥成于52岁时。关于《丧礼备要》的撰作缘由,金氏云:

> 书本申公义庆因《家礼·丧礼》篇,参以古今之礼、诸家之说,逐条补入,间亦附以时俗之制便于实用者,而未及修整,多有阙遗。至是,先生更取其书,添删证定,遂为成书。且吉祭、改葬二条,《家礼》所无,而亦采古礼及邱氏《仪节》添补焉。庚申,两湖儒生入刊先生又作序。其后,先生以初本径出,或有未尽者,仍不住修改,凡节文度数之周详而切实者,变礼疑

---

① 《沙溪先生全书》下册,卷四三,《附录·年谱》,朝鲜光山金氏文元公念修斋、光山金氏虚舟公派花树会,1978年,第777页。
② 《沙溪先生全书》下册,卷四八,《附录·家状》,第856页。
③ 《沙溪先生全书》下册,卷四八,《附录·行状》,第868页。
④ 《沙溪先生全书》上册,卷三一至三四,第534—593页。
⑤ 《沙溪先生全书》上册,卷二三至二四,第373—414页。
⑥ 《沙溪先生全书》上册,卷二五至三〇,第415—533页。

文之衡决而难断者,参校称停,毫分缕析,其所追录,视旧本殆十二三。①

《家礼辑览》共八卷,其中《家礼辑览图说》二卷旨在解读《家礼》名物,《家礼辑览》六卷旨在揭示《家礼》意义,两者相辅相成。其撰作缘由,金氏云:

> 余自幼受读《家礼》,尝病其未能通晓。继而从友人申生义庆,与之讲论,积有年纪。又就正于师门,遂粗得其梗概。因共取诸家之说,要删纂注于逐条之下,编为一书,名以《家礼辑览》。又为《图说》,揭诸卷首,然后此书名物俱举,义意粗明,初学之士,或有取焉,则亦不无小补云尔。②

然而天不灭斯文,清初,宋明之学依然盛行。乾嘉以后,汉学复兴,考据之学臻于极盛,与名物度数研究关系密切的《仪礼》之学,达到空前繁荣,版本、目录、校勘、文字、音韵、训诂之学,无不勃兴;仪节考订、礼义探求,无不推陈出新,名家大著,层出不穷。然而,此时与中国学术界交往密切、并且熟知考据之学成就的朝鲜学者,仅有金正喜等少数人,寥若晨星。由此,人们多以为朝鲜时代学术偏枯。今读沙溪金长生的《家礼辑览》,发现上述印象需要修正。

3.《辑览》如何传释《家礼》

《家礼》冠、婚、丧、祭四篇的内容,既有朝鲜士人了解的部分,亦有比较陌生的部分。沙溪《家礼辑览》此书,依《家礼》各卷先后为序,体例约略如郑玄《三礼注》,凡文义明晰者不出注,需要疏通之处方才加以释读,包括注音、释义、正讹、解词、辨析等,意在释疑解难,为社会提供一部士庶人都能读懂文意并且能实际操作,又可深入内部、了解其主旨的读物。其传释之法,包括如下几方面:

(1) 辨析是非真伪

《家礼》五卷,在长期的流传过程中,出现多种版本,其中一种卷前有《家

---

① 《沙溪先生全书》下册,卷四三,第779页。
② 《沙溪先生全书》上册,卷五,《家礼辑览序》,第78页。

礼图》,不知作者为谁。因其便于与正文对读,故流传最广。邱濬作《家礼补注》,即发现"图注多不合于本书"者六处:

> 《通礼》云"立祠堂",而图以为家庙,一也;深衣缁冠,冠梁包武而屈其末,图安梁于武之上,二也;本文黑履,而图下注用白,三也;《丧礼》陈袭衣不用质杀,而图陈之,四也;本文大敛无布绞之数,而图有之,五也;大敛无棺中结绞之文,而图下注结于棺中,六也。①

邱濬由此推定"图为后人赘入,昭然矣"。沙溪赞同邱濬之说,又补充十三条新证,断定"图非朱子所为益明矣":

> 此图缁冠,盖与家礼本注不同,而依放大全图。又按:图之不合于本文,非但此也。祠堂图下,子孙序立与本文不相应,一也;《冠礼》公服皂衫深衣,东领北上,而图西领南上,二也;栉䫇掠置席左,而图在右,三也;《昏礼》主人与婿无再拜之礼,而图有之,四也;《丧礼》袭含时尸南首,而图北首,五也;袭,主人为位坐于床东奠北,而图次于东南,六也;小敛,衣衾以卓子陈于堂东壁下,而图陈于北壁下,七也;大敛绞布之数,裂布为五条,而图十五条,八也;翣只二角,而图三角,九也;大舆横杠上施短杠,短杠上更加小杠,而图则小杠上更加小杠,十也;祖姑姑从姊妹,出嫁则皆降一等,而图降二等,十一也;妻为夫党众子嫡妇不杖期,而图并杖期,为夫堂姑夫堂昆弟夫从祖姑皆无服,而图并缌麻,十二也;本生父母为其子之为人后者降服大功,而图为之不杖期,十三也。②

由上引文字可知,沙溪对此图的研读极之精审,辨析出如此多的错误,实属难能。沙溪甚至发现主式图内有元成宗年号"大德"二字,故判定其为晚出。《家礼》文本间有错字,或出于手民误植,或出于作者误读,凡前贤已有所

---

① 《沙溪先生全书》上册,卷二五,《家礼辑览·家礼图》,第415页。
② 《沙溪先生全书》上册,卷二五,《家礼辑览·家礼图》,第415页。

发现者,沙溪均予引述,并间下己意,提请读者留意。如《祠堂》附注提及杨复《仪礼附注》"长龛堂、四龛堂、堂置牌位堂外用帘"一语中,出现的四个"堂"字,前贤多有疑其为"室"字之误者:

  《补注》:此四"堂"字恐当作"室"。盖古者堂屋五架,中脊之架曰栋,次栋之架曰楣,后楣之下以南为堂,以北为室与房。今当以近北一架为四龛,室以前四架为堂。张子曰:祭,堂后作一室,都藏位版,如朔望荐新,只设于室,惟分至之祭设于堂。此之谓也。○《尔雅》古者为堂,自半已前虚之,谓之堂半;以后实之为室。①

沙溪引邱濬、张载之说外,复引《尔雅》关于堂、室之界定,证明此四"堂"字皆当为"室",至确。再如《通礼》"设香卓堂中两阶间"一语,邱濬《补注》云:"本注帝外设香卓,是各设一卓,两阶之间又设,是共设一卓也。盖同堂异室,其礼如此。"沙溪不从其说:

  按:《补注》各设云云,恐是错看本注也。两阶间所设,盖为晨谒及出入告辞时所用。②

沙溪此说辨析入微,较邱濬为是。诸如此类,在在多有,皆可见沙溪注重版本,勤于考订,务求真确之精神。

(2)以"小学"解经

《仪礼》是用先秦语汇撰写而成,古字古词触目皆是,而且充斥名物度数,故汉学家解读此书,尤其注重正音释义,绝非无病呻吟。《说文》即专为解经而作。标注经文读音,宋儒与清儒颇异。朱子《仪礼经传通解》及《四书集注》或用直音法,或用反切法,均不标明所引韵书之名。清代《说文》之学

---

① 《沙溪先生全书》上册,卷二五,《家礼辑览·通礼·祠堂》,第419页。
② 《沙溪先生全书》上册,卷二五,《家礼辑览·通礼·祠堂》,第420页。

勃兴,学者注经好用此书,以为去古未远,释义最真。为朝鲜读者计,《辑览》更不能不顾及于此,沙溪为《家礼》释音,主要引用元熊忠《韵会》一书,且注明出处:

《祠堂》:

　　缭,《韵会》:力照切,缠也。①

　　横,《韵会》:侧史切,匣也。②

　　皂,《韵会》:又作皂,作栎属,其房可以染黑,故俗因谓黑为皂。③

《深衣制度》:

　　属,《韵会》:朱欲切,连也。④

《司马氏居家杂仪》:

　　仓廪,《韵会》:仓,藏也。⑤

　　昧爽,《韵会》:昧,莫佩切,暗也。爽,所两切,明也。昧爽,微明也。⑥

《冠礼》:

　　莅,《韵会》:力至切,临也。⑦

　　祗奉,《韵会》:祗,章移切。⑧

《昏礼》:

　　伉俪,《韵会》:伉,口浪切,匹也。俪,郎计切,偶也。⑨

　　匏,《韵会》:蒲交切,瓠也。陆佃曰:长而瘦上曰瓠,短颈大腹曰匏。⑩

《丧礼》:

---

① 《沙溪先生全书》上册,卷二五,《家礼辑览·通礼·祠堂》。
② 《沙溪先生全书》上册,卷二五,《家礼辑览·通礼·祠堂》。
③ 《沙溪先生全书》上册,卷二五,《家礼辑览·通礼·祠堂》,第424页。
④ 《沙溪先生全书》上册,卷二五,《家礼辑览·通礼·深衣制度》,第427页。
⑤ 《沙溪先生全书》上册,卷二五,《家礼辑览·通礼·司马氏居家杂仪》,第431页。
⑥ 《沙溪先生全书》上册,卷二五,《家礼辑览·通礼·司马氏居家杂仪》,第431页。
⑦ 《沙溪先生全书》上册,卷二六,《家礼辑览·冠礼》,第434页。
⑧ 《沙溪先生全书》上册,卷二六,《家礼辑览·冠礼》,第438页。
⑨ 《沙溪先生全书》上册,卷二六,《家礼辑览·昏礼·纳采》,第441页。
⑩ 《沙溪先生全书》上册,卷二六,《家礼辑览·昏礼·亲迎》,第444页。

扱上衽,《韵会》:扱,插通,测洽切。①
荐,《韵会》:作甸切,籍也,稿曰荐。②
掔,《韵会》:腕,本作掔,乌贯切,掌后节也。③

其次引《尔雅》《龙龛手鉴》等字书:

高祖,《尔雅》注:高,最上也。祖,始也。④
曾祖,《尔雅》注:曾,重也。⑤
袍袄,《手鉴》:袍,薄毛切。袄,乌老切。⑥
裹肚,《手鉴》:裹,古火切,包也。肚,徒古切,腹肚也。⑦
稿,《手鉴》:古老切,禾秆也。⑧

《辑览》引《说文》仅一见:

祗奉,祗,《说文》:敬也。⑨

《辑览》对较为后起名词之解读,如"靴""襕衫""凉衫""大衣""长裙""冠子""背子"等服饰专名,均采《事物纪原》一书;而于时令、节气等,如中元、重阳等,多取《翰墨全书》。

沙溪以小学解经,总体而言相当专业,但间有失之简略者,如"祠堂"章附注,有"侠拜"一词,沙溪云:"侠,《韵会》并也。"⑩乃是将此词之"侠"字单独提出解释,故词义依然不明。此处必须结合《仪礼》与"拜"字一并解读,方才得其确解。"侠拜"之礼,见于《士冠礼》,"母拜受,子拜送,母又拜",郑注:"妇人于丈夫,虽其子犹侠拜。"贾疏:"郑云妇人于丈夫,虽其子犹侠拜者,欲见礼子

---

① 《沙溪先生全书》上册,卷二七,《家礼辑览·丧礼·初终》,第453页。
② 《沙溪先生全书》上册,卷二七,《家礼辑览·丧礼·沐浴、袭、奠、为位、饭含》,第454页。
③ 《沙溪先生全书》上册,卷二七,《家礼辑览·丧礼·沐浴、袭、奠、为位、饭含》,第456页。
④ 《沙溪先生全书》上册,卷二五,《家礼辑览·通礼·祠堂》,第420页。
⑤ 《沙溪先生全书》上册,卷二五,《家礼辑览·通礼·祠堂》,第420页。
⑥ 《沙溪先生全书》上册,卷二七,《家礼辑览·丧礼·沐浴、袭、奠、为位、饭含》,第455页。
⑦ 《沙溪先生全书》上册,卷二七,《家礼辑览·丧礼·沐浴、袭、奠、为位、饭含》,第455页。
⑧ 《沙溪先生全书》上册,卷二七,《家礼辑览·丧礼·沐浴、袭、奠、为位、饭含》,第458页。
⑨ 《沙溪先生全书》上册,卷二六,《家礼辑览·冠礼》,第438页。
⑩ 《沙溪先生全书》上册,卷二五,《家礼辑览·通礼·祠堂》,第423页。

之体例,但是妇人于丈夫皆使侠拜,故举子以见义也。"可见,侠拜乃妇人于丈夫之礼。

(3)汇通《三礼》,以经证经

郑玄为东汉礼学大师,遍注群经,其中尤以其"三礼"(《周礼》《仪礼》《礼记》)注,成就最高,为礼学不祧之祖,学界有"礼是郑学"之誉。朱熹评价唐人的《九经》疏,认为贾公彦的《周礼疏》好。四库馆臣说:"公彦之疏,亦极博该,足以发挥郑学。"贾公彦另有《仪礼疏》辅翼郑注,马廷鸾盛赞之:"康成之《注》、公彦之《疏》,何学之博也。"曹元弼《礼经校释》称贾疏"平实精确,得经注本义"。孔颖达《礼记正义》雅达广揽,词富理博,尤以引证文献详尽见长,读之有依山铸铜、煮海为盐之感,与郑注一简一繁,一精一密,被誉为经学史上的"双璧"。

沙溪注《家礼》,引用《三礼》郑注、贾疏、孔疏处甚多,主要有两种情况。

一是直接用与《家礼》对应的《仪礼》注文,如:

《冠礼》:
嘉荐令芳,《士冠礼》注:嘉,善也。荐,谓脯醢。芳,香也。①

《昏礼》:
初昏,郑康成曰:日入三商为昏。②
舅姑飨之,《士昏礼》注:以酒食老人曰飨。③

《丧礼》:
丧礼,《丧服》注:不忍言死而言丧,丧者,弃亡之辞。④

二是,某词的词义,《仪礼》本篇郑注未曾提及,与之相关的释读见于其他各篇,甚至是见于《礼记》有关各篇的,沙溪多有引用:

---

① 《沙溪先生全书》上册,卷二六,《家礼辑览·冠礼》,第437页。
② 《沙溪先生全书》上册,卷二六,《家礼辑览·昏礼·亲迎》,第444页。
③ 《沙溪先生全书》上册,卷二六,《家礼辑览·昏礼·亲迎》,第448页。
④ 《沙溪先生全书》上册,卷二七,《家礼辑览·丧礼》,第450页。

《祠堂》：

尚飨，《士虞礼》注："尚，庶几也。飨，歆也。"劝强之意。①

《司马氏居家杂仪》：

仓廪，《月令》疏："谷藏曰仓，米藏曰廪。"②

《冠礼》：

乡先生，《士冠礼》注："乡先生，乡中老人为卿大夫致仕者。"疏："即《乡饮酒》与《乡射记》先生及《书传》父师，皆一也。亦有士之少师。"③

《昏礼》：

亲迎，《丧大记》注：迎，逢也。凡言迎者，先之也。若逆彼来，而后往焉。④

同牢，《王制》注：牢者，圈也。以能有所畜，故所畜之牲皆曰牢。⑤

《丧礼》：

承重，《檀弓》注：承祖宗重事也。⑥

徒跣，《问丧》注：徒，空也。徒跣，无屦而空跣也。⑦

讣告，《既夕礼·记》："赴，走告也，今文作讣。"疏："言赴，取急疾之意。《杂记》作'讣'者，义取以言语相通。亦一涂也。"⑧

僚友，《士丧礼》疏："同官为僚，同志为友。"⑨

袍袄，《大记》注：袍，衣之有著者，乃亵衣也。《玉藻》注：用旧絮则谓之袍。⑩

---

① 《沙溪先生全书》上册，卷二五，《家礼辑览·通礼·祠堂》，第422页。
② 《沙溪先生全书》上册，卷二五，《家礼辑览·通礼·司马氏居家杂仪》，第431页。
③ 《沙溪先生全书》上册，卷二六，《家礼辑览·冠礼》，第439页。贾疏此句"亦"字上有"先生"二字。
④ 《沙溪先生全书》上册，卷二六，《家礼辑览·昏礼·亲迎》，第443页。
⑤ 《沙溪先生全书》上册，卷二六，《家礼辑览·昏礼·亲迎》，第446页。
⑥ 《沙溪先生全书》上册，卷二七，《家礼辑览·丧礼·初终》，第452页。
⑦ 《沙溪先生全书》上册，卷二七，《家礼辑览·丧礼·初终》，第453页。
⑧ 《沙溪先生全书》上册，卷二七，《家礼辑览·丧礼·初终》，第454页。
⑨ 《沙溪先生全书》上册，卷二七，《家礼辑览·丧礼·初终》。
⑩ 《沙溪先生全书》上册，卷二七，《家礼辑览·丧礼·沐浴、袭、奠、为位、饭含》，第455页。

沙溪若非熟读《仪礼》《礼记》，不可能如此熟悉各篇内容。引不同篇章的经注彼此印证，可以彰显礼书内在的贯通，加深对文献的理解。

（4）详解名物

《家礼》不仅涉及名物多，而且字多生僻，若就字论字解释，则读者难以获得整体印象。故《通礼》每每引各种文献，从多种角度汇通，令读者得悉源流演变，以及不同学者之解读。如"祠堂"章之"衣"，并非生人日常穿着之衣，而是先祖遗留至今之衣，沙溪云引《守祧》之文：

> 《周礼·春官》："遗衣服藏焉，若将祭祀，则各以其服授尸。"注："遗衣服，大敛之余也。尸当服卒者之上服，以象生时。"疏："按《士丧礼》云，小敛十九称，不必尽用。则小敛亦有余衣，必知据大敛之余者，小敛后更用之，大敛余乃留之。"○《中庸》注："裳衣，先祖遗衣服，祭则设之，以授尸也。"○《语类》："古者先王衣服藏之庙中，临祭时出以衣尸，如后稷之衣到周时恐已不在，亦不可晓。"①

沙溪先引《春官·守祧》文，引出"遗衣服"一词，说明乃祭祀时为尸所用，再通过郑注，遗衣服本大敛所余，又引贾疏说明郑注之依据在《士丧礼》，从而令读者对《中庸》《语类》提及之遗衣服豁然开朗。

（5）考镜源流

《家礼》涉及之名词，大多为中国特有，若不能说明源流，则读者终究云山雾罩，疑信参半。故沙溪尽可能予以揭示。如《祠堂》"立庙西京"，沙溪云：

> 司马温公曰：先王之制，自天子至于官师皆有庙。及秦，非笑圣人，荡灭典礼，务尊君卑臣，天子之外，无敢营宗庙者。汉世，公卿贵人多建祠堂于墓所，在都邑则鲜焉。魏晋以降，渐复庙制。其后，遂著于令，以官品为世数之差。唐世，贵臣皆有庙。及五代，礼颓教坠，庙制遂废。宋兴，夷乱

---

① 《沙溪先生全书》上册，卷二五，《家礼辑览·通礼·祠堂》，第420页。

苏疲，久而未讲。仁宗闵群臣贵极公相而祖祢食于寝，侪于庶人，听文武官依旧式立家庙，于是共奏请，自平章事以上立四庙；东宫少保以上立三庙；诏如其请，公卿无肯唱众为之者，独平章事文公首奏，乞立庙河南，诏可之。①

沙溪引述以上司马光论庙制变迁之文，显然经过深思熟虑。这段文字说庙，始于周，下及秦、汉、魏晋、唐、宋，言简意赅，脉络清晰，读之可得庙制源流大要。

再如《祠堂》之"寝庙正庙"一语，上古庙与寝关系密切，但往往区别不清。沙溪遍引《仪礼》《礼记》《文献通考》《国语》《周官》之文，说解颇为通畅：

《士虞礼》注："鬼神所在曰庙。"○《檀弓》疏："室有东西厢曰庙，无东西厢有室曰寝。"《通典》说者以为古宗庙前制庙后制寝，以象人君之居前有朝，后有寝。庙以藏主，以四时祭。寝有衣冠几杖，象生之具，以荐新物。秦始出寝起于墓侧。汉因而弗改，故陵上称寝殿，起居衣服象生人之具，古寝之意也。○《文献通考》先儒谓庙藏神主而祭以四时，寝藏衣冠几杖之具而祭之以新物。然《国语》大寒取名鱼登水禽，尝之寝庙。《月令》四时新物皆先荐寝庙。盖有寝者荐于寝，无寝者荐于庙，非谓荐止于寝也。○方氏曰：既曰寝，又曰庙，何也？盖王者之于祖祢，以人道事之则有寝，以神道事之则有庙。天子七庙，而《周官·隶仆》止掌五寝者，以二祧将毁，先除其寝，事有渐故也。祭，神道也。荐，人道也。②

又如《丧礼》中"饭含"一词，文献有不同说法，而学者多苟取简易，不求甚解。沙溪云：

饭含《礼运》"饭腥"注：饭腥者，用上古未有火化之法，以生稻米为含

---

① 《沙溪先生全书》上册，卷二五，《家礼辑览·通礼·祠堂》，第419页。
② 《沙溪先生全书》上册，卷二五，《家礼辑览·通礼·祠堂》，第419页。

也。○《檀弓》注:"饭即含也。用米,故谓之饭含。"○《杂记》注:"含玉之形如璧。旧注分寸、大小未闻。"○河西曰:含,去声。琀同。○《集说》问饭之义曰《檀弓》云不忍其口之虚,故用此美洁之物以实之。今俗以珠银之屑置其口。其余意欤?○汪氏克宽曰:含者何?口实也。实者何?实以玉,食之美也。玉食者何?天子饭以玉,诸侯以珠,大夫以璧,士以贝,庶人以钱是也。然则何以实之?孝子事死如事生,不忍虚其亲口之意。佗日涂车刍灵之制,亦犹是不忍之心。夫安得不敬?《杂记》天子饭九贝,诸侯七,大夫五,士三。《周礼》天子饭含用玉。此盖异代之制不同如此。本注谓:饭,含也。是即以饭为含。参之《礼运》曰"饭腥",穀梁氏谓"贝玉曰含",二者虽皆为口实,而用则不同,谓之饭含则可;谓之饭,含也,则不可。学者察焉。①

读此一节,则文献及学者所有与"饭含"相关之说,可谓尽收囊中,读者可以以简驭繁,得出自己的判断。

4.《家礼》疑义商榷

《家礼》之《丧礼》有"陈袭衣"一节,但正文未言所陈之袭衣是何物。据本注,所陈之物包括幅巾、幎目、握手、深衣等多种;其中"握手"之形制,本注云:"握手,用帛,长尺二寸,广五寸,所以裹手者也。"②

《家礼》此文,未提及"握手"之数量;其用法,则以"裹手"二字轻轻带过。平心而论,士庶遭丧之家,读《家礼》至此,恐怕不知如何操作是好。而研礼诸家,皆知《家礼》冠、昏、丧、祭四篇约自《仪礼》相关各篇,故"握手"之解,能求诸本源。

《仪礼》与"握手"之设有关的记载,见于如下三处:

---

① 《沙溪先生全书》上册,卷二七,《家礼辑览·丧礼·沐浴·袭·奠·为位·饭含》,第457页。
② 孔子文化大全编辑部:《家礼》,《孔子文化大系》之《帝范·家范·帝学·家礼》,济南:山东友谊书社,1992年,第680页。

《士丧礼》"握手,用玄,纁里,长尺二寸,广五寸,牢中旁寸,著,组系",注:"牢读为楼,楼谓削约握之中央以安手也。"①

《士丧礼》"设决,丽于掔,自饭持之。设握,乃连掔",注:"设握者,以纂系钩中指,由手表与决带之余连结之。此谓右手也。"②

《既夕礼·记》"设握,裹亲肤,系钩中指,结于掔",注:"掔,掌后节中也。手无决者,以握系一端绕掔,还从上自贯,反与其一端结之。"③

"握手",涉及两个问题,首先是数量,是一还是二?经文未明言。郑注认为《士丧礼》"设握,乃连掔",是"谓右手";左手如何,则未提及。贾公彦疏推阐经注设握之法,认为此处之握乃是设于右手,而《既夕礼·记》所设之握是在左手:

案上文握手长尺二寸,裹手一端,绕于手表,必重宜于上掩者,属一系于下角,乃以系绕手一匝,当手表中指向上钩,中指又反而上绕取系乡下,与决之带余连结之,以其右手有决,今言与决同结,明是右手也。下《记》所云设握者,此谓左手,郑云:"手无决者也。"

依贾疏之说,则郑玄认为握有二,左右手各一;决惟一,设于右手。其后,元儒敖继公提出"握手唯一而已,与决同设于右手"④之说,明儒郝敬等从之。沙溪云,"愚尝考注疏之说,则两手各用一握之义分明可见"⑤,并解读注疏设握之法:

《尔雅》《释名》所谓握以物置尸手中使握之也,又留其余两端各四寸不动,以待裹手之际,可掩其手表也。又所谓长尺二寸,裹手一端绕于手

---

① 〔汉〕郑玄注,〔唐〕贾公彦疏:《仪礼疏》下册,卷三五,杭州:浙江古籍出版社,2017年,第1149页。
② 《仪礼疏》下册,卷三五,第1169页。
③ 《仪礼疏》下册,卷四〇,第1317页。
④ 〔元〕敖继公:《仪礼集说》卷一三,《通志堂经解》第14册,江苏广陵古籍刻印社,1993年,第187页。
⑤ 《沙溪先生全书》上册,卷二七,《家礼辑览·丧礼·沐浴、袭、奠、为位、饭含》,第456页。

表,必重叠于上掩者,属一系于下角云者,以其握手中央四寸置之手内,又以其两端各四寸掩其手表,则必重叠相掩耳。又所谓据从手内置之,长尺二寸,中掩之,手才相对也云者,以中央四寸置于手内,而所余两端各四寸重掩其手表,则其两端之广袤才与之相对而适足无余欠耳。①

其次,《士丧礼》之"握手",各有"组系",亦未言数量,故学者不免揣测。邱濬《家礼仪节》以为握手两端上下角皆有系,使用执法为,将两手分置于两端四寸中,各以其系结之,使之不散。退溪从之。沙溪云:"握手两系,礼经分明。"②所言甚是。

毋庸讳言,礼经"握手"是一相当复杂之问题,歧说纷纭,不易穷尽。在朝鲜学界,沙溪之解读最为深入,然犹缺一间。沙溪解经尊重注疏,此无可厚非,而注疏之说未必处处符合经义。若细心寻绎经文,可知《士丧礼》陈袭事所用衣物有两种情况:一种记载数量,如"纩极二",则纩极之数量有两个;另一种不计数量,如鬠笄、掩、瞑目、冒、竹笏、握手、决等。《仪礼》文例,凡不记数量者,则其数为一。沈文倬先生考定:

假使握手或决有二个,那一定要叙明"握手二"或"决二"的;既然只称"握手""决",自是"握手""决"各一无疑。

前辈学者讨论握手是一是二,大多就事论事,鲜有论及何以要为死者设决设遂。沈先生将决、遂之设与男子生前习射、参与礼射相联系,指出"丧礼的决就是射礼的决",而握手与"遂"有关:

射礼的决只有一个,设在右手大指上;丧礼的决,当亦与之相同。至于握手,好似射礼的"遂(拾)"(当然形制与设法是不相同的),那么也只

---

① 《沙溪先生全书》上册,卷二七,《家礼辑览·丧礼·沐浴、袭、奠、为位、饭含》,第456页。
② 《沙溪先生全书》下册,卷三六,《疑礼问解·握手》,第627页。

是一个,设于左手的。①

沈说对丧礼中何以右手设决,右手设遂,而绝无可能左右手均设握之解读,至确,无可移易。以此审视沙溪握手有二之说,得失立见。

沙溪解读"设握"之法的另一错误,乃是将《既夕礼·记》"设握,裹(编者注:里。下同)亲肤"更改为"裹亲肤",理由是有版本依据,沙溪称"吾家有唐板诸本,'令裹'皆作'今裹'"②。

通常而言,唐代虽有雕版印刷,但内容均为佛经药方之类,绝无儒家经典。见诸文献记载,雕版印刷儒家经典者,始于五代后唐长兴二年。沙溪所谓"唐版诸本",不知唐代何年、何地、何人所刻?

《既夕·记》"设握,裹亲肤",裹,唐石经同③;徐本、《集释》《通解》《要义》杨氏均同;惟敖氏、毛本作"裹"④;黄以周所见本亦有作"裹"者,而黄氏以为误。⑤《记文》下贾疏云"今裹亲肤"之"裹",阮氏校勘记未出校,足见亦无异文。今有传世之宋景德官本《仪礼》单疏,凡五十卷,亦作"裹亲肤"⑥,均非沙溪所说作"裹"。

《仪礼》经曰"握手长尺二寸",《记》曰"裹亲肤",贾疏曰"今裹亲肤",今谓子夏《记》也。世人以版本误书"今裹"作"令裹"之故,展转致疑,可叹。⑦

---

① 沈文倬:《对〈士丧礼、既夕礼中所记载的丧葬制度〉的几点意见》,《菿闇文存》上册,北京:商务印书馆,2006 年,第 407 页。
② 《沙溪先生全书》上册,卷二七,《家礼辑览·丧礼·沐浴、袭、奠、为位、饭含》,第 456 页。
③ 《景刊唐开成石经》第 2 册,北京:中华书局,1997 年,第 846 页。
④ 〔汉〕郑玄注,〔唐〕孔颖达疏,彭林整理,王文锦审定:《仪礼注疏》卷四〇,北京:北京大学出版社,1999 年,第 772 页。
⑤ 〔清〕黄以周撰,王文锦点校:《礼书通故》第 2 册,卷 10,《丧礼通故一》,北京:中华书局,2007 年,第 453 页。
⑥ 《仪礼疏》下册,卷四〇,第 1316 页。
⑦ 《沙溪先生全书》下册,卷三六,《疑礼问解·握手》,第 626 页。

沙溪改"裹"为"襄"之说，相当勉强，故当时学者颇不以为然，如景任云：

> 不知高明何病于此，必欲改"裹"为"襄"，又改疏中"令"字为"今"耶？若如来说，则贾当于"今"字下著"言"字，不当作如此短涩，文句有如始学语孩儿话也。且令"裹亲肤"一句，在《仪礼》则犹可如此读，在《家礼》注中上面本无本经记"裹亲肤"一句，又何可如此读耶？全不成文理，全不成意味。①

而沙溪拒绝景任之说，坚持改"裹"为"襄"，改"令"为"今"，其深层原因则是《家礼》将握手之作用定义为"襄手"，②故以为两者一致，方才契合《仪礼》经注与《家礼》本义：

> 《家礼》所谓握手者，襄手之义安在？《经》曰"握手长尺二寸，广五寸"，子夏《记》曰"裹亲肤"，贾氏所谓"今"，指子夏所作《记》文而言也。乡本误作"令裹"，故致得握手用一之误。盖作"襄"字，而两手各用一握，然后可以襄手，而于襄字为当矣。只用一握，则但主于系缀两手，而于襄义无当矣。③

沙溪反对两手仅一握，除文献原因外，主要是着眼于《家礼》襄手之说。沙溪认为，若如其说，"其分置两手于一握手之两端而系之，则其两手相对而不散"，必然导致与《家礼》悖逆，"若如是说，则其重在于系手，而不在于襄手。《家礼》所谓握手者，襄手之义安在？"④

沙溪学术造诣很高，而在设握问题上出现如此错误，根本原因在于，朱熹在学界拥有崇高学术地位，而《家礼》冒朱子之名行世，朝鲜学者无不笃信此

---

① 《沙溪先生全书》上册，卷二七，《家礼辑览·丧礼·沐浴、袭、奠、为位、饭含》，第456页。
② 《家礼》，第680页。
③ 《沙溪先生全书》上册，卷二七，《家礼辑览·丧礼·沐浴、袭、奠、为位、饭含》，第456页。
④ 《沙溪先生全书》下册，卷三六，《疑礼问解·握手》，第626页。

书,故包括沙溪在内,学者不敢怀疑此书有误,而曲为维护。关于《家礼》是否为朱子作品,清人王懋竑早已质疑,并提出六十余条证据,认为此书绝非朱子所作。《家礼》之丧礼有设握无设决,乃是不懂《士丧礼》所致;《家礼》不言握之数目是一是二,令读者难以操作;此条适足可以成为此书非朱子手作之新证。

5.余论

三读沙溪《家礼辑览》,感慨无似,我们由此而知,尽管朝鲜时代是性理之学盛行的时代,但依然不乏通晓汉学门径、精于考据之学的学者,金沙溪谙熟《周礼》《仪礼》《礼记》及历代典籍,《家礼辑览》的解经成就,堪称朝鲜时代礼学家的典范。《家礼》一书能突破各种文化差异、阅读困难,而大行于朝鲜都县,乃至里巷委曲之地,实属不易,值得今人深思与再研究。

十一、丁茶山礼学与清人礼学之比较

19世纪初叶,中国和朝鲜都进入了礼学史上的高峰时期。

中国礼学始于先秦,兴盛于两汉魏晋,至宋而微,至明几绝。入清,礼学复苏,乾隆元年有"三礼"馆之设。乾隆十三年,《钦定三礼义疏》一百七十八卷撰成。在此前后,相继而起的名家大著有张尔岐《仪礼郑注句读》十七卷、李光坡《三礼述注》六十九卷、徐乾学《读礼通考》一百二十卷、万斯大《仪礼商》二卷、惠士奇《礼说》十四卷、方苞《周官集注》十二卷、《仪礼析疑》十七卷、《礼记析疑》四十六卷、江永《礼书纲目》八十六卷、秦蕙田《五礼通考》二百六十二卷、孙希旦《礼记集解》六十一卷、金鹗《求古录礼说》十五卷等,皆其荦荦大端者。而至此出现的凌廷堪(1755—1809)《礼经释例》十三卷和胡培翚(1782—1849)《仪礼正义》四十卷,则堪称清代礼学成就之里程碑。

而在朝鲜半岛,早在三国、高丽时代,中原礼乐之教即播迁于此,渐次列入科举考试之目,但未成专门之学。高丽末,因《朱子家礼》的传入,礼学蔚兴。进入朝鲜时代后,礼家辈出,斯学大盛,如权近、崔锡鼎、金长生、郑逑、宋时烈、尹镌等,皆一时之选。至茶山时,朝鲜礼学已有数百年之积累,故能超迈前贤,卓然名家。

丁茶山名镛,初名归农,冠名若镛,字美镛、颂甫,号俟庵、茶山,堂号与犹。英宗三十八年壬午(1762)六月,茶山生于洌水,历任京畿暗行御史、弘文馆校理、司谏院司谏、兵曹参议、兵曹参知、右副承旨等职。茶山遍注群经,著作等身,氏云:"余所不朽,惟《礼》与《易》。"①礼学为其学术重心之所在。茶山所撰礼学论著有《丧礼四笺》《丧礼节要》《丧礼外编》《祭礼考定》《嘉礼酌仪》《疑礼问答》《经世遗表》等,此外尚有不以礼名而实为礼学著作者,如所撰《春秋考征》,乃是考征《春秋》吉礼、凶礼、杂礼的专著。规庑弘大,为朝鲜礼学之集大成者。

比较茶山与清儒礼学之异同,对于研究两国儒家文化的特色具有重要意义,故不揣谫陋,试为探究,并就教于大方之家。

1.以礼为天地之情

相传周公制礼作乐,垂为万世法则。然自宋儒心性之学起,中原学者多孜孜于心性、理气之辩,对于礼的本质如何定义、圣人何以要制礼作乐等礼学研究之重大问题,鲜有留意者。明亡之后,学界痛定思痛,乃多归咎于置圣贤之书不观,而空谈心性理气。于是有反理学思潮兴起,凌廷堪则是其中最重要的代表人物之一。凌氏高扬"以礼代理"之大旗,认为圣人之道当归宗为"礼"而绝非"理",所作《复礼》上中下三篇,以《中庸》为基础,论述性情、礼与圣人之道的关系:

> 夫人之所以受于天者,性也。性之所固有者,善也。所以复其善者,学也。所以贯其学者,礼也。是故圣人之道,一礼而已矣。孟子曰:"契为司徒,教以人伦,父子有亲,君臣有义,夫妇有别,长幼有序,朋友有信。"此五者,皆吾性之所固有者也。圣人知其然也,因父子之道而制为士冠之礼,因君臣之道而制为聘觐之礼,因夫妇之道而制为士昏之礼,因长幼之道而制为乡饮酒之礼,因朋友之道而制为士相见之礼。自元子以至于庶人,少而习焉,长而安焉。礼之外,别无所谓学也。夫性具于生初,而情则缘性而有者也。性本至中,而情则不能无过、不及之偏,非礼以节之,则何以复其性焉。

---

① 《与犹堂全书》第三集,《礼集》卷二十三,《疑礼问答》。

凌廷堪认为,人性本于天,有其天然的合理性。人性感于外物,发为喜怒哀悲之情。但是,人情不能自发地及于无过、不及的"至中"境界,所以圣人制为"礼",通过各种节文来规范、节制人的性情,使之合于天道,所以说"盖至天下无一人不囿于礼,无一事不依于礼",礼是儒家思想的核心。凌氏对于礼的阐述,不仅深得《中庸》要旨,而且与近年湖北荆门郭店一号楚墓出土的战国儒简《性自命出》诸篇契合,①可谓难能可贵。无独有偶,茶山礼学思想也以"礼"为儒学之根柢,所体现者为天地之情:

> 礼者,天地之情,本于天,毂于地,而礼行于其间。礼者,天地之情,圣人特于是为之节文焉已。圣人节文诸礼,至于丧礼则曰:"是可惧也,不诚将有悔,悔且莫之追也。"于是殚其诚、致其慎,为之节文,斯以诏后。后圣受而行之,曰:"是犹有不尽人之情、以反天地之本者。"于是相与损益而修润之,以期乎无憾。若所谓"士丧礼"者是已。唯是士丧礼者,历诸圣之手,而成之于圣人,以与天地俱立,必非后生末学所得移易而变乱之,以逞其私智小慧者。②

茶山此语要旨为:人情本于天地;圣人制礼,乃节文人情,使之反天地之本。人情本于天地,即《中庸》所云"天命之谓性";节文人情、使之反天地之本者,即《中庸》"率性之谓道,修道之谓教"。茶山此说与凌氏如出一辙,凌氏卒于1809年,茶山《丧礼四笺序》作于纯祖四年(1804),茶山是否受过凌氏《复礼》的影响?

《金正喜先生文集》中有若干清儒的学术论文,其中有凌廷堪的《复礼》,当是由于文集的汇编者对清代学术生疏,而误以为是秋史所作。尽管如此,凌氏《复礼》传入朝鲜是可以肯定的。但是,金正喜随其父金鲁敬奉使入华,是在纯宗九年己巳,与阮元的交往必在此年之后,阮元与凌廷堪关系亲密,金正喜得见《复礼》,当经由阮元之手。若茶山读过《复礼》,则当又在其后。由《丧礼

---

① 参阅拙作《始者近情,终者近义——子思学派对礼的理论诠释》,载《中国史研究》2001年3期。
② 《丧礼四笺序》。

四笺序》可知，茶山此书成于纯祖四年，早在金正喜燕行之前，足见彼此并无影响，所见略同而已。

需要指出的是，虽然茶山的礼论与凌廷堪相若，但彼此的理路并不相同。凌廷堪《复礼》三篇，为凌氏礼学思想之纲领，凌氏用"以礼代理"的口号，"鼓动起嘉道学界舍理言礼的风气，也直接带起晚清的重礼思想"①。"以礼代理"在清代学术史上具有重要意义，因而其价值更多地体现在学术思想的领域。

茶山并没有如凌廷堪以礼学取代理学的指向。原因是，朝鲜立国以后的几百年中，社会稳定，中间没有出现像明、清之际那样的政权更迭，宋明理学不仅没有受到冲击，而且成为朝野强有力的精神支柱。从某种程度上说，茶山礼论，是朱熹性理学说中包含的礼学思想延续。因此，茶山礼学思想的价值主要体现在学术领域。在礼学问题的解释上，茶山每每从是否合于人情来判断是非，类似之例，触目皆是。

《仪礼·既夕礼·记》云："疾病，内外皆扫。"郑注："为宾客将来问病也。"郑玄将经文中的"疾病"理解为一息尚存。茶山指出，《左传》等文献每每"以殒绝为大病"，如果犹有气息，就无法解释于此时行废床、加新衣、属纩、男女改服等礼节，此"皆非人子之所忍为也"。"疾病"不过是一种委婉的说法，因为发丧前不忍言"死"，所以"权以疾病立名，以寓其徼幸恻怛不忍遽死之意。若其人，则已死矣"②。

《既夕礼·记》"迁尸"，郑注："徙于牖下也。"病者卒于北墉下，于楔齿、缀足、沐浴、饭含之前，要迁尸于南牖下，如此，则尸必南首无疑。但是文献所记，死者皆北首，如《礼记·礼运》云，"死者北首"；《礼记·檀弓》云，"葬于北方北首，三代之达礼也"；《左传》哀公二十六年，宋司城乐茷"梦启北首而寝于卢门之外"，杜注："北首，死象。"皆其例。孰是孰非，成为礼家之大讼。胡培翚解释为南牖之下"向明"，③便于楔齿等仪节的进行。茶山揆诸情理而论之：

---

① 张寿安：《以礼代理——凌廷堪与清中叶儒学思想之转变》，台北："中央研究院"近代史研究所，1994年5月。
② 《丧礼四笺》卷一，"上甲四"条。
③ 《仪礼正义》卷三十一。

  盖小敛以前,俟生之念未已,徼幸之望未绝,故所行仪节皆不纯凶,是以奠用吉器。子不去冠,亲宾来吊者,袒裘以着美,此所以尸亦南首,以避北首之凶。及至小敛之后,奠用素器,子乃括发,亲宾来吊者,袭裘以去饰。故奉尸俟堂之时,尸亦移之为北首也。①

  茶山认为,"南首"之举,乃是始死,人子"俟生之念未已,徼幸之望未绝",不忍遽然以"北首"的凶礼行事,可备一说。

  《士丧礼》云:"楔齿用角柶。"角柶的形制,《既夕礼·记》云:"楔,貌如轭,上两末。"《士丧礼》贾疏:"此角柶其形与扱醴角柶制别,故屈之如轭,中央入口,两末向上,取事便也。"如贾氏所言,则角柶乃事先为死者准备的楔齿器具。茶山批评贾氏"不达制礼之妙",为活人准备丧具,有悖于情理,他认为角柶和缀足用的燕几都是日常家用之具,由于"丧事仓卒,而凶器不素具,故取用于吉器燕器之中,而著之为礼也"②。胡培翚也以贾说为非,认为"角柶亦是平常日用之物,缘始死不能猝办丧器,故以生人之器为用"③。

  丧具又有"重",乃三尺之木,葬前用为神主。《礼记·檀弓下》:"重,主道也。"郑注:"始死,未作主,以重主其神也。重,既虞而后埋之,乃后作主。"在丧礼中,重先置于庭,后在柩车之前,又倚于庙门之外。"重"屡次移动的寓意,注家多不言,行丧礼者也多不知其深意。茶山以为,"重"之设,虽形制朴陋,乃是"古人制礼之精义,孝子求神之至情":

  重也者,所以求神于庭,而遂于庭存之也。故柩车之赴圹也,宜以重先。而孝子之心,恻恻然不忍之,曰:神其或者迟徊顾恋而不肯去斯乎?然而疑之曰:神其或者眷眷于柩车乎?从而之圹耶,疑神之恋于庙也;饮而在庭耶,疑神之恋于柩也。于是乎徙而倚之以庙门之外,柩道之侧。令

---

① 《丧礼四笺》卷一,"上乙五"条。
② 《丧礼四笺》卷一,"上丙五"条。
③ 《仪礼正义》卷二十六,《士丧礼一》。

神之于彼于此,而悒悒然怀其故宫,望望然送其体魄也。①

如此,完全以生人之心揣度死者低回留恋之意,可知圣人设"重",是为体现"事死如事生"之礼义。

《礼记·丧大记》云:"男女改服。"郑注:"为宾客来问病亦朝服也,庶人深衣。"如郑所言,因为此时有前来探病的宾客,故男女改服朝服。茶山指责"郑义大戾",认为此时的所谓改服,是因为即将发丧,故男女皆去华采之服,改以淡素之服:

> 此时何时,耐务容饰以待宾客耶?盖自疾病以下,亲已死,不可为矣。然孝子之心犹不忍遽死之,为之持体,为之行祷,为之稍移其晷刻,然后发声而哭,行死事耳。若亲则已死矣,故华采袏美之服先为之褫去。今考经文,既复既袭,遂无改服之文。盖以此时早已改服,无容再改也。郑谓此时病犹未绝,故犹有客来问疾也,不亦远矣哉?……吾东之俗,未及发哀,先服白布之衣,盖由天理人情,自然之文,自合于古圣人之经礼也。②

茶山否定郑注,肯定朝鲜丧俗发丧之前先服白布衣的仪节,都是据于"天理人情"。

自始死至葬之祭称"奠",以其时无尸,奠置于地,故名。既葬之后,则以虞祭易奠祭。丧礼中丧祭之奠甚多,以大敛奠为界,致奠的场所判然不同:小敛以前,皆奠于尸东;大敛以后,尸柩在西阶上,故朝夕奠、朔月奠都在室中。关于这一转换的原因,学者多不加深究。敖继公云:"尸柩既殡,不可复奠于其侧,故宜奠于室也。"③茶山认为,此中变化,意在表达生者对死者魂魄的顾恋:

> 古圣人制礼之妙,于此可见。盖以人死,形神相离。而大敛以前,犹

---

① 《丧礼四笺》卷二,"篹三"条。
② 《丧礼四笺》卷一,"上甲七"条。
③ 《仪礼集说》卷十二。

以体魄为重,庶几望生也。既殡,则神魂为重,故奠于室中而犹有顾于体魄,故奠而不祭。①

《既夕礼·记》云:"徹褻衣,加新衣。"郑注:"故衣垢污,为来人秽恶之。"贾疏:"褻衣是玄端,新衣是朝服。"茶山不从贾说,认为褻衣是衷衣,死者之故衣垢汗,故需撤去之。因为玄端之服不可称为褻衣,"以羔裘玄冠为死人之所方服,可乎?朝服者,十五升白布衣也。吊宾之着羔裘者,易以朝服而已,于死人何干!""解衣、脱衣不可云徹。盖此死人之侧,褻衣狼藉。今病既革,务要清肃,所以徹之也。""况贾以病人未及绝矣,一缕犹存,忍为是乎?"②

将《丧礼》视为表达失亲之痛的情感的作品,因而处处从是否合于人子心情的角度来诠释经文,讨论诸家的得失,正是《丧礼四笺》的重要特色。

2.以《礼记》为七十子后学者之作

《礼记》为礼学经典之一,《汉书·艺文志》云"七十子后学者所记也",然学者多不之信,以为杂出于汉儒之手。三国魏张揖《上广雅表》指为鲁人叔孙通所撰,徐坚《初学记》认为是后苍所撰。或以为《礼记》基本材料出于七十子之徒,但其后经过汉儒加工或窜乱,如陆德明《经典释文叙录》云:"《礼记》者,本孔子门徒共撰所闻,以为此记,后人通儒各有损益。"赵匡《春秋集传纂例》说:"《礼记》诸篇,或孔门之后末流弟子所撰,或是汉初诸儒私议之,以求购金,皆约《春秋》为之。"何异孙《十一经问对》云,《礼记》乃"七十二子共撰所闻以为之记,及秦汉诸儒录所记以成编,多非孔子之言,凡'子曰'者,多假托"。康有为《新学伪经考》认为,《礼记》既有采之七十子后学所作,也有汉代经师掺入的成分。基于上述认识,许多学者对《礼记》评价很低,如《群书备考》云:"《礼记》一书,是非杂乱,其粹精者,惟《中庸》《大学》而已,其次,《坊记》可也。《曲礼》《少仪》《乐记》《祭义》《射义》等篇,已多戾古。而《王制》《月令》又居其下,《儒行》亦非孔子之言。然其紊乱难信,未有如《明堂》之甚者也。"

---

① 《丧礼四笺》卷二,"上酉七"条。
② 《丧礼四笺》卷一,"上甲五"条。

孙希旦《礼记集解》云："《礼记》固多出于汉儒,而此篇(《祭法》)尤驳杂不可信。"姚际恒《礼记通论》①,将《礼记》诸篇分为上、中、下三品,褒贬不一,如以《曲礼》《内则》为"三代之遗",《礼运》为"老庄之徒所撰",《明堂位》"必新莽时人为之",《祭法》为"汉儒所作",《仲尼闲居》《孔子闲居》"大抵皆老庄之徒冒孔子之名,以阴行其说者,《孔子闲居》尤全露老庄面目",云云。

  茶山礼学研究最重要的特色之一,是将《礼记》作为与《仪礼》时代相当的史料来处理。茶山云:"刘向所考五礼,梁人戴德、戴圣删定为四十六篇,马融又增入三篇,今之《礼记》是也。"②是茶山从先儒之说,以《礼记》为先秦儒家作品。茶山在谈及自己生活于郑玄"二千年之下,而迁于海外之邦",而敢于追匡郑玄之谬,重要条件之一,是"幸而有《礼记》诸篇,实为《士丧礼》之翼传"③。茶山对《檀弓》《丧大记》《丧服小记》《奔丧》诸篇评价最高,氏云:"《檀弓》二篇,于《礼记》诸篇之中,其义理特精,其文词特美,故余最悦之。古礼繁缛,不能无浮文。而《檀弓》所言,概从简约,与《论语》所记孔子诸言相合,真孔氏之微言也。"④认为《檀弓》在年代上、性质上、价值上都可以与《周礼》比肩。又云"《奔丧》一篇,本是《仪礼》之残缺者"⑤,则直以《奔丧》与《仪礼》视为一体。

  茶山治礼,每每引《礼记》之文为据,或相互印证,或比较异同,屡见不鲜。今就一时所检,《丧礼四笺》⑥《丧礼外编》二书所引《礼记》篇章即有《丧大记》《丧服小记》《檀弓》《杂记》《曲礼》《问丧》《奔丧》《服问》《间传》《祭统》《祭法》《玉藻》《少仪》《坊记》《王制》《礼运》《曾子问》《昏义》,以及《大戴礼记》的《诸侯迁庙》等之文,几居《礼记》之半。至其所著《经世遗表》,则直接采撷《礼记》之《月令》和《大戴礼记》之《夏小正》之文,按时节编入。茶山《仪礼》

---

① 姚氏《礼记通论》已佚,因杭世骏《续礼记集说》大量引用之,而得见其概貌。今林庆彰先生主编的《姚际恒著作集》第二、三册有辑校本姚氏《礼记通论》,"中央研究院"中国文哲研究所出品,1994年。本文所引姚氏语,均出此书。
② 《与犹堂全书》第二集,《经集》卷二,《中庸自箴》。
③ 《丧礼四笺序》。
④ 《与犹堂全书》第一集,《诗文集·题》,《题檀弓箴误》。
⑤ 《与犹堂全书》第三集,《丧礼外编》卷一。
⑥ 《丧礼四笺》见《与犹堂全书》第三集《礼集》(第11册),后文所引《丧礼四笺》语,均只标卷数。

研究的代表作《丧礼四笺》，采用《丧大记》《丧服小记》《檀弓》《杂记》以补《士丧礼》《既夕礼》《丧服》诸篇之缺，或与诸篇互相发明者犹多，成为此书的重要特色。

《礼记》一书，内容丰富，是研究早期儒学思想的重要典籍。1993年冬，湖北荆门市郭店一号楚墓出土一批战国儒家竹简，①其中《缁衣》一篇的文字，与今本《礼记》之《缁衣》篇基本相同。另有《性自命出》篇，论述心、性关系，主旨多与《中庸》相通，证明《隋书·音乐志》沈约所云"《中庸》《表记》《坊记》《缁衣》，皆取《子思子》"之说可信。郭店楚简中还发现许多与今本《礼记》之《檀弓》《坊记》《表记》《丧服四记》等篇相同的文句或段落。

近年，上海博物馆从香港购回一批走私出境的战国竹简。经专家研究，竹简的年代及出土地点都与郭店简相近，内容大多为儒家文献，其中的《缁衣》篇内容与郭店简完全相同。两种楚简本《缁衣》出土于不同墓葬，钞手不一，字体或异，而内容一致，决非偶然的巧合，可以肯定，至迟在战国中期，《缁衣》就有了定本。此外，上海博物馆藏简中又有《孔子闲居》《武王践阼》等篇，乃见于今本《礼记》者，证明今本《礼记》诸篇，大多在战国时期即已广泛流传。据《汉书·艺文志》，《礼记》的前身为"百三十一篇古文《记》"，郭店楚简的儒书，大抵属于"百三十一篇古文《记》"之列。由此可以推知，《礼记》诸篇的年代大体当在先秦。②

中国至迟在汉代就有伪书出现，故学者间有辨伪的传统。辨伪是对史料的可信性作客观研究，本无可非议，但是，往往有疑古过甚之处，最明显的例子无过于将大批战国的史料划为汉儒的作品，导致了战国学术史研究出现大片空白。

茶山礼学著作以丧礼为重心，其他方面涉及较少，茶山对涉及丧礼的《礼记》诸篇年代的判断，接近于史实。

---

① 该墓所出竹简，已整理为《郭店楚墓竹简》一书，由文物出版社于1998年5月出版。
② 详见拙作《郭店简与〈礼记〉的年代》，《中国哲学》第二十一辑，沈阳：辽宁教育出版社，2001年1月。

3.以《周礼》为经国之具

《周礼》原名《周官》,始出于西汉景、武之际。据《汉书·河间献王传》载,献王好古学,于民间广求遗书,所得《周官》《尚书》等,皆古文先秦旧书,旋藏于秘府,当时著名学者高堂生、萧奋、孟仓、戴德、戴圣等"五家之儒"亦未之见。哀帝时,刘歆校书中秘,终于发现此书,遂著录于《七略》。王莽时,刘歆又更其名为《周礼》,指其为"周公致太平之迹",并列为礼经。《周礼》面世之初,"众儒并出,共排以为非是",汉武帝也视之为"末世渎乱不验之书"①,贬斥者甚众。东汉末,林孝存(临硕)作《十论》《七难》,全面诘难《周礼》,郑玄作书答其难,千年论战由此肇端。迄今,学界有《周礼》作于春秋说、秦汉说、西汉说等,纷纷之论,莫衷一是。②

清代学者对《周礼》的认识,除万斯大等个别人之外,大多数认为是周公之典,其中孙诒让的看法最有代表性。孙氏认为,《周礼》一书"盖自黄帝、颛顼以来,纪于民事以命官,更历八代,斟酌损益,因袭积累,以集于文武,其经世大法,咸萃于是"③。在这一点上,茶山的认识与清儒相一致。茶山在许多场合都表达了坚信《周礼》的态度:

> 余读《周礼》,其行人、司仪之职,朝聘、燕享之礼,饩牢之供,笾豆之设,皆忠厚严恪,秩然有制。④

> 我于《周礼》不敢轻违其义。圜钟夹钟,岂可任意移易,二至奏乐之文,又岂可归之杳茫乎?⑤

> 《周礼》是周家大典,虽其中或有未及施行者及后来废格不行者,然文字最高古,断非春秋以后之笔。⑥

---

① 〔唐〕贾公彦:《序周礼废兴》。
② 参见拙著《周礼主体思想与成书年代研究》,北京:中国社会科学出版社,1991年10月。
③ 《周礼正义序》。
④ 《与犹堂全书》第一集,《惩愍录使事评》。
⑤ 《与犹堂全书》第一集,《答仲氏》。
⑥ 《与犹堂全书》第一集,《题毛奇龄丧礼吾说篇》。

有趣的是，清代学者虽以"经世致用"为标榜，但除孙诒让之外，少有以《周礼》为实用之书来改革官制者，学者主要致力于文字、古制的考订。孙诒让生于晚清，其时中西文化冲突激化。光绪辛丑(1901)，孙氏为捍卫本土文化而作《周官政要》，力图证明西方之新政，中国之《周礼》早已有之：

> 中国开化四千年，而文明之盛，莫尚于周。故《周礼》一经，政法之精详，与今泰东西诸国所以致富强者若合符契。然则华盛顿、拿破仑、卢梭、斯密、亚丹之伦所经营而讲贯，今人所指为西政之最新者，吾五千年前之旧政已发其端。①

与清儒不同的是，茶山认为《周礼》确立的大经大法是普遍适用的，"三代之治苟欲复之，非此书无可着手"②。纯祖十七年(1817)茶山作《经世遗表》，③试图用《周礼》建国思想经世泽民，改革朝鲜官政，成为中国之外唯一援《周礼》推行新政的政治家。

茶山作《经世遗表》的背景与孙诒让作《周官政要》颇有不同。朝鲜官政之法为《经国大典》，草创于太祖时，后经世宗、睿宗、成宗诸朝增改而成。其条文多因袭高丽旧制，又或依中国《大明会典》，或酌参日本律令，内容驳杂。宣祖之后，国势日颓，"纲弛纽解，庶事不振"，亟待改法修官。

茶山以《周礼》为三代典制之精粹，凡旧典与《周礼》相抵牾者，均以《周礼》为规矩绳墨而正之；凡《周礼》语焉不详者，均依朝鲜国情申而述之；凡对《周礼》经文有讹传、误解者，均还其本义。茶山依《周礼》厘正《大典》者，大略有以下数类：

(1)总体格局仿效《周礼》

茶山主张朝鲜职官仿照《周礼》三公六卿的体系。《大典》议政府由领议

---

① 《周官政要序》。
② 《与犹堂全书》第一集，《答仲氏》。
③ 见《与犹堂全书》第五集《政法集》(第14、15册)，本文所引《经世遗表》语均只标卷数。

政及左、右议政等三人掌之,又有左、右赞成及左、右参赞等四人为辅弼,与《周礼》三公、三孤之制不合。《周礼》三孤尊于六卿,而《大典》左、右参赞之品级与六曹判书相同,殊为不类。茶山遂以领议政与左、右议政为三公,又设都赞成一人,与左、右赞成而为三孤,而将左、右参赞裁削之。三公、三孤品级均在六曹判书之上,与《周礼》吻合。

《大典》模仿《周礼》而有六曹之名,但属官系统颇有不同,职官分东、西两班,每班又有京官、外官之分。议政府总辖六曹,但宗亲府、忠勋府、仪宾府、敦宁府、中枢府等"五上司"又游离于六曹之外。职官员数无定制,破碎散漫、端绪莫寻。茶山将《大典》职官"或分而析之,或聚而合之,或增而补之,于是溯考古典,各以其类分于六曹,六曹之属各为二十"①。作为总纲,茶山括约《周礼·天官·冢宰》而成以下一段文字,置于卷首:

> 乃命六官,修厥职事,分其属司,以佐王平邦国:一曰天官吏曹,其属二十,掌邦治;二曰地官户曹,其属二十,掌邦教;三曰春官礼曹,其属二十,掌邦礼;四曰夏官兵曹,其属二十,掌邦政;五曰秋官刑曹,其属二十,掌邦刑;六曰冬官工曹,其属二十,掌邦事。凡六属之官,大事关于曹,小事专决之。

《周礼》三百六十职官分系于天、地、春、夏、秋、冬六官,与周天度数相应,有备天道之义。茶山以一百二十"亦天地度数之象也"②,故以为《遗表》职官法数。

《大典》官阶,自一品至九品各有正从,共十八品,每品又各分二级,总共三十六级。《周礼》官阶仅七品,简要、明快。茶山云:"古唯七品而天下治,百姓安,今必分之为三十六级,将何益矣。"③遂将官阶省减为九品,除一、二品有正从之级,其余均无。"如是,然后上可以考三古之典章,下可以正百官之纪纲,

---

① 《经世遗表》卷一,《天官序官》。
② 《经世遗表》卷一,《天官序官》。
③ 《经世遗表》卷三,《正二品正宪大夫》。

议一衣章,议一车制,议一车绥,议一食饔,皆可以溯古通今。"①

官员的命数,《周礼》规定为九命:上公九命,侯伯七命,子男五命,王之三公八命,卿六命,大夫四命,上士三命,中士再命,下士一命。茶山认为,朝鲜仪文不宜逾越中国,因此"九命虽有所不敢,八命以下恐不必嫌僭也"②,乃仿《典命》之法定为八命:三公八命,三少七命,上大夫六命,中大夫五命,下大夫四命,上士三命,中士再命,下士一命。

《周礼》每一职之内的官吏之数,均依尊卑为秩。递相增加,如中士之数必倍于上士,下士之数必倍于中士,职越卑则事越繁,故尊少而卑多。《大典》于此全无章法,或皂隶之数极少,而书吏之数相倍蓰,或正职与佐职员数相等,或正职与佐职员数悬殊,茶山均依《周礼》员额之法改定。内医院、典医监、惠民署、观象监内均无皂隶,茶山斥其"不成体貌",而"减其吏额,以为皂隶"③。

《周礼》官员之职位与品级均有对应关系,《大典》则多错杂为之,如都司提调,或为上大夫,或为中大夫。茶山云:"凡错杂者,乱之本也。王者立法,宜画一不动,然后虽奸臣用事,不能大乱。"④官员名目,也以"宜简而不宜烦"为原则改革。《大典》书记官有大司、小司之别,大司称书吏,小司称书员,是为"无义之等",茶山仿《周礼》体制,概称为书吏。

(2)官员的配属与名称

《大典》虽有六曹之制,但官员的配属十分混乱。如《周礼·天官》之下设有掌管王之宫廷、寝舍、膳饮、服饰等事务的官职,含有宫府一体之意。《大典》无此主旨,随意设置,如《大典》有司饔院、司卖寺、内资寺、内赡寺、司膳监之职,但是,除司饔院属吏曹与《周礼》相合外,其余膳饮之官入户曹,不成体貌,故茶山依《周礼》一律归于吏曹。

《大典》职名也较混乱。名不正则言不顺,言不顺则事不成。茶山亦依《周礼》之名改之。如《大典》有春秋馆掌史,茶山认为,"吾东国史并不名《春

---

① 《经世遗表》卷三,《正二品正宪大夫》。
② 《经世遗表》卷三,《正二品正宪大夫》。
③ 《经世遗表》卷一,《天官·内医院》。
④ 《经世遗表》卷一,《天官·内赡寺》。

秋》，则不必称春秋馆也"①，所以不必盲目模仿，《周礼》春官有太史、小史、内史、外史等史官之名，而总隶于太史，故茶山改春秋馆为太史院，使之名实相符。

《大典》有活人署，以救治都城病民为职。《周礼·地官·大司徒》职有："以保息六养万民，一曰慈幼，二曰养老，三曰振穷，四曰恤贫，五曰宽疾，六曰安富"，所掌较活人署为完备，故茶山改其名为"六保署"。

（3）《大典》所无之职，依《周礼》增之

《周礼》大司徒之职有"掌建邦之土地之图与其人民之数"，地官有载师等官掌土地、赋税之事，秋官有小司寇及司民掌登万民之数，所司均极重要。《大典》则无相应的职官掌理。茶山遂别立版籍司，掌管户籍，稽检人口，以解决"徭役日繁，民唯以欺隐户口作为家计"之问题。又增立经田司，"以治公田之法"，②查核土地，征收田税等。

《周礼》极重视对万民的教化，乡遂各级亲民之官都有教民之责，乡遂之学也遍布于各地，大司徒"以乡三物教万民"，总掌教化。后世以吏、户、礼、兵、刑、工六部代替《周礼》六官，大司徒所职转为吏部，而以掌赋财为主，"于是百官星罗，而教人之职无一人焉；于是伦常斁圮，风俗坏败，后世之治，虽汉文帝、唐太宗，终不能得三古之仿佛"③，遂专设六学，以教化万民为职，每学设乡大夫、教授、训导、童蒙教官等，六部每部设教官二人，与之相配合。

（4）引《周礼》之制革除《大典》之弊

朝鲜王朝时，阴阳拘忌之说、孤虚旺相之论尤盛，政府设官分职有地理学、命课学之类，所颁历书，有"年神方位图"，及"天恩天赦"，每日之下多注明宜忌之事，妨功害事，"或云'月德不吉'而全弃一月；或云'年运不合'而全弃一年，其害可胜言哉"④！茶山云："《周礼》有族葬之法，则周公不令百姓观风水以葬亲也。"因此，必须将风水邪说"并行汰削"。作为替代，"乃取《夏小正》

---

① 《经世遗表》卷一，《春官·太史院》。
② 《经世遗表》卷一，《地官·版籍司》。
③ 《经世遗表》卷一，《天官·六部》。
④ 《经世遗表》卷一，《天官·观象监》。

《月令》，选其王政之善者，按节编入。又取古今农书、本草，凡九谷百果诸药，宜种宜符宜采之说，考其节气，别其南北，详注于本日之下，如今之宜忌诸文，则代天理物，敬授人时，无以逾是矣"①。茶山还提出，将八道布政司节气时刻、日月交食时刻、日出入时刻列为二表，取代"年神方位图"等，尽除邪巫。

《大典》所立之内医院、典医监、惠民署等"三医司"，均因财政拮据而不能修其职掌，成为徒有虚名之府。《周礼》有九赋之法，其一为邦中之赋，茶山认为应据之征收药市之赋，以医养医："今拟六部卖药之铺分之为三等：上等岁征三缗，中等征二缗，下等征一缗。东三部属之于典医监，西三部属之于惠民署，以供油薪之费，以给吏隶之料。"②使市赋得均，医署得救，可谓两全之策。

茶山为朝鲜实学之集大成者，故尽力发掘《周礼》一书的经济管理思想，开源节流，革除时弊。《周礼》关税之法严密，货物出入关卡，必须纳税，《司关职》云："凡货不出于关者，举其货，罚其人。"此为税收大端之一。朝鲜均役之设，仅限于鱼盐及船税，在三田渡、汉江渡、露梁渡等重要渡口都设渡丞征取税款，而各陆路关隘，如东路大关忘忧岭、西路大关慕华岭、北路大关水逾岭等均无司关之官。故茶山仿《周礼》设立津关司，总掌关渡税收："凡大货出入，收千一之税，以补公署之用。其总会之署，设于刑曹之傍，三关四渡，以时会议。"③

朝鲜山岭众多，为重要资源之一，然管理粗放，仅京都的四山设四山参军一职管理，其余皆无人问津。山林之木，唯松树不准滥伐，而木质更优之桧、柏、松、榆、枫、樺等，则放任砍斫，一钱不出。土豪官吏趁机从中渔利。山林动物，山民但食其肉，将皮毛齿角视为无用之物，弃而朽之，官府也不知收取，以供国帑兵器之切需。山林所产人参、貂皮，中国视为宝货，朝鲜政府也不知利用，听任贪官猾吏坐享其利。南方沿海之海南、康津、灵岩诸邑出产优质茶叶，但缺乏管理，且不知以之出口换取他物，经济效益极差。《周礼》对山林的管理极其细密，务使地尽其利、物尽其用，各种物产均有藩篱为界，严加保护，民不

---

① 《经世遗表》卷一，《天官·观象监》。
② 《经世遗表》卷一，《天官·典医监》。
③ 《经世遗表》卷二，《秋官·津关司》。

得擅入,只能在指定时间或地区内砍伐与猎捕。山虞总掌山林政令,下有卝人、角人、羽人、掌葛、掌炭等官,负责矿产、骨角、葛蔓、灰炭等的管理。茶山云:"今拟十二省名山大岳皆书于籍,辨其方域,别其土宜,管其种植,察其厉禁,收其赋税,以佐国用。""凡产茶之山,令地方官封植,禁民樵牧,待其茂盛。岁以茶几斤输于林衡,送于满河省,以市良马,颁于牧场,亦足以赡国用也。"① 其他各山林之皮毛齿角,则由山虞寺掌管,海岛之松田杂木,由镇将主之,各路寺刹之树木茂密者,均书于版籍,收取薄税。凡此,均可增补国用。

茶山是继王安石之后,援引《周礼》进行社会改革的思想家。作为"英正实学"的代表人物,茶山对《周礼》的研究,带有强烈的厚生利用、强国富民的色彩。《经世遗表》对《周礼》设官原则的移用,富有创造性,丰富和发展了《周礼》的经国思想,对当时的社会危机有很强的针对性。由于朝政黑暗,《遗表》未被采纳,"终使有为之志,咸归无成之议"。但是,《经世遗表》依然是值得今人长期研究的重要课题和宝贵的思想资源。

4.辩难郑注及贾孔之疏

郑玄(127—200),字康成,北海高密人,东汉经学大师。晚年为党锢之祸所牵,杜门修业,积十四年之功,"括囊大典,网罗众家"②,遍注群经,而以"三礼注"用力最深,精炼简赅,博洽通达,素称礼家之渊薮。郑氏之前,为"三礼"作注者颇多,自郑氏出,诸家皆亡,惟郑注独传百代,成为"三礼"之学的不祧之祖,故学者云"礼是郑氏之学"。自贾公彦以下,学者皆遵而不替。

至宋学兴起,汉学见斥,视郑玄为土埂。大德辛丑(1301),元儒敖继公作《仪礼集说》,再揭非郑大旗,以为"郑注疵多而醇少",又疑《丧服传》违悖经义,非子夏作。敖说影响极大,及至清初汉学复兴,郑玄方才复为显尊。

清人注重汉儒,是基于汉代接近先秦,其学术较近于古。孙星衍云:"汉代诸儒,承秦绝学之后,传授经文经义,去古不远,皆得七十子之传,若伏生、郑康

---

① 《经世遗表》卷二,《冬官·山虞寺》《冬官·林衡寺》。
② 《后汉书·郑玄传》。

成,其功在经学绝续之际,较七十子为难,又迥在唐宋诸儒之上。"①郑玄为礼学之宗,清代学者对于郑玄《三礼注》予以充分肯定,如朱彬云:"郑君注《礼》,如日月之在天,江河之行地,而千虑之失,亦间有之。"②林则徐云:"汉唐以来,说《礼》诸家精奥无如郑注,博赡无如孔疏。"③胡培翚《仪礼正义》"以郑注为宗而萃辑群言"④。孙诒让云:"郑注本极详博","郑学精册群经,固不容轻破"。⑤有清一代,尤其是乾嘉学者,"都围绕了'许郑之学'努力用功","道、咸以下,治学道路虽已变化,但是宗尚'许郑'的学术气氛,从来没有轻淡过"⑥。

茶山以为不然,因为秦火之后,圣人礼书百年不传,礼仪亦废而不行,鉴于先秦礼学已经出现断层,所以汉儒的所谓年代优势并没有实际意义,汉初整理"秘府严邃之藏、古屋断烂之简"的学者,实际上是"绝学无承之人",他们对新出简牍的解说"不能无差错",但是,师弟相传,"承之袭之,以立门户",久而成习,后学多视为定论。而郑康成"生于数百岁之后","又其后者也",更无所谓年代优势。而且郑玄弟子数千,宾友盈门,势必不能"专精壹虑,求发其蕴",所以,郑玄"不能悉中先圣之旨",宜也。又云:"按孔、贾之说,可见郑玄之前,先儒之论皆以三虞、卒哭为一事也。今人信郑以古人也,彼先于郑者不尤可信乎?"⑦"六书之家,字多假借,故后之读礼者,或不免以鼠为璞,此祔祭之义所以晦盲于千载也。"⑧

《三礼》文古意奥,非郑注不能卒读。故郑注为《三礼》枢纽,礼之真谛得以传承者,缘于郑注;礼之本义晦于后世者,亦缘于郑注。可谓"成也萧何,败也萧何"。研礼之家,多有以郑注之是非为是非者,即使遇有违拗碍难之处,也必曲为圆通,强作解人。礼学高明,则无不致力于辩明郑注。胡培翚为清代礼学大师,积四十余年之力,撰《仪礼正义》,乃清代《仪礼》研究的经典之作。罗

---

① 〔清〕孙星衍:《岱南阁集》卷一,《咨请会奏置立伏郑博士议》。
② 〔清〕朱彬:《礼记训纂序》。
③ 〔清〕林则徐:《礼记训纂序》。
④ 《仪礼正义》卷首,〔清〕陆建瀛《校刊仪礼正义序》。
⑤ 《周礼正义》卷首,《周礼正义略例十二凡》。
⑥ 张舜徽:《郑学丛著·前言》,济南:齐鲁书社,1984年。
⑦ 《丧礼四笺》卷四,"下子八"条。
⑧ 《丧礼四笺》卷四,"下卯九"条。

椒生述胡氏撰作主旨云：

> 先生自述其例有四：曰补注，补郑君注所未备也；曰申注，申郑君注义也；曰附注，近儒所说，虽异郑旨，义可旁通，附而存之，广异闻，佉专己也；曰订注，郑君注义偶有违失，详为辨正，别是非、明折中也。①

胡氏以补注、申注、附注、订注为纲领，表明全书重心全在于郑注。

  茶山为学，富于批判精神，凡事必考而后信，"惟是是求，惟是是从，惟是是执"②，不因人废言，"苟其为言之倍道，虽出于大人君子者尚不敢尊信，况下于是者哉？苟其言之中理，虽出于鄙夫庸人者尚当表章之，况进于是者哉？"③"茶山之学，不分汉宋，必使合于先圣先王之古道为职志。"④茶山治礼，亦究心于郑注，其《丧礼四笺》细目，曰《丧仪匡》《丧具订》《丧服商》《丧期别》，四者都以郑注为核心展开，所谓"丧仪匡"，意在匡郑；所谓"丧具订"，意在订郑；所谓"丧服商"，意在商郑；所谓"丧期别"，意在别郑。

  茶山对郑氏《三礼注》的基本估计，与胡培翚颇有不同。胡氏对郑注，从总体上加以肯定，所谓补注、申注、附注、订注，前三者旨在维护郑注，订注在最末，郑注不过是"偶有违失"而已。茶山不然，他对郑氏学术水准评价颇低，对儒林随声附和，盲从郑注尤为不满。"郑玄之注，十误六七，而先儒兼信郑玄，是可恨也。"⑤因而辩难甚广，抨击殊烈。茶山指责"郑注《周礼》，一往多误"⑥，"其注《周礼》，漫漶周章，无所指的"，"东撞西触，不可归一"⑦。唐人《九经疏》中，贾公彦的《周礼疏》《仪礼疏》和孔颖达的《礼记疏》影响深广，二氏尊奉"疏不破注"的原则，处处围护郑说，茶山尤为不满，"孔、贾二公，俸郑

---

① 〔清〕罗椒生：《仪礼正义序》。
② 《与犹堂全书》第一集，《答李汝弘》。
③ 《与犹堂全书》第一集，《心经疾书跋》。
④ 〔韩〕金彦钟：《丁茶山论语古今注原义总括考征自序》。
⑤ 《与犹堂全书》第一集，《答仲氏》。
⑥ 《经世遗表》卷五，《周礼、地官、小司徒》。
⑦ 《经世遗表》卷五，《考工记》。

为师,凡郑所言,皆曲解以成之,此读礼者所宜知也"①。茶山对郑注的诘难,在《与犹堂全书》中触目皆是,在《经世遗表》《钦钦新书》等篇中,某些章节几乎达到逐字批判的程度,从文字训诂到经文大意,无所不及,现略举数例。

以不同为同　七十子之时,礼的某些细节尚不甚统一,本是情理中事,故礼书所记,每每不同,汪琬说《礼记》文字的歧异云:

> 一郊也,或曰用辛日,或曰用元日,然则元日为是乎?辛日为是乎?一禘也,或曰春祭,或曰夏祭,然则祭于夏为是乎?祭于春为是乎?一庙制也,或曰大夫有皇考庙,或曰有太祖而无皇考,然则宜从《祭法》乎?抑宜从《王制》乎?一奔丧也,或曰大功望门而哭,或曰见丧者之乡而哭,然则宜从《杂记》乎?抑宜从《奔丧》乎?一禫祭也,或曰中月,或曰祥而禫,然则宜用二十五月乎?抑用二十七月乎?一异父昆弟之丧也,或曰大功,或曰齐衰,然则宜依子游说乎?抑依子夏说乎?②

是为无可奈何之事,而郑氏必寻找种种理由,如某为殷礼,某为周礼,强为统一。茶山云:"此殷礼,彼周礼,此郑氏之大病也。"③或以身份等级为说,如《丧大记》云"君沐粱,大夫沐稷,士沐粱",郑注:"《士丧礼》沐稻,此云士沐粱,盖天子之士也。以差率而上之,天子沐黍与?"《士丧礼》云士"沐稻",郑注:"彼天子之士,此诸侯之士。"茶山非之云:"《三礼》所记,本多参错,遇有不合,辄宰割而为之说曰:彼天子之士,此诸侯之士;彼殷礼,此周礼。此郑氏谬也。"茶山申述云:

> 沐粱、沐稻,不害参错。据《大记》,首云君沐粱,承之以大夫士,则是其大夫士正显其为诸侯之大夫士,而今反指之为天子之士,可乎?且唯天子之沐,本用秬鬯。秬者,黑黍也。然既云秬鬯,不可曰单用黍矣。据《周

---

① 《丧礼四笺》卷一,《丧仪匡一》《始死一》。
② 〔清〕杨凤阁:《礼记说义序》,载《经义考》卷一百四十六。
③ 《与犹堂全书》第三集,《丧礼外编》卷一。

礼·郁人》"大丧之渳,共其肆器",《鬯人》"大丧之渳,共其衅鬯",《肆师》"大丧之渳,为之筑鬻",而《小宗伯》"渳之以柜鬯",《大祝》"渳尸而相饭",经文赫然,而郑乃猜之为沐黍,何其疏也!《玉藻》曰"沐稷而靧粱",如郑所言,士乎?大夫乎?①

类似之例,不胜枚举,茶山均逐一驳正。如《丧大记》云:"君、大夫彻县,士去琴瑟。"郑注:"大夫判县,士特县。去琴瑟者,不命之士。"茶山云:"此云不命之士,亦曲解也。"②又《礼记·丧大记》云:"唯哭先复,复而后行死事。"郑注:"气绝则哭,哭而复。复而不苏,可以为死事。"茶山云:"《大记》序次,先复后哭。盖以啼哭为死事也。此云'唯哭先复'者,谓将哭则先复也。郑注欲使经记相合,故牵《大记》以就经。读者详之。"③

自相矛盾 孝子为死者饭含时,死者面部覆盖着布巾,《士丧礼》云:"布巾环幅,不凿。"表明布巾上没有孔(不凿)。但是,郑注云:"士之子亲含,反其巾而已。大夫以上,宾为之含,当口凿之。"郑玄认为布巾有两种情形,士不凿孔,大夫以上凿孔。茶山云:"大夫以上之使宾代含,原是郑注,《三礼》无此文也。"所谓大夫以上使人代含,是郑玄注《士丧礼》时杜撰的说法,具有讽刺意味的是,郑玄注《周礼·天官》太宰"大丧赞含玉"时云"助王为之",则太宰不过协助之而已,饭含者仍为天子本人。茶山云:"堂堂天子之尊,犹且亲含,而谓大夫不亲乎?"④文献所见的"致含",都不是郑玄所说的代含,如《礼记·杂记》"含者执璧将命",此为致含玉之礼,下云"含者坐委于殡东南",可见是在既殡之后,并非来宾行饭含。《礼记·檀弓》云"邾娄考公之丧,徐君使容居来吊含",孔疏:"亲致璧于柩及殡上谓之亲含。"可知非来宾代行饭含;孙希旦云"邻国吊含之使,其至必在袭敛之后"⑤,是致含之礼在丧主亲含之后。可见郑注之谬。

---

① 《丧礼四笺》卷一,"上庚九"条。
② 《丧礼四笺》卷一,"上甲三"条。
③ 《丧礼四笺》卷一,"上丙四"条。
④ 《丧礼四笺》卷一,"上己六"条。
⑤ 《礼记集解》卷十一。

《既夕礼》云："主人袒,众主人西面北上,妇人东面,皆不哭。"郑注："侠羡道为位。"贾疏："羡道谓入圹道,上无负土为羡,上有负土为隧。"所谓羡道,今考古学谓之墓道,贾疏所说甚是。经文云:车至道左,"陈器于道东西",即陈器于羡道两侧。古代葬礼,天子葬用隧道,诸侯、大夫、士用羡道,以羡道之多少区分等级,今考古学有中字形墓、甲字形墓等,即其制。庶人无羡道,县(悬)放其棺而葬,是为葬礼之最卑者。等级分明如此。但是郑玄在解释"碑綍"之制时说是"县棺而下之"。碑綍与羡道配合使用,如果碑綍是县棺所用,则诸侯、大夫、士都用县棺之制,郑注所云羡道之制安在?茶山云:"堂堂千乘之君,三命再命之臣,无不下同于庶人,可乎?"①

不合理路　《士丧礼》:"商祝袭祭服,褖衣次。"郑注:"袭,布衣床上。祭服、爵弁服、皮弁服,皆从君助祭之服。袭衣于床,床次含床之东。"贾疏:"爵弁,从君助祭宗庙之服。皮弁,从君听朔之服。皮弁之服有二种:一者白衣素裳;二者衣裳皆素,葛带榛杖,大蜡时凶服也。"茶山云:"注疏之谬,莫此若也。"

茶山认为,注疏之谬有四。其一,郑玄以"次"为"床次含床之东",非。经文云"袭祭服褖衣次"者,"谓先以爵弁服袭尸,次袭玄端服,唯留皮弁服以待饭含之后也。所以然者,爵弁最美,宜以亲身;其次玄端为美,故用以为受含之服;皮弁乃质素之服,故卒事而袭之,令之在外,而随用衾冒覆之也"。其二,郑云浴尸毕饭含,谬。"此时沐浴既毕,明衣已设,正当取衣以袭尸,又何为布之床而恇愒哉!"以情理而言,浴尸毕当先穿衣,再饭含。"缘郑误解,遂令千古死人皆裸体以受饭,非细失也。"其三,郑训"袭"为"布衣",误。"袭者,因也,重也,以衣亲身因而重之之谓也。郑训曰:'袭者,布衣床上。'夫布祭服于床上而书之袭祭服,古无此文也。上文陈袭事房中也,三服早已陈之,今又陈之于床上,何衣之屡陈耶?"其四,贾疏以皮弁为祭服,大错。"皮弁非祭服也。祭,吉礼也,必用华盛之服。皮弁者,白衣素裳,非纯吉之服也。故皮弁素积则为筮葬之服,皮弁锡衰则为吊哭之服。大蜡之日,皮弁素服以送终也。"《三礼》无皮弁以祭之文,贾氏为维护郑说,别创皮弁有二种之说,"然所谓二种者,其一

---

① 《丧礼四笺》卷三,"昂九"条。

曰白衣素裳,其一曰衣裳皆素,二者其有别乎"①?

句读之误 《士丧礼》云:"祝彻盥于门外,入,升自阼阶,丈夫踊。"郑玄断作"祝彻",贾疏断作"祝,彻盥",茶山云:"祝彻者,将彻小敛之馔也。"茶山云"今礼事未毕,何得彻盥"②?经文下又云"祝彻巾",可知祝彻时尚未盥手,茶山说是也。

再如《礼经》云:"卜人抱龟燋先奠龟西首,燋在北。"贾疏以"抱龟燋"为句,又以"先奠龟"为句,其后学者多从之。敖继公断作"燋先",云"谓执燋者先于龟而行也"。盛世佐《仪礼集编》同其说。茶山云:"燋先,犹上文云烛先也,文例甚多。"③胡培翚也断作"燋先"。

又如《士虞礼》云:"卒辞曰:哀子某,来日某隮祔尔于尔皇祖某甫。"郑注:"卒辞,卒哭之祝辞。"郑玄以"卒辞"为句,认为卒辞即卒哭之辞。敖继公始疑其非,云:"卒,谓已荐也,已荐则祝告以此辞。"盛世佐、金榜等仍以"卒辞"为是。茶山云:

> 卒,谓荐脯醢之等既讫也。荐讫,祝告之以辞曰云云也。《士虞礼》多此文例:"卒,杞者退也。""卒,主人拜",祝卒而主人拜也。《士丧礼》亦有此例:"卒,公卿降"者,敛卒之谓也。"卒命哭"者,读书释算卒之谓也。"卒袒拜宾"者,赠币卒之谓也。《仪礼》一部,若此类不可胜数。而郑乃执"卒辞"之卒字,遂谓之卒哭之祝辞。卒哭之祝辞,其可谓之卒辞乎?卒哭曰成事,既着此经,又见《檀弓》,其文明白,无可置疑。而郑每称"盖"以疑之,其心常以此辞为卒哭之祝词,故疑成事之文而不肯快许也。岂不疏哉!④

敖继公于"卒"字下逗,但未详加论证,茶山则条列《士丧礼》《士虞礼》等文例,

---

① 《丧礼四笺》卷一,"上壬十"条。
② 《丧礼四笺》卷二,"上未七"条。
③ 《丧礼四笺》卷二,"尾四"条。
④ 《丧礼四笺》卷四,"下寅十"条。

遂使敖说不可移易。胡培翚云:"卒字略逗,敖说得之。"也以郑说为非。

错解文义 礼有祝辞、飨辞,使用场所不同,辞也不同,不可互换之。而郑注间有因不能分别而混用之处。《士虞礼》:"祝飨,命佐食祭。"郑注:"飨,告神飨也。飨神辞,记所谓'哀子某,哀显相,夙兴夜处不宁',下至'适尔皇祖某甫飨'是也。"郑注贾疏之说甚谬,礼家多不从,而诸说不一。茶山指出,"哀显相"云云,是祝辞;"圭为荐"云云,是飨辞。郑玄之谬在于,"于飨则取告神之祝而用之,于告神之祝则取《少牢》吉祭之祝而用之,于告尸之祝则辞穷而未有明说"。贾疏更谬,"以飨辞之文移之为告尸之祝,则名实倒换,吉凶参错,而无复哀敬之文也"①。郑、贾致误的原因在于,《士虞礼》的祝飨在迎尸之前,《特牲礼》的祝飨在妥尸之后,致使两相混淆。茶山云:

> 其所告之处虽不同,其为飨则一也。其为飨既同,则其辞之当用飨辞又无疑也。特以记文之记飨辞不在虞祭之中,而乃在卒哭之下班祔之上,故郑于虞祭之飨不用此飨辞,而却取祝辞之文以当之也。然飨辞则飨辞耳,不用于飨,将安用之?②

飨辞、祝辞之辨,明白如此。

《士虞礼》云:"尸入户,踊如初,哭止,妇人入于房。"尸入户后,为何要"哭止"? 郑注云:"哭止,尊尸也。"茶山云:

> 止哭者,以尸既入户,祭事将起也。上荐豆、荐俎之时,亦先止哭。直至读祝之后,始又哭,此亦尊尸而然乎? 苟其尊尸,则尸将入门便当止哭也。郑公尊尸太严,使后之人直以尸为神,不可不辨。③

茶山所辨甚是。《仪礼》丧礼之中屡见"不哭""止哭",一般是因为即将有重要

---

① 《丧礼四笺》卷三,"下戊三"条。
② 《丧礼四笺》卷三,"下戊四"条。
③ 《丧礼四笺》卷三,"下己八"条。

仪节，故止哭以保持安静，如《既夕礼》云："主人袒，众主人西面北上，妇人东面，皆不哭，乃窆。"棺柩落葬，事关重大，不可掉以轻心，故男女皆止哭。此可谓茶山说之佐证。

礼书有所谓"旅占"。《士丧礼》云："卒筮，执卦以示命筮者。命筮者受视，反之，东面旅占，卒，进告于命筮者与主人，占之曰：从。"郑注："旅，众也，谓掌《连山》《归藏》《周易》者。"贾疏："《洪范》云：'三人占则从二人之言'，注云：卜筮各三人，以其龟有三兆，筮有《三易》也。"如郑、贾所言，则所谓旅占者，乃是用《连山》《归藏》《周易》轮流占筮之谓。此说似乎从未有人置疑。茶山辨析入微，每每能于众人不经意之处发问。贾疏不过因《周礼·春官·筮人》有"掌三易以辨九筮之名，一曰《连山》，二曰《归藏》，三曰《周易》"之语，故欲牵合二者。茶山指出，贾疏最大的漏洞是，"《洪范》者，箕子之书也。箕子之时，《周易》未行，岂能以三易为三人之占哉？"旅占者，众筮人顺序占筮之谓也。茶山云："《春秋传》'晋赵鞅卜救郑，史龟、史墨、史赵等各说其占'。此之谓旅占也。"①

《士丧礼》云："妇人即位于堂，南上，哭。丈夫即位于门外，西面，北上。"贾疏："《丧大记》云'祥而外无哭者'。此外位皆有哭，今直云'妇人哭'，则丈夫亦哭矣。"茶山认为，丧礼之哭皆有固定的位置，即所谓哭位，未及哭位不得哭："妇人即位于堂，则庙门未辟而先已即门内之位，故所以先哭。丈夫则位次未定，故所以不哭。贾说非也。"②方苞云："男子出寝门外，见人不哭，虽初丧亦无哭于门外之礼，下乃言入门即位而哭。"③其说略同茶山。

《周礼·地官·调人职》云："凡杀人而义者，不同国，令勿仇，仇之则死。"此语诠释之难点在一"义"字，何为"杀人而义"？郑注云："义，宜也。谓父母、兄弟、师长尝辱焉而杀之者，如是为得其宜。"如此，为受辱的父母、兄弟、师长报仇而杀人称"杀人而义"。茶山驳之："杀人而义者，谓彼杀者身犯大恶，不

---
① 《丧礼四笺》卷二，"心六条"。
② 《丧礼四笺》卷二，"亢三条"。
③ 《仪礼析疑》卷十二。

孝不友,悖逆淫乱,情理无罔赦者,以义杀之也。"①只有所杀者为身犯大恶,情理罔赦之辈,方得称为义杀;因父兄等被辱,激愤而私杀之,于法不容,岂可谓之义?《调人职》调和之民难有四端:一为"过而杀伤人者",二是因父母、兄弟、师长之仇所宜相避的地区,三是"凡杀人有反杀者",四是"杀人而义者"。若如郑说,则二与四当归为一条,今不仅分隔为二,而且以"杀人而义"承于"反杀"②之下,与为父母等复仇之说难以相接。茶山之说似较郑注为优。

又如《周礼·秋官·朝士》云:"凡报仇雠者,书于士,杀之无罪。"郑注:"谓同国不相辟者,将报之,必先言之于士。"郑玄以《地官·调人》的三等避仇之法释此为:官方若未执获杀人者,而仇主与杀人者相遇则可杀之,但得先告诸士官,书其姓名于簿籍。但是,《调人》所言,实指过失杀人者,其罪不当杀,如何能"杀之无罪"?其说未安。茶山云:"此谓仇人在逃,其杀死之案书在朝士,特以其在逃之故,法官不能杀。今若主遇于道,私自擅杀,以仇人罪案已书在法目,故得无罪也。郑云将报而先告之,恐不中理。"③孙诒让也认为郑玄此注"实不相当","窃谓此报仇雠,乃谓杀人而不义者,罪本当杀,或逃匿,官捕之未得,则报者得自杀之"。所见略同。④

茶山匡郑、订郑,是为求经义之正,并非处处立异争胜,因人废言,凡郑说优于他说者,均从郑说。如《既夕礼》记迁祖朝柩前的设奠位置,云:"席升设于柩西,奠设如初,巾之,升降自西阶。"郑注:"席设于柩之西,直柩之西,当西阶也。"敖继公云:"柩北首,西方乃右也。于此奠焉,与奠于尸右之意同。"茶山云:"席,奠席也。柩西,即西阶之上也。如初,谓如既殡之后,室中朝夕之奠,神席东乡而醴酒脯醢各于其位。"又云:"经云奠于尸东,何尝云奠于尸右耶?敖氏执小敛以前之义,乃欲以此章宿奠之设强之,使统于柩也。此章之义当以注疏为正。"⑤各种名目的丧奠与尸、柩的位置,凌廷堪辨之甚详,⑥读者可

---

① 《与犹堂全书》第六集,《钦钦新书》卷一。
② "反杀"即"复杀",既杀之,又复杀之也。
③ 《与犹堂全书》第六集,《钦钦新书》卷一。
④ 《周礼正义》卷八十六。
⑤ 《丧礼四笺》卷二,"斗九"条。
⑥ 《礼经释例》卷八。

参阅,茶山得之。

5.创为新说

茶山释经,不拘传注,必据其所自得者为说,即便是传统之论,亦不盲从。茶山为学,信其所当信,疑其所当疑,因而屡建新义,其最为著称者,当推六乡、六遂之新解。

《周礼》畿内之制,王城方九里,居中;王城之外方五十里为近郊,又其外方五十里为远郊。近郊与远郊共方百里,合称四郊。郊外方百里为甸,甸外方百里为稍,稍外方百里为县,县外方百里为疆(都)。如此以王城为核心,层层相套,大小相包,依次迭远。《周礼》六乡、六遂之所在,历来无异议:六乡在王城外方百里的四郊之地,六遂则在四郊外方百里之地,乡、遂均为兵农合一之组织。茶山细味《地官》,发现六乡所属之乡师、乡大夫、州长、党正、族师、闾胥、比长等职之所掌,均无田野、稼穑、耕耨之事;而六遂下属之遂人、遂师、遂大夫、县正、鄙师、酇长、里宰、邻长诸职之所掌乃皆有之。茶山据此推论,六乡当在城内,故无农事;乡遂所主,各自为别,"乡官教民,以兴贤能;遂官利畎,以劝稼穑。八字打开,其文历然"①,此其一。乡大夫主要职掌为宾兴贤能,三年大比之时,六乡之老与大夫献贤能之书于王,王再拜受之;若说六乡在四郊,则国城之内竟无贤能之士可以荐举,而野外多畎之地反而贤者蔚兴,有悖于情理,"内弃国中,外弃六甸,惟于百里之邦多设教官,养育人材,使入贤能之荐,抑何意也"?②此其二。《周礼》大司徒"以乡三物教万民","以乡八刑纠万民",若六乡在四郊,则"王国之中,何无一个文物、一条刑律,顾乃远取野外百里之地,三物八刑以教以纠耶?"此其三。《周礼》乡师"以岁时巡国及野",若乡师为四郊之地官员,则此语殊难索解,城外之官如何能入国城中巡视"?"凡设官分职,有居内以驭外,无居外以驭内,华城留守巡视汉城之中,有是理乎?"此其四。乡师之职又有在大祭祀时进牛牲、供茅蒩,大丧治役及葬御柩等,若六乡

---

① 《与犹堂全书》第三册,《诗文集》卷二十,《与申在中》。
② 《与犹堂全书》第三册,《诗文集》卷二十,《答申在中》。本段所引茶山语,除注明者外,均出于茶山《答申在中》。

在四郊,则逢宗庙之祭及大丧时,国城之民反而一指不动,"唯令郊外远处之氓百里赴役乎?"此其五。乡师之职又有"凡四时征令以木铎徇于市朝",市朝在国城之中,《周礼》有"面朝后市"之制,市指商贾之市,朝即百官公署报在之处,"其在吾东,钟路之市,六曹之街也。华城留守,凡有征令以木铎徇于钟路六曹之街,有是理乎?"①此其六。《国语·齐语》管仲言"制国以为二十一乡:工商之乡六,上乡十五",韦昭注:"国,国都,城郭之域也,唯士、工、商而已,农不在也。"可知管仲所设二十一乡均在国城之内,此其七。乡的本义是两人相向而食,因此可训为"向",茶山据上述种种推步,认定六乡在国城之内:"古者匠人营国,画为九区(画之如井田),王宫处中(宗庙、社稷在其内),面朝后市(又二区),左右六乡,两两相对,乡者,向也。"②汉城之中有五部,茶山以为即《周礼》古制之遗;五部之下有四十八坊,茶山认为与六乡之下有州、党一意。茶山进而推论诸种"乡礼"均为国城之中所有:"乡饮酒者,王京之饮酒也;乡射礼者,王京之射礼也;乡八刑者,王京之律令也;孔子在乡党者,在京城之内也;孟子友一乡之善士者,友京城之士也。"③

乡既不在四郊,则遂亦不当在四郊外百里之地。《周礼·遂人职》云:"掌邦之野,以土地之图经田野,造县鄙形体之法。五家为邻,五邻为里,四里为酂,五酂为鄙,五鄙为县,五县为遂。"茶山据此认为,县遂之制与国城内的乡党之制完全不同,其范围达于四境:"《周礼》凡郊野之地通名为遂,第以其附于王城者谓之六遂,非其本数止有六个也。"④茶山之说,发前人所未发,闻之令人耳目一新。

《士丧礼》:"凡异爵者,拜诸其位。"郑注:"异爵,卿大夫也。"茶山以为,异爵者,"毋论本国他国,又毋论公卿大夫",实泛指亲戚宾友。由经文以"凡"字统之,可知茶山说是。亲戚宾友在朝夕奠之哭位拜,有何寓意,历代研究者皆未之及。茶山云:

---

① 《与犹堂全书》第三册,《诗文集》卷二十,《与申在中》。
② 《与犹堂全书》第三册,《诗文集》卷二十四,《雅言觉非》。
③ 《与犹堂全书》第三册,《诗文集》卷二十四,《雅言觉非》。
④ 《与犹堂全书》第十四册,《政法集》卷一,《经世遗表》卷一。

古人吊丧之礼，皆欲有助于主人，非直尽己之责而免受诮呵而已。故礼凡言吊丧之事，皆云执事、待事、听役、听事，其义有由然也。故未殡，则有视敛之吊，有视殡之吊；及葬，则有执绋之助，有待盈之礼。而若于既殡之后，未葬之前，则主人之家无所事矣。于此时而吊之者，必因朝夕之奠而致其相助之情，虽脯醢醴酒，仪文略少，犹为之彻其觯俎，陈其笾豆，升降哭踊，以成哀敬之文。此朝夕奠之所以盛其宾友也。且况庙门幽严，神道厌渎，一客之来，而随启随阖，非礼也。既启其门，而未有脯酒之荐，亦非礼也。故既殡之吊，必因朝夕之奠，终不敢为一客而启门也。虽以卿大夫之尊，异国之宾之疏远，而不因馈奠则不成吊哭，此古人吊哭之礼，皦然不泯。惜乎，说礼之家卒莫有阐发斯义者也。①

茶山认为，此时来吊之亲戚宾友，是要借庙门启阖之机"致其相助之情"，主人则借机聊表谢意，以表达彼此的厚谊。

丧礼有"祖祭"之名，古人多以为路神之祭。《左传》昭公七年："公将往，梦襄公，祖。"杜注："祖，祭道神。"《既夕礼》云："有司请祖期。曰：日侧。"郑注："将行而饮酒曰祖。祖，始也。"胡培翚云："生时将行，有饮酒之礼，谓之祖。此死者将行，设奠，亦谓之祖。"茶山以祖为"送行之始"，"祖也者，导行者也"，云：

祖祭之义，未有明解。曾子之言曰："祖也者，且也。且，故其不可以反宿也。"《汉书》云："黄帝之子累祖好游而死于道，故后人祭以为行神。祖祭，因缩饮也。"《白虎通》云："共工之子曰修，好远游，舟车所至，足迹所达，靡不穷览，故祀以为祖神。"《诗》云"取羝以軷"，注疏谓之轢牲之祭。此亦祖祭之类也。古圣人明理达物，累祖与修之祭以行神，岂理也哉？以《诗》以《礼》，祖之非行神之祭，审矣。②

---

① 《丧礼四笺》卷二，"亢八"条。
② 《丧礼四笺》卷二，"女四"条。

礼书致祭,时有"几"之设,然而,在何种场合设几,何种场合不设,每每令人目眩。《檀弓》云:"虞而立尸,有几筵,生事毕而鬼事始已。"《士虞礼》郑注本《檀弓》之义而云:"有几,始鬼神也。"贾疏:"若天子、诸侯始死,则几筵具。"茶山以贾说为非。茶山云:

> 体魄在殡,则牲羞奠于地,所以无尸也。体藏于窆而精魂反于室,则牲羞祭于室,所以有尸也。尸也者,为将以手举肉而祭于神者也。祭则有尸,奠则无尸。有尸则有几,无尸则无几,理所宜然。几筵之设,唯祭有之,礼毕则徹之,不恒设也。①

可知,始死至体魄在殡时不立尸,故无几。贾疏不明几之用处,故以为天子、诸侯始死即"几筵具",率尔操觚,不足为训。

《既夕礼》云:"苞牲,取下体,不以鱼腊。"苞牲取下体,是否有深意? 郑注:"取下体者,胫骨象行。又俎实之终始也。"贾疏:"以父母将行乡圹,故取前胫后胫下体行者以送之。"郑、贾胫骨象行之说,元明学者已有疑之者,敖继公云:"取下体,为其皮骨多,差可以久也。"②郝敬云:"体取下,近足胫者小,纳圹中便也。"③茶山云:

> 取下体者,取余之意也。载俎之法,贵骨载于中央,贱骨载于两端。今此苞牲之法,谓脊胁等上体神已食之,而所余者下体也。假如大飨之礼陈此牲肉,则宾之所食,必其贵骨,而余者必贱骨也。归之宾馆者,非其下体乎?苞牲之必取下体,亦有此象。盖云神已食者不取之耳。郑氏象行之说本不合理,而贾乃释之曰"父母将行,故取其胫骨",则羊豕之胫,何与父母之行? 大无理矣。④

---

① 《丧礼四笺》卷三,"下甲九"条。
② 《仪礼集说》卷十三。
③ 《仪礼节解》卷十三。
④ 《丧礼四笺》卷三,"娄六"条。

茶山之说,较敖、郝之说差详,也更近于情理。

《士丧礼》云:"乃袭三称,明衣不在算。"郑注:"迁尸于袭上而衣之。凡衣死者,左衽,不纽。袭不言设床,又不言迁尸于袭上,以其居当牖,无大异。"贾疏:"大小敛衣裳多陈于地,故不言床。袭,衣裳少,含时须漱水,又须寒尸,故并须床也。"茶山认为,"乃袭第三称,即前所留皮弁衣之",云:

前袭三称,今袭一称,此之谓"乃袭三称"也。上下仪节,了然无疑。而郑于此时始欲袭尸,不亦晚乎?且云一时并着三称,亦匆匆矣。此有必不然者。曩也,沐浴甫讫,尸尚倮矣,何饭之为急而先饭之乎?有人于此新浴矣,其子弟不以衣进之,而先以饭,至其肯受之乎?一则此时已设掩、设瑱、设幎目而綦屦矣,衣裳之未及加而掩其面屦其足,天下有如是形貌乎?此其礼必不然矣。或曰商祝徹枕之前,本无动尸之事,岂得先袭二称?此又不通之论也。沐浴才讫,已设明衣,安得云徹枕之前无动尸之事乎?①

6.名物制度考释

清儒治学,无不以小学为根基、为治经之具。"自昔儒者,其结发从事,必先小学"②,"无小学自然无经学"③。钱大昕云:"《六经》皆载于文字者也,非声音则经之义不正,非训诂则经之义不明。"④其说礼亦然。惠士奇云:"《礼经》出于屋壁,多古字古音。经之义之存乎训,识字审音,乃知其义,故古训不可改也。"⑤清儒解读《礼经》,尤其重视校勘的作用。自顾炎武起,即注重以唐石经、宋明善刻中求文字之正。⑥胡培翚《仪礼正义》,于经文之下,必详列古

---

① 《丧礼四笺》卷一,"上子二"条。
② 〔清〕戴震:《戴震文集》卷三,《〈六书论〉序》。
③ 〔清〕王鸣盛:《蛾术篇》卷一。
④ 〔清〕钱大昕:《潜研堂文集》卷二十四,《〈小学考〉序》。
⑤ 〔清〕惠士奇《礼说》,《清经解》卷二一三。
⑥ 参阅拙作《论清人〈仪礼〉校勘之特色》,《中国史研究》1998年1期。

文今文，以及各本异同，然后讨论文义。

茶山礼学著述之中，不乏名物制度考释的内容，如《丧礼四笺》有《丧具订》，纯乎器物考释。但是，茶山考释名物制度，很少从文字、音韵、训诂之学措手，也几乎不涉及版本、校勘方面的问题，而主要着重于经文的义理，注意从经文的前后贯通发现问题、解决问题，从而呈现出不同于清儒的考释风格。

如丧礼中有名为"几"的器物，用于拘死者之足。《既夕礼·记》云："缀足用燕几。"郑注："尸南首，几胫在南，以拘足。"贾疏："几之两头皆有两足，今竖用之，一头以夹两足。"郑注、贾疏将"几"理解为日常使用的四足方几。但是，四足之几如何能缀足？令人难以想象。茶山认为，经文之"几"当是燕几，"燕几，燕居所凭，即曲几也，其形如半环，缀之以防辟戾，令两足相联，不得离析也"。燕几的形状与四足之几不同，"其形为⌒，而承以三股也"；"恰似灶口，横覆之，令尸两足纳几之虚处，以防辟戾"。"苟使几形如半环，则以其环处令当尸踝，以其环头之两胫夹尸胫而至于膝，其缀足牢固矣。若然，尸胫向北，几胫向南，故曰挍在南。"①为证成其说，茶山列举三条佐证：其一，《檀弓》云"毁灶以缀足，殷道也"，茶山认为"灶门之甓，亦如半环，故其用与燕几同也"；其二，刘绩曾提及，当时道家使用一种形如半环的几，并认为就是丧礼缀足之几；其三，柳子厚有《斩曲几文》，曲几即燕几也。②全文无小学家气味，而考释明晰，入情入理。

又如丧礼中掩尸用的丧具有名为"冒"者，《士丧礼》云："冒，缁质，长与手齐，赪杀，掩足。"经文对"冒"的形制的表述相当模糊。郑玄解释说："冒，韬尸者，制如直囊。其用之，先以杀韬足而上，后以质韬首而下。"如此，则冒是上、下两个直囊，上曰质，下杀。

《礼记·丧大记》所记"冒"制，又出现"缀旁"的问题："君锦冒，黼杀，缀旁七。大夫玄冒，黼杀，缀旁五。士缁冒，赪杀，缀旁三。凡冒质，长与手齐，杀三尺。"郑注："冒者，既袭所以韬尸，重形也。杀，冒之下裙，韬足上行者也。"孔疏："冒有质、杀者，作两囊，每辄横缝合一头，又缝连一边，余一边不缝，两囊皆

---

① 《丧礼四笺》卷一，"上丙七"条。
② 《丧礼四笺》卷一，"上丙六"条。

然也。……缀旁七者,不缝之边上下安七带,缀以结之。"如此,则上、下两囊的侧面,只有一边缝合,另一边不缝而缀有带,此即所谓"旁缀"。贾公彦对"旁缀"的解释不同于孔颖达,《士丧礼》贾疏云:"缀旁者,以其冒无带又无钮,一定不动,故缀旁质与杀相接之处,使相连。"如此,则"旁缀"是在上、下两囊之端。纷纷之论,不一而足。

茶山认为,郑玄对经文"杀长掩足"的理解是错误的,诚若韬足而上,当云"杀长及胯",不当云"掩足"。既云"掩足",杀亦自上而设去也。① 茶山对"冒"制的解释为:

> 冒之为制,宜如夷衾,即此一冒之内,有质、杀之分,如铭旌之有缁赪,非有上下两段,若衣裳之不连也。质者,正也,自头至手,其裁正方也。杀者,刹也,自手至足,其裁刹削也。约用缯十四尺,中屈之,七尺藉尸干,七尺覆尸上。而此七尺之中,四尺为缁质,三尺为赪杀。②

可见,茶山认为"冒"并非两囊,乃是一条十四尺长的缯,从中间对折,一半在尸体底下,另一半在尸体上面,上下通为一体,上部方正,下部狭窄,颜色则有缁、赪之别。

贾公彦关于"缀旁"的解释甚谬,质、杀相接之处岂可称"旁",而且,区区之地,如何能容七缀? 故其说可以不论。问题是孔颖达的旁缀之说如何响应。茶山认为:"缀,所以连缀之组系也。旁七,冒之左右各有七系也。旁五、旁三,亦如之也。杀长三尺,大约也。"即是冒的两侧都有缀,理由是:

> 敛之有绞,棺之有衽,皆左右均适,未有偏着一边如是者。且读古经,其字例、文例宜先照检。"拜宾旁三拜"者,左右各三拜也。"执披旁四人"者,左右四人也。《大记》之云"旁七""旁五",亦此文例。孔乃欲于不缝之边偏安七带,不亦谬乎?

---

① 《丧礼四笺》卷六,"上庚二"条。
② 《丧礼四笺》卷六,"上庚二"条。

又若质与杀为两段,则旁缀之数宜各有定。经文通云七、五,其非两段,一也。凡一体之物可云丰杀,而物体既分,各论其阔,不得云杀,其非两段,二也。《礼记·丧大记》云"夷衾质杀之,裁犹冒也",非有两段,则冒亦然矣。其非两段,三也。且考聂、刘图本,质、杀二物,其长皆等,亦于经文未之详检也。

冒制的说解极形纷繁,礼家的理解也每每纠缠不清。邱濬为中原著名礼家,沙溪为朝鲜著名礼家,然对冒制的理解至为含混。邱濬曰:"冒制,一边不缝。今人不知古制,乃缝如两袋,套于既敛衾衣之上,非是。"沙溪曰:"冒制甚好,不可不用。"茶山批评道:

一边不缝者,孔氏之法也。缝如两袋者,郑氏之法也。邱氏以孔说为古制,迂甚矣。沙溪双举郑、孔之说,而乃云"其制甚好",未可晓也,两法判异。①

丧祭礼有"虞祭"与"卒哭"之名。《礼记·檀弓》云"葬日虞",虞者,安也,安死者之神也。古代朝葬,日中而虞。士礼,葬后举行三次虞祭。不同身份等级的人,落葬的时间不同,虞祭的次数也不同。《礼记·杂记》曰:"士三月而葬,是月也卒哭。大夫三月而葬,五月而卒哭。诸侯五月而葬,七月而卒哭。士三虞,大夫五,诸侯七。"

礼书又有"卒哭"的祭名,乃是丧礼变除过程中的重要环节,卒哭之后死者才可以祔祖,孝子方可以饭疏食或者重返于政。那么,作为最后一次虞祭的"三虞",与"卒哭"是一事之二名,还是先后出现的两种祭祀?对此,学术界存在着较大的争议。据《士虞礼·记》贾疏,这种争议在郑玄之前就已经出现,当时已有学者将三虞与卒哭"同为一事解之"。

但是,郑玄反对将三虞与卒哭合二为一的说法。《士虞礼·记》:"三虞卒

---

① 《丧礼四笺》卷六,"上庚二"条。

哭,他用刚日,亦如初,曰哀荐成事。"郑注云:"士者则庚日三虞,壬日卒哭。"郑玄将《士虞礼·记》中的三虞、卒哭理解为两种不同的祭名。

自郑说起,三虞、卒哭之辩平息。但至元代,敖继公起而挑战郑说。敖氏云:"礼于三虞既饯之后而遂卒哭,以其明日祔于祖。"认为三虞之日即停止无时之哭,所以三虞就是卒哭。万斯同云:"《礼记·檀弓》云'卒哭曰成事',夫卒哭始谓之成事,则卒哭前之三虞不可谓之成事矣。"茶山云:

> 三虞即卒哭。其谓之卒哭者,大夫五虞,诸侯七虞,而末虞之后所行礼节则尊卑皆同,如卒哭而祔、卒哭而受服、卒哭而从政、卒哭而归、卒哭而柱楣翦屏之类,皆以末虞为限界。若称三虞,则无以该大夫、诸侯。若称五虞,则无以该诸侯与士。故别立一名,谓之卒哭。卒哭者,犹言末虞。盖以一虞为一哭,再虞为再哭,末虞为卒哭也。①

茶山以士之三虞即末虞,末虞即卒哭,大夫、诸侯之末虞亦可称卒哭。

郑玄在上举《士虞礼·记》的注中,不仅将三虞、卒哭区别为二,而且将经文"他用刚日"之"他",说成是另一种不知其名的祭祀。"他"不过是权宜的叫法,其内容相当于《丧服小记》的"报虞":"他谓不及时而葬者。《礼记·丧服小记》曰'报葬者报虞,三月而后卒哭'。然则虞、卒哭之间有祭事者,亦用刚日,谓之他者,假设言之。"

茶山认为,《士虞礼·记》的"他",不是祭名,"他犹别也。谓前虞皆用柔日,至是别用刚日也"。郑玄以"他"为祭名,缺乏文献支持,"历考《九经》,有曾言他祭之礼者乎?"从训诂学的角度来看,郑玄对"他"的训解也有问题,"郑君始既训之曰'他谓不及时而葬'者,末又训之曰'其祭无名谓之他',即是一个'他'字之中含有两意:一是报葬之为他故也,一是接祭之为他名也。三仓以来,有如是诂训乎?"

经文"他用刚日"之下曰"亦如初",茶山云"谓所行礼节亦如初虞也"。

---

① 此节所引茶山语,均见《丧礼四笺》卷四,"下子八"条。

"哀荐成事"乃是针对三虞卒哭而言,茶山云"谓虞安祫合之礼成于此祭也"。若如郑说,将"哀荐成事"系于"他"祭,则文义不通。《礼记·檀弓下》云"卒哭曰成事",《礼记·曾子问》《杂记下》云"卒哭成事",惟卒哭可称"成事",自不待辩。茶山又举《春秋》诸侯、天子渴葬之例说明。所谓"渴葬",指未满葬期而提前落葬者,《公羊》隐公三年:"不及时而日,渴葬也。"齐庄公十三日而葬,周景王四月崩而六月葬。如果每逢刚日皆祭,则前者有七十余祭,后者有九十余祭,"七十余祭辄云哀荐成事,有是礼乎?""九十余祭辄云哀荐成事,有是理乎?"

此外,郑玄认为,"他"祭在卒哭与祔之间,但是,由下引《礼记·檀弓》之文可知,卒哭与祔的日子毗连,中间没有可以插入所谓"他"祭的日子。可见,郑说既不合礼,也不合理。

按照郑玄的说法,始虞、二虞之间隔一日,若始虞用柔日,则二虞也用柔日;若始虞用刚日,则二虞也用刚日。三虞在二虞的次日。故《士虞礼》郑注云,"士之三虞用四日"。长期以来,郑玄之说被视为丧礼研究中的通识。

茶山认为郑说谬,"据经,唯卒哭与祔祭有接日之文。而再虞、三虞无接日之文,可见再虞之后,间二日始行三虞也"。换言之,文献并没有再虞之日与三虞之日连接的记载,这表明始虞、再虞、三虞之间都是间隔两日。茶山指出,郑玄致误的主要原因,是对《礼记·檀弓》中如下的一段文字作了错误的理解:

> 卒哭曰成事。是日也,以吉祭易丧祭。明日祔于祖父,其变而之吉祭也。比至于祔,必于是日也接,不忍一日未有所归也。

文中的两个"是日"是卒哭之日,而郑玄误以为是初虞之日。"七藤八葛,都由此发",郑玄的误读,为识者所不取。吴澄曰:"卒哭之末有饯礼。若用虞祭之例,相隔一日而始祔,则此一日神无所依归。孝子不忍,故祔祭、卒哭相连接而不间日也。"万斯同曰:"三虞有玄酒,较之初虞,有自凶趋吉之渐,故名之为吉祭,非谓三虞之后别有卒哭之祭也。"茶山赞同吴澄等的说法,认为文中的"必于是日接"之"接","谓祔与卒哭其日连接也",是为了特别说明祔与卒哭相连,与三次虞祭之间都有间隔不同。

根据上述分析,茶山对三虞、卒哭为一,以及相关问题作了结论:

> 唯末虞谓之卒哭。诸侯以七虞为卒哭,大夫以五虞为卒哭。以其末虞之后礼节甚多,须有尊卑之通称以称末虞,故别立一名谓之卒哭也。小祥、大祥皆为祥祭,而分而言之则谓之练、祥也。初虞、末虞皆为虞祭,而分而言之则谓之虞、卒也。故有分而言之如此记者。

其说颇多前人未发之处,为最终形成定说,提供了重要依据。

卒哭之后,神主要祔祭,这是一个极为重要的仪节。由于文献语焉不详,究竟如何举行祔祭,成为礼家之大讼。其涉及的问题主要有:祔祭在何处进行?祔祭之后,神主置于何处?旧主何时迁出其庙?新主何时正式入庙?等等。

《士虞礼·记》云:"明日,以其班祔。"郑注:"凡祔已复于寝,如既祫主反其庙。练而后迁庙。"贾疏:"今祔于庙,大夫士无木主,以币主其神。天子、诸侯有木主者,以主祔祭讫,主反于寝,如祫祭讫主反庙也。"郑玄、贾公彦认为,卒哭后以主祔祭,祭毕,主反于寝,练而后迁庙。学者的理解也相去甚远,有以合葬之礼而藉之为祔者;有以妃匹配食之礼而藉之为祔者;有以四时之祭从祖侍食而藉之为祔者;有以三年丧毕之后木主迁庙之礼而藉之为祔者;或以木主就祖庙而祭之,祭讫反于寝;或以木主遂藏祖庙,丧毕而迁之;如此云云,莫衷一是。

茶山作《祔祭辨》,对"祔"提出了系统的见解,认为,"祔者,圣人之微文也。哀形神之离析,念魂气之茕孤,求气类以合之,徼幸其依附"。所谓祔,并非如郑贾所说,是将新死者的木主放在祖庙中合祭;祔祖不用木主,祔祭在殡宫举行;祔祭是指神附,即用一牲,读一辞,告于亡者,兼告亡者之祖父,使其神魂相与附合。茶山认为,祔祭制度之所以纷纭而不得决,主要是有五个问题为研究者所混淆:

一是"宗支不分"。在宗法制度下,公族和庶姓之族都有宗家,有继祢之宗,有继祖之宗,乃至继五世之宗,"其支庶之出异宫而居者,皆不得家有祖庙"。因此,支庶存在一个祭祀场所的问题,如果是到宗家致祭,那么祭祀用的衣币之类还带不带回殡宫?又由谁来主祭?"宗子主之乎?抑哀子主之乎?哀子之妻往而为主妇乎?此皆揆之情理而两不能成文者也。"而且,三年丧毕,神主祔食于何处?如果置于宗家,则"宗子之家,众神于于,而曩所谓继祖之宗,继祢之宗,亦无由成其宗矣",这些都是"揆之情理而两不能成文者也"。对于子孙有迁徙的家族尤成问题,"以徙者为宗,则居者无所祔矣;居者为宗,则徙者无所祔",两难。因此:

> 支庶之祔,其亲必祭之于寝宫。既寝宫可祭焉,则虽宗子之祔亦不必祭之于祖庙。既祖庙不必祭,则虽天子、诸侯之祔亦当祭之于殡宫矣。其云祔于庙而反于寝,郑玄之谬义也。

二是尊卑不分。宗法讲究尊卑,据《丧服小记》,诸侯不得祔于天子,士大夫不得祔于诸侯,士亦不得祔于大夫,只能祔于祖父中的同爵者。因此芮伯、彤伯不敢祔于武王,只能祔于周公、康叔。叔孙、戴伯不敢祔于桓公,只能祔于公子弨矣。马正、公钽不能祔于行父,只得祔于诸祖父中的为士者。因此,芮伯、彤伯之丧,不可能舍其国而载虞主之鲁之卫,以祔周公、康叔之庙;余可类推。因此:

> 祔也者,祔之以神理,非竟以主而往祔也。祔祭也者,祭之于寝宫,非竟祭之于祖庙也。……祔之为礼,非以祔主也,非以配食也,非以序庙也,特谓夫神无所归,而求气类以祔之,使相依相合焉已矣。其反寝与否,自无可议。

三是嫡庶不分。宗法社会男性多妻,故得有妾母之祭。《丧服小记》云"妾母不世祭",《春秋传》云"于子祭于孙止",因此,妾祖姑之庙已是难得一见,遑论祖姑之妾祖姑之庙。而《杂记》所记祔祭之法,妾祔于妾祖姑,无则从其昭穆。如果祔祭一定要用木主,并祭于祖庙,此类情况就无从措手。

　　大夫不过三庙,大夫之诸祖父死,已无庙可祔矣。适士不过二庙,适士之叔父、季父死,已无庙可祔矣。官师一庙,官师若官师之昆弟死,已无庙可祔矣。故曰:祔也者,祔之以神理也。

　　四是男女不分。男子三年丧毕,则祧其远祖之庙,新死者入于祢庙。此等情况,可以反主于寝,丧毕迁庙。穆后先于周景王而崩,孟子先于鲁孝公而卒,三年丧毕,远庙不祧,其主迁于何处?此外,凡妾母之主不得入庙,必别为之立宫,即考仲子之宫。"丧之既毕尝不能入于庙者,岂有祔祭之日以主入庙、而因以祔之之理乎?"《杂记》曰,"男子附于王父则配,女子附于王母则不配","如其就庙而祭之也,将何以只祭王母而不祭王父乎"?

　　五是公私不分。上古天子、诸侯有木主,大夫、士无木主。既然没有木主,则无所谓将木主反于寝。《公羊传》云"虞主用桑,练主用栗",《穀梁传》云"丧主于虞吉,主于练"。虞主是丧主;藏于祏室,享于宗庙的是练主。"祔之以桑主,藏之以栗主乎?天下无此妄也。苟必藏之以祔主也,练主既成,庸无再祔之礼乎?"作虞主的目的,是为了在寝宫中"荐其特祀",而不是为了祔祖。《左传》云"祔而作主",是说祔祭之后则神有所归,则可以作主,于是作桑主,权奉于寝宫受祭。"大夫、士无木主,尚有祔祭,则不以主矣。祔不以主,则天子、诸侯之祔又何必以主为礼哉!"因此,"祔也者,令神有依附也。神道无形,唯以气类相感。三祭五祭,安之合之,而后告之以辞而陟祔之。此其首尾情文,皆所以求神理于无形之地,而昭神道于弗睹之中也。又何必移其木主,徙其筵几,而后方可以合于其祖乎!"①

　　茶山祔祭之说,颇异于常人之说,然其思虑之精深,令人惊叹,发人深思。

7.余论

　　茶山在礼学研究中,提出和解决了一系列重要的问题,既有宏观理论方面

---

① 《丧礼四笺》卷四,"下卯九"条。

的,也有名物度数方面的,将礼学研究提升到一个全新的水平,这是需要充分肯定的。但是我们也必须看到礼学研究的复杂性和艰巨性,迄今为止,还有许多问题没有得到真正的解决。由于受到时代的局限,没有任何个人可以穷尽礼学研究的所有问题,茶山也不能例外,他的个别结论已被考古材料所否定,如关于辁碑绋的用法,茶山云:"大抵碑所以立以圹底,暂用支棺,旋即去之,故曰'去碑负引'也。"茶山具体说明道:

> 诸侯、大夫之葬,茵先入,设于圹底。茵之两头各立一碑,碑顶平正,可以错棺。柩至圹口,解绋去辁,复以二绋属棺之上下,执绋者从左右抗举之,错其棺于二碑之上,审其而势,正其背向,于是执绋者皆负其绋,背圹而立,以是执事者去碑,渐渐纵下之,命棺至地。士则直自国车之上,以绋举棺而错之茵上,故二绋无碑。此古之葬法也。①

20世纪80年代初,中国考古工作者在陕西凤翔县发掘的秦公一号墓中,发现了两根"碑"的遗物,证明茶山所说不确,古代礼书所记碑的用途基本可信。然瑕不掩瑜,"高山仰止,景行行止",茶山礼学的成就将永远受到后人敬佩。

由于历史及地域等诸种原因,茶山的礼术成就鲜为中国学者所知,例如茶山《经世遗表》一书,于《周礼》详征博引,研究尤为深入,然孙诒让作《周礼正义》,旁稽博考,而无一语及此书。其后,钱穆《周官著作时代考》、顾颉刚《周公制礼之传说和〈周官〉一书的出现》、杨向奎《〈周礼〉的内容分析及其著作时代》、徐复观《周官成立之时代及其思想性格》等大著,综述礼学研究大要,亦无及于此者,堪为憾事。笔者撰为此文,诚望海内外研礼诸家关注茶山之学。

---

① 《丧礼四笺》卷七,《丧具订》,辁碑绋。

附录：
茶山礼学的两个特点

茶山是朝鲜时代集大成的学者，其学广博，无所不窥，而归总于《礼》与《易》。因此，研究茶山礼学，无论是对于研究茶山本人，还是研究朝鲜学术，都有典型意义。茶山礼学有两个鲜明的特点：一是研究《周礼》注重实用，集中体现在他的《经世遗表》上；二是研究《仪礼》注重文本，集中体现在他对《丧礼》四篇的研究上。

1. 以经世为首务的《周礼》之学

《周礼》一书，旧题《周官》，始出于西汉景、武之际，因其来历不明，又无师承端绪可寻，故历来受到学者质疑。或谓文王治岐之制，或谓成周理财之书，或谓六国阴谋之书，或谓汉儒附会之说，纷纷之论，莫衷一是。后经刘歆提倡，得以列入学官，成为儒家经典之一。

历代学者治《周礼》的路数有两类。一类属于理论型，将《周礼》作为一部历史文献来对待，研究的兴趣主要集中在如下问题上：《周礼》的真伪及其成书年代；《周礼》的制度是否可信；冬官是存是亡；《周礼》郑玄注举证的汉代制度与周制的关系；《周礼》中特有的三十多个"古文奇字"问题；等等。另一类属于实践型，认为《周礼》是周公致太平的大经大法，因而将它作为改革国家政治制度的依据。其中，王安石亲撰《周官新义》，不引郑注、贾疏，直抒胸怀，堪称典范。

高丽、朝鲜两朝学者，治《周礼》者极稀，茶山深于《周礼》，可谓特立卓学。以茶山之学力，完全可以撰写出类似《周礼义疏》一类的皇皇巨著，但是，茶山的《周礼》之学，却没有走考据义疏之路，其中有其深层的历史原因。1592 年的"壬辰倭乱"，使朝鲜社会产生了严重的社会危机，"百度堕坏，庶事抢攘，军门累增，国用荡竭，田畴纹乱，赋敛偏僻，生财之源尽力杜塞，费财之窦随意开凿"①。政局的动荡，催化了官场的腐败，"一毛一发，无非病耳。及今不改，其

---

① 《经世遗表》卷一，《引》，《与犹堂全书》第十四册，第 7 页。

必亡国而后已"①；时势激变，朝野有识之士以变法强国为己任，不尚空谈，针对国计民生中的迫切问题提出对策，成为一时风气。由此出现了"英正实学"的高潮。

国势危殆，在茶山而言，已经没有清谈《周礼》的心境，必须将它用于实践。茶山所为，实际上是沿着王安石的道路在前进。由于王安石树敌过多，变法不仅没有取得成功，反而引发了学者对《周礼》的批评。自此之后，学者讳言用《周礼》改革，王氏也声名狼藉，为学者所不齿。到清末孙诒让之前，中原再无王安石式的学者。茶山仿王氏故事，以《周礼》为思想资源改革朝鲜旧制，需要很大的勇气。为此，茶山在此书的引论中着力廓清人们对《周礼》的种种误解。

茶山认为，王安石"饰清苦以厉其行，援经传以文其奸"，变法的失败有他个人品质上的问题。除此之外，还有两个原因：一是他"二帝三王之道未尝了然于胸中，徒以其一时之浅见率天下，而羁之以商贾之利"，没有真正读懂《周礼》，而又急功近利；二是"欲与元老大臣为万夫之望者战"，树敌过多。王安石变法的失败，并非《周礼》本身的问题，却给了后世反对改革者以口实。他们因人废书，动辄"以青苗、保甲诬《周礼》，以王安石作殷鉴，凡言法可以小变者，则群起而攻之，目之为王安石，而自居乎韩琦、司马光"。茶山感叹道："斯则天下之巨病也。"②

茶山确信《周礼》为周公之典："周公营周，居于雒邑，制法六篇，名之曰礼。"③基于这一立场，茶山的《周礼》之学绝不涉及《周礼》真伪以及此书所载制度是否可信等经学问题，也几乎不讨论《周礼》的礼法、礼义问题，贯穿《经世遗表》的精神是，如何结合时势运用《周礼》的治国之道。

此书原名《邦礼草本》，表明作者本意是建立礼制。其后，易名为《经世遗表》，以突出此书的重心是在经世。茶山的《与犹堂全书》分为诗文集、经集、礼集、乐集、政法集、地理集、医学集等七类。茶山此书，是朝鲜学术史上罕见的《周礼》研究专著，但却归在"政法集"之中，耐人寻味。作者说：

---

① 《经世遗表》卷一，《引》，《与犹堂全书》第十四册，第8页。
② 《经世遗表》卷一，《引》，《与犹堂全书》第十四册，第5页。
③ 《经世遗表》卷一，《引》，《与犹堂全书》第十四册，第3页。

兹所论者法也，法而名之曰礼，何也？先王以礼而为国，以礼而道民。至礼之衰，而法之名起焉。法非所以为国，非所以道民也。揆诸天理而合、错诸人情而协者谓之礼。威之以所恐、迫之以所悲、使斯民兢兢然莫之敢干者谓之法。先王以礼而为法，后王以法而为法，斯其所不同也。①

茶山自知身处衰世，无法纯以先王之礼来教化民众，而只能借用法的形式来治国。但茶山希望此书所用之法不离先王之道，处处合于天理、协于人情，而不是威逼人民服从。故茶山将这部与当时社会完全不同的官政之法名之为"邦礼"。

茶山此书，在《天官》中，主要建立六官格局，包括中央政府的两班、宗亲、勋戚、命妇、外官，以及地方行政的郡县划分与考绩。

《地官修制》的主旨是建立经济制度，包括田制、赋贡、仓储、户籍、均役、杂税等制度。赋税是政府收入的主要来源，关系到国库的盈虚和国力的强弱，不可不慎重规划，使其既不重敛伤民，又能物物有所出。朝鲜中期之前，尚未形成完善的赋税制度："我邦之法，有贡无赋，凡百司供上之物，皆收土贡，自郡县输之。"②其后，尽管建立赋税之法，但漏洞很多，贪官滑吏上下其手，逃税之途四开，形同虚设。茶山云：

我邦本无赋税，中叶以来，有军保收布之法，而国中贵族咸在弛舍之例。及其久也，乡曲游闲之民皆自托于贵族，亦在弛舍之中。惟佣雇下贱流丐罢癃无告之民乃应军赋。又郡县小吏，私取民户结之为契房，凡为契房之村者，即毫发不侵。赋役之偏，莫今时若也。凡制赋敛者，于弛舍之例，宜慎其始，不可以轻开也。③

---

① 《经世遗表》卷一，《引》，《与犹堂全书》第十四册，第3页。
② 《经世遗表》卷十一，《邦赋考》，《与犹堂全书》第十五册，第233页。
③ 《经世遗表》卷十一，《弛舍之例》，《与犹堂全书》第十五册，第233页。

中国赋税制度至迟在先秦时代就已经形成，经过长时期的运用和完善，无论在理论上还是在实践上，都已经比较完备。茶山希冀借用中国的成功经验来建设朝鲜的制度。如《周礼·地官》除农民使用国家土地需要缴纳正税之外，采取山林、矿产等各种自然资源，均需按照一定比例纳税。因而，政府设有专门管理的官员，如山虞，掌大小山及其所产；林衡，掌大小林及其所产；川虞，掌大小川及其所产；泽虞，掌泽数及其所产。此外还有迹人、丱人、角人、羽人、掌葛、掌染草、掌炭、掌荼、掌蜃等九职，掌山泽所产各色物品。

从《周礼·地官》上述职官设置出发，茶山详细规划了竹木税、茶税、矿产税等，以增加政府收入之来源。《周礼·地官·大司徒》有"救荒之政十有二品"，是政府在发生重大自然灾害时，所采取的十二种特殊措施。其中四曰"弛力"，五曰"舍禁"。所谓弛力，是指减免徭役，对某些应该体恤者予以减免的优惠；所谓舍禁，是指开放山林等政府管制区，让百姓出入采樵，以渡过难关。茶山称之为"弛舍之法"。弛舍之法原本是为了救灾而采取的权宜之法，但地方豪门、贪官滑吏以此为借口，使之成为恒定之策，以长期逃避税收。茶山认为，弛舍之法要严格控制，不能轻易开口，因而提出十三项"弛舍之例"，规定只有优老、哀丧、新徙、贤能、节行、议亲、议功、帝乡、行幸、祠墓、军卒、职役、新产等十三种情况可以列入"弛舍之法"，其余一律依法纳税。

茶山此书意在开源节流，革除弊端，振兴经济。同时又论及武科、战船、碉堡等，志在富国强兵。全书纵横捭阖，洋洋洒洒，出入经史，游刃有余。

清代《周礼》研究集大成的学者是孙诒让。孙诒让的《周礼正义》被公认为是《周礼》研究的最高水平。为了说明茶山《周礼》研究的特点，下面试将《经世遗表》与《周礼正义》对某些问题的论述加以比较。

《周礼·夏官·太仆》云："建路鼓于大寝门之外而掌其政，以待穷达者与遽令，闻鼓声则速逆御仆与御庶子。"关于太仆之职的"路鼓"，孙诒让《正义》的论述如下：

建路鼓于大寝门之外者，《大射仪》有建鼓，注云："建犹树也，以木贯而载之，树之附也。《国语·吴语》云"载常建鼓"，韦注云："建谓为之椌而树之。"《明堂位》云："夏后氏之鼓足,殷楹鼓,周县鼓。"郑注云："楹谓之树,贯中上出也。县,县之簨虡也。"《春秋繁露·三代改制质文》篇云："主天法质而王乐桯鼓。"桯、楹字通。此经云建路鼓,则亦用殷楹鼓之制而树之,不县于鼓虡也。贾疏云："此鼓所用,或击之以声早晏,或有穷遽者,击之以声冤枉也,故建之于王朝之所也。"惠士奇云："建路鼓者,若后世阙左悬登闻鼓,人有穷冤则挝鼓,公车上奏其事焉。"①

茶山关于路鼓的论述如下:

> 路鼓院者,唐宋之登闻鼓院也。○臣谨案:《周礼·太仆》"建路鼓于大寝之门外而掌其政,以待穷达者与遽令,闻鼓声则速逆御仆。"宋文帝元嘉元年,魏主诏阙左悬登闻鼓,以达冤人。唐大历十四年,诏天下冤滞者听挝登闻鼓。宋景德四年,诏改鼓司为登闻鼓院,以达万人之情。苏轼判登闻鼓院,程伊川兼判登闻鼓院,皆此职也。大明之制,亦因宋礼。我太宗二年,设申闻鼓,以通下情,但无鼓院,且鼓在阙西,而阍禁至严。惟京辇缙绅之家,权着朝衣,入而挝之。遐外氓隶之贱,无由一扣,况敢鼓之哉! 臣谓丹凤门最近于便殿,就丹凤门外买一屋,起高楼,以为路鼓之院。凡有冤者,怀状至院,登楼击鼓,以状授院郎。即虽罪孽恶人,悖言妄说,院郎有受而无却。亟以其状送于政院厅,朝廷处置,诚不易之良法也。《鬻子》云:"禹置钟、鼓、磬、铎、鼗,以待四方之士。"《书传》云:"尧置敢谏之鼓。"此亦鼓院之所宜掌。故唐宋之制,鼓院不惟达冤,亦以来谏。使谏议大夫管此院,以受章奏,下至奇方异术,亦得自陈,皆所以广达四聪也。但情无可冤者,及言无可采者,朝廷罪之,使万民不敢以无情之言欺妄上听,构陷法官,斯可矣。②

由上引二氏对路鼓的论述可见,孙诒让《周礼正义》的重心是在《周礼》之

---

① 《周礼正义》卷五十九。
② 《经世遗表》卷二。

鼓的文献依据,以及鼓的形制等,重在经典的诠释;而茶山《经世遗表》的重心是路鼓在历朝的设置状况,以及路鼓院的职能等,重在经典的运用。

又如《周礼·地官·廛人》云:"廛人掌敛市绞布、总布、质布、罚布、廛布,而入于泉府。"涉及政府在市场上征收的各种税收。孙诒让《周礼正义》的论述如下:

"敛市绞布、总布、质布、罚布、廛布"者,王念孙云:"'市'下有'之'字,而今本脱'之'字,自唐石经已然。上文《质人》云'掌成市之货贿、人民、牛马、兵器、珍异',下文《泉府》云'掌敛市之不售货之滞于民用者',此文云'掌敛市绞布、总布、质布、罚布、廛布',三'之'字文同一例。《载师》注、《载师》疏及《序官》疏三引此文,皆有'之'字。"案:王说是也。《释文》云:"绞,本或作次。"丁晏云:"绞,假借字。《说文》系部:'绞,积所辑也。'非此经之义。"诒让案:《释文》或本是也。《载师》先郑注引此经亦作"次布",与或本正同。此作绞布者,疑涉下总布而误增系形。江永云:"绞布者,市之屋税;总布者,货贿之正税;廛布者,市之地税也。古者建国,王立朝,后立市,国中大小之肆,皆是公家之财所成,故有屋税。廛者,停货物于此,则有地税。《闾师》云:'任商以市事,贡货贿。'总布正是货贿之税。"又云:"官独以廛名者,举廛以该肆也。五布惟总布最多,地税有定,质剂物微,罚布无常。货贿充牣市廛,源源而至,非廛人所能尽稽,故必使每肆之肆长敛之,入于廛人。此总布是商贾之正赋,《大宰》所谓市赋,《闾师》所谓商贾货贿者,此也。布即货贿。"案:江说是也。凡商贾有屋税、廛税,又有所赍货物之税,此三者为九赋之市赋,乃正税也。此外又有力征,即九职货贿之贡。总布者,以货物税为正,而亦兼有贡,故谓之总,明通赅赋贡也。市征虽亦有它物,而以泉布为多,故有五布,即《泉府》所云"市之正布"也。《管子·戒篇》云"市正而不布",盖非周法,与此经不合。五布之义,以江为允,今从之。详后疏。

可见孙诒让《周礼正义》的主旨在于:一、校定经文,如"市"下是否当有"之"

字;纯布与次布,何者为正? 二、分辨纯布、总布、质布、罚布、廛布的不同。孙诒让《周礼正义》是纯粹的经学著作,故必须如此。

茶山关于市场税的论述,也征引大量文献,但与孙诒让所引颇有不同,为便于比较,现转引如下:

《孟子》曰:"市廛而不征,法而不廛,则天下之商皆悦而愿藏于其市矣。关讥而不征,则天下之旅皆悦而愿出于其路矣。耕者助而不税,则天下之农皆悦而愿耕于其野矣。廛无夫里之布,则天下之民皆悦而愿为之氓矣。"

《王制》曰:"古者公田藉而不税,市廛而不税,关讥而不征,林麓山泽以时入而不征,夫圭田无征。"

《齐语》曰:"管仲相桓公,诸侯称宽焉。通齐国之鱼盐于东莱,使关市讥而不征。"

《平准书》曰:"汉高祖时,凡市肆租税之入,自天子至于封君,皆各自为私,奉养不领于天下经费。"又"令贾人不得衣丝乘车,重租税以困辱之。"

武帝元光六年,初算商贾,始税商贾车船,令出算。

元狩四年,初算缗钱,匿不自占,占不悉。率缗钱二千而一算。作有租及铸,率缗钱四千一算。非吏比者,三老、北边骑士轺车以一算;商贾轺车二算。

太初四年,徙弘农都尉治武关,税出入者,以给关吏卒食。

晋自过江,至于梁、陈,凡货卖奴婢、马牛、田宅,有文券,率钱一万,输估四百,入官卖者一百。无文券者,随物所勘,亦百分收四,名为散估,历宋、齐、梁、陈,如此以为常。

自东晋至陈,皆有津税。

后魏明帝孝昌二年,税市入者人一钱,其店舍又为五等,收税有差。北齐黄门侍郎颜之推,奏请立关市、邸店之税,开府邓长颙赞成之。

唐武后时,关市之税不限工商,尽税行人。又江津河口,置铺纳税。

> 德宗时，赵赞请诸道津会置吏阅商贾钱，每缗税二十。竹木茶漆，税十之一，以赡常平本钱。帝纳其策，属军用迫蹙，亦随而耗竭，不能备常平之积。
>
> 宋太祖元年，诏所在不得苛留行旅赍装，非有货币当算者，无得发箧搜索。
>
> 哲宗元祐元年，从户部之请，在京商税院酌取。元丰八年，钱五十五万二千二百六十一缗有奇，以为新额，自明年始。
>
> 哲宗元祐八年，商人载米入京粜者，其力胜税权蠲。
>
> 神宗元丰初，王安石行新法，既鬻坊场河渡，又并祠庙鬻之，募人承买。府界诸路坊场，钱岁收六百九十八万六千缗，谷、帛九十七万六千六百石、匹有奇。
>
> 大明之制，每府立税，课司州县，各立为局，设官以征商税。凡商贾赍货贿者，必先赴所司起关券。
>
> 唐制亦有船税，系于州郡，其补县官之用，无文可知。
>
> 宋神宗元丰二年，汴河算船。
>
> 高宗建炎元年，诏于平江昆山县江湾浦量收海船税。

可见，茶山的旨趣迥异于孙诒让，他所关注的是历朝历代征收市场税的实际状况，以强化他提出的赋税政策的说服力。

大量征引历史文献，是茶山《经世遗表》的一大特色，如论盐税、鱼税是否该收，茶山引《尚书·禹贡》《管子·海王》《晋书·甘卓传》、白居易诗、宋太宗诏书、明代律令等文献，以及汉代以后的盐铁官营制度等，极为详博。茶山此书所论，大率如此。

《周礼》是否为周公手作，迄今没有定论。历代学者多有很高评价，如朱子认为："《周礼》是周公遗典也"，"《周礼》一书，也是做得缜密，真个盛水不漏"，①"《周礼》一书，圣人姑为一代之法尔"②。"《周礼》一书好看，广大精密，

---

① 《朱子语类》卷八十六，《周礼·礼三》，《总论》，第2204页。
② 《朱子语类》卷八十六，《周礼·礼三》，《总论》，第2205页。

周家法度在里。"①孙诒让对《周礼》的评价最高,认为是黄帝、颛顼以来,"更历八代,斟酌损益,因袭积累,以集于文武,其经世大法,咸粹于是"②。无论朱、孙二氏的说法是否可靠,《周礼》最晚也是西汉的作品,保留古代信息尤多,弥足珍贵。此外,该书体大思精,非有大智能者不能作。儒家的传统,是经世致用。因此,对《周礼》的研究除了理论上的探索之外,还应注重书中治国思想的具体运用。茶山的《周礼》研究,治术与学术融合,正是注疏家所忽略的风格,使《周礼》研究别开生面,应很好总结。③

2.以考证见长的《仪礼》学研究

《仪礼》原名《礼》,是礼的本经。西汉立为学官的"五经博士",《仪礼》居其一。"三礼"之中,《仪礼》的年代最无争论,其所载礼制也最为纯正。但由于文字古奥,学者多视为畏途,诵习者甚少。故此书地位虽尊、价值虽高,而其学久之不显。

唐宋时期,由于佛教的传入和兴盛,儒学受到巨大冲击。为了捍卫本土文化,一些有识之士起而提倡儒家文化,而儒家文化的主要载体之一,是《仪礼》记述的各种礼仪。鉴于《仪礼》的文字难读和仪节烦琐,司马光、朱熹等人,都做过简化传统礼仪的工作。传世的《家礼》,相传为朱子所作,仅冠、昏、丧、祭四礼,仪节相当简洁易行。《家礼》传入朝鲜后,受到朝野的欢迎,得以迅速推广。朝鲜社会层面所推行的主要是《家礼》,学者的兴趣所在,也多在《家礼》。《仪礼》之学最初并不发达。

但是,即便是内容看似简略的《家礼》,也有一个能否正确把握礼法与礼义的问题,一旦礼失其正,不管是何种原因,都将会贻笑后人,所以礼义问题始终受到朝鲜学者的关心。李瀷先生曾云:

夫子亦尝曰:殷因夏礼,周因殷礼,所损益可知。夫子所知,止于理之

---

① 《朱子语类》卷八十六,《周礼·礼三》,《总论》,第2204页。
② 〔清〕孙诒让:《周礼正义序》。
③ 笔者另有《丁茶山与〈周礼〉》(载《北京图书馆刊》第1、2期合刊,1994年6月)、《〈经世遗表〉所见丁茶山的实学思想》(载《岭南语文学》第26辑,1994年12月)可参阅。

可推。若其名物度数，岂睿智所及哉！况周道既湮，圣王不作，千百年间，事变极夥，俗好随移，一人断行，辄为故实。其人未必皆贤，其事未必皆中，徒以无人执度而通变之，故因仍苟且，且几与向所谓之画相龃龉也。①

礼书的情况如此复杂，涉及的仪节和礼器相当繁多，远非一部《家礼》所能解决，必须有更多的文献依托和更为深入的研究，方能立于稳妥之地。这就使得以追求儒家典籍之义理为职志的士大夫用相当的精力来做礼的考据工作。从《退溪先生丧祭礼答问》《李先生礼说类编》《退溪礼解》《退溪礼辑》等书可知，退溪先生非常重视仪节和器具的探究。他的礼学旨趣，对于门人、学子的礼学研究起了重要的导向作用，如郑述《五服沿革图》、曹好益《家礼考证》、李瀷《家礼丧祭图说》、郑炜《家礼汇通》、柳徽文《家礼考订》、李栽《变礼集说》、柳长源《常变通考》、柳致德《典礼考证》等，都可以看作退溪礼学理路的展现。

由于《家礼》与《仪礼》有着无法割断的渊源关系，因而只有深入到《仪礼》的每一细节，《家礼》研究才有正本清源的可能。朝鲜学者对《仪礼》一书的研究，大致来自两个方向，其一是由于对《家礼》研究的深入而自然地上溯于《仪礼》，其二是为着在朝廷的礼讼中获胜而求证于《仪礼》。

关于前一个方向，可以退溪的门人柳长源为典型来说明。柳氏的代表作是《常变通考》，旨在解决常礼与变礼的诸多问题，尤其是变礼中的诸多争议。此书"汇附古今常变，本之经传，参以后来诸家之说，集千古异同之论，而翕然归之于一"②，所采文献，泛及百家：礼书则有《仪礼》《周礼》《礼记》；经籍类有《易》《书》《诗》《春秋》内外传、《论语》《孟子》《家语》《孝经》《五经异义》等；字书类有《尔雅》《说文》《释名》《广韵》《龙龛手鉴》《四声通解》等；诸子类有《庄子》《荀子》《孔丛子》《新书》《论衡》等；史书有《战国策》《史记》《汉书》《后汉书》《南史》《北史》《唐书》《五代史》《宋史》《元史》等；此外博采历代典章，如《后汉书·舆服志》《魏仪》《江都集礼》《通典》《开元礼》《三礼图》《事文类聚》《文献通考》《大明会典》《大明集礼》，以及《博物志》《风土记》《荆楚岁

---

① 《星湖先生全集》卷四十九，《李先生礼说类编序》。
② 〔朝鲜王朝〕李秉远：《常变通考后序》，《常变通考》，第43页。

时记》《续齐谐记》《玉烛宝典》《天宝遗事》《事物记原》等，共一百三十余种，以及朝鲜学者论礼著述五十余种。这表明朝鲜学者意识到，要深究礼学诸问题，必须将视野扩展到所有的古代文献。

柳氏此书每卷先陈大纲，后列细目，细目总数，达二千条之多，规模之大，辨析之细，鲜有可比肩者。如卷二十，主要讨论丧礼中的大祥与禫祭，其中禫祭的细目计有中月而禫、十五月禫、禫计闰、为承重禫、为长子禫、妻为夫禫、卜日、沐浴设位陈器具馔、禫祭服、心丧服色、行事、祝式、疠疫出避行禫、丧中无禫、过时不禫、禫月行祥禫不禫、追后成服有禫无禫之辨、妇人不参禫祭除服、为慈母禫不禫、为出母禫不禫、为嫁母禫、为继母嫁从禫、庶子在父之室为其母不禫、嫡子父在为妻不禫、宗子母在为妻禫、小宗子母在为妻不禫、庶子父母在为妻杖而不禫、嫡子追服未禫诸子不可设祭、承重者无禫诸叔父除服、妻丧不禫其子除服、主丧者服除后犹主禫祭、并有丧禫祭先后、本生丧中所后禫、重丧不可参禫祭、妇人本亲丧中行姑禫、将行禫遇丧、禫祭遇国忌、心丧不再禫、不为本生禫、出嫁女不为本亲禫、禫后服色、饮酒食肉、禫而床从御乐作等四十三条，节目之详，可谓空前。作者如果不熟悉《仪礼》是无法想象的，因为它们已经远远超越了《家礼》的范围，全面地渗透到了《仪礼》以及《礼记》的每个细部。这在朝鲜礼学研究上是一个重要的飞跃。需要提及的是，柳氏此书也是以家礼的冠、昏、丧、祭四礼为重心，而非所有《仪礼》篇章。

关于后一个研究方向，虽说含有浓厚的党派斗争的色彩，但却同样推动了《仪礼》之学的深入发展。17世纪以后，朝鲜王室先后发生仁祖反正、元宗追崇、孝宗册封为世子、景宗的元子定号、仁显王后复位、世子景宗的废立、肃宗建储等一系列涉及名份、礼仪的事件，朝中官员每每分成两派，聚讼论战，史称"礼讼"。礼讼每每肇端于丧服问题的争论。丧服在古礼中最为繁难，《家礼》的丧服条例是从《仪礼》的《丧服》篇中摘取的，属于流，而非本源。经文古奥简略，需要借助于前人的注疏方能读懂，因而注疏之学成为礼学不可或缺的组成部分。由于宋学鄙视注疏之学，而宋学在朝鲜学术界具有压倒性的优势，故《仪礼》的注疏很少为朝鲜学者所看重。但是，礼讼是涉及国本的重大争论，由于党派斗争的参杂其中，成败得失，关系到团体的生死、进退，故务必获胜。为此，双方无不倾力于《丧服》经文以及注疏的研究。"元宗追崇"事件中金长生与朴知诫的论争、"己亥礼讼"中宋时烈与尹镌的论争，无不将《丧服》篇的研究引向了极致。金长生和宋时烈是著名的礼学家，在辩论中都显示了良好的礼学素养。

茶山的《仪礼》研究，正是在总结以上两个方向既有成果的基础上，继续向前推进的，因而其风格与《周礼》研究判然有别，乃是以考据为主要特征。茶山《仪礼》研究的主要作品有：《丧礼四笺》十六卷，其中《丧仪匡》五卷，《丧具订》二卷，《丧服商》二卷，《丧期别》七卷。此外，还有《丧礼外编》四卷，主要是辨别《礼记·檀弓》等篇中的错误；《丧仪节要》二卷，主要论述五等丧服；《祭礼考定》一卷，论述祭法、祭期、祭仪、祭馔等问题；《嘉礼酌仪》与《疑礼问答》共一卷，简论冠礼与婚礼；《风水集议》一卷，批判丧葬风水之说；总计二十四卷。茶山本意似乎是想穷尽所有仪礼，他说："丧礼虽已爬梳，王朝礼未尝论着，况吉、嘉、军、宾？田地尚阔，兹所谓留有余，不尽之福，以遗子孙者耶？"① 可见，茶山的《仪礼》之学沿袭了前贤的特点，主要集中在丧祭之礼，冠昏之礼略有涉及，其余诸礼则几乎没有涉及。

茶山的《仪礼》学可以《丧礼四笺》为代表作，继承和发挥了金长生《丧礼备要》、柳长源《常变通考》等的传统，对名物和制度的考订，务求深入与详博。所讨论的丧仪、丧服、丧具、丧期，主要围绕《仪礼》的《丧服》《士丧礼》《既夕礼》《士虞礼》等四篇逐句立条，条分缕析，节目极为详到。如《丧仪匡》的节目有：

> 始死：养疾、持体、改服、属纩、行祷、啼哭、丧主、迁尸、复、楔缀、奠、帷堂、命赴、哭位、君吊、君襚、设铭
> 袭含：掘坎、陈袭事、汲渐、沐浴、设明衣、敛尸、饭含、设掩瑱、理鬠髻、设重
> 小敛：陈衣衾、陈奠具、陈绖带、陈鼎俎、小敛、冯尸、括发、免、俟堂、加绖带、奠、襚

---

① 《俟庵先生年谱》第147页，《与犹堂全书》第二十一册。

大敛:陈衣衾、陈奠具、掘肂、设熬、陈鼎、大敛、入棺、涂殡、奠、君视敛
既殡:成服、居处、言语、饮食、车马、朝夕哭奠、朔月奠、荐新、馔下室
葬: 筮宅、卜椁、献材、卜日、请启期、甈散带、启殡、朝祖、纳柩车、荐车、奠、荐马、朝祢、请祖期、载柩、饰柩、陈明器、祖、还柩、祖奠、荐马、请葬期、公赗、宾赗、宾奠、宾赙、宾赠、大遣奠、陈馔、陈明器、奠、出重、荐马、苞牲、行器、读赗、读遣、柩行、出宫、公赠币、至圹、下棺、赠币、藏器、实土、反哭、宾吊
虞祭:陈牲、设洗、设几筵、陈器、陈鼎、升牲、祭服、布几筵、拜宾、荐馔、飨、读祝、迎尸、尸入、堕祭、读祝、尸祭、九饭、初献、亚献、三献、告利成、尸谡、阖牖户、告事毕、殇祭、再虞
卒哭:祝辞、牲牢、报葬、饯尸、说绖带
祔祭:荐、告辞、折俎、嗣尸、祝辞、辨文、作主、卑不祔尊、妇祔、妾祔、配祭、殇祔、姑姊妹
既葬:居处、饮食、言语、从政、归、除服、讳
小祥:祝辞、筮日、尸、酢唶、致膳、除绖、练、中衣、居处、饮食、归、作练主、期之练
大祥:冠服、居处、饮食
禫祭:冠服、居处、饮食、为母、为妻(附:吉祭、新主入庙之礼)
奔丧:亲丧、母丧、成服而行、闻丧不得奔、奔丧不及殡、齐衰以下奔丧、齐衰以下闻丧不奔者

上引细目,完全是缘《仪礼》而设,每条之下,首列《仪礼》经文,辅之以《礼记》,以下详引朝鲜与中国学者之说,几乎做到逐字讨论的程度,从而建立起了更为绵密的说解体系。茶山对金长生、宋时烈等学者的成果作了充分的吸收,并多建新说,因而后出转精,代表了朝鲜《仪礼》学研究的最高成就。

但是,茶山的《仪礼》考据,与中国乾嘉时代学者的考据有明显的区别。例如乾嘉学者注重小学(文字、音韵、训诂)以及版本、校勘、辑佚之学的运用。自元儒敖继公《仪礼集说》出,学者多不信郑玄的《仪礼注》。随着乾嘉考据学的

发展,郑玄《仪礼注》的权威性重新为学界所认可,郑玄的经师地位再次确立[①],这是从宋学转向清学的重要标志。而由于历史的原因,18世纪以后,两国学术交流不畅,研究风格也产生歧异,所以,茶山的《仪礼》考据学呈现出另一种面貌:在考证手段上除了运用文字学之外,其余音韵、版本、校勘、辑佚等方法几乎不涉及;此外,茶山对郑玄依然抱有敌忾心理,表明了宋学对茶山的深刻影响。

---

① 参阅拙作《清人对敖继公之臧否与郑玄经师地位之恢复》,《文史》2005年第1期。

十二、茶山的考据学

考据学是中国学术史上非常独特的学科,发端于明清之际,极盛于18世纪的清代乾嘉时期,对其后的学术走向有着极大的影响。与中国比邻的朝鲜,考据学的状况如何,这是学界非常关心的问题。由于史料浩瀚,浅学难以穷尽,不妨以朝鲜时代考据学的代表人物丁茶山为例,试作分析,以窥探两国经学考据的异同。

1.《梅氏书平》对伪《古文尚书》的考辨

清代考据学最重要、最具影响力的成就之一,是阎若璩对东晋梅赜所上《古文尚书》的考辨,并判定其为伪作,梁启超誉之为"近三百年学术解放之第一功臣"[①]。

汉文帝时,《尚书》列入学官,为五经博士之一。此《尚书》为伏生所传,共二十九篇,为今文经。伏生今文学亡于晋怀帝永嘉之乱。又,汉武帝时,曾在孔壁发现用六国古文书写的《尚书》四十六篇,称为"《古文尚书》";其中除内容与今文相同的二十九篇之外,另有十七篇为今文所无。孔安国拟将多出的十七篇《古文尚书》奏于朝廷,适逢宫中发生"巫蛊事件",未成。建武之际,杜林传漆书《古文尚书》,贾逵、马融、郑玄为之作训传。此《古文尚书》亡于晋。又,东晋时,梅赜称发现五十八篇本《古文尚书》,献于朝廷,声称即当年孔壁所发现的《古文尚书》,为政府所采信,晋元帝时立于学官。唐孔颖达作《五经正

[①] 梁启超:《中国近三百年学术史》,上海:上海古籍出版社,2014年,第74页。

义》,《尚书》用梅赜所献《古文尚书》;宋代,蔡沈又为之作《集传》,由此,梅本地位得以确立。然学界犹有冷眼旁观之人,宋儒吴棫发现,梅氏《古文尚书》中多出的诸篇文字浅易,与诘屈聱牙的今文各篇文气迥异,似非出于一体,进而提出怀疑。朱子、吴澄等赞同吴棫之说,也屡屡质疑梅本。此后,置喙梅本者代不乏人。可惜大多仅是怀疑而已,提不出足以推翻梅本的强证,也不敢断其为伪书。

清初,阎若璩积三十余年之功考证梅本《古文尚书》,撰为《古文尚书疏证》,共八卷、一百二十八条。阎氏从梅氏《古文尚书》的流传经过、篇数、篇名、地名、天文、制度等角度入手,从文献和史实中广采博搜,揭示古文各篇作伪的证据,以及伪作各篇内部的矛盾之处。犹如捉贼见赃,使之原形毕露,判定历来被奉为圣经的梅本《古文尚书》与所谓"孔安国传"的死刑。阎氏所论,铁案如山,令学术界瞠目。尤其重要的是,被宋明理学家视为上古圣贤相传的"人心惟危,道心惟微,惟精惟一,允执其中"十六字心法,居然出自梅书的《大禹谟》。阎氏还考证出"十六字心法"的前两句袭自《荀子·解蔽》"人心之危,道心之微",最后四字袭自《论语·尧曰》,中间四字为联缀前后文字而编凑,是十足的伪造! 阎氏的考证,对于当时思想界所造成的震动之强烈,自不难想见。其后,毛奇龄作《古文尚书冤词》,试图为梅书翻案,但强词终不能夺正理。四库馆臣称赞阎氏:"反复厘剔,以祛千古之大疑,考证之学,则固未之或先矣。"①

由于朱子在朝鲜的崇高声望,朱子对梅氏《古文尚书》的怀疑在朝鲜颇受认同。茶山云:"昔余游学京师,窃闻师友往往疑梅氏《尚书》二十五篇文体卑顺。"②这种怀疑甚至一直影响到了朝鲜王室。乾隆壬子(1792)春,茶山入熙政堂讲《尚书·禹贡》,正祖"有《尚书》条问百余条,缕缕致意于今文、古文"③。可见上至君王,下至学人,朝鲜上下对梅本《古文尚书》都不看好,只是缺乏有

---

① 《四库全书提要》卷二十二。
② 《梅氏书平》卷一。本文所引茶山《梅氏书平》《丧礼四笺》等,均出自韩国骊江出版社1992年版《与犹堂全书》。
③ 《梅氏书平》卷一。

力的考据之作。

茶山深于《尚书》之学,著有《尚书古训》七卷及《尚书古训序例》,对二十九篇今文《尚书》曾经逐篇加以研究。茶山是继阎若璩之后,全面清算梅氏《古文尚书》的学者之一,所著《梅氏书平》成于纯祖十年(1810),纯祖三十四年改修,并增加一卷,合为十卷。①《梅氏书平》反复引及阎若璩的《古文尚书疏证》和毛奇龄的《古文尚书冤词》,书内甚至有《阎氏古文尚书疏证百一抄》。可见,茶山对于中原的这场论战并不陌生。

从《梅氏书平》可知,茶山使用的考据方法主要有两种:一是"考镜源流"。从伏生《今文尚书》篇目、《史记》所载《尚书》篇目以及郑玄所注《古文尚书》篇目等,来诘难梅赜所奏孔传《尚书》的篇目,并对《大禹谟》《五子之歌》《太甲》《说命》《君牙》等《古文尚书》的文字、辞气、内容等进行综合分析,又对阎若璩与毛奇龄的论辩进行评判,最后考定此书为伪作;茶山考证《书序》和《大誓》真伪的方法大抵也属这一路数。二是寻找梅本《古文尚书》的作伪证据,如同阎若璩找出《大禹谟》"十六字心法"的出处。茶山不仅逐一揭发伪古文的文句来源,而且在每节之下列出"搜辑""剽取""割裂""搜旁""窜改""变乱""蹈袭""搜衍""搜换""缪义"等名目,揭示伪作者的各种手法,其中颇有补苴阎氏未及之处。总体而言,茶山考据梅本的方法与阎若璩完全一致,没有超越乾嘉学者的范围。

需要指出的是,茶山在考证伪《古文尚书》的过程中,对阎氏的考辨也提出了自己的见解,既有肯定,又有贬斥,而贬斥之语多于赞扬之言,语气也更为尖刻。如茶山云:"阎氏考据之功,诚博且精矣。但赝经真经,错杂解之;他经之义,错杂言之。其书殊无义例。"②"阎氏之书,浩汗散漫,其已经余昔年评议者舍之,其或遗漏者拾之,略加订商。"③"按此段全误。是知阎氏于孔本、梅本,其源委本末犹未详谛,惟执二十五篇以昭奸。故其言之孟浪荒错,至于是矣。"云云。但是,茶山对阎若璩的指责,亦多有偏激或误判者。

---

① 《俟庵先生年谱》。
② 《梅氏书平》卷四。
③ 《梅氏书平》卷四。

在《梅氏书平》中，茶山提出了某些与阎氏不同的结论。例如，二十九篇今文的篇目问题。二十九篇今文之中，有二十八篇争议较少，剩下的一篇是《太誓》，还是《书序》？学界有不同说法，许多学者认为是《太誓》。茶山反对《太誓》说，认为应该是《书序》。清人朱彝尊《经籍考》、陈寿祺《左海经辨》也持此说。

但是，《书序》说的问题很多，文献记载相当分歧，不易遽定，并非如茶山所说那样简单。学者每每顾此失彼，而授人以柄，犹击常山之蛇，击其首则尾应之，击其尾则首应之，击其中则首尾皆应。例如，《论衡》将伏生二十八篇比作二十八宿，又将《太誓》比作北斗，足见王充所见今文《尚书》二十八篇不数《书序》。陈梦家也曾指出此说不能成立的三条理由。其一，《史记·周本纪》以《顾命》与《康王之诰》为二，可见"太史公二十九篇不数《书序》"；其二，《汉书·儒林传》有"张霸分析合二十九篇以为数十，又采《左氏传》《书序》为作首尾，凡百二篇"之文，"可见班固数二十九篇，不以《书序》当一篇"；其三，《尚书正义》云"又伏生二十九卷而《序》在外"，"是孔颖达所见《今文尚书》也不数在二十九篇内"①。茶山所言过于肯定，殊难服众。诸如此类，中国学者论述极多。

2.茶山对郑玄的臧否

在乾嘉考据学者中，郑玄具有最权威的地位，惠栋云："六经宗服郑。"以至可以说，乾嘉学术是以郑玄为旗帜的。

郑玄是东汉经学大师，晚年"括囊大典，网罗众家"②，遍注群经，其中以"《三礼注》"用力最深，最受学界推崇。魏晋时期，学分南北，而礼则皆尊郑学，唐人作《九经正义》《三礼》均用郑注，视郑氏为礼学大宗。

宋代学术崇尚思辨，好谈心性理气，每每贬低汉人文字训诂之学。如程颐说："经所以载道也，诵其言辞，解其训诂而不及道，乃无用之糟粕耳。"③又说：

---

① 陈梦家：《尚书通论》，北京：商务印书馆，1957年，第68页。
② 《后汉书·郑玄传》。
③ 《文集·遗文·与元方寀手帖》，《二程集》，第671页。

"善学者,要不为文字所桎。故文义虽解错,而道理可通行者不害也。"①在这种风气的主导之下,学者多极力摆脱郑注。

元儒敖继公《仪礼集说》十七卷,成书于大德辛丑(1301)。敖氏承袭宋儒鄙视郑玄的传统,认为郑注"疵多而醇少"②,力图颠覆郑玄的经师地位。敖说影响至巨,笼罩学界达数百年之久。直到清初,许多学者依然深受敖氏的影响,姚际恒的《仪礼通论》、方苞的《仪礼析疑》、蔡德晋的《礼经本义》等,都以阐扬敖说作为己任,鲜有自己的心得。乾隆十三年(1748),政府命方苞等学者修撰《仪礼义疏》,多宗敖继公之说,四库馆臣也称赞敖氏"于礼所得颇深"③。

对敖继公的评价发生转变,始于乾嘉时期的吴廷华。吴氏曾入《三礼》馆,参与修撰《仪礼义疏》。其后,吴氏作《仪礼章句》,"多本郑贾笺疏"④,立场与《仪礼义疏》大异其趣。乾隆四十九年(1784),褚寅亮撰《仪礼管见》,高扬反敖大旗,从文字训诂、名物制度、礼法礼义等角度,对敖说进行全面反诘,批评敖氏"其意似不专主解经,而惟在与康成立异","究之以敖氏之说,深按经文,穿凿支离,破碎灭裂,实弥近似而大乱真"。于是,学界开始重新检讨郑、敖的是非。其后,凌廷堪作《礼经释例》,其会通经义而建新说之处,每每得力于郑注,因而感叹"郑氏于《礼经》最深"⑤;"识者谓郑氏注精确处与经并行,良不诬也"⑥;"经文简括,儒者罕通其意,惟汉郑氏能窥见之";"自宋以后,通儒日少,故鲜发明者。尝谓本朝经术之醇,直接汉儒,视宋人之凭理说经,真有霄壤之别矣"⑦。

清后期,胡培翚、黄以周等学者的《仪礼》研究,更趋精审繁密。在反复比较郑、敖二氏之说的过程中,郑玄的学术价值逐步被清人所认识,如胡匡衷云:"《仪礼》,郑氏注最为精核。"⑧王鸣盛云:"郑注明而经义乃明也","顾自宋迄

---

① 《外书》卷六,《二程集》,第378页。
② 《仪礼集说》自序。
③ 《四库全书总目》卷二十。
④ 《仪礼章句》吴寿祺序。
⑤ 《礼经释例》卷八。
⑥ 《礼经释例》卷二。
⑦ 《礼经释例》卷八。
⑧ 《清经解》第五册,第98页。

明六七百年之间,说经者十九皆以叛郑为事。其叛郑者十九皆似是而非"。①褚寅亮说:"夫郑氏之注《仪礼》,简而核,约而达,精微而广大,礼家莫出其范围。一旦敖氏之说行,而使人舍平平之正道,转入于岐趋,窃恐郑学晦而礼经之文亦将从是而晦矣。"②林则徐云:"汉唐以来,说《礼》诸家精奥无如郑注,博赡无如孔疏。"③孙诒让云:"郑注本极详博","郑学精贯群经,固不容轻破"。④被颠倒的是非终于被重新颠倒过来,郑注对于《仪礼》研究的不可或缺,为学界所深刻认识。

胡培翚的《仪礼正义》,以补注、申注、附注、订注为纲领,已然将郑注作为《仪礼》研究成败得失的关键。胡氏对郑注从总体上加以肯定,所谓补注、申注、附注、订注,前三者旨在维护郑注,订注在最末,郑注不过是"偶有违失"而已。

钱大昕反思宋代以来学风的转换,非常感慨地说:"宋儒说经好为新说,言注如土苴。独《仪礼》为朴学,空谈义理者无从措辞。而晦庵、黄勉斋、杨信斋诸大儒又崇信之,故郑氏专门学未为异义所汩。至元吴兴敖君善出,乃诋为疵多醇少,其所撰《集说》,虽允采先儒之言,其实自注疏,而皆自逞私意,非有所依据也。"郑玄的经师地位得以重新确立。

在清儒看来,郑玄是古代文献整理的奠基者,如果没有郑玄,后人连经书的体例都不可能明了。段玉裁认为,郑玄创立的以"读如""读为""当为"三者来拟音训义、发疑正读的体例,是经典研读的钥匙,认为"三者分,而汉注可读,而经可读"。⑤

茶山显然受到敖继公影响,因而对郑玄学术的评价相当之低,认为"郑玄之注,十误六七,而先儒兼信郑玄,是可恨也"⑥。他指责孔颖达、贾公彦"俸郑

---

① 〔清〕王鸣盛《仪礼管见序》,《续修四库全书》第88册,上海:上海古籍出版社。
② 〔清〕褚寅亮《仪礼管见自序》,《续修四库全书》第88册,上海:上海古籍出版社,第375页。
③ 〔清〕林则徐:《礼记训纂序》。
④ 《周礼正义》卷首,《周礼正义略例十二凡》。
⑤ 《周礼汉读考序》。
⑥ 《与犹堂全书》一集,《答仲氏》。

为师,凡郑所言,皆曲解以成之"①。

茶山《丧礼四笺》引敖继公《仪礼集说》之说相当之多,他的某些论说,如以三虞与卒哭为一,显然与敖氏有关。茶山对敖氏非常熟悉,但平心而论,他没有对敖氏一边倒,否定与肯定敖说处都有。他对敖氏的认识,似乎介于姚际恒与褚寅亮之间,但敖说对茶山的影响在《丧礼四笺》中随处可见,下举一例为证。

《大功章》"大功布衰裳九月"条,经文云:"皆为其从父昆弟之为大夫者。"郑注:"皆者,言其互相为服,尊同则不相降。其为士者,降在小功。适子为之,亦如之。"敖继公云:"此文承上经两条而言,则'皆'云者,皆大夫、公之昆弟,大夫之子也。大夫、公之昆弟,于此亲则同尊。大夫之子于此亲,则亦以其父之所不降者也。故皆服其亲服。"茶山反对郑注,赞同敖氏之说:"镛案:郑说有病也。大夫公子尊同,互服可也。大夫之庶子尊卑悬殊,何谓互服?大夫为其庶昆弟本服大功,则为其从父庶昆弟必服小功。彼为我小功,而我为彼大功,岂可曰互相为服、尊卑同不降乎?其言极疏,无容再说。""又按,敖氏通执两条,谓大夫及公之庶昆弟及大夫之庶子共三人,皆为之大功。其义长于郑矣。"②敖氏所谓"上经两条",是指上文"公之庶昆弟、大夫之庶子为母妻昆弟",但敖氏认为此处经文"庶昆弟""庶子"的"庶"字都不应该有,应删。③ 此处经文大意是说,父死,庶子为公的庶昆弟,为其母、妻、昆弟,本当服期,但为先君余尊所厌,不得服其本服,而只能服大功之服。敖氏为迁就己说而改窜经文,断不可从。

茶山对郑注怀有很深的成见,所以处处以郑注为靶的,意在清除郑氏的影响。《丧礼四笺》的细目为《丧仪匡》《丧具订》《丧服商》《丧期别》。细读其书,可知四者全都是针对郑注而展开的:所谓"丧仪匡",意在匡郑;所谓"丧具订",意在订郑;所谓"丧服商",意在商郑;所谓"丧期别",意在别郑。茶山对郑注的抨击,从文字训诂到经文大意,无所不及。他的《经世遗表》《钦钦新

---

① 《丧礼四笺》卷一,《丧仪匡一》《始死一》。
② 《丧礼四笺》卷十三。
③ 详见《仪礼集说》卷十一。

书》对郑玄的诘难触目皆是,某些章节几近于逐字批判的程度,不脱敌忾之气。

茶山对郑注的批评,不乏有正确的见解。但是同样需要指出的是,茶山对郑玄的批评也不乏误读、错判的现象,试举例如下。

其一,《士丧礼》"陈鼎实"节:"陈一鼎于寝门外,当东塾少南,西面。其实特豚,四鬄,去蹄、两胉、脊、肺。"郑注:"鬄,解也。四解之,殊肩髀而已,丧事略。"茶山曰:"四鬄者,四体也。本当以四鬄去蹄为一句,郑误以特豚四鬄为一句,遂乃训鬄为解也。"茶山乃训鬄为"去毛"。茶山说不可从。《说文》:"鬄,髲也。"假发也。段玉裁曰:"鬄与剔别。鬄字本当作鬍,今作鬄,讹字。"《士丧礼》"特豚四鬄",今文作剔,为鬍字之俗省,故《说文》不录。郑玄的训解甚是,茶山之说不可取。

其二,《礼记·檀弓》云:"其慎也,盖殡也。"郑注:"慎,当为引,礼家读然,声之误也。殡引,饰棺以輤;葬引,饰棺以柳翣。孔子以是时殡引,不以葬引。时人见者,谓不知礼。"《正义》曰:"挽柩为引,无名慎者,以慎、引声相近,故云'慎当为引'。云礼家读然者,然犹如是也,言礼家读如是引字。……云殡引,饰棺以輤者,……大夫以下虽无輤,取诸侯輤同名,故饰棺以輤。"

对于上述经师的说解,茶山不以为然。他说:"读之为慎,未尝不成。郑好改经文,不遵西京旧制。""且其言曰饰棺殡引以輤,此亦诬经之说也。据《杂记》,大夫死于道,则以布为輤,而行至于家,而脱輤、升适所,殡。孔子之母未尝死于道,则奚为饰棺,而出其家门哉?郑之牵引,率多此类。"①

茶山此说不妥。《史记·孔子世家》云:"慎,谓以绋引棺就殡所也。"可见郑玄"礼家读为引"之说,确有所本。此外,此句经文的上下文意非常清楚:"其慎也,盖殡也",是解释上句"人之见之者,皆以为葬也"。由于是殡引,而非葬引,故用輤,而乡人见而怪之。茶山于此未能细辨。

3.茶山的文字考订

儒家经典是上古时代的作品,语言环境迥异于清代,经籍文字每每使用古

---

① 《丧礼外编》卷一,《檀弓箴误一》。

音、古义,若不明于此,则无法求得对经典的正确诠释。所谓考据之学,乃是以考证古代文献中文字的形、声、义以及典章制度,以发明经义。为此,清人治学,十分重视小学(即文字、声韵、训诂)的功底,视之为学术的基础。学术界出现了诸多小学的名家、名著,如文字学方面有段玉裁及其《说文解字注》,音韵学方面有朱骏声及其《说文通训定声》,训诂学方面有郝懿行及其《尔雅义疏》、王念孙及其《广雅疏证》、王引之及其《经义述闻》;此外,版本学则有黄丕烈,校勘学则有卢文弨,等等。由于儒家文献在漫长的历史时代中不断被传抄、翻刻,使得文本出现许多错误,如果不加纠正,也不能求得对经典的正确诠释,由此导致了版本、目录、校勘、辑佚等工具性学科的勃兴。清代考据学家如顾炎武、阎若璩、戴震、钱大昕、阮元、焦循、凌廷堪等,都能熟练运用上述工具学科,成为当时学术界的潮流。

郑玄注经,以兼采今古文为重要特色。皮锡瑞说:"(郑玄)注《尚书》用古文,而多异马融;或马从今而郑从古,或马从古而郑从今。是郑注《书》兼采今古文也。笺《诗》异毛为主,而间易毛字。自云'若有不同,便下己意',所谓己意,实本三家。是郑笺《诗》兼采今古文也。注《仪礼》并存今古文,从今文,则注内迭出古文,从古文,在注内迭出今文。是郑注《仪礼》兼采今古文也。"[①]郑玄生当东汉,所能见到的文本甚多。由于不同文本的文字颇有歧异,因而经师必须从中作出取舍。而经师的取舍未必就一定正确,需要接受后世学者的检验。为使后人了解经师所定文本是否正确,就必须保留取舍的详细材料。在这一点上,郑玄所持的态度非常正确,正如皮锡瑞所云,他采今文,必于注中出古文;反之亦然,采古文,必于注中出今文;意在供读者案覆或裁断。

敖继公《仪礼集说》处处与郑玄立异:郑用今文,则敖用古文;郑用古文,则敖用今文;并且利用郑注的记载直接置换今古文,而不作说明,不留痕迹,使经文大失原貌,欺蒙世人,行为极为卑劣。明清某些《仪礼》学者不明内情,很少措意于此,著述中也不引及今古文。茶山不然,他在《丧礼四笺》中逐一转引郑注中的今古文异同。下面从《丧仪匡》中略摘数例,以窥其一斑:

---

① 〔清〕皮锡瑞:《经学历史》,北京:中华书局,1959年,第142页。

上乙四：设床第古文第为茨当牖。

上丙六：缀足今文缀为对①用燕几。

上己二：陈袭事于房中西领南上不绩古文绩为精。

上己六：布巾环幅古文环为还不凿。

上己十：(握手)牢中牢读为楼今文楼为缕旁寸今文旁为方。

上庚一：王棘古文王为三若椊棘今文椊为泽。

上庚六：缁带靺韐竹笏今文笏为忽。

茶山显然意识到今古文问题举足轻重,对于正确理解经文有着重要意义,为了促进经学研究的深入,必须让读者了解汉代文本的异同。此外,这里还有一层意思,就是茶山希望读者可以借此来判断他的结论的是非。因而,他不厌其烦,逐一迻录,以备读者参考。像茶山这样忠实于今古文的学者,在朝鲜时代并不多见,于此可以看出他深厚的经学修养。

茶山很注重文字考订,包括通假字和今古文的问题。他说:"六书之家,字多假借,故后之读礼者,或不免以鼠为璞。"②类似的说法在茶山书中随处可见。他的许多考证,就是建立在这一基础之上的。如《既夕记》:"彻亵衣,加新衣。"贾疏云:"彻亵衣,谓玄端已有污垢,故来人秽恶,是以彻去之。"茶山认为,亵衣不能解释为死者所穿的玄端服,"亵衣者,衷衣也。既殒矣,故衣垢汗,将受秽恶,故去之也"。他认为,从训诂学的角度来看,"彻衣"也不能解释为脱去死者的衣服:"解衣、脱衣,不可云彻。盖此死人之侧,亵衣狼藉,今病既革,务要清肃,所以彻之也。季康子母死,陈亵衣,敬姜命彻之。陈之,故曰彻之也。此云彻亵衣,亦不过敬姜之义。"③所言甚是。

茶山注意由于文字通解所造成的误读和误判。他对于祔祭、卒哭以及冒的形制的解释,都是建立在对文字字义的训解和辨正的基础之上的。茶山颇注意对《说文》的引用,但他似乎更注重的是对史书等文献的综合运用,对于音

---

① 《与犹堂全书本》"对"误作"封",此据长沙叶氏观古堂藏明徐氏仿宋本《仪礼》单注本改。
② 《丧礼四笺》卷四,"下卯九"条。
③ 《丧礼四笺》卷一,第8页。

韵学的关注则相对较少。这是与清人以《说文》为中心的考证学略有不同的地方。

茶山的《丧礼四笺》也是考证性很强的力作。作者对丧仪、丧具、丧服、丧期的每个环节和名实,都作了详尽的考订。这类作品,在中、朝两国都是不多见的。

《礼记·丧大记》所记"冒"制,又出现"缀旁"的问题:"君锦冒,黼杀,缀旁七。大夫玄冒,黼杀,缀旁五。士缁冒,赪杀,缀旁三。凡冒质,长与手齐,杀三尺。"郑注:"冒者,既袭所以韬尸,重形也。杀,冒之下裙,韬足上行者也。"孔疏:"冒有质、杀者,作两囊,每辄横缝合一头,又缝连一边,余一边不缝,两囊皆然也。……缀旁七者,不缝之边上下安七带,缀以结之。"如此,则上、下两囊的侧面,只有一边缝合,另一边不缝而缀有带,此即所谓"旁缀"。《士丧礼》贾疏不从孔说:"缀旁者,以其冒无带又无钮,一定不动,故缀旁质与杀相接之处,使相连。"如此,则"旁缀"是在上、下两囊之端。纷纷之论,不一而足。

茶山认为,郑玄对经文"杀长掩足"的理解是错误的。诚若韬足而上,当云"杀长及胯",不当云"掩足";既云"掩足",杀亦自上而设去也。① 茶山的解释是,"冒"并非两囊,乃是一条十四尺长的缯,从中间对折,一半在尸体底下,另一半在尸体上面,上下通为一体,上部方正,下部狭窄。茶山认为:"缀,所以连缀之组系也。旁七,冒之左右各有七系也。旁五、旁三,亦如之也。"认为冒的两侧都有缀。他列举《仪礼》中"旁"字都是指两边,而非一侧,如"拜宾旁三拜",是左右各三拜;"执披旁四人",是左右四人;《丧大记》中的"旁七""旁五",都是如此,"孔乃欲于不缝之边偏安七带,不亦谬乎"?② 因此,丧礼中的"旁缀"是指冒的两旁都有缀带,而不是仅指一侧。茶山的解释,令人耳目一新,对于最终解决冒的形制问题,非常有启发。

丧祭礼有"虞祭"与"卒哭"之名。《礼记·檀弓》云"葬日虞",虞者,安也,安死者之神也。古代朝葬,日中而虞。士礼,葬后举行三次虞祭。不同身份等级的人,落葬的时间不同,虞祭的次数也不同。《礼记·杂记》曰:"士三月而

---

① 《丧礼四笺》卷六,《丧具订》"上庚二"条。
② 《丧礼四笺》卷六,《丧具订》"上庚二"条。

葬,是月也卒哭。大夫三月而葬,五月而卒哭。诸侯五月而葬,七月而卒哭。士三虞,大夫五,诸侯七。"

在此,需要谈及版本与校勘之学。版本与校勘之学是考据学中十分重要的内容,在清代乾嘉时期已经发展到非常成熟的程度。版本、校勘之学在经学考据中的作用,最为突出地表现在《仪礼》一书上。自宋代以来,《仪礼》便被排除在科举考试的范围之外,因而后世《仪礼》的版本错误极多,甚至有整句、整段脱漏而不为学者所知的。实际上,清初的《仪礼》已经满目榛荆,难以卒读。清代学者研究《仪礼》不得不从校勘开始,为此而寻觅各种前代的善本。正是由于版本与校勘之学的成功运用,使得清人的《仪礼》之学超迈前人。①朝鲜的情况不然,由于《仪礼》的研究者不多,社会上流传的善本也极为稀少,学界多倾心于义理的研究。在这种背景之下,文字校订几乎不需要,所以版本、校勘之学始终没有得到充分的发展。

4. 18 世纪中朝考据学的比较

1644 年,闯王李自成攻入北京,明朝覆亡,继而清军入关,一统中国。学者激于时变,将明亡的原因归于宋明理学空谈心性,认为圣人之道载在六经,学者的责任在于发掘经义,经世致用。顾炎武倡导"读九经自考文始,考文自知音始"②,考据之学由此发轫。其后,阎若璩考辨《古文尚书》、胡渭《易图明辨》,振聋发聩,震惊学坛。乾嘉时,考据之风大盛,惠栋、戴震领袖学界,学人以经学为主体,以考据之法为手段,以洞明经义为目的,硕果累累,成就斐然,著名的考据学家至少有六十余人。所以,梁启超在他的《清代学术概论》中说:"夫无考证学,则无清学也。"

朝鲜时代的主流学术是性理学,就学脉而言,它与清初的学术原本一体。明亡之后,朝鲜政府和知识分子视清人为胡虏,先是以武力与之对抗,之后虽然屈从其武力,但心存芥蒂,两国关系由此疏远,除每年例行的几次贺节使团北行中原之外,其他交往很少。纵览朝鲜时代学者的著述可知,在中原学风不

---

① 参阅拙作《论清人〈仪礼〉校勘之特色》,《中国史研究》1998 年第 1 期。
② 《亭林文集》卷四,《答李子德书》。

变、考据学蓬勃兴起之时,朝鲜学术界并没有出现类似的变化,大多数学者依然故我,因而考据学家不多,比较重要的只有秋史金正喜和茶山丁若镛。

秋史生年与茶山约略同时,与乾嘉考据学的时代大致重叠。纯宗九年己巳(1809),秋史首次访燕,与乾嘉学者阮元、翁方纲、汪喜孙等诸多学者过从甚密。在京期间,秋史参观过翁方纲、阮元所藏的文物、拓本、古籍,并有比较深入的学术交谈。阮元还将《揅经室文集》《十三经注疏校勘记》《经籍籑诂》《清经解》等著述赠送秋史。

翁方纲与阮元都是清代著名的金石考证学家,秋史无疑受到他们的强烈影响。秋史所作的《真兴二碑考》,从形制、行格、地理、官名等角度切入,结合《三国史记》《文献备考》《海东集古录》等朝鲜文献,对《新罗真兴王巡狩碑》《真兴王巡狩碑》作了极为精审的考证,解决了二碑的年代、性质以及文献失载或误记的许多问题,代表了朝鲜金石考据领域的最高水平。

当时的学者中,像秋史那样到过中原的寥如晨星。据日本学者藤塚邻所作《阮堂旧藏书目录》①,秋史对清人学术著作的收集,下过相当功夫,诸如顾炎武《日知录》《音学五书》,黄宗羲《明儒学案》,顾栋高《春秋大事表》,王念孙《读书杂志》,王引之《经传释词》,段玉裁《说文解字注》,钱大昕《潜研堂集》,凌廷堪《礼经释例》,惠士奇《礼说》,朱彝尊《经义考》,戴震《戴氏遗书》,崔述《洙泗考信录》,翁方纲《复初斋集》,阎若璩《潜丘札记》《四书释地》,胡渭《禹贡锥指》,焦循《雕菰楼集》,江永《礼书纲目》,阮元《揅经室文集》《考工车制图解》等,几乎应有尽有。由于资料缺乏,我们无法得知这些书籍带回朝鲜之后,究竟有多少学者看过。考虑到当时两国关系的背景,这些书刊似乎不可能流传很广。

茶山是朝鲜英、正时代集大成的学者,著述宏富。茶山著作中有相当一部分属于考据学性质,如《尚书古训叙例》《尚书古训》《梅氏书平》《论语古今注》《丧礼四笺》等。茶山没有到过中原,秋史带回的上述书刊,茶山是否寓目已无从考索。我们读茶山著作,可知茶山所能读到的清人考据学著作非常有限。

---

① 参阅[日]藤塚邻著、[日]藤塚明直编《清朝文化東傳の研究——嘉慶・道光學壇と李朝の金阮堂》。

这里,我们以茶山的《仪礼》研究为例,略作论述。

《仪礼》是名物度数之学,最适宜于用考据学的手段来研究。如前所说,朝鲜时代的礼学相当兴盛,但主要是《家礼》和《礼记》之学。《家礼》脱胎于《仪礼》,但内容相当简略,可供考据学家施展的余地不大;朝鲜的《礼记》研究侧重于义理,很少涉及制度研究;《仪礼》学则更是少有学者措手。茶山《丧礼四笺》是《仪礼》研究的重要著作,无论是著作的规模,还是考据的深度,都是相当的可观。它与同时代的清儒沟通的程度如何,这是我们很感兴趣的事。细读茶山这部著作,可知他引用的著作作者大略如下:

宋人:朱熹、杨复、陈祥道、陈澔、程大昌、方悫
元人:吴澄、敖继公
明人:胡翰、邱濬、邵宝、王廷相、徐师曾、郝敬
清人:顾炎武、徐乾学、毛奇龄、万斯同、汪琬

可见,茶山引用的材料,出自宋明学人者居其大半。而宋明时期《仪礼》之学式微,著作不多,研究不甚深入,错误也比较多。入清之后,《仪礼》之学复兴。乾嘉时期,斯学大盛,名家辈出,各种类型的考证之作彼此呼应,相互攻错,水平之高,前所未有。读《丧礼四笺》,可知某些应当引及的清人著作,茶山似乎并没有见到,例如:

张尔岐:《仪礼郑注句读》
吴廷华:《仪礼章句》
盛世佐:《仪礼集编》
沈　彤:《仪礼小疏》
褚寅亮:《仪礼管见》
段玉裁:《仪礼汉读考》
金　鹗:《求古录礼说》
程瑶田:《丧服文足征记》

茶山甚至没能读到早于他一百多年的张尔岐的著作《仪礼郑注句读》，这是非常遗憾的。

此外，《仪礼》中的某些重要问题，清人已经基本解决，茶山似乎也并不了解。例如《丧服》篇《大功章》中有如下一段文字：

> 经：大夫之妾为君之庶子。
> 女子子嫁者、未嫁者，为世父母、叔父母、姑、姊妹。郑注：旧读合大夫之妾为君之庶子、女子子嫁者、未嫁者，言大夫之妾为此三人服也。
> 传曰：嫁者，其嫁于大夫者也。未嫁者，成人而未嫁者也。何以大功也？妾为君之党服，得与女君同。下言为世父母、叔父母、姑、姊妹者，谓妾自服其私亲也。郑注：此不辞，即实为为妾遂自服其私亲也，当言其以明之。《齐衰三月章》曰：女子子嫁者、未嫁者为曾祖父母。经与此同，足以明之矣。传所云何以大功也，妾为君之党服得与女君同，文烂在下尔。女子子成人者，有出道，降旁亲，及将出者，明当及时也。

"传曰"以下五十六字，唐石经以下各本均同，但问题很多。按照《丧服》经传的体例，传是解释经文的，而此处的"传曰"中，"下言"以下二十一字与经文并没有系属关系，很可能是由于错简所致。戴震最早指出，此二十一字当是郑玄的注而被窜入经文者；本节经文郑注末言"大夫之妾为此三人服也"，与传文郑注"此不辞……"文意不贯，当以上述二十一字郑注插入于此，则文意畅通无滞。其后，盛世佐提出，此处经文并未提到"大功"，而"传曰"居然有"何以大功也？妾为君之党服，得与女君同"等十六字；此十六字当在上经"大夫之妾为君之庶子"之下。至此，《丧服》中的这段经、传、注当调整如下：

> 经：大夫之妾为君之庶子。
> 传曰：何以大功也？妾为君之党服，得与女君同。
> 经：女子子嫁者、未嫁者，为世父母、叔父母、姑、姊妹。

> 传曰：嫁者，其嫁于大夫者也。未嫁者，成人而未嫁者也。
>
> 郑注：旧读合大夫之妾为君之庶子、女子子嫁者、未嫁者，言大夫之妾为此三人服也。下言为世父母、叔父母、姑、姊妹者，谓妾自服其私亲也。此不辞，即实为为妾遂自服其私亲也，当言其以明之。《齐衰三月章》曰：女子子嫁者、未嫁者为曾祖父母。经与此同，足以明之矣。传所云何以大功也，妾为君之党服得与女君同，文烂在下尔。女子子成人者，有出道，降旁亲，及将出者，明当及时也。

清代学者关于这段文字的考订，是非常成功的范例。20世纪60年代，甘肃武威《仪礼》汉简出土，证明"下言为世父母、叔父母、姑、姊妹者，谓妾自服其私亲也"二十一字确实不在"传曰"之中。然而，从这一典型的例证中可以看到，茶山关于这一问题的论述，还停留在郝敬、汪琬、万斯大等人的讨论上①，对戴震、盛世佐等学者的最新研究成果似乎并不了解，令人颇觉遗憾。这种情况是两国文化交往的不畅所造成的，茶山不能及时得到清儒的研究成果，更不能在最高层次上交流信息，或多或少地限制了他的视野和思路。

18世纪中叶以后，中原学术开始向考据学转换，并不断发育、成熟，形成了全新的形态。而朝鲜由于远离中原，加之政治原因形成的重重隔膜，朝鲜学术依然在相对独立的状态中沿着宋明理学的强大惯性继续向前发展。在古代朝鲜近五百年的漫长历史中，虽有实学思潮的兴起，虽有秋史、茶山介入考据学研究，并且作出了重要贡献，但总体而言，大多数朝鲜学者没有跳出宋学的藩篱，兴奋点依然是在性理学上，考据学始终没有成为朝鲜学术的主流，从而形成了18世纪中、韩学术各自的鲜明特色。

---

① 参阅《丧礼四笺》卷十二。